清朝本全訳

菜根譚

東方書店

中村璋八 訳注

まえがき

明末の洪自誠（応明）の清言集『菜根譚』（前集・後集の二巻本）は、中国では余り読まれなかったが、日本では金沢藩の儒者、林蓀坡（諭《ゆ》、一七八一—一八三六）が内閣文庫本と尊経閣文庫本とを校合して文政五年（一八二二）に刊行して以来多くの人々に愛読され、幾度か版を重ね、明治・大正・昭和期に広く庶民の間で親しまれた。そこで私は、故石川力山教授と長い間、この『菜根譚』を検討し続け、それを纏めて講談社学術文庫より全釈本『菜根譚』として昭和六十一年（一九八六）に上梓した。この書は、日本だけでなく中国でも好評で、この書の刊行を契機として中国でも続々と『菜根譚』が発刊されるようになった。ただ、初めのうちに出版された多くは、私達が訳し、また、台湾や韓国で盛行している二巻本（前集・後集）ではなく、修省・応酬・評議・間適・概論の五篇からなる一巻本であった。この五篇のうち概論だけは二巻本の前集・後集から抜き出した章であったが、修省・応酬・評議・間適の四篇は二巻本にはない章であった。そこで再び故石川教授と毎週一回、駒沢大学の私の研究室で修省から読み始め、平成七年（一九九五）の終りに漸く読み終えた。

この一巻本『菜根譚（談）』は巻末の「解説」で詳細に紹介したように清朝の乾隆・道光・光緒・宣統の長い期間に、北京・江蘇・浙江・河北・関中・広東・福建などの各地で重刻されたが、それは多く寺院であり、仏教（禅）書と見做され、一般の人々には余り読まれなかったようである。

石川力山教授は平成九年八月に急逝してしまった。この一巻本『菜根譚』を二人で読んでいた頃、彼は博士論文にすべく『禅宗相伝資料の研究』の著作に専念しており、『菜根譚』の原稿整理をする時間もなく、ただ、返り点・送り仮名、若干のメモ程度の註釈を残すのみであった。しかし、幸に博士論文となる予定であった『禅宗相伝資料の研究』（上巻・下巻、千頁に及ぶ）は、同輩・後輩達の未完成の部分の補充や配列の検討などを経て平成十三年（二〇〇一）に無事に法藏館書店より出版された。

一巻本『菜根譚』の方は、折角、長い時間を掛けて読了したにかかわらず、どのようにして整理をすべきか途方に暮れた。そこで、私は平成十一年（一九九九）一月から曹洞宗大本山永平寺が刊行している月刊誌『傘松』に一年目は道元禅師の『典座教訓』を、二年目は『赴粥飯方』を連載したのに続き平成十三年（二〇〇一）から二年二箇月にわたり「異本菜根譚」として執筆した。これは二巻本にない修省・応酬・評議・間適の四篇のみであり二巻本から採った概論には及ばなかった。この『傘松』に掲載した記事は、私が『易経』の講義をしている湯島聖堂（斯文会）の熱心な受講生である黒田豊氏が、題目・返り点・書き下し文・語釈・口語訳などを詳細に検討し、一箇月ごとに貴重な意見を寄せて下さった。そのご意見は極めて妥当なものであり、その多くを採用させて頂いた。また、『傘松』では省略した概論の部も、前の四篇と合うように訂正した。そこで石川教授と読んだ時とは大部違ったものとなってしまったが、一般の読者には分り易いものとなったと思う。この『菜根譚』は、儒・仏・道の三教を踏えた上の発言であったが、私は、儒・道には多少の係りはあるものの、仏教（禅）には極めて疎い。石川力山教授が急逝してしまったからには、それは如何とも為し難い。この点、ご了解頂ければ幸である。

最後に本書の編集に当り幾度かご来訪頂いた東方書店の朝浩之・川崎道雄・阿部哲の三氏と、丹念に校正して頂いた川合章子女史には、衷心よりお礼申し上げたい。

平成十七年十二月二十日

中村璋八

凡例

一、本書は、明末の隠士洪応明（自誠）の日本・台湾・韓国などで通行している明刊（前集・後集）とは異なる、修省三十八章・応酬五十一章・評議四十八章・間適四十八章・概論百九十九章よりなる清朝に通行した『菜根譚』の日本最初の全訳本である。

一、内容は、書き下し文・原文・語義（語釈・出典等）・訳文から成る。原稿の段階では「校異」を附したが煩瑣になるので省略した。

一、底本は、最も善本と思われる『仙仏奇蹤』と共に刊行された陶湘（渉園）による「還初道人著作二種」を採用したが、異体字・略字などは、他の清朝本によって若干改めた箇所もある。

一、原文は、原則として底本に従ったが、他の清朝本と校合し、明らかに誤りであると思われる文字については、その旨を註記して改めた。

一、本書全体を通して、原則として当用漢字を使用した。また、書き下し文の表記は現代の国語表記に従った。

一、語義は、語句の解説と引用出典、そのほか参考となる原典を引用したが、引用文はすべて書き下し文にした。

一、原文にはないが、各段落ごとに内容を示す適当な題目を記し、これを目次に掲げた。

一、巻末には、初句の書き下し文による索引と語義中に引用した人名索引を附した。

目次

応　酬

目　次

評　議

間適

概　論

清朝本全訳

菜根譚

洪応明（自誠）
中村璋八　訳注

『菜根譚』識語

余《よ》、古刹《こさつ》を過《す》ぎるに、残経敗紙《ざんきょうばいし》の中《なか》に於《お》いて菜根譚一録《さいこんたんいちろく》を拾得《しゅうとく》せり。之《これ》を繙《ひもと》き視《み》るに、禅宗《ぜんしゅう》に属《ぞく》すと雖《いえど》も、然《しか》も身心性命《しんしんせいめい》の学《がく》に於《お》いて、実《まこと》に隠々《いんいん》の相《そう》の発明《はつめい》する者《もの》有《あ》り。亟《すみ》やかに携《たずさ》え帰《かえ》りて、重《かさ》ねて校讐《こうしゅう》を加《くわ》え、繕《つくろ》い写《うつ》して帙《ちつ》を成《な》す。旧序文《もとじょぶん》有《あ》るも、雅馴《がじゅん》ならず、且《か》つ是《こ》の書《しょ》に於《お》いて、関渉《かんしょう》の語《ご》無《な》し、故《ゆえ》に之《これ》を芟《のぞ》く。是《こ》の書《しょ》を著《あらわ》す者《もの》は、洪応明《こうおうめい》と為《な》す。究《きわ》むるに其《そ》の何許《いずく》の人《ひと》為《た》るかを知《し》らざるなり。

乾隆《けんりゅう》五十九年《ねん》二月《がつ》二日《か》

遂書堂主人《ついしょどうしゅじん》、識《しる》す

余過㆓古刹㆒於㆓残経敗紙中㆒拾㆓得菜根譚一録㆒。繙㆓視之㆒雖㆑属㆓禅宗㆒然於㆓身心性命之学㆒実有㆓隠々相発明者㆒。亟携帰重加㆓校讐㆒繕写成㆑帙。旧有㆓序文㆒不㆓雅馴㆒且於㆓是書㆒無㆓関渉語㆒故芟㆑之。著㆓是書㆒者為㆓洪応明㆒。究不㆑知㆔其為㆓何許人㆒也。

乾隆五十九年二月二日遂初堂主人識

〔語義〕○古刹――由緒ある仏教寺院の意であるが、寺名は不明。清の道光二十六年（一八四六）刊行の会稽胡信の序（道光六年・一八二六）にも、方順橋（河北省満城）の宣文寺の僧から与えられたことを伝え、乾隆三十三年（一七六八）の重刻本は北京郊外の名刹潭柘山岫雲寺の僧・来琳によるものとされており、他にも仏教僧との関係が多く示唆されていて、仏教寺院に伝承されることが多かったようである。それは、思想的には儒教を表に立てているが、老荘思想、さらには仏教、特に禅宗的言説も多用しており、その帰するところは一とする立場（三教一致説）にあることによるのであろう。〇洪応明――解説参照。〇遂初堂――遂初堂を書室とする清代の人に、福建延平道按察司副使・楊兆魯（青巌、順治年間の進士）や、博学宏詞で康熙年間に明史編纂官に充てられた潘耒（次耕）がいるが、いずれも年代的に合わない。

〔訳文〕私はある古寺を訪れた折、乱雑に破り捨てられた経典や用紙類の中に、『菜根譚』一冊を見つけだすことができた。これをひもといて見れば、内容は禅宗に関係するものであるが、さらに人間の身と心を究める上で、誠に自在に隠された真実相を明らかにしている。そこで直ちにこれを持ち帰り、さらに本文の校訂を行い、装丁をつくろってこれを保護する帙も作った。このテキストには、もと序文があったが、文章に味がなく、その上に本文とは何の関係もなかったので、ここでは序文を除いた。またこの書の著者は、洪応明であるが、彼について調べても何処の出身か不明であった。

遂初堂主人、識す

乾隆五十九年（一七九四）二月二日

修省

一、時宜を計り、慎重に行動する

精金美玉《せいきんびぎょく》の人品《じんぴん》を做《な》さんと欲《ほっ》せば、定《かなら》ず烈火《れっか》の中《なか》より煅《きた》え来《きた》るべし。
掀天掲地《きんてんけいち》の事功《じこう》を立《た》てんと思《おも》わば、須《すべか》らく薄氷《はくひょう》の上《うえ》に向《お》いて履《ふ》み過《す》ぐべし。

欲レ做二精金美玉的人品一定従二烈火中一煅来。
思レ立二掀天掲地的事功一須下向二薄氷上一履過上。

〔語義〕〇精金・美玉――いずれも立派な人柄・人格を形容する語。北宋の程頤《ていい》の弟子の游酢《ゆうさく》は、頤の兄の程顥《ていこう》を評して、「明道先生は、資稟既に異にして、充養して道あり、純粋にして精金の如く、温潤にして良玉の如く、寛にして制あり、和して流れず」（『宋名臣言行録』外集）と言っている。〇掀天――掀は掲げる。天に上がり広がる。〇薄氷――危険な場所を慎重に歩むように、畏れ慎しむこと。『毛詩』（小雅、小旻）に「戦戦競競として、深淵に臨むが如く、薄氷を履むが如し」とある。

〔訳文〕よく精錬された金属や、美しい玉のような人柄を得たいと思ったならば、必ず熱いうちに鍛えるようにしなければいけない。
天を高く差し上げ、池を持ち揚げるような大きな仕事をしようと思ったならば、薄い氷を踏むように慎重な行動をする必要がある。

二、誤りなきを期し、善事を全うする

一念《いちねん》錯《あやま》らば、便《すなわ》ち百行《ひゃっこう》皆非《みなひ》なることを覚《おぼ》ゆ。之《これ》を防《ふせ》ぐには、当《まさ》に海《うみ》を渡《わた》る浮嚢《ふのう》の如《ごと》くなるべし。一針《いっしん》の罅漏《かろう》も容《ゆる》すこと勿《なか》れ。
万善《ばんぜん》全《まった》ければ、始《はじ》めて一生愧《いっしょうは》じること無《な》きを得《え》る。之《これ》を修《しゅう》するには、当《まさ》に雲《くも》を凌《しの》ぐ宝樹《ほうじゅ》の如《ごと》くなるべし。須《すべか》らく衆木《しゅうぼく》を仮《か》りて以《もっ》て撐持《とうじ》すべし。

一念錯便覚二百行皆非一。防レ之当レ如三渡レ海浮嚢二。勿レ容二一針之罅漏一。
万善全始得二一生無一レ愧。修レ之当レ如三凌レ雲宝樹二。須下仮二衆木一以撐持上。

〔語義〕○一念――瞬時の間に起こる心の作用。仏教では一弾指（指をパチンと一度鳴らすこと）の間に六十五刹那があり、この一刹那の瞬間ごとに生滅を繰り返しており、心も瞬時に変化するとある。○百行皆非――空理空論を批判して樹立した陽明学の「知行合一」に通ずる。明の王陽明の『伝習録』（下巻）に「知行合一を問う。先生曰《いわ》く、此れ須《すべか》らく我が立言の宗旨を識るべし。今の人の学問は、只《た》だ知行分れて両件と作《な》す、故に、一念発動して、是《こ》れ不善なりと雖《いえど》も、然も却《かえ》って未《いま》だ曾《かつ》て行わざれば、便《すなわ》ち去《ゆ》きて禁止せざること有り。我、今箇の知行合一を説く、正《まさ》に人、一念の発動する処、便即《すなわ》ち行い了《おわ》ることを暁《さと》り得《え》て、発動する処、不善有らば、就《すなわ》ち這《こ》の不善の念を将《もっ》て克倒《こくとう》し了《おわ》らんことを要し、須《すべか》らく徹根徹底を要すべく、一念の不善を潜伏して胸中に在ら使《し》めず。此《こ》是れ我が立言の宗

旨なり」とある。○浮嚢――水中や海中に游泳するときに用いる浮き袋。仏教では、修道生活における戒律を果たす役割に喩えられる（『涅槃経』巻十一）。○罅漏――欠けたところ。物事のすきま。○万善――仏道成就のためのあらゆる善行。諸経の究極は『法華経』に帰するとして「万善同帰」と言う（『法華玄義』巻十）。「万善全」とは、各種の善行が一身に集まること。○宝樹――七宝でできた樹木。極楽浄土の林の形容（『無量寿経』上）。○撐持――支える。支持する。

〔訳文〕わずかでも誤った思いを持ったならば、なすことがすべて間違いとなることに気づきなさい。これを防ぐには、海や河を泳ぎ渡るときに用いる浮き袋のようでなければいけない。ほんの一針で突いたほどの空気漏れも見逃してはいけない。

あらゆる善事が完全であって、それでようやく一生の間に愧《はじ》を受けることなく過ごせる。これを身に付けるには、雲の上に突き出るように大きい、立派な木のようでなければならない。多くの木によって支えられるようにすべきである。

三、緊急の行動・操守は閑暇のうちに養う

忙処《ぼうしょ》の事為《じい》は、常《つね》に間中《かんちゅう》に向《お》いて先《さき》に検点《けんてん》せば、過挙《かきょ》も自《おの》ずから稀《まれ》なり。
動時《どうじ》の念想《ねんそう》は、預《あらかじ》め静裏《せいり》より密《ひそ》かに操持《そうじ》せば、非心《ひしん》も自《おの》ずから息《や》む。

忙処事為常向二間中一先検点過挙自稀。

動時念想預従二静裏一密操持非心自息。

〔語義〕○忙処・間中——間は閑と同義。忙中に閑ある心構えを示す。陶潜の「飲酒」（其五）に「廬を結びて人境に在り、而れども車馬の喧《かしま》しき無し。君に問う、何ぞ能《よ》く爾《しか》るや、と。心遠ければ、地自《おの》ずから偏なり」とある。○過挙——やりそこない。しそんじ。○操持——手に取って離さないこと。

〔訳文〕心がせわしいときの行為というものは、いつもゆったりした心境のときに、あらかじめ良く調べておいたならば、失敗も自《おの》ずから少なくなる。

　身体が忙しいときの心の持ち方は、静かに落ちついた気分のときに、緻密に守っておけば、悪い心も自然と働かなくなる。

四、雑念を除き、本来の姿に返る

善《ぜん》を為《な》すも、自《みずか》ら高《たか》くして人《ひと》に勝《まさ》らんと欲《ほっ》し、恩《おん》を施《ほどこ》すも、名《な》を要《もと》め好《よしみ》を結《むす》ばんと欲《ほっ》す。業《ぎょう》を修《おさ》むるも、世《よ》を驚《おどろ》かし俗《ぞく》を駭《おどろ》かさんと欲《ほっ》し、節《せつ》を植《う》うるも、異《い》を標《ひょう》し奇《き》を見《あらわ》さんと欲《ほっ》す。

此《こ》れは皆《みな》是《こ》れ、善念中《ぜんねんちゅう》の戈矛《かぼう》、理路上《りろじょう》の荊棘《けいきょく》にして、最《もっと》も夾帯《きょうたい》し易《やす》く、最《もっと》も抜除《ばつじょ》し難《がた》きものなり。須《すべか》らく是《こ》れ、渣《さ》滓《し》を滌《そそ》ぎ尽《つ》くし、斬《き》りて萌《ほう》芽《が》を絶《た》たば、纔《わず》かに本来《ほんらい》の真体《しんたい》を見《あらわ》すべし。

為レ善而欲ニ自高勝一レ人施レ恩而欲ニ要レ名結一レ好。修レ業而欲ニ驚レ世駭一レ俗植レ節而欲ニ標レ異見一レ奇。
此皆是善念中戈矛理路上荊棘最易ニ夾帯一最難ニ抜除一者也。須下是滌ニ尽渣滓一斬
絶ニ萌芽一纔見中本来真体上。

〔語義〕〇戈矛――戈も矛もともにほこ。矛は枝のないほこ。ここでは邪悪な心に喩えている。〇荊棘――いばら。人を傷つけようとするとげとげしい心。ここでは人間が天理に通達するのを阻むもの。〇夾帯――他の物の中に挟まり混じり込んでくる。〇渣滓を滌ぎ尽す――渣滓はかすのこと。心に積もった「かす」を残らず洗い流す。〇纔かに――やっとそこで。〇本来の真体――人為を加えない、生まれながらに具わっている真実の心。儒学では「良知」と言い、禅宗では「本来の面目」と言う。王陽明は「善を思わず、悪を思わざる時、本来の面目を認む。此れ仏氏、未《いま》だ本来の面目を識らざる者の為に、此の方便を設く。本来の面目は、即ち吾が聖門の、所謂《いわゆる》良知なり、云云」（『伝習録』中巻）と言う。仏氏は、唐の六祖・慧能《えのう》禅師のこと。彼が弟子の慧明に告げた言葉。

〔訳文〕何か良いことをする場合も、高慢になり人より優れていたいと思い、人に恩恵を与える場合も、名声を求めて他人と関係を持とうとする。習いごとを修得するにも、世間の人々を驚かせびっく

りさせようとし、節操を確立するにも、特別なことを誇示しすばらしいことを現そうとする。
これらはすべて、善なる心の中にあって人を傷つけようとする刃物のように危ないものであり、正しいことを行ったとしても陥《おちい》るいばらのように危険なものであって、いとも簡単に身に付きやすく、なかなか抜き難い性質のものである。そのような心のかすをすっかり洗い落し、そのような心が芽生えてくるのを断ち切ったならば、そこでようやくその人間の本来の真実の姿を表すことができる。

五、執着・迷妄は繰り返し払い去る

能《よ》く富貴《ふうき》を軽《かろ》んずるも、富貴《ふうき》を一軽《いっけい》するの心《こころ》を軽《かろ》んずる能《あた》わず。能《よ》く名義《めいぎ》を重《おも》んずるも、又復《また》、名《めい》義《ぎ》を一重《いちじゅう》するの念《ねん》を重《おも》んず。是《こ》れ、事境《じきょう》の塵氛《じんふん》未《いま》だ掃《はら》わず、而《しか》も心境《しんきょう》の芥蔕《かいたい》も未《いま》だ忘《ぼう》ぜざるなり。此《こ》の処《ところ》に不浄《ふじょう》を抜除《ばつじょ》するも、恐《おそ》らくは石去《いしのぞ》かるるも、而《しか》も草《くさ》復《ま》た生《しょう》ずるなり。

能軽㆓富貴㆒不㆑能㆑軽㆘一㆓軽富貴㆒之心㆖。能重㆓名義㆒又復重㆘一㆓重名義㆒之念㆖。
是事境之塵氛未㆑掃而心境之芥蔕未㆑忘。此処抜㆓除不浄㆒恐石去而草復生矣。

〔語義〕○名義——名誉と正義。○事境の塵氛——事境は具体的な事物、品物のことで、塵氛は汚れた心。物に対する執着、欲望の心。○心境の芥蔕——心中に積み重なった迷妄。唐の神秀の偈《げ》に

「時々に勤めて払拭し、塵埃《じんあい》をして惹《ひ》かしむることなかれ」（『六祖壇経』）とあり、煩悩妄想を塵埃のように外界《げかい》から入ってくる汚れとする。〇不浄——仏教で不浄とは、主に人の迷い、煩悩のこと。

〔訳文〕財産や地位を軽視することはできるが、財産や地位を軽くあしらう心を無視することはできない。名誉や正義を重んずることはできるが、今度は名誉や正義を大事にする心をことさらに重大視してしまう。

これは、物に対する執着の思いがまだ払い去られず、しかも、心の中にある迷いがまだなくなっていないということである。こういう状態で心の乱れを取り去ったとしても、きっと、石ころが除かれても、そこに草が生えてくるように、迷いの心もまた起こってくるであろう。

六、心静かに、行為は自由自在

紛擾《ふんじょう》は固《もと》より志《こころざし》を溺《おぼ》れさす場《ば》にして、枯寂《こじゃく》も亦《ま》た心《こころ》を槁《か》らすの地《ち》なり。故《ゆえ》に学《まな》ぶ者《もの》は、当《まさ》に心《こころ》を元黙《げんもく》に棲《す》まわしめて、以《もっ》て吾《わ》が真体《しんたい》を寧《やす》らかにすべく、亦《ま》た当《まさ》に志《こころざし》を恬《てん》愉《ゆ》に適《かな》わしめて、以《もっ》て吾《わ》が円機《えんき》を養《やしな》うべし。

紛擾固溺レ志之場而枯寂亦槁レ心之地。
故学者当下棲二心元黙一以寧中吾真体上亦当下適二志恬愉一以養中吾円機上。

〔語義〕○紛擾――紛はもつれる、擾は混乱すること。乱れ揉めるさま。ごたごたすること。○枯寂――物が枯れて、寂しいさま。○元黙――元は玄に通ず。幽玄沈黙の教え。『楞伽師資記』序に「余は乃ち、神を玄黙に潜め、性を幽厳に養い、独り浄心を守る」とある。○恬愉――安んじ喜ぶ。安適。『荘子』（雑篇、盗跖第二十九）に「惨怛《さんたん》（悲しみの情）の疾《やまい》と、恬愉の安きとを体に鑑《かんが》みず、怵惕《じゅってき》（恐れて心が安らかでないさま）の恐れと欣懽《きんかん》の喜びとを心に鑑みず」とある。○円機――人間のあり方の仏教的な言い方。本来完全円融なる機根、頓《とみ》に仏の悟りを得る円頓《えんとん》の機根（『法華玄義』巻六）のこと。また、『荘子』（雑篇、盗跖第二十九）に「若しくは是《ぜ》、若しくは非、而《なんじ》の円機を執《と》り、而《なんじ》の意を独成して、道と与《とも》に徘徊《はいかい》せよ」ともある。ここでは環の中心に位置するように円滑に周囲に順応する意。

〔訳文〕心が騒がしく乱れているのは、言うまでもなく志を失わせてしまう原因であり、かと言って何の働きもなくただ黙っているだけなのも、心の働きをなくしてしまう素地となる。

だから、身を修めようとする者は、必ず心を静かにして、あまりものを言わないようにし、自分のありのままの姿を安らかにしておくべきであり、また、心持ちを静かに和《やわ》らげ整えて、自分の心の自由自在な働きを養うようにすべきである。

七、昨今の是非に執着しない

昨日《きのう》の非《ひ》は留《とど》む可《べ》からず。之《これ》を留《とど》むれば、則《すなわ》ち根燼《こんじん》も復《ま》た萌して、塵情《じんじょう》は終《つい》に理趣《りしゅ》を累《わずら》わす。今日《きょう》の是《ぜ》は執《しゅう》す可《べ》からず。之《これ》に執《しゅう》すれば、則《すなわ》ち渣滓《さし》未《いま》だ化《か》せずして、理趣《りしゅ》は反《かえ》って転《てん》じて欲根《よくこん》と為《な》る。

昨日之非不レ可レ留。留レ之則根燼復萌而塵情終累二乎理趣一。
今日之是不レ可レ執。執レ之則渣滓未レ化而理趣反転為二欲根一。

〔語義〕○根燼――燃え残った根のこと。○塵情――煩悩、妄情、世俗的な情念。○理趣――理は真実。趣は心の作用、働きのこと。○欲根――欲念のもと。

〔訳文〕昨日の過ちをいつまでも気にしていてはいけない。いつまでも気にしていると、例えば焼畑の焼け残った草木の根が、また芽を吹き出してくるように、迷いが心の真実の働きを妨害してしまう。

また、今日、正しいことをしたからといって、いつまでもこれにとらわれていてはいけない。善いことをしたというとらわれが滓《かす》のように残り、心の真実の働きが逆に欲望の原因に変ってしまう。

八、有より無に入るが学問のあり方

無事《ぶじ》には、便《すなわ》ち閑雑《かんざつ》の念想《ねんそう》有《あ》りや否《いな》やを思《おも》い、有事《ゆうじ》には、便《すなわ》ち麁浮《そふ》の意気《いき》有《あ》りや否《いな》やを思《おも》う。得意《とくい》には、便《すなわ》ち驕矜《きょうきん》の辞色《じしょく》有《あ》りや否《いな》やを思《おも》い、失意《しつい》には、便《すなわ》ち怨望《えんぼう》の情懐《じょうかい》有《あ》りや否《いな》やを思《おも》う。時時《ときどき》に検点《けんてん》し、多《た》より少《しょう》に入《い》り、有《ゆう》より無《む》に入《い》る処《ところ》に到《いた》り得《え》て、纔《わず》かに是《こ》れ学問《がくもん》の真《しん》の消息《しょうそく》なり。

無事便思下有二閑雑念想一否上有事便思下有二麁浮意気一否上。得意便思下有二驕矜辞色一否上
失意便思下有二怨望情懐一否上。
時時検点到二得従レ多入レ少従レ有入レ無処一纔是学問的真消息。

〔語義〕○閑雑――無駄なもの、無用のこと。○麁浮の意気――粗く浮わついた心の状態。細かなことに気がまわらず、うっかり見逃してしまいそうな状況。○驕矜の辞色――辞は言葉遣い。色は容顔、顔色。驕り高ぶったもの言いや態度、様子。○情懐――心の中の想い、心持ち、情緒。○検点――自《みずか》ら反省し、自分の行為を具《つぶ》さに顧りみること。○無に入る処――禅宗、特に臨済宗の宗風は「無位の真人（一切の対立を超越して解脱《げだつ》した人）」「無衣《むえ》の道人（何ものにもとらわれることのない仏道修行者）」（『臨済録』）を目標とし、宋代では「無」という文字そのものに宗教的哲学的象徴性を求めて修行の眼目にした。○消息――この意味は多く、本来は陽気が生ずることを息と言い、陰気が滅することを消と言って、減ることと増えること、または見えたり隠れたりする意味だが、ここでは様子、あ

りさま、内容などの意。

〔訳文〕 何も事件が起こっていないときには、ぼんやりして気が抜けた状態になっているのではないかと反省し、いったん事が起こったときには、大事なことを見逃すような浮わついた気持ちになっているのではないかと反省する。事態が順調に行っているときには、驕り高ぶる言葉遣いや顔色をしているのではないかと反省し、順調に行っていないときには、人を恨みに思う心に駆られているのではないかと反省する。

このように、いつでも自分の心の状態をしっかり見定め確認して、多くを望むことからなるべく望みを少なくして、有心から無心に境涯が進んで到達した、何ものにもとらわれない心境になって、ようやく道を学ぶ者のほんとうのあり方となる。

九、幾たび挫折してもくじけない心を持て

士人《しじん》は、百折《ひゃくせつ》すれども回《かい》せざるの真心《しんじん》有《あ》りて、纔《わず》かに万変《ばんぺん》すれども窮《きゅう》せざるの妙用《みょうよう》有《あ》り。

士人有二百折不レ回之真心一、纔有二万変不レ窮之妙用一。

〔語義〕 ○百折すれども回せざる——折は挫折、失敗すること。幾たび失敗してもくじけないこと。

百折不撓《ふとう》とも言う。百折不回の語は、現在の中国語でも良く用いられている。○妙用――妙なる働き。神妙な効用のこと。

〔訳文〕ほんとうに道を志す人は、何度失敗してもくじけない真実の心を持って、そうなって初めて、どんなに状況が変化しても、そこで行き詰まらない、すばらしい働きが発揮できる。

一〇、名声を追わず、虚心に基盤を確立する

業《ぎょう》を立《た》て功《こう》を建《た》つるには、事事《じじ》に実地《じっち》に従《よ》りて脚《あし》を著《つ》けんことを要《よう》す。若《も》し少《わず》かも声聞《せいぶん》を慕《した》わば、便《すなわ》ち偽果《ぎか》を成《な》さん。

道《みち》を講《こう》じ徳《とく》を修《おさ》むるには、念念《ねんねん》に虚処《きょしょ》に従《よ》りて基《もとい》を立《た》てんことを要《よう》す。若《も》し稍《わず》かも功効《こうこう》を計《はか》らば、便《すなわ》ち塵情《じんじょう》に落《お》ちん。

立レ業建レ功事事要下従二実地一著上レ脚。若少慕二声聞一便成二偽果一。

講レ道修レ徳念念要下従二虚処一立上レ基。若稍計二功効一便落二塵情一。

〔語義〕○脚を著け――足を着ける。足を落す。○声聞――名誉とか、良い評判を言う。『孟子』（離婁、下）に「声聞の情に過ぐるは、君子之《これ》を恥《は》ず」とある。○便ち――そのままで。そのとき。その

中にすでにあるの意。○偽果——有名無実の結果。○虚処——心を空しくする。○功効——いさおし。○塵情——欲望。煩悩。世俗的な情念。

〔訳文〕事業を起こし、それを完成させるには、何ごとも着実な基盤の上に立って事を遂行する必要がある。もし、少しでも名誉や良い評判のようなものを求めたならば、たちまち真実を伴わない結果を招くであろう。

道理を説き示し、徳行を修めるには、すべての思いを虚心にして基礎を確立する必要がある。もし、わずかでも結果だけを期待するような手だてを講じたならば、たちまち妄想に汚れた心に陥ってしまうだろう。

一一、暇なときの心の引き締め方と心の緩め方

身《み》は宜《よろ》しく忙《ぼう》すべからざるも、而《しか》も間暇《かんか》の時《とき》に忙《ぼう》せば、亦《ま》た惰気《だき》を儆惕《けいてき》す可《べ》し。
心《こころ》は放《はな》つ可《べ》からざるも、而《しか》も収摂《しゅうせつ》の後《あと》に放《はな》たば、亦《ま》た天機《てんき》を鼓暢《こちょう》す可《べ》し。

身不レ宜レ忙而忙二於間暇之時一亦可三儆二惕惰気一。
心不レ可レ放而放二於収摂之後一亦可レ鼓二暢天機一。

〔語義〕○儆惕――儆《けい》は警に通じ、自分を戒めること。惕《てき》は、慎み畏れること。○心は放つ――心を放つ（放心）は、気を緩めて本心を失うこと。『孟子』（告子、上）に「仁は人の心なり、義は人の路なり。其の路を捨てて由《よ》らず、其の心を放ちて求むるを知らず、哀しいかな。学問の道は、他無し。其の放心を求むるのみ」とある。また、唐の王維の「瓜園」に、「手を携えて涼風を追い、心を放ちて乾坤を望む」とあり、心を自由にして、胸襟を開くの意もある。○収摂――収めること。また、とらえること。○天機――自然の機。持って生まれた本然の性質、能力。○鼓暢――励まし伸ばすこと。激発と同じ。励まし起こす、奮発させること。

〔訳文〕人間は、身体を忙しくさせるばかりではいけないが、暇なときでも忙しいときの心を持っていれば、怠ける心を戒め慎むことができる。
　また、心を放逸にさせてはいけないが、しっかりと整え修めた後で緩めてやるならば、本来の素質を奮い起こし、伸ばしてやることもできる。

一二、名誉や欲望を捨てよ

省　鐘鼓《しょうこ》の体《たい》は虚《きょ》なるも、声聞《せいぶん》の為《ため》に撃撞《げきどう》さるるを招《まね》く。麋鹿《びろく》の性《せい》は逸《いつ》なれば、豢養《かんよう》に因《よ》りて羈縻《きび》を受《う》く。

修　名《な》は禍《わざわい》を招《まね》くの本為《もとた》り、欲《よく》は乃《すなわ》ち志《こころざし》を散《ち》らすの媒《なかだち》なるを見《み》る可《べ》し。学《まな》ぶ者《もの》は掃除《そうじょ》を為《な》すを力《つと》めざる可《べ》からず。

鐘鼓体虚為㆓声聞㆒而招㆓撃撞㆒。麋鹿性逸因㆓豢養㆒而受㆓羈縻㆒。可㆑見㆘名為㆓招㆑禍之本㆒欲乃散㆑志之媒㆖。学者不㆑可㆑不㆑力㆑為㆓掃除㆒也。

〔語義〕 ○虚――『老子』（第十一章）の「三十輻、一轂を共にす。其の無に当りて車の用有り」に通ずる。○声聞の為に――打てば音が出るために。その有用性が逆に害を受ける因となること。○麋鹿――麋は大鹿。トナカイ。野卑で奔放な生き方に喩える。○豢養――豢《かん》は、禽獣などを養うことで、ともに養うこと。○羈縻――羈《き》は、馬のくつわに掛けるひも。縻《び》は、牛の鼻づな。ともに繋ぎ止め、自由を牽制するのに用いる。○欲は乃ち志を散らすの媒――『老子』（第九章）に「金玉、堂に満つれば、之を能く守ること莫し」と。また同（第四十四章）に「多く蔵すれば、必ず厚く亡《うしな》う」とある。○掃除――世間に知られようとする心を捨てること。『荘子』（内篇、逍遥遊第一）の「神人に功無く、聖人に名無し」の句に通じる。

〔訳文〕 鐘や太鼓は、その本体は空洞なのに、音が出るために撞《つ》かれたり打たれたりする結果を招く。また、トナカイや鹿の性質は、自由奔放だから、これを矯正し養うために、おもがいで繋がれるような目に遭う。

これらの例によって、名声は禍《わざわい》を招く原因であり、欲望は志気を失わせる要因となることがわかる。であるから、道を学ぶ者は、名声や欲望の心を払い除くことに努めなければいけない。

一三、つねに目覚めた心で俗念を去れ

一念《いちねん》も常《つね》に惺《さと》らば、纔《わず》かに神弓鬼矢《じんきゅうきや》を避《さ》け去《さ》らん。
繊塵《せんじん》も染《そ》まらざれば、方《はじ》めて地網天羅《ちもうてんら》を解《と》き開《ひら》かん。

一 念 常 惺 纔 避ニ去 神 弓 鬼 矢一。
繊 塵 不レ染 方 解ニ開 地 網 天 羅一。

〔語義〕○一念――一つの意念。きわめて短い間に起こる心の作用。○神弓・鬼矢――鬼神の射る弓矢。鬼矢は鬼箭とも言い、死神の射る矢。○繊塵――細かい塵《ちり》。ここでは「一念」と対になる。○地網・天羅――『老子』（第七十三章）に「天網恢恢《かいかい》（大きなさま）、疏《そ》にして失わず」とあるように、逃れられない天地自然の制裁の意であるが、ここでは、人間を縛りつける社会のしがらみや人情。

〔訳文〕ほんの少しの間でもつねに目覚めた心でいるならば、それでようやく神の引く弓、鬼神の射る矢のような、人の力の及ばない危害も避けられよう。
ほんのわずかでも心が汚れていなければ、それで初めて、天地に張りめぐらされた網のような、人

間を拘束するいろいろなものから解放されよう。

一四、思いやりがあってこそ事は成就する

一点《いってん》の忍《しの》びざるの念頭《ねんとう》は、是《こ》れ民《たみ》を生《い》かし物《もの》を生《い》かすの根芽《こんが》なり。一段《いちだん》の為《な》さざるの気節《きせつ》は、是《こ》れ天《てん》を撐《ささ》え地《ち》を撐《ささ》えるの柱石《ちゅうせき》なり。故《ゆえ》に君子《くんし》は、一虫一蟻《いっちゅういちぎ》に於《お》いても傷残《しょうざん》するに忍《しの》びず、一縷一糸《いちるいっし》も貪冒《たんぼう》するを容《ゆる》すこと勿《な》く、便《すなわ》ち万物《ばんぶつ》の命《めい》を立《た》て、天地《てんち》の心《こころ》を立《た》つと為《な》す可《べ》し。

一点不レ忍的念頭是生レ民生レ物之根芽。一段不レ為的気節是撐レ天撐レ地之柱石。故君子於二一虫一蟻一不レ忍二傷残一一縷一糸勿レ容二貪冒一便可レ為二万物立レ命天地立一レ心矣。

〔語義〕○一点——少しの。中国語の「一点儿《イーディアル》」。また、後の「一段」に対する。○忍びざる——しのびない。情深い。人の不幸をただ何もしないで見てはいられない心。『孟子』（公孫丑、上）に「人皆人に忍びざるの心有り。先王、人に忍びざるの心有りて、斯《ここ》に人に忍びざるの政《まつりごと》有り。人に忍びざるの心を以て、人に忍びざるの政を行わば、天下を治むること、之《これ》を掌上《しょうじょう》に運《めぐ》らす可し。人皆人に忍びざるの心有りと謂う所以《ゆえん》は、今、人乍《たちま》ち孺子《じゅし》の将《まさ》に井に入るを見れば、皆怵惕惻隠《じゅってきそくいん》の心有り」

とあるように性善説に基づく道徳心。〇為さざるの気節――自然に与えられた本性を人為で損なってはいけないとする『老子』『荘子』に基づく処世哲学。〇傷残――傷つく。疲れて痛む。蘇軾の「怪石を咏ずるの詩」に「傷残破砕するも世役をなす、烏《いずく》んぞ小用有りと雖《いえど》も賢とするに足《た》らん」とある。〇一縷一糸――一縷《いちる》は一筋の糸。一糸とともにわずかのこと。〇貪冒――貪ること。貪欲。『春秋左氏伝』（成公十二年）に「諸侯貪冒にして、侵欲忌《い》まず」とある。〇命を立つ――天から付与されたものを全うする。『孟子』（尽心、上）に「殀寿貳《ようじゅたが》わず、身を修めて以て之《これ》を俟《ま》つは、命を立つる所以《ゆえん》なり」とあり、「立命」を朱子は「天の与えた命を全うし、人為を以て害しない」と註している。

〔訳文〕ほんの少し人を思いやる心こそが、人を生かし物を生かす基本の芽生えである。ほんのわずかの強《し》いて事を起こそうとしない心持ちこそが、天地の間を支えて人を守り生かす基礎となる。
　であるから、人に尊敬される立派な人というものは、ほんの小さな虫や蟻《あり》に対しても傷つけ損なうようなことができず、一筋ほどのわずかなものでも貪り侵すことはせず、かくして万物は、その天から与えられた役目を全うし、自然は、ありのままの姿を全うすることができる。

一五、心の迷いを消して、風月を愛でる境地に

世上《せじょう》の塵氛《じんぷん》を撥開《はっかい》すれば、胸中《きょうちゅう》は自《おの》ずから火《ひ》炎《も》え氷《こおり》競《きそ》うこと無《な》し。
心中《しんちゅう》の鄙吝《ひりん》を消却《しょうきゃく》すれば、眼前《がんぜん》は時《とき》に月到《つきいた》り風来《かぜきた》ること有《あ》り。

撥二開世上塵氛一胸中自無二火炎氷競一。
消二却心中鄙吝一眼前時有二月到風来一。

〔語義〕○撥開――撥は取り除くこと。開は動詞の後に付け動作が広がることを示す。払い去る。○火炎え氷競う――火炎は、欲望や妄執に乱れ起こる煩悩心。『法華経』（譬喩品）では、煩悩の苦しみに満ちたこの世を「火空（炎に包まれた恐ろしい世界）」とする。氷競は、凝り固まり身動きが取れなくなった心情。○鄙吝――心が卑しいこと、また、心卑しくやぶさかなこと。度量が狭いこと。潘岳《はんがく》の「西征賦」（『文選』賦篇）に「智勇の淵偉（奥深くて偉大なこと）に処り、鄙吝の忿悁《ふんけん》（怒りっぽい）に方《くら》ぶ」とある。○月到り風来る――風月を愛し風流を楽しむ余裕が生まれること。禅宗では、悟境の形容にも用いられる。「江月照らし、松風吹く、永夜の清宵、何の為《な》す所ぞ」（永嘉玄覚『証道歌』）。

〔訳文〕世の中の汚れた気を押し払ってしまったなら、胸の中は自然と、火が燃えさかったり氷が競って固くなったりするような迷いの心の働きはなくなる。
心の中の卑しく物惜しみするような動きを消してしまったなら、目の前はいつも大自然の中にあって、風流な月や風の訪れが感じられるようになる。

一六、動・静、喧・寂の区別を超える

学《まな》ぶ者《もの》、動静操《どうせいそう》を殊《こと》にし、喧寂《けんせき》趣《おもむき》を異《こと》にするは、還《ま》た是《こ》れ煅煉《たんれん》未《いま》だ熟《じゅく》せず、心神混淆《しんしんこんこう》するの故《ゆえ》のみ。
須《すべか》らく是《こ》れ操存涵養《そうそんかんよう》にして、定《さだ》まれる雲《くも》、止《と》まれる水《みず》の中《なか》に、鳶飛《とびと》び魚躍《うおおど》るの景象有《けいしょうあ》り、風狂《かぜくる》い雨驟《あめにわ》かなる処《ところ》に、波恬《なみやす》らかに浪静《なみしず》かなる風光有《ふうこうあ》るべく、纔《わず》かに一《いっ》に処《お》り斉《せい》と化《か》するの妙《みょう》を見《み》る。

学者動静殊レ操喧寂異レ趣還是煅煉未レ熟心神混淆故耳。
須下是操存涵養定雲止水中有二鳶飛魚躍的景象一風狂雨驟処有中波恬浪静的風光上纔見二処レ一化レ斉之妙一。

〔語義〕○動静操を殊にし……——「動」と「静」、「喧」と「寂」は反対概念。「静・寂」は、理想世界。「動・喧」は、迷妄に陥り混乱した現世の心境。この二つを対立的にとらえる。○煅煉——焼き鍛えること。○心神——心情と精神。○混淆——入り混じってはっきりしないこと。○操存——操守と同じで、心に堅く守り持するところ。正道を踏んで変らないこと。節操ともいう。○涵養——ひたし養う。しだいに染《し》み込むように養成すること。○鳶飛び魚躍る——『詩経』（大雅、旱麓）に「鳶飛んで天に戻り、魚淵《うおふち》に躍《おど》る」とあり、生気がみなぎり、潑溂としている様子。○景象——景色。ありさま。○一に処り斉と化す——一と斉は、同一、等しいの意。『荘子』（外篇、秋水第十七）に「万物は一斉なり、孰《いず》れか長、孰れか短」とある。万物は一見、相対的な対立概念をなしているが、これを超越した絶対的な立場からは、対立や差別はなくなり、取捨分別する執着の心は消滅するとした荘子の考え方（『荘子』内篇、斉物論第二にも見える）。

〔訳文〕道を学ぶ者が、動と静、喧と寂を対立的に考え（動・喧は悪く、静・寂は良い、と取捨選択の念で見る）、これらを別のこととするなら、やはり自分を鍛えることにおいてはまだ十分ではない。それは、静・動、喧・寂に対する是非の考えが、入り混じっているためにすぎない。

自《みずか》らの心をしっかりと守り、徐々に養い育てれば、必ずや、じっとして動かない雲や静まりかえった水の中にも、鳶が勢いよく飛びまわり、魚も水から躍り上がるような様子があり、また、強風が吹き荒れ、にわか雨が激しく降り出すところにも、波浪が安らかに静まった景色があると、受け止められるような心境になるはずであり、それでようやく、静にも動にも同じように対処でき、喧をも寂をも等しいものとして受け止められる、すばらしい世界を見ることができる。

一七、思慮分別にこだわって心を曇らすな

心《こころ》は、是《こ》れ一顆《いっか》の明珠《めいしゅ》なり。物欲《ぶつよく》を以《もっ》て之《これ》を障蔽《しょうへい》するは、猶明珠《なおめいしゅ》にして、混《こん》ずるに泥沙《でいさ》を以《もっ》てするがごとく、其《そ》の洗滌《せんじょう》することは猶易《なおやす》し。情識《じょうしき》を以《もっ》て之《これ》を襯貼《しんちょう》するは、猶明珠《なおめいしゅ》にして、飾《かざ》るに銀黄《ぎんおう》を以《もっ》てするがごとく、其《そ》の滌除《じょうじょ》することは最《もっと》も難《かた》し。

故《ゆえ》に学《まな》ぶ者《もの》は、垢《こう》の病《やまい》を患《うれ》えずして、潔《けつ》の病《やまい》の治《いや》し難《がた》きを患《うれ》え、事障《じしょう》を畏《おそ》れずして、理障《りしょう》の除《のぞ》き難《がた》きを畏《おそ》る。

心是一顆明珠。以二物欲一障二蔽之一猶三明珠而混以二泥沙一其洗滌猶易。以二情識一襯二貼之一猶三明珠而飾以二銀黄一其滌除最難。

故学者不レ患二垢病一而患二潔病之難一レ治不レ畏二事障一而畏二理障之難一レ除。

〔語義〕 ○一顆の明珠——一個の完全無欠、無傷で円明なる玉。顆は助数詞。禅宗では、世界相の空なるあり方を表現するのに用いる。「僧問う、承《うけたまわ》るに言える有り、尽十方世界は是れ一顆の明珠なり、と。学人、如何《いかが》会得《えとく》せん」（『景徳伝燈録』十八、玄沙章）。○障蔽——遮り覆う。障り。『爾雅』（釈衣服）に「下を裳と曰う。裳は障なり。自ら障蔽する所以《ゆえん》なり」とあり、『漢書』（巻六十四上、厳助伝）にも「陛下の為に藩を守り、身を以て障蔽を為す」とある。○泥沙——泥と砂。○洗滌——洗も滌も洗うこと。後の滌除は、汚れや欠点を取り除くこと。○情識——感情と知識。白居易の「蘇州南禅院千仏堂転輪経蔵石記」に「上下近遠、情識有る者は、法音の及ぶ所、福を蒙《こうむ》らざるは無し」とある。仏教では、思慮分別の働きを言う。○襯貼——襯《しん》は、肌着、下着。貼は、着ける、貼りつける。身体にぴったり貼りつける。○銀黄——銀と金。『韓非子』（解老篇第二十）に「和氏の璧、飾るに五采を以てせず、隋侯の珠、飾るに銀黄を以てせず、其の質、至りて美なれば、物を以て飾るに足らず。夫《そ》れ物の飾るを待ちて後に行わるる者は、其の質、美ならざればなり」とある語を踏まえている。○垢の病——垢はあか、汚れで、人身上の欠点や誤りを言っていて、「潔の病」と対をなしている。○事障——二障の一つ。生死を継続させる煩悩。『円覚経』（上）に「何をか二障と云う。一は理障、正知見を礙《さまた》げ、二は事障、諸の生死を続ぐ」とある。○理障——根本無明。正知見を礙《さまた》げて本覚真如の理に達しないもの。正知をくらまして宇宙の真理に背くこと。

〔訳文〕 心というものは、一粒の光り輝く玉のようなものである。物に対する欲望で玉の光のような心を覆い隠してしまうのは、それはあたかも、輝く玉を泥や砂の中に混ぜるようなもので、それを洗い滌《すす》ぎ美しくするのはまだ容易である。しかし、思慮分別へのこだわりをこの玉のような心にべったりと貼りつけてしまうのは、それはあたかも、輝く玉を銀や黄金で飾りたてるようなもので、そのこだわりを滌《すす》ぎ除くことは大変難しい。

　だから道を学ぶ者は、一時の欲に迷うという病に対してはあまり心配することはないが、うわべは筋が通っていそうなことに執着する病の方が、治療するのが難しいことを心配し、また、一見してわかるような具体的な心の障害については心配することはないが、内面的な無知で真理に暗い無明や煩悩を除くのが難しいということについては、心配するように心掛けなければいけない。

一八、正道に立ち、物欲を去るための覚悟

軀殻《くかく》の我《が》、要《も》し破《は》すべきを看得《みえ》ば、則《すなわ》ち万有《ばんゆう》は皆空《みなくう》にして、其《そ》の心《こころ》は常《つね》に虚《きょ》なり。虚《きょ》ならば則《すなわ》ち義《ぎ》理《り》来《きた》り居《お》る。

性命《せいめい》の我《が》、要《も》し真《しん》なりと認《みと》め得《え》ば、則《すなわ》ち万理《ばんり》は皆備《みなそな》わりて、其《そ》の心《しん》は常《つね》に実《じつ》なり。実《じつ》ならば則《すなわ》ち物《ぶつ》欲《よく》入《い》らず。

軀殻的我要看㆓得破㆒則万有皆空而其心常虚。虚則義理来居。

性命的我要認㆓得真㆒則万理皆備而其心常実。実則物欲不㆑入。

〔語義〕○軀殻――身体、からだ、軀体。殻はから、からのこと。肉体を包む殻を言う。「精神」と対になることが多いが、ここでは「性命」と対になっている。○我――自己の心中に霊性の一物を認め、一切の迷いの根本となるもの。○看得ば――得は、動詞の後に付き可能なことを表す。看ることができる。この動詞の後に「得」を揃える表現は、口語に多く用いられ、以下にもその用例は多い。○万有――宇宙界に存在するすべてのもの。形而下的なもの。ここでは形而上的な後の「万理」と対になっている。○空――大乗仏教では「我空」（人無我）と「法空」の二種が説かれている。我空とは、我は五蘊《ごうん》仮和合《けわごう》（事物を構成する五つの要素が一時に仮に集まったもの）の存在で、永遠の存在としての実体・自我を持たないことを言い、法空とは、五蘊（身心の構成要素、色・受・想・行・識）の一つ一つに

も実体はなく、現象として生滅変化する仮の存在にすぎないことを言う。空の思想を強調したのは初期大乗「般若経」で、『般若心経』の「色即是空、空即是色」の語は、もっともこれを端的に示している。「空即是色」とは、人間の身体はもともと空無であるが、四大（地・水・火・風の四大要素）が和合すれば存在すること。「色即是空」とは、四大が離散すれば空無に帰するということ。人間の身体だけでなく、すべてのものが因縁《いんねん》の離合によって存在し、あるいは空無に帰し、一定不変の実体はないということ。○虚――無念、無想、虚心。『老子』（第三章）に「聖人の治は、其の心を虚しくして、其の腹を実《み》たし、其の志を弱くして、其の骨を強くす」とあり、また『荘子』（内篇、人間世第四）に「回（顔回）曰《いわ》く、敢《あ》えて心斉を問う。仲尼曰く、若《なんじ》、志を一にせよ。これを聴くに耳を以てすることなく、これを聴くに気を以てせよ。聴くは耳に止まり、心は符（外のものを自分の心に照らし合せる）に止まる。気とは虚しくして物を待つ者なり。唯《た》だ道は虚に集まる。虚とは心斉（虚心であれば道に合すること）なり、と」とある。○義理――正しい道筋。『史記』（巻六、秦始皇本紀）に「外は諸侯を教え、光《おお》いに文恵を施し、明らかにするに義理を以てす」とある。○性命――万物の有するそれぞれの性質。天から命ぜられた持ち前。『易経』（説卦伝、第二章）に「昔者《むかし》、聖人の易を作《つく》るや、将《まさ》に以て性命の理に順《したが》わんとす」とあり、その前に「道徳に和順して義に理あり、理を窮めて性を尽して以て命に至る」とあって、先の義理の語も出ている。また、宋代の儒者の唱えた学説に性命理気説がある。これは、天の賦与するものを命と言い、これを稟《う》けて我に存するを性と言う。理は一切平等にして、気は各々異なる。性は理を稟《ひん》受するところなるが、気あるが故に、賢愚同じからずとする説である。

〔**訳文**〕身体という我（小我）については、もしこれを否定すべきであると見通すことができたなら、あらゆる存在はすべて空なるものであり、その心もまったくわだかまりがなくなる。このようになると、正しい道理はすべて受け入れられるようになる。

天から賦与された真実の命という我（大我）については、もしこれを真実なものであると確かめることができたなら、あらゆる道理がすべて備わり、その心もつねに真実なものとなる。心が真実のものとなれば、物に対する欲望の心も入り込んでこない。

一九、顔と心の汚れを除くと人に親しまれる

面上掃㆓開十層甲㆒眉目纔無㆑可㆑憎。
胸中滌㆓去数斗塵㆒語言方覚㆑有㆑味。

面上《めんじょう》、十層《じゅっそう》の甲《こう》を掃開《そうかい》せば、眉目《びもく》も纔《わず》かに憎《にく》む可《べ》き無《な》し。
胸中《きょうちゅう》、数斗《すうと》の塵《ちり》を滌去《じょうきょ》せば、語言《ごげん》も方《はじ》めて味《あじ》有《あ》るを覚《おぼ》ゆ。

省　修

〔**語義**〕○面上――顔の様子、表情。次の「胸中」と対になる。○十層の甲――幾重にも重なった虚偽、偽飾の表情。○掃開――開は、動詞の後に付けて一定の意味を添える語。掃は払うで、取り払うこと。「滌去」と対になる。○眉目――眉と目、容貌のこと。『漢書』（巻六十八、霍光伝）に「光は人

と為《な》り、沈静詳審にして、長財《わず》かに七尺三寸、白皙にして眉目を疏にして須髯を美しとす」とある。「眉目、画の如し」（顔つきが整って美しい）の常用語もある。○数斗の塵――いろいろと多くの欲望。○滌去――洗い去る。除き去る。○語言――言葉。言語。

〔訳文〕顔の上の幾層にも重なった偽りの殻を取り払ったならば、顔の様子も、それでやっと嫌われるべきものがなくなる。

心の中に積もり積もった多くの汚《けが》れを洗い去ったならば、言葉遣いも、それで初めて味わい深くなることがわかる。

二〇、心の本来を知り、世間の常道を尽せ

心上《しんじょう》の本来《ほんらい》を完的《かんてき》すれば、方《はじ》めて了心《りょうしん》を言《い》う可《べ》し。
世間《せけん》の常道《じょうどう》を尽的《じんてき》すれば、纔《わず》かに出世《しゅっせ》を論《ろん》ずるに堪《た》う。

完二的心上之本来一方可レ言二了心一。
尽二的世間之常道一纔堪レ論二出世一。

〔語義〕○本来――本来の面目のことで、仏教では、人為を加えないありのまま、自己本来の心性。

宋学では良知とも言う。○完的――後の「的」は「得」とも通じ、動詞の後に付いて、その動作が完成することを示す口語的表現。○了心――人間の真実を知ること。○常道――不変不易《ふえき》の道、一定不動の正しい道などの意味もあるが、ここでは、普通のやり方、つねに行う方法の意。○纔かに――それで初めて、それでやっと。「方《はじ》めて」と対にしているところが多い。○出世――出世間の略。世俗的な塵埃の中から離れること。有為転変の迷いの世界から解脱《げだつ》すること。

〔訳文〕心にもともと備わっている働きを完全に把握できたならば、それで初めて人間の真実を知ることについて語り合うことができる。

世の中で守られるべき道を学び尽くすことができたならば、それでようやく塵《ちり》に満ちた世俗的な世界を超える真実の道を論ずるに十分となる。

二一、気持ちを大きくして事に当れ

我《われ》、果《も》し洪炉大冶《こうろたいや》と為《な》らば、何《なん》ぞ頑金鈍鉄《がんきんどんてつ》の陶鎔《とうよう》す可《べ》からざるを患《うれ》えん。
我《われ》、果《も》し巨海長江《きょかいちょうこう》と為《な》らば、何《なん》ぞ横流汚瀆《おうりゅうおどく》の容納《ようのう》する能《あた》わざるを患《うれ》えん。

我果為二洪炉大冶一何患三頑金鈍鉄之不レ可二陶鎔一。
我果為二巨海長江一何患三横流汚瀆之不レ能二容納一。

〔語義〕○洪炉――大きないろり。洪鑪とも言う。白居易の「友の問に答うる詩」に「鉄を置きて洪炉に在り、鉄の消易すること雪の如し」とある。○大冶――鋳鉄工、鍛冶師のこと。『荘子』（内篇、大宗師第六）に「必ず今、大冶《たいや》の金を鋳《い》るに、金は踊躍《ようやく》して曰く、我、且《まさ》に鏌鋣《ばくや》（名剣の名）と為《な》らんとす、と。大冶、必ず以て不祥の金《かね》と為《な》さん。今、一たび人の形に犯《はん》して、人のみ人のみと曰《い》わば、夫《か》の造化者、必ず以て不祥の人と為さん。今、天地を以て大炉を為し、造化を以て大冶と為さば、悪《いずく》にか往《ゆ》くとして可ならざらん。成然（安らかなさま）として寐《い》、蘧然《きょぜん》（あわただしいさま）とて覚《さ》む、と」とあり、大炉と大冶の語が見える。恐らくこの文に依拠したのであろう。○頑金・鈍鉄――頑《かたく》なで鈍い金属。頑鈍はなまくら刀。「頑鉄鈍刀」の成語もある。○陶鎔――溶かし造る。○横流――ほしいままに溢れ流れること。『孟子』（滕文公、上）に「堯の時に当《あた》りて、天下猶未《なおいま》だ平らかならず。洪水横流し、天下に氾濫《はんらん》す」とある。○汚瀆――汚れた溝。どぶ。○容納――寛弘で能く物を入れる。容受と同じ。

〔訳文〕私が、もし巨大な溶鉱炉にでもなったならば、頑《かたく》なでなかなか熔《と》けないような金属でも、どうしてそれを焼き溶かせないと心を煩わすことがあろうか。

私が、もし広々とした大きな海や長江（揚子江）にでもなれたならば、ほしいままに溢れる川や汚れた水でも、どうしてそれを受け入れることができないなどと、心を煩わすことがあろうか。

二二、心に恥じることはせず、希望と思慮をなくすな

白日《はくじつ》に人《ひと》を欺《あざむ》かば、清夜《せいや》の愧赧《きたん》を逃《のが》るること難《かた》し。
紅顔《こうがん》に志《こころざし》を失《うしな》わば、空《むな》しく皓首《こうしゅ》の悲傷《ひしょう》を貽《のこ》さん。

白日欺レ人難レ逃二清夜之愧赧一。
紅顔失レ志空貽二皓首之悲傷一。

〔語義〕○白日——輝く太陽。夕日などの意味もあるが、ここでは、昼間、真昼の意。『三国志』（呉書、第十九、滕胤伝）に「白日は賓客に接し、夜は文書を省《かえり》み、通暁寐《いね》ず」とある。○清夜——静かな夜、良く晴れた夜。○愧赧——底本では「鬼報」に誤っているが、光緒本などに拠って改めた。恥じて顔を赤らめること。○志を失う——希望をなくすこと。思慮ができなくなること。『春秋左氏伝』（成公十六年）に「其の行くこと速《すみ》やかにして、険を過ぎて整わず。速やかなれば、則ち志を失い、整わざれば列を喪《うしな》う。志失い列喪わば、将《は》た何を以て戦わん」とある。○皓首——「紅顔」の対で、白髪の頭、老人の意。漢の李陵の「蘇武に答うるの書」に「丁年に使を奉じ、皓首にして帰る」とある。○貽す——普通は、人に物を贈ることであるが、『集韻』に「詒は亦た貽に通ず」とあり、貽《い》・詒《い》はいずれも遺《い》から来ている。『詩経』（邶風、雄雉）に「我、之《これ》を懐《うれ》い、自《おの》ずから伊《こ》の阻《うれ》いを詒《のこ》す」とあるが、『春秋左氏伝』（宣公二年）は、この『詩経』を引用して「我の懐《おも》い、自《みずか》ら伊《こ》の感《うれ》いを貽《のこ》す」

としており、貽と詒は通じている。また、「貽訓」は、父祖が子孫に教訓を残すこと、また、その教訓。

〔訳文〕白昼に人を騙《だま》すようなことをしたならば、清らかに澄みきった夜中に、一人で心に恥じ赤面して深く悔いることを免《まぬか》れることはできない。

まだまだ若い身で大きな希望を持たず、思慮をなくしてしまったならば、空しく人生を送り、白髪の老人になってから悲哀を残すことになるだろう。

二三、私欲への熱意を転じて、学徳・孝行・済民を志す

貨財《かざい》を積《つ》むの心《こころ》を以《もっ》て学問《がくもん》を積《つ》み、功名《こうみょう》を求《もと》むるの念《ねん》を以《もっ》て道徳《どうとく》を求《もと》め、妻子《さいし》を愛《あい》するの心《こころ》を以《もっ》て父母《ふぼ》を愛《あい》し、爵位《しゃくい》を保《たも》つの策《さく》を以《もっ》て国家《こっか》を保《たも》つ。

此《ここ》を出《い》で彼《かしこ》に入《い》るの念慮《ねんりょ》は、只《た》だ毫末《ごうまつ》を差《たが》うのみなるも、凡《ぼん》を超《こ》えて聖《せい》に入《い》り、人品《じんぴん》も且《か》つ星淵《せいえん》に判《はん》ず。人《ひと》は胡《なん》ぞ、猛然《もうぜん》として念《ねん》を転《てん》ぜざるや。

以下積二貨財一之心上積二学問一以下求二功名一之念上求二道徳一以下愛二妻子一之心上愛二父母一以下保二爵位一之策上保二国家一。

出レ此入レ彼念慮只差二毫末一而超レ凡入レ聖人品且判二星淵一矣。人胡不二猛然転一レ念哉。

〔語義〕○念慮――慮《おもんぱか》り。心の計らい。○毫末――毛の先。転じて、少し、わずか。『荘子』（外篇、秋水第十七）に「此れ其の万物に比するや、毫末の馬体に在るに似《に》ずや」「吾、天地を大として、毫末を小とせば可ならんか」「何を以てか毫末の以て至物の倪《かぎり》を定むるに足るを知らん」など「毫末」の語がたびたび見える。毫毛、秋毫、毫釐《ごうり》とも言う。『史記』（巻一百三十、太史公自序）の「之《これ》を毫釐に失えば、差は千里」という成語は非常に有名で、各所に引用されている。○星淵――星は高いところにあり、淵は深いところにあることから、天地のこと。遠く離れてしまうこと。『詩経』（大雅、旱麓）に「鳶は飛びて天に戻《いた》り、魚は淵に躍《おど》る」とある。○判ず――判は、もともと刀で二つに分けることであるが、ここでは天と地ほどに遠く分れてしまうこと。○胡ぞ――「胡為《なんすれ》ぞ」と同じく疑問の助字。○猛然――勢いの激しいさま。

〔訳文〕お金や財産を貯え積み上げようとする熱心な気持ちをもって学問を積み重ね、世間の功績や名誉を求めると同じような志をもって真実の道を追い求め、妻や子を愛すると同じような深い心で父母をいとおしみ、自分の地位を守ろうとして一生懸命行う方策をもって国を守る。

私利私欲の世界を抜け出して、無私無欲の世界に入る気持ちは、ほんの少しの違いがあるだけであるが、凡人の心境を超えて聖人の境涯に入ることができ、人柄も天と地ほどに明確に分れてしまう。人間として、どうして勢い良くすばやくこの心を一転させないでおられようか。

二四、善福はちょっとした慈愛と謙譲で得られる

百福《ひゃくふく》の基《もとい》を立《た》つるは、只《ただ》一念《いちねん》の慈祥《じしょう》に在《あ》るのみ。
万善《ばんぜん》の門《もん》を開《ひら》くには、寸心《すんしん》の挹損《ゆうそん》するに如《し》くは無《な》し。

立二百福之基一只在二一念慈祥一。
開二万善之門一無レ如二寸心挹損一。

〔語義〕 ○百福――いろいろな幸福。多くの福禄。『詩経』（大雅、仮楽）に「禄《ろく》を干《もと》めて百福、子孫千億ならん」とあり、また北宋の長蘆宗賾《ちょうろそうさく》の『禅苑清規《ぜんねんしんぎ》』（巻二、諸知事）にも「起居万福」とある。後の「万善」と対になっており、百も万もいずれも多くの意。中国では多く用いられる。○慈祥――慈しみ深く善良なこと。現代中国語でも慈母の笑顔のことを「慈祥的笑容」と言っている。○万善――多くの善。○寸心――心。心のあり場所を一寸四方と考えていたので寸心と言う。方寸とも言う。ここでは「一念」の対で、少しのこと。○挹損――自分の気持ちを抑えて謙遜すること。また、減らすこと。『荀子』（宥坐篇第二十八）に「聡明聖知なるは、これを守るに愚を以てし、功の天下に被《こうむ》るは、これを守るに譲を以てし、勇力の世を撫《おお》うは、これを守るに怯《きょう》を以てし、富の四海を有《たも》つは、これを守るに謙を以てす。此れ所謂挹《おさ》えてこれを損《そん》ずるの道なり」とあり、また『管子』（軽重乙篇）に「国貧しくして、用（費用）足らず。請《こ》う、平価（標準価格）を以てこれを取らん、と。皆困窌《きんこう》（穀物を貯

える倉）を案ずれば、「而《すなわ》ち挹損すること能《あた》わず」とある。

〔訳文〕多くの幸せの基礎を確立するものは、ほんのわずかな他人に対する慈しみの心にこそある。あらゆる善に進む門を開くには、少しばかりの謙虚さに及ぶものはない。

二五、俗念を脱して真理に近づく

物欲《ぶつよく》の路《みち》を塞《ふさ》ぎ得《え》ば、纔《わず》かに道義《どうぎ》の門《もん》を闢《ひら》くに堪《た》えたり。
塵俗《じんぞく》の肩《かた》を弛《ゆる》ませ得《え》ば、方《はじ》めて聖賢《せいけん》の担《たん》を挑《かか》ぐ可《べ》し。

塞㆓得物欲之路㆒纔堪㆑闢㆓道義之門㆒。
弛㆓得塵俗之肩㆒方可㆑挑㆓聖賢之担㆒。

〔語義〕○道義――人の践み行うべき正しい筋道。道徳義理の略。『管子』（法法篇）に「聖王の身、治世の時、徳行は必ず是《ぜ》とする所有り、道義は必ず明らかにする所有り」とある。○担――担う、担っているもの。ここでは聖人や賢人の担っている重い任務のこと。

〔訳文〕物に対して起こす人間の数々の欲望の心を、防ぎ止めることができたならば、それでようやく正しい道筋を開き示すに堪えられる。肩に重くのしかかった俗世間の務めを、少しでも軽くすることができたならば、それで初めて聖人や賢人の重い任務を引き受けることができる。

二六、まずえこひいきと家内のいざこざをなくす

性情《せいじょう》上《じょう》の偏私《へんし》を融《ゆう》し得《う》れば、便《すなわ》ち是《こ》れ一《いっ》の大《だい》なる学問《がくもん》なり。
家庭内《かていない》の嫌隙《けんげき》を消《け》し得《う》れば、便《すなわ》ち是《こ》れ一《いっ》の大《だい》なる経綸《けいりん》なり。

融㆓得性情上偏私㆒便是一大学問。
消㆓得家庭内嫌隙㆒便是一大経綸。

〔語義〕○性情――心と趣《おもむき》。性は本性。生まれつきの素質。情は性の動。性が発動して節に当《あた》ることを言う。当らないのを欲と言う。『易経』（乾卦、文言伝）に「利貞は性情なり（情は性を離れず）」（利貞は元の働き以外のものでないからこのように言った）とあり、『荘子』（外篇、繕性第十六）に「民、始めて惑乱し、以て其の性情に反《かえ》りて、其の初めに復《かえ》ること無し」ともある。○偏私――えこひいき。不公平。諸葛亮の有名な「前出師表」（『三国志』蜀書、第五、諸葛亮伝）に「宮中・府中は倶に一体為《た》り、臧否《そうひ》（良し悪し）を陟罰《ちょくばつ》（賞することと罰すること）するに宜しく異同あるべからず。若し姦を作《な》し科《とが》

を犯し、及び忠善を為す者有れば、宜しく有司に付して、其の刑賞を論じ、以て陛下の平明の治を明らかにすべし。宜しく偏私して内外をして法を異にせしむべからず」とある。○嫌隙——嫌は嫌うこと、隙はすきまのこと。疑って仲が悪いこと。『三国志』（魏書、第二十七、胡質伝）に「今、睚眦《がいさい》（目を怒らせて憎むこと）の恨を以て、乃ち嫌隙を為す」とある。○経綸——天下を治め整えること。または、その方策。

〔訳文〕心の動きから偏見や私欲を溶かし去ることができれば、それこそが一つの偉大な学問である。家庭内の日常生活の中でのいざこざをなくすことができたならば、それこそが一つの偉大な治世の方策である。

二七、何ごとも困難なところより始めよ

功夫《こうふ》は難処《なんしょ》より做《な》し去《ゆ》かば、逆風《ぎゃくふう》に棹《さお》を鼓《こ》するが如《ごと》くにして、纔《わず》かに是《こ》れ一段《いちだん》の真《しん》の精神《せいしん》なり。
学問《がくもん》は苦中《くちゅう》より得来《えきた》らば、披沙《ひさ》して金《きん》を獲《う》るに似《に》て、纔《わず》かに是《こ》れ一箇《いっこ》の真《しん》の消息《しょうそく》なり。

功夫自㆓難処㆒做去者如㆓逆風鼓㆑棹纔是一段真精神。
学問自㆓苦中㆒得来者似㆓披沙獲㆑金纔是一箇真消息。

〔語義〕○功夫——工役、仕事のこと。また、仕事に対する精神上、肉体上の努力をも言う。「工夫」と同じく用いられる。ここでは後の「学問」と対になる。なお、韓国語では、「工夫」は勉強の意に用いられている。○做し去く——やって行く。「去」は、後の「得来る」の「来」と対になる。『菜根譚』では、処々に見える。○一段——後の「一箇」と対になり、いずれも、一つの、少しの意味。○披沙——沙（砂）から金を採取すること。『新唐書』（巻二百二十二上、南蛮伝）、南詔（異民族の名）の項に「長川諸山に、往往にして金有り、或いは沙を披《ひら》いて（披沙）之《これ》を得《う》、麗水は金麸《きんぷ》多し」とある。○真の消息——ほんとうの姿や様子。「消息」は第八節にもあり、『菜根譚』で多く用いられる。

〔訳文〕実際に事をなすには、難しいところから先にやって行くならば、逆風に向って船を漕ぐようなもので、その緊張のうちに、ようやくほんとうの気力が得られる。

学問をするには、苦しい生活の中で自分のものにするならば、砂をかき分けて中の黄金を手に入れるようなもので、その集中によって、ようやく世の実情に適用することができる。

二八、福・禄・寿を得る資性と努力

執拗《しつよう》なる者《もの》は、福《ふく》軽《かる》くして、円融《えんゆう》の人《ひと》は、其《そ》の禄《ろく》必《かなら》ず厚《あつ》し。
操切《そうせつ》なる者《もの》は、寿《じゅ》夭《わか》くして、寛厚《こうこう》の士《し》は、其《そ》の年《とし》必《かなら》ず長《なが》し。
故《ゆえ》に君子《くんし》は、命《めい》を言《い》わずして性《せい》を養《やしな》えば、即《すなわ》ち以《もっ》て命《めい》を立《た》つる所《ところ》にして、亦《ま》た天《てん》を言《い》わずして人《ひと》に尽《つく》せば、自《おの》ずから以《もっ》て天《てん》を回《めぐ》らす可《べ》し。

執拗者福軽而円融之人其禄必厚。
操切者寿殀而寛厚之士其年必長。
故君子不㆑言㆑命 養㆑性 即所㆓以 立㆒命 亦不㆑言㆑天 尽㆑人 自可㆓以 回㆒天。

〔語義〕○執拗——どこまでも自分の考えを押し通そうとする、片意地ですねていること。○円融——円は円満で、融は融通のこと。まどかに密邇《みつじ》して障礙のないこと。一般には、一法に一切法を具し、一切法が一法に入るとする華厳・天台などの「一即一切、一切即一」の教理を示す語。○操切——取り締まるのが手厳しいこと。厳しく取り締まること。『漢書』（巻七十二、貢禹伝）に「姦軌にして勝たざれば、則ち勇猛にして能く百姓を操切する者、苛暴を以て下を感服する者を取りて、その大位に居ら使《し》むなり」とあり、初唐の顔師古の注には「操とは持なり、切とは刻なり」としている。○寛厚——心が広くて親切なこと。または、情け深く手厚いこと。『管子』（形勢解篇）に「人主は、温良寛厚なれば、則ち民はこれを愛す」とある。○天を回らす——天命、または時勢を一変すること。また困難な時勢を挽回する意にも用いられる。『後漢書』（巻七十八、単超伝）に「其の後、四侯転《いよい》よ横《よこ》しまなり、天下これが為に語りて曰《いわ》く、左は天を回らして、具に独り坐す」とある。

〔訳文〕物事に強くこだわるような人は、得られる幸せは薄っぺらであり、よく人と打ち解けるような円満な心の人は、必ず人から厚く待遇される。

厳しく人を取り締まるような人は、若死をし、情け深くて人を手厚くもてなす人は、必ず長生きをする。

だから君子と言われるような立派な人は、運命と言ってあきらめずに持ち前の素質を育て上げれば、運命を切り開けるし、また、天命のせいにしないで努力を窮めれば、自然に天命をも変えることができる。

二九、才気活潑な人は学問・徳性で矯めよ

才智英敏《さいちえいびん》なる者《もの》は、宜《よろ》しく学問《がくもん》を以《もっ》て、其《そ》の躁《そう》を摂《せっ》すべし。

気節激昂《きせつげきこう》なる者《もの》は、当《まさ》に徳性《とくせい》を以《もっ》て、其《そ》の偏《へん》を融《ゆう》すべし。


才智英敏者宜㆘以㆓学問㆒摂㆗其躁㆖。

気節激昂者当㆘以㆓徳性㆒融㆗其偏㆖。

〔語義〕 ○才智英敏――才能があって理解や判断がすばやいこと。○躁――せかせかしていること。また、騒がしいこと。『論語』（季氏篇）に「君子に侍するに三愆《さんけん》（三つの犯しやすい過ち）有り。言未《げんいま》だ之《これ》に及ばずして言う、之を躁（軽率）と謂う。言之に及びて言わざる、之を隠（隠しだて）と謂う。

未だ顔色を見ずして言う、之を瞽《こ》（盲人は蛇を恐れない）と謂う」とある。○気節――意気と節操のこと。気性が確かで節操のあること。気骨があり正義を守る志のあること。○激昂――感情が高ぶること。心が激しく奮《ふる》いたつこと。○徳性――道徳を守ろうとする心。誠と明とを兼ね備えた性を言う。『中庸』（第二十七章）に「君子は、徳性を尊びて問学に道り、広大を致して精微を尽し、高明を極めて中庸に道り、故《ふる》きを温めて新しきを知り、敦厚にして以て礼を崇《たっと》ぶ」とある。○融す――もともとは、鼎《かなえ》から湯気が立ちのぼる意であったが、透る、溶けるの意になり、ここでは、和《やわ》らげるの意。

〔訳文〕才能があり、機敏な性質の人は、学問によって、その先走ってしまう性質を抑えるべきである。

気性の激しすぎる性格の人は、徳を養うことによって、片方に行きすぎるのを和《やわ》らげるべきである。

三〇、自然の中から真実を知れ

雲煙《うんえん》の影裏《えいり》に真身《しんしん》を現《あらわ》して、始《はじ》めて形骸《けいがい》の桎梏為《しっこくた》るを悟《さと》る。
禽鳥《きんちょう》の声中《せいちゅう》に自性《じしょう》を聞《き》きて、方《はじ》めて情識《じょうしき》は是《こ》れ戈矛《かぼう》なるを知《し》る。

雲煙影裏現二真身一始悟三形骸為二桎梏一。

禽鳥声中聞二自性一方知二情識是戈矛一。

〔語義〕○雲煙――雲烟とも言い、雲と煙、または、雲と霞、雲や霞が群がっている大空のこと。○真身――また、真身仏とも言う。法・報・応の三身のうち法身と報身の二身を合せたもの。真理および真理の働きを身体としている仏で、応身として現れるもとの仏。応身ならびに化身に対して言う（『金光明経』巻四）。○桎梏――手かせ足かせ。鉄、または木で作り、罪人の首や手足にはめて自由に動けないようにする刑具。『易経』（蒙卦、初六）に「蒙《もう》を発《ひら》く。用《もっ》て人を刑し、用《もっ》て桎梏を説《と》くに利《よろ》し。以て往《ゆ》けば吝《りん》なり」とあり、唐の孔穎達《くようだつ》の『五経正義』に「足に在るを桎と曰《い》い、手に在るを梏と曰う」と説明している。刑具から転じて、人間の自由を束縛する意にも用いられる。○自性――仏教一般では、心やものの固有な本性、改変できない本質の意味に用いられるが、禅門では、諸煩悩を離れた衆生の心の本性の意にも用いられる。自性清浄心、自心、心性なども同じ意味。○情識――感情と知識。仏教では、思慮分別の働きを言う。○戈矛――ともにほこの意で、殺伐の道具として用いられる。

〔訳文〕雲や霞がたなびく自然の中で、自分の真実な姿を見出して、そこで初めて、人間の肉体というものが、自分自身を束縛するものであることがわかる。

鳥たちの声がする中で暮して、自分の本質に気づいて、そこで初めて、感情や知識というものが、他人も自分も傷つける武器であることが理解できる。

三一、気が付いたら直ちに採否を決しよう

人欲《じんよく》は初《はじ》めて起《お》こる処従《ところよ》り翦《けず》り除《のぞ》くは、便《すなわ》ち新芻《しんすう》の遽《すみ》やかに斬《き》らるるに似《に》たり。其《そ》の工夫《こうふ》は極《きわ》めて易《やす》し。天理《てんり》は乍《たちま》ち明《あき》らかなる時自《ときよ》り充《み》たし拓《ひら》くは、便《すなわ》ち塵鏡《じんきょう》の復《ま》た磨《みが》かるる如《ごと》し。其《そ》の光彩《こうさい》は更《さら》に新《あら》たなり。

人欲従㆓初起処㆒翦除便似㆓新芻遽斬㆒。其工夫極易。
天理自㆓乍明時㆒充拓便如㆓塵鏡復磨㆒。其光彩更新。

〔語義〕○翦り——翦は、切る、削る、割くなどの意があり、果樹などの結実を助けるために枝を切る「翦（剪）定」の語は、今でも用いられる。○新芻——芻は蒭とも書き、草を刈ることでもあるが、牛馬の飼料となる「まぐさ」のことも言う。ここでは新しく芽を出したまぐさのこと。○工夫——考えめぐらす、仕事や思慮に努力すること。やり方。○天理——天が宇宙・万物を創造し、支配する原理。自然の原理。『荘子』（外篇、天運第十四）に「夫《そ》れ至楽は、之《これ》に応ずるに人事を以てし、之に従うに天理を以てし、之を行うに五徳を以てし、之に応ずるに自然を以てす」とあり、また、『礼記』（楽記第十九）に「人の物に化せらるるは、天理を滅ぼして人欲を窮《きわ》むる者なり」とあり、この文章と同じく「人欲」と対になっている。○塵鏡——塵《ちり》の積もった鏡。

〔訳文〕人間の欲望は、最初に起こる根本から断ち切り除くのは、あたかも草の新芽を生《は》えたそばから刈り取るようなものである。そのやり方はきわめて容易である。

天理自然の道理は、それを明らかにしたら、直ちに自分のものとして自己の陶冶《とうや》に資するのは、あたかも汚れた鏡をもとのように磨くようなものである。その輝きはいっそう鮮やかになる。

三二、一がすべてを映す、一心は明澄に

一勺《いっしゃく》の水《みず》は、便《すなわ》ち四海《しかい》の水《みず》の味《あじ》を具《そな》う。世法《せほう》は必《かなら》ずしも尽《ことごと》くは嘗《な》めず。
千江《せんこう》の月《つき》は、総《すべ》て是《こ》れ一輪《いちりん》の月《つき》の光《ひかり》なり。心珠《しんじゅ》は宜当《まさ》に独《ひと》り朗《ほが》らかなるべし。

一勺水便具二四海水味一。世法不二必尽嘗一。
千江月総是一輪月光。心珠宜二当独朗一。

〔語義〕○四海――四方の海の内、天下。『書経』（禹貢）に「四海会同す」とある。○世法――俗世間のならわし。仏教では世間法の略。この世の中の事柄、原因と条件によって生滅するものを言う。また「世法則仏法」の語もある。○心珠――珠玉にも喩えられる真実心のこと。心の中の明るさを宝珠に喩えている。『禅苑清規《ぜんねんしんぎ》』（巻八、坐禅儀）に「珠を探るに宜しく浪《なみ》を静かにすべし。水を動かせば取ること応《まさ》に難かるべし。定水澄清にして心珠は自《おの》ずから現《げん》ず」とある。

〔訳文〕ほんのわずかな水も、世界中の海の水の味を具えている。俗世間で生きるには、必ずしも世俗の雑事をすべて体験する必要はない。

そこらじゅうの川に映る月も、その原点は天空の一つの月の光である。それぞれが持っている月の光のような汚れのない心だけは、独《ひと》り輝かせておかなければならない。

三三、失意の状況の中でこそ大事ができる

得意《とくい》の処《ところ》で、地《ち》を論《ろん》じ天《てん》を談《だん》ずれば、倶《とも》に是《こ》れ水底《みずぞこ》の月《つき》を撈《すく》うなり。
払意《ふつい》の時《とき》に、氷《こおり》を呑《の》み雪《ゆき》を嚙《か》めば、纔《わず》かに火内《かだい》に蓮《はす》を栽《う》うるを為《な》す。

得意処論レ地談レ天倶是水底撈レ月。
払意時呑レ氷嚙レ雪纔為ニ火内栽レ蓮。

〔語義〕○得意――自分の心に適う、また、自分の思いどおりになること。『韓非子』（飾邪篇第十九）に、「趙氏は先ず燕を得意し、後に斉を得意す」とある「得意」は「意を……に得《え》」とも読める。『史記』（巻六十九、蘇秦列伝）に「宮室を高くして、苑囿を大にし、以て得意を明らかにせしむ」ともある。○水底の月を撈う――「水中に月を捉《とら》う」「水中に月を撈う」とも言い、水中の月影を捉えようとすることで、つかみどころのないこと、無益なこと、見込みのないこと。南宋の洪邁《こうまい》の『容斎随

筆』(巻三)に「李太白、当塗《とうと》(安徽省に属するが、南京より長江のやや上流で、江西の九江より下流の地で、李白が晩年を過ごし死去したところ)の采石に在りしとき、酔いて舟を江に泛《うか》べ、月影を見て、俯してこれを取らんとするに因《よ》りて溺死す」とあるのは有名な話である。○払意——自分の意に背くようなこと。○火内に蓮を栽う——宋の夏元鼎の「沁園春　和張虚靖」に、「火里に蓮を栽《う》え、水中に月を捉う」とあり、また、『維摩詰経』(仏道品)に「火内に蓮花を生ず、是れ稀有と謂う可《べ》し」とある。火の中に蓮花《はす》を栽えるとは、大変なことの意。


〔訳文〕事が順調に進行して満足している状況の中で、国事や天行について高尚な議論をしても、いずれも水底の月の影を掬《すく》いとろうとするような、とりとめもない話になってしまう。

事が思うように進まず失望している状態の中で、氷や雪を嚙み締めるように心を引き締めるならば、それでようやく、火が燃え盛っている中で蓮華を育てるような大きな仕事ができる。

三四、自分で悟り、会得することが大切

事理《じり》の、人《ひと》の言《げん》に因《よ》りて悟《さと》る者《もの》は、悟《さと》ること有《あ》るも、還《ま》た迷《まよ》うこと有《あ》り。総《すべ》て自悟《じご》の了了《りょうりょう》たるに如《し》かず。

意興《いきょう》の、外境《がいきょう》に従《よ》りて得《う》る者《もの》は、得《う》ること有《あ》るも、還《ま》た失《うしな》うこと有《あ》り。総《すべ》て自得《じとく》の休休《きゅうきゅう》たるに如《し》かず。

事理因二人言一而悟者有レ悟還有レ迷。総不レ如三自悟之了了一。
意興従二外境一而得者有レ得還有レ失。総不レ如三自得之休休一。

〔語義〕○事理――事柄のわけ。事物の道理。『韓非子』（解老篇第二十）に、「人、禍《わざわい》有らば、則ち心は畏恐し、心畏恐すれば、則ち行い端直なり、行い端直なれば、則ち思慮は熟し、思慮熟せば、則ち事理を得ん、云云」とある。○自悟――自《みずか》ら悟ること。○了了――明らかなさま。非常にはっきりとして明白なこと。李白の「秋浦歌」（其十七）に「桃波（地名、桃陵の誤り）一歩の地、了了として語声聞こゆ、闇に山僧と別れ、頭を低《た》れて白雲に礼す」とある。○意興――心の働き。仏教では、心の働きの範囲を意境界と言う。仏教用語。○自得――自ら楽しむこと。○休休――道を楽しんで安らかなさま。心が広いさま。『詩経』（唐風、蟋蟀）に「好楽《たの》しみを荒《あ》ること無《な》し、良士は休休たり」とある。心を引き締める、慎しくするという意もある。

〔訳文〕物事の本質について、他人に教えてもらって悟るような人は、いったんは悟ることがあっても、いつか迷いに戻ってしまうことがある。自分の問題とした上で、はっきりと明らかになるのにはとうてい及ばない。

わが心の働きについて、他者の境地を聴き取って会得する人は、いったんは会得することはあっても、また失念してしまうこともある。自分で会得して心ゆったりと何ものにも煩わされないのにはとうてい及ばない。

三五、情欲の念を少なくすれば性理がわかる

情《じょう》の同処《どうしょ》は即《すなわ》ち性《せい》たり、情《じょう》を舎《す》つれば、則《すなわ》ち性見《せいみ》る可《べ》からず。欲《よく》の公処《こうしょ》は、即《すなわ》ち理《り》なり、欲《よく》を舎《す》つれば、則《すなわ》ち理明《りあき》らむ可《べ》からず。故《ゆえ》に君子《くんし》は、能《よ》く情《じょう》を滅《めっ》せずして、惟《た》だ平情《へいじょう》を事《こと》とするのみ、能《よ》く欲《よく》を絶《た》たずして、惟《た》だ寡欲《かよく》ならんことを期《き》すのみ。

情之同処即為レ性　舎レ情則性不レ可レ見。
欲之公処即為レ理　舎レ欲則理不レ可レ明。
故君子不二能滅一レ情　惟事二平情一而已　不二能絶一レ欲　惟期二寡欲一而已。

〔**語義**〕○同処――同じ場所。根拠となるところ。後の「公処」も同じ意味。○性・情――性と情との関係は、隋の蕭吉撰『五行大義』（拙著、明治書院、上・下二冊、平成十年刊）の「情性を論ずる」（巻四、第十八）に「翼奉（漢の下丕《かひ》の人、斉詩を修め、律暦陰陽の占を好む）云う。五行は、人に在りては性となり、六律は、人に在りては情となる。性とは、仁義礼智信なり。情とは、喜怒哀楽好悪《お》なり。五性は内に処《あ》りて陽を御《ぎょ》し、五臓を兪収《ゆしゅう》（さとし収める）す。六情は、外に処りて陰を御《ぎょ》し、六体を兪収す。故に情、性に勝《まさ》れば則《すなわ》ち乱れ、性、情に勝れば則ち治《おさ》まる。性は内より出で、情は外より来たる。情性の交は、間に系を容れず、と」という文が引用されている。そのほか、性・情の関係につい

て詳論されている。〇平情――感情を平らかに保つ。前の「情を滅する」に対している。

〔訳文〕感情の起こる根拠は本性である。だから感情を捨ててしまったならば、本性を見ることはできない。

欲望の起こる根拠は道理そのものである。だから欲望を捨ててしまったならば、道理を明らかにすることはできない。

それ故に秀れた人間というものは、感情を滅ぼしてしまうことなく、ただ感情を平静に保つことに努めるだけであり、欲望を断ってしまうことなく、ただ欲望をできるだけ少なくすることを心掛けるだけである。

三六、事変や死期に遇っても慌《あわ》てない心掛け

変《へん》に遇《あ》いても倉忙《そうぼう》無《な》からんと欲《ほっ》せば、須《すべか》らく常時《じょうじ》の念念《ねんねん》に向《むか》いて守《まも》り得《え》て定《さだ》むべし。
死《し》に臨《のぞ》みても貪恋《たんれん》無《な》からんと欲《ほっ》せば、須《すべか》らく生時《せいじ》の事事《じじ》に向《むか》いて看得《みえ》て軽《かる》くすべし。

欲三遇レ変而無二倉忙一須下向二常時念念一守得定上。
欲三臨レ死而無二貪恋一須下向二生時事事一看得軽上。

〔語義〕○変――突然の事変。○倉忙――あわただしいさま。○念念――つねに思い続ける、心に掛ける。一念一念のこと。終始の意。刹那刹那と同じ。梵語では、時の極少を刹那 kṣaṇa と言い、刹那を念と訳した。仏教では、世界のあらゆる物は時々刻々に生じたり滅したりしてしばらくも止まることがないということを「念念生滅」と言う。○貪恋――貪り慕う。物事に甚だしく心が惹かれる。○事事――ことごとに。事毎に。各事。『書経』（説命、中）に「惟《こ》れ事事すれば、備え有り、備え有れば患い無し」とあり、また『韓非子』（内儲説篇上第三十）に「吏は事を事とせず」とある。この事事は、事を着実に行うこと。○看得て――「得」は動詞の後に付いて動作可能なことを表す。しっかり見つめて。

〔訳文〕何か変事があっても、慌てふためいたりしないようにするには、常日頃《つねひごろ》の心掛けにおいて、きちんと心を守り落ち着かせるようにしておきなさい。

死期に臨んでも、生に甚だしく執着しないようにするには、生きている間に何ごとにつけ、真実を見つめてあっさりとした受け止め方をするようにしておきなさい。

三七、些細な過ちも、生涯の善事を覆《くつがえ》す

一念《いちねん》の過差《かさ》も、生平《せいへい》の善《ぜん》を喪《うしな》うに足《た》る。
終身《しゅうしん》の検飭《けんちょく》も、一事《いちじ》の愆《けん》を蓋《おお》い難《がた》し。

一念過差足レ喪二生平之善一。

終身検飭難レ蓋二一事之愆一。

〔語義〕○一念――一筋な思い。仏教では、きわめて短い時間。○過差――過ち。過失。驕り。礼にたがう行動。○生平――平常。平素。平常。『史記』（巻六、秦始皇本紀）に「上《かみ》は以て威を天下に振い、下は以て上《しょう》の生平の不可する所の者を除き去る」とある。一本では「生平」を「一段」に作っている。この方が次の「一事」と対になる。○検飭――調べ正す。調べ整える。○愆――過ち。たがうこと。前の「善」と対になる。

〔訳文〕ほんのわずかな過ちも、常日頃《つねひごろ》の善行に基づく信用を失ってしまうに十分である。

一生涯を通してやった正しいことも、ほんの些細な誤りがあれば、それを覆い隠すことはとうていできない。

三八、日常生活の中で真実を見つけよ

五更《ごこう》の枕席上《ちんせきじょう》より心体《しんたい》を参勘《さんかん》すれば、気《き》、未《いま》だ動《うご》かさず、情《じょう》、未《いま》だ萌《きざ》さざるに、纔《わず》かに本来《ほんらい》の面《めん》目《ぼく》を見《み》る。

三時《さんじ》の飲食《いんしょく》中《ちゅう》に向《お》いて世味《せみ》を諳練《あんれん》すれば、濃《こ》きを欣《よろこ》ばず、淡《あわ》きを厭《いと》わざるも、方《はじ》めて切実《せつじつ》の工夫《こうふ》

となる。

従二五更枕席上一参二勘心体一気未レ動情未レ萌纔見二本来面目一。
向二三時飲食中一諳二練世味一濃不レ欣淡不レ厭方為二切実工夫一。

〔語義〕○五更――一夜を五区分して、甲夜（初更、今の午後八時）・乙夜（二更、今の午後十時）・丙夜（三更、今の午前零時）・丁夜（四更、今の午前二時）・戊夜（五更、今の午前四時）とする。更とは、更（時間の単位）ごとに夜番が交代する意味。○心体――精神と肉体の意味もあるが、ここでは、心の本体、本質。『後漢書』（巻六十四、延篤伝）に「如《も》し必ず其の優劣を対せば、則《すなわ》ち仁をば枝葉扶疏（木の枝が四方に広がっているさま）たるを以て大となし、孝をば心体本根を先と為す。訟《あらそ》う無《な》かる可《べ》し」とある。○参勘――照らし合せて考える。参考と同じ。○本来の面目――本来の自己。主人公。『景徳伝燈録』（洞山良介章）に見え、『菜根譚』ではよく用いられる。○三時――ここでは朝・昼・晩のこと。○諳練――充分に慣れ覚えること。諳錬ともいう。『晋書』（巻六十九、刁《ちょう》協《きょう》伝）に「朝臣、旧儀を習う者無し。協は久しく中朝に在りて、旧事を暗錬す」とある。○切実――適切で良く当てはまること。まこと。○工夫――手段を講ずる。思慮をめぐらす。心を用いる。

〔訳文〕夜明け方の静かな寝室の中で、心の本質をよくよく照らし考え合せたならば、精神を働かさず、感情も起こさなくても、それだけで自己の本当の姿を見ることができる。

毎日、三回の食事の中に世俗の味を十分に嚙み締め味わうならば、濃い味のものを求めず、淡い味のものを嫌わなくても、そこで初めて適切な考え方ができるようになる。

応酬

三九、操守の基は自然の理法、活用の途は円満即応

操存《そうそん》には、真宰《しんさい》有《あ》るを要《よう》す。真宰《しんさい》無《な》ければ、則《すなわ》ち事《こと》に遇《あ》いて便《すなわ》ち倒《たお》る。何《なに》を以《もっ》て頂天立地《ていてんりっち》の砥柱《しちゅう》を植《う》えん。

応用《おうよう》には、円機《えんき》有《あ》るを要《よう》す。円機《えんき》無《な》ければ、則《すなわ》ち物《もの》に触《ふ》れて礙《とどこお》り有《あ》り。何《なに》を以《もっ》て旋乾転坤《せんけんてんこん》の経綸《けいりん》を成《な》さん。

操存要レ有二真宰一。無二真宰一則遇レ事便倒。何以植二頂天立地之砥柱一。

応用要レ有二円機一。無二円機一則触レ物有レ礙。何以成二旋乾転坤之経綸一。

〔語義〕○操存――操守存養のこと。操守とは、心を堅く守って変らないこと。存養とは、本心を失わないようにして、その性を養うこと。○真宰――老荘思想で天のこと。宇宙の支配者、造物主。『荘子』（内篇、斉物論第二）に「真宰有るが若《ごと》し。而《しか》れども特《た》だ其の朕《あと》を得ざるのみ。行《ゆ》かしむ可《べ》きこと已《はなは》だ信なり。而れども其の形を見ず。情有れども形無し。百骸・九竅《きょう》・六臓・賅《そな》わりて存す」とある。○頂天立地――独立して他人を恃《たの》まないこと。独立の気概。○砥柱――河南省三門峡の東北、黄河の中にあった山で、激流によっても少しも動かなかったことから、乱世にあっても堅く節操を守る者に喩えられる。『史記』（巻二十九、河渠書）に「漕して山東より西すること、歳ごとに百余万石、砥柱の限（阻）を更《へ》て、敗亡すること甚だ多し」とあり、諸文献によく見える。○応用――事物に応じ

て活用すること。○円機――コンパスの中心。仏教では、円頓の機根。または、それを具えた人。円頓とは、完全にして備わらないものがなく、頓速にしてしだいに経ないこと。円満即応。○旋乾転坤――乾を旋《めぐ》らし坤を転ずる、天地を回転すること。転じて天下の大勢を一新すること。唐の韓愈の「潮州刺史謝上表」（『唐宋八大家集』）に「陛下即位以来、躬《み》親《みずか》ら聴断し、旋乾転坤、関機闔開《こうかい》（からくりの開閉、その作用の臨機応変なのに喩う）、雷厲風飛（勢いの盛んなこと）、日月清照、天戈の麾《き》する所、寧順ならざるは莫《な》し」とある。○経綸――天下を治め、秩序づけること。また、その方策。

〔訳文〕正しい志を守るには、自然の理法を踏まえることが必要である。天地自然の理法を踏まえていないと、何か面倒なことがあると挫折してしまう。どうして天地をも支えられる、頑丈な柱のように自立することができようか。

事物に応じた活動をするには、事柄に応じた自由な働きを備えることが必要である。そのような自由な働きがなければ、何か事が起こったときに障害が出てくる。どうして宇宙をも動かすような偉大な仕事を成し遂げることができようか。

四〇、喜怒・愛憎の情は顔色に出さない

士君子《しくんし》の世《よ》を渉《わた》るや、人《ひと》に於《お》いては軽《かる》く喜怒《きど》を為《な》す可《べ》からず。喜怒《きど》軽《かる》ければ、則《すなわ》ち心腹肝胆《しんぷくかんたん》は、皆《みな》、人《ひと》に窺《うかが》われる所《ところ》と為《な》る。

物《もの》に於《お》いては重《おも》く愛憎《あいぞう》を為《な》す可《べ》からず。愛憎重《あいぞうおも》ければ、則《すなわ》ち意気精神《いきせいしん》は、悉《ことごと》く物《もの》に制《せい》せられる所《ところ》と為《な》る。

士君子之渉レ世於レ人不レ可三軽為二喜怒一。喜怒軽則心腹肝胆皆為二人所一レ窺。
於レ物不レ可三重為二愛憎一。愛憎重則意気精神悉為二物所一レ制。

〔語義〕○世を渉る——世の中で身を処すこと。○心腹肝胆——これは、次の段の「意気精神」と同じく、心のこと。いずれも四字句とした。肝胆は、五臓（肝・心・脾・肺・腎）の肝と、六腑（胆・小腸・胃・大腸・三焦・膀胱）の胆と、いずれも五行説で木に配当される臓腑を組み合せたもの。脾胃の語も良く用いられるが、これはいずれも五行説で土に配当される臓腑で、人間の飲食をつかさどる臓腑。五臓六腑を組み合せた語に肝腸、肝肺などもある。また、心腹も、心で、これも心胃、心肝、心胆、心腸、心脾、心腑など、五臓六腑を用いた語も多い。『荘子』（内篇、徳充符第五）に「仲尼曰く、其の異なる者より之《これ》を視れば、肝胆（隣接しているもの）も楚越（離れているところ）なり。同じき者より之を見れば、万物は皆一なり」とある。○物に制せらる——外物に抑えつけられる。

〔訳文〕上に立って世の中を治めようとする人が、俗世を渡って行く際には、人との付き合いにおいて、軽々しく喜怒哀楽の情を顔に現すべきではない。喜怒哀楽の情を簡単に現してしまうと、その心の奥底まで、みんな人に知られてしまう。

物事に対しては、度の過ぎた愛着の心や嫌悪の念を持つべきではない。愛着や嫌悪の思いが甚だしすぎると、自分が何かやろうとして意気込んでも、すべてその物事にとらわれてできなくなってしまう。

四一、才能を誇り、外観を飾ると禍《わざわい》が来る

高才《こうさい》に倚《よ》りて世《よ》を玩《もてあそ》ばば、背後《はいご》は須《すべか》らく射影《しゃえい》の虫《むし》を防《ふせ》ぐべし。厚貌《こうぼう》を飾《かざ》りて以《もっ》て人《ひと》を欺《あざむ》かば、面前《めんぜん》の照胆《しょうたん》の鏡《かがみ》有《あ》るを恐《おそ》る。

倚二高才一而玩レ世背後須レ防二射影之虫一。
飾二厚貌一以欺レ人面前恐レ有二照胆之鏡一。

〔語義〕○高才——秀でた才能。また、その働きのある人。秀れた働き。○世を玩ぶ——一切の世の中のことを軽視すること。『漢書』（巻六十五、東方朔伝賛）に「首陽（伯夷・叔斉）を拙（世渡り下手）とし、柱下（老子）を工と為し、飽食安歩して、仕うるを以て農に易《か》え、隠るるに依りて世を玩び、時に詭《たが》いて禍《わざわい》に逢わず」とある。○射影——鼈に似た蜮《よく》（いさごむし）という三足の怪虫。水に棲み、人の影を射、また、砂を含んで人を射る。射られた者は傷病するという。『詩経』（小雅、何人斯《かじんし》）に「鬼為り蜮《よく》たり」とあり、その『正義』（疏）に「洪範五行伝に云う、蜮は鼈の如く三足にして、

南越に生ず。南越の夫人は多淫なり、故に其の地は蜮多し、淫女、或いは乱の生ずる所なり。陸機疏に云う、一名は射影。江淮水に皆これ有り。人、岸上に在りて、影、水中に見え、人影に投ずれば、則ちこれを殺す。故に射影と曰う、云云」とある。〇厚貌――実直そうな顔だち。『荘子』（雑篇、列御寇第三十二）に「天は猶《なお》春秋冬夏、旦暮の期有り、人は厚貌深情なり」とあり、『顔氏家訓』（名実篇第十）にも「名を窃《ぬす》む者は、厚貌深姦なり」とある。〇照胆の鏡――秦代、咸陽宮にあった鏡。照胆は、胆を照らす、心中を照らす。『西京雑記』（巻三）に「高祖、初めて咸陽宮に入り、庫府を周行するに、金石秤《はか》る可《べ》からず。（中略）方鐘有り、広さ四丈、高さ五尺九寸、表裏に明有り。直ちに来《きた》ると之《これ》を照らすに、影は則ち倒見し、手を以て心を捫《さぐ》りて来れば、則ち腸胃五臓を見、歴然として硋《さまた》ぐる無し。人の疾有り、病の内に在れば、則ち心を掩《おお》いて之を照らせば、則ち病の在る所を知る。また、女子、邪心有れば、則ち胆張り心動く。始皇帝、常に宮人の胆張り心動く者を以て、之を殺す。高祖、悉く封閉して、以て項羽を待つ」とある。

〔訳文〕　才能に溺れて世の中のことを軽視するようなことがあると、背後からきっと思い掛けない被害に遭うこともあるので、それを防がなければならない。

外面だけを実直そうに装って人を欺くようなことがあると、目の当りに、おのれの心中をあからさまに照らす鏡を突きつけられる恐れが出てくる。

四二、冷静な心を保てば嫌悪はなくなる

心体《しんたい》澄徹《ちょうてつ》にして、常《つね》に明鏡止水《めいきょうしすい》の中《なか》に在《あ》らば、則《すなわ》ち天下《てんか》は自《おの》ずから厭《いと》う可《べ》きの事《こと》無《な》し。
意気《いき》和平《わへい》にして、常《つね》に麗日光風《れいじつこうふう》の内《うち》に在《あ》らば、則《すなわ》ち天下《てんか》は自《おの》ずから悪《にく》む可《べ》きの人《ひと》無《な》し。

心体澄徹常在㆓明鏡止水之中㆒則天下自無㆓可㆑厭之事㆒。
意気和平常在㆓麗日光風之内㆒則天下自無㆓可㆑悪之人㆒。

〔語義〕○心体――精神と肉体との意味もあるが、ここでは、後段の「意気」と対になって、心の本体のこと。○澄徹――清く澄んでいること。澄みわたり、透きとおること。○明鏡止水――明らかな鏡と波の立たない静かな水面。『荘子』（内篇、徳充符第五）に「仲尼曰く、人は流水に鑑《かん》（鏡）すること莫《な》くして、止水に鑑す。惟だ止のみ能く衆止を止む」「鑑、明らかなるは、則ち塵垢《じんこう》止まらざればなり、止まれば則ち明らかならず」などの文がある。○意気――気だて、気性。○麗日――うららかな日。のどかな日。○光風――ゆったりとした風。雨上がりの美しい景色。雨後の空の心地良いさま。『楚辞』（宋玉、招魂）に「光風の蕙《けい》（草の名）を転じて、崇蘭（蘭のくさむら）を氾《うか》ぶ」とあり、後漢の王逸は「光風」を「雨、已《すで》に止み、日出でて風ふき、草木、光有るあり」と解釈している。

〔訳文〕心そのものが澄みきって、いつも清らかで冷静な状態にあったならば、自《おの》ずと世の中に対し

て不満なことは何もなくなる。

気持ちがゆったり和《やわ》らぎ静かで、いつも公明正大な状態であったならば、自ずと世の中に嫌いな人は一人もいなくなる。

四三、私心を捨てて公正な判断をする

是非邪正《ぜひじゃせい》の交《まじ》わりに当《あた》りては、少《いささ》かも遷就《せんしゅう》す可《べ》からず。少《わず》かに遷就《せんしゅう》すれば、則《すなわ》ち従違《じゅうい》の正《ただ》しきを失《うしな》う。

利害得失《りがいとくしつ》の会《かい》に値《あ》いては、太《はなは》だしくは分明《ぶんめい》す可《べ》からず。太《はなは》だしく分明《ぶんめい》にすれば、則《すなわ》ち趨避《すうひ》の私《わたくし》を起《お》こす。


当二是非邪正之交一不レ可二少遷就一。少遷就則失二従違之正一。

値二利害得失之会一不レ可二太分明一。太分明則起二趨避之私一。

〔語義〕○遷就――あちらに就《つ》き、こちらに就いて何かと理屈を付けること。あれやこれやとこじつけること。『新唐書』（巻三十四、五行志）に「災異の学を為《な》す者に至りては然らず。事を指して応と為さざるは莫《な》く、其の合し難きに及びては、則ち旁行曲取して其の説を遷就す」とある。○従違――従うことと背くこと。服従と違背。○分明――明らかとか、はっきりとかのこと。『史記』（巻六、秦始

皇本紀）に「貴賤の分明らかに、男女の礼順い、慎みて職事に遵《したが》う」とある。〇趨避——心の赴くところと、避けるところ。蘇軾の父、蘇洵《そじゅん》の「易論」（『唐宋八大家文読本』）に「聖人は、其の逸死（安んじ楽しんで死ぬ）を奪いて、これに労生（苦労しながら生きる）を与う。此れ三尺の豎子《じゅし》（子供）と雖《いえど》も、其の趨避する所を知る」とある。

〔訳文〕正しいことと間違ったことが錯綜しているような状況では、わずかでも正邪をあれこれとこじつけて説明してはいけない。少しでもこじつけたならば、従うべきか反対すべきかの正しい判断ができなくなる。

損をするとか得をするとかの問題が絡んだ状況の中では、その損失や利益をあからさまにしすぎてはいけない。あからさまにしすぎると、心の本来向うべきところに偏りを生じてしまう。

四四、安易になじまず困難に耐えよ

蒼蠅《そうよう》も驥《き》の捷《はや》きに附《つ》かば、則《すなわ》ち捷《はや》し。後《あと》に処《お》るの羞《はじ》を辞《じ》すること難《かた》し。
蘿蔦《らちょう》も松《まつ》の高《たか》きに依《よ》らば、則《すなわ》ち高《たか》し。未《いま》だ仰攀《ぎょうはん》の恥《はじ》を免《まぬが》れず。
所以《ゆえ》に君子《くんし》は、寧《むし》ろ風霜《ふうそう》を以《もっ》て自《みずか》ら挟《はさ》むも、魚鳥《ぎょちょう》と為《な》りて人《ひと》に親《した》しむこと毋《なか》れ。

蒼蠅附二驥捷一則捷矣。難レ辞二処レ後之羞一。

蘿蔦依二松高一則高矣。未レ免二仰攀之恥一。
所以君子寧以二風霜一自挟、毋下為二魚鳥一親上人。

〔語義〕○蒼蠅――あおばえ。小人の喩え。『詩経』（斉風、雞鳴）に「雞の則ち鳴くには匪《あら》ず、蒼蠅の声なり」とあり、『史記』（巻六十一、伯夷列伝）の「顔淵は篤学なりと雖《いえど》も、驥尾に附して行い益々顕《あらわ》る」についての唐の司馬貞の『索隠』に「蒼蠅の驥尾に附して千里を致すは、以て顔回の孔子に因《よ》りて名彰《あらわ》るに喩《たと》う」とある。○驥――一日に千里を行く良馬。昔、冀州（今の河北・山西の二省）が良馬の産地であったことから、この名ができた。『論語』（憲問篇）に「驥は其の力を称せず、其の徳を称するなり」とある。○後に処るの羞――人の後ろにいるのは恥ずかしいと思う。『戦国策』（韓策、一）の「鄙語に曰く、寧ろ雞口と為るとも、牛後（后）と為る無《な》かれ」と通ずる。○蘿蔦――つたかずら。『新唐書』（巻十八、李徳裕伝）に「松柏の木為《た》る、孤生勁特し、因倚する所なきも、蘿蔦は則ち然らず。弱くして立つこと能わず、必ず它《た》の木に附す」とあるように、独りでは伸びず、松に寄生することで伸びる草。○仰攀――高いところによじのぼる。転じて自分よりも身分の高い人と交際することにも用いられる。

〔訳文〕あおばえのようにつまらないものでも、駿馬が疾走するのに取りすがっていれば、それで速く走れる。しかし、他のものの後ろにくっついているという恥は避けられない。

つたかずらも、松の樹の高くそびえているのに巻きついているならば、それで高くなれる。しかし、他の高いものを頼りにして自分も高く伸びたという恥は免れない。
だから立派な人は、むしろ強い風に当ったり、冷たい霜の中にあったりするような厳しい状況の中に、進んで身を置くことはあっても、池の魚や飼い鳥のようになって、他人に慣れなずんではいけない。

四五、好醜・賢愚を区別しない度量が大事

好醜《こうしゅう》の心《こころ》、太《はなは》だ明《あき》らかなれば、則《すなわ》ち物契《ものかな》わず。賢愚《けんぐ》の心《こころ》、太《はなは》だ明《あき》らかなれば、則《すなわ》ち人親《ひとした》しまず。士君子《しくんし》は、須《すべか》らく是《こ》れ、内《うち》は精明《せいめい》にして、外《そと》は渾厚《こんこう》なるべし。好醜《こうしゅう》をして両《ふた》つながら其《そ》の平《たい》らかなるを得《え》、賢愚《けんぐ》をして共《とも》に其《そ》の益《えき》を受《う》けしめば、纔《わず》かに是《こ》れ生成《せいせい》の徳量《とくりょう》なり。

好醜心太明則物不レ契。賢愚心太明則人不レ親。士君子須二是内精明而外渾厚一。使下好醜両得二其平一賢愚共受中其益上纔是生成的徳量。

〔語義〕○契う——契にはいろいろな意味があるが、ここでは、適《かな》うの意。契合すること。○精明——詳しく明らかなこと。聡明のこと。『礼記』（祭統第二十五）に「君子の斉《さい》するや、専《もっぱ》ら其の精明の徳を致す」「斉とは、精明の至りなり」とある。○渾厚——大きくて深みのあること。『新唐書』

（巻一百七十七、李翱伝）に「翱は、始め昌黎韓愈に従いて文章を為す。辞致（ものの言い振りと態度）渾厚にして、当時に推さる」とある。〇徳量――有徳な器量。徳のある人柄。『三国志』（蜀書、第五、諸葛亮伝）に「孤は、徳量度《はか》らず、力《つと》めて大義を天下に信《の》べんと欲す」とある。


〔訳文〕人を好んだり憎んだりする心がはっきりしすぎると、他の人と上手な交際ができない。人の賢さや愚かさによって分け隔てる心が目立ちすぎると、他の人は自分に慣れ親しんでくれない。

人の上に立とうと志す人や、その立場にある者は、他人に対しては、内心を聡明にし、外観も深みのある態度を持つべきである。好むとか憎むとかの心を両方ともに平静にすることができて、賢い者にも愚かな者にも、双方に利益が得られるようにしたならば、それでようやく立派な人物を養成して行くことができる器量があると言える。

四六、ほど良い状態で世に処す

伺察《しさつ》して以《もっ》て明《めい》を為《な》す者《もの》は、常《つね》に明《めい》に因《よ》りて暗《あん》を生《しょう》ず。故《ゆえ》に君子《くんし》は、恬《てん》を以《もっ》て智《ち》を養《やしな》う。

奮迅《ふんじん》して以《もっ》て速《そく》を為《な》す者《もの》は、多《おお》く速《そく》に因《よ》りて遅《ち》を致《いた》す。故《ゆえ》に君子《くんし》は、重《じゅう》を以《もっ》て軽《けい》を持《じ》す。


伺察以為レ明者常因レ明而生レ暗。故君子以レ恬養レ智。

奮迅以為レ速者多因レ速而致レ遅。故君子以レ重持レ軽。

〔語義〕○伺察――じっと窺って見る。探る。また、そのもの。『列子』（説府篇第八）に「文子曰く、吾が君、伺察を恃《たの》みて盗を得んとす、盗は尽きじ」とある。○恬――安らか。心がさばさばしている。あっさりとしている。『荘子』（外篇、繕性第十六）に「古《いにしえ》の道を治むる者は、恬《てん》を以て知を養う。生まれながらにして知を為すこと無きなり。これを以て知を以て恬を養うと謂う。知と性と交々《こもごも》相《あい》養いて、和理（和順、条理）、其の性を出づ」とある。○奮迅――奮いたって勢いの激しいこと。猛りはやること。奮訊とも言う。『後漢書』（巻二十一、耿純伝）に「大王は、龍虎の姿を以て、風雲の時に遭い、期日の間に奮迅抜起し、兄弟は王と称す」とある。

〔訳文〕物事をはっきり見分けすぎる人は、いつも聡明であることにより、逆に物事を見えなくさせている。であるから、立派な人というものは、安らかな態度の中に物事を見極める能力を養うことが必要である。

激しく身を奮い立たせてすばやく事を行う人は、しばしば、早すぎることによって却って遅い結果を招くことになる。であるから、立派な人というものは、重厚な様子を見せながら、身軽さも身に付けることが大切である。

四七、弁舌より誠実を重んぜよ

士君子《しくんし》は、人《ひと》を済《すく》い物《もの》を利《り》するには、宜《よろ》しく其《そ》の実《じつ》に居《お》るべくして、宜《よろ》しく其《そ》の名《めい》に居《お》るべからず。其《そ》の名《めい》に居《お》らば、則《すなわ》ち徳損《とくそこ》なわる。
士大夫《しだいふ》は、国《くに》を憂《うれ》い民《たみ》を為《おさ》むるには、当《まさ》に其《そ》の心有《こころあ》るべくして、当《まさ》に其《そ》の語有《ごあ》るべからず。其《そ》の語《ご》有《あ》れば、則《すなわ》ち毀《そし》り来《きた》らん。

士君子済レ人利レ物宜レ居二其実一不レ宜レ居二其名一。居二其名一則徳損。
士大夫憂レ国為レ民当レ有二其心一不レ当レ有二其語一。有二其語一則毀来。

〔語義〕○実・名――実質と名称。または実際と名目。『孟子』（告子、下）に「淳于髡《じゅんうこん》曰く、名実を先にする者は、人の為《ため》にするなり。名実を後にする者は、自《みずか》らの為にするなり。夫子《ふうし》は三卿《さんけい》の中に在りて、名実、未だ上下に加わらずして、之《これ》を去る。仁者は固《もと》より此の如きか」とあり、その趙岐注に「名は、道徳あるの名、実は、国を治め民を恵むの功績なり」と説いている。後段の「心（実）」と「語（名）」も同じく対になっている。また、『呂氏春秋』（有始覧、応同）の「治まれば則ち利の為《ため》にする者は攻めず、名の為にする者は伐《う》たず。凡《およ》そ人の攻伐するや、利の為にするものに非《あら》ざれば、則ち名の為にす。名実得ざれば、国の彊（強）大なる者と雖《いえど》も曷《いずく》んぞ攻むるを為《な》さん」とあるのも参考になる。ここでは名実を、名誉と実益としている。○毀り――毀は、こぼつ、破る、損なう、痩せる等の意味もあるが、ここでは、そしるの意。『戦国策』（斉策、三）に「孟嘗君、夏侯章に奉ずるに、四馬、百人の食を以てし、これを遇するに甚だ懽《よろこ》ぶ。夏侯章、言う毎《ごと》に未《いま》だ嘗《かつ》て孟嘗君を毀《そし》らずんばあらざるなり」とある。

〔訳文〕立派な人になろうと目指す人が、人々の生活を安定させ豊かにさせようとする場合には、必ず実際に事に当り、名目だけの職責であってはならない。名目だけだと、せっかくの良い点も損なわれてしまう。

指導的地位に立とうとする者が、国家の将来を心配し人民を良く治めて行こうとする場合には、必ず誠心誠意を尽すべきで、口先だけで過ごしてはならない。口先だけだと、世人のそしりを招くことになる。

四八、小事にも大事にも変らぬ態度で臨め

大事《だいじ》に遇《あ》いて矜持《きんじ》する者《もの》は、小事《しょうじ》には必《かなら》ず縦弛《しょうし》ならん。明庭《めいてい》に処《あ》りて検飾《けんしょく》する者《もの》は、暗室《あんしつ》には必《かなら》ず放逸《ほういつ》ならん。君子《くんし》、只《た》だ是《こ》れ一個《いっこ》の念頭《ねんとう》、持《じ》して到底《とうてい》せば、自然《しぜん》に小事《しょうじ》に臨《のぞ》むも大敵《たいてき》に臨《のぞ》むが如《ごと》く、密室《みっしつ》に坐《ざ》しても通衢《つうく》に坐《ざ》するが若《ごと》くす。

遇二大事一矜持者小事必縦弛。

処二明庭一検飾者暗室必放逸。

君子只是一個念頭持到底自然臨二小事一如レ臨二大敵一坐二密室一若レ坐二通衢一。

〔語義〕○矜持――正しくは矜恃。矜は、誇ること。恃は、頼みとすること。自分の才能を誇り、自尊心が強いこと。自己の行いに誇りを持つ。驕って自らを恃むこと。「きょうじ」が本来の読み方で「きんじ」は慣用読み。『三国志』（呉書、第十三、陸遜伝）に「或いは公室貴戚にして、各々自ら矜持して、相《あい》聴従せず」とある。○縦弛――弛縦とも言い、緩んでだらしがないこと。○明庭――明君のいる朝廷。ここでは、後段の「暗室」の対で、みなが見ているところ。○検飾――行いが飾られていること。○放逸――縛られていないこと。転じて、ほしいまま。言行に締めくくりがないこと。○念頭――心。想い。本書には、しばしば出てくる。○到底――そこまで届く。つまり、とてもなどの意味もある。○通衢――四方に通ずる大通り。大切なところの意味もある。ここでは「密室」と対になっている。

〔訳文〕重大な事態に遭遇して、わが才を恃んで誇るような人は、些細《ささい》なことにおいてはきっとおろそかにしてしまう。

みなが見ているところで立居振舞を飾るような人は、人に見えないところでは、必ず勝手気ままになってしまう。

立派な人は、ただ確固とした信念を保持していればこそ、自《おの》ずと小さなことに当ってもおろそかにせず、あたかも大敵に対するかのように対処し、誰も見ていない部屋にいても、多くの人々が往来する大通りの中にいるような気持ちでいられる。

四九、遊び仲間ではなく生涯の友を見つけよ

人《ひと》をして面前《めんぜん》の誉《ほま》れ有《あ》らしむるは、其《そ》れをして背後《はいご》の毀《そし》り無《な》からしむるに若《し》かず。
人《ひと》をして乍交《さくこう》の歓《よろこ》び有《あ》らしむるは、其《そ》れをして久処《きゅうしょ》の厭《いと》い無《な》からしむるに若《し》かず。

使㆔人有㆓面前之誉㆒不㆑若㆑使㆔其無㆓背後之毀㆒。
使㆔人有㆓乍交之歓㆒不㆑若㆑使㆔其無㆓久処之厭㆒。

〔語義〕○面前――目の当り。目の前。目前。眼前。「背後」と対になっている。○乍交――急な交際。一時的な交わり。乍交の語は、古典には見当らないが、乍雨（たちまち降る雨）、乍寒（急な寒さ）、乍見（初めて会う。思い掛けず不意に遭う）、乍然（突然、にわかにの口語的表現）、乍寒乍熱（寒くなったかと思うとたちまち熱くなる）など「乍」を用いた語は古典にも出てくる。普通は「久交」に対するものと思われるが、この文では「久処」に対している。この「久処」も、古典には見えない。『菜根譚』で使われている語には、明代の口語的表現が多く見える。

〔訳文〕人に面と向って褒められるよりは、蔭《かげ》で悪口を言われない方がずっと良い。
　人との付き合いで、一時的な交わりの楽しさを持つよりは、いつまでも嫌われることのない方がむしろ良い。

五〇、変えるときにはやさしいところから難しいところに

善《よ》く人心《じんしん》を啓迪《けいてき》する者《もの》は、当《まさ》に其《そ》の明《あ》かす所《ところ》に因《よ》りて、漸《ようや》く之《これ》に通《つう》ずべし。強《し》いては其《そ》の閉《とざ》す所《ところ》を開《ひら》く毋《なか》れ。

善《よ》く風化《ふうか》を移易《いえき》する者《もの》は、当《まさ》に其《そ》の易《やす》き所《ところ》に因《よ》りて、漸《ようや》く之《これ》に反《かえ》るべし。軽《かるがる》しくは其《そ》の難《かた》き所《ところ》を矯《ただ》す毋《なか》れ。

善啓㆓迪人心㆒者当㆘因㆓其所㆒㆑明而漸通㆖㆑之。毋㆔強開㆓其所㆒㆑閉。

善移㆓易風化㆒者当㆘因㆓其所㆒㆑易而漸反㆖㆑之。毋㆔軽矯㆓其所㆒㆑難。

〔**語義**〕○啓迪――教え導く。または導き助けること。『書経』（太甲、上）に「旁《あまね》く俊彦（秀れた人物）を求めて、後人を啓迪す」とあり、また同書（咸有一徳）には「皇天保《やす》んぜず、万方に鑑《かんが》み、有命を啓迪す」ともある。○風化――風俗教化。良い教えで人を導くこと。また、諷喩によって教化するの意もある。○移易――移し替える。また、移り変ること。唐の韓愈の「争臣論」（『唐宋八大家文読本』）に「其の徳を視るに、野に在るが如し、彼、豈《あ》に富貴を以て其の徳を移易せんや」とある。

〔**訳文**〕人の心を教え導くには、その人がわかったところから始めて、しだいに深奥くわからせるようにすべきである。無理してわからないところをわからせる必要はない。

風俗習慣を良い方向に変えて行こうとするには、変りやすいところから始めて、だんだんと本来のところに戻すべきである。むやみに困難なところを矯正する必要はない。

五一、無の境地に至れば自他の区別はない

彩筆《さいひつ》もて空《くう》を描《えが》くも、筆《ふで》、色《いろ》を落《おと》さずして、空《くう》も亦《ま》た染《せん》を受《う》けず。

利刀《りとう》もて水《みず》を割《わ》るも、刀《かたな》、鍔《がく》を損《そこ》なわずして、水《みず》も亦《ま》た痕《こん》を留《とど》めず。

此《こ》の意《い》を得《え》て、以《もっ》て身《み》を持《たも》ち、世《よ》を渉《わた》らば、感《かん》と応《おう》と倶《とも》に適《かな》い、心《しん》と境《きょう》と両《ふた》つながら忘《ぼう》ぜん。


彩筆描レ空筆不レ落レ色而空亦不レ受レ染。

利刀割レ水刀不レ損レ鍔而水亦不レ留レ痕。

得ニ此意一以持レ身渉レ世感与レ応倶適心与レ境両忘矣。

〔語義〕○彩筆――彩りを付けた筆。○鍔――刀の刃。○感・応――仏教の語。感じ応ずるの意。仏（または神）と修行者の心が互いに交流すること。衆生の信心、善根が諸仏菩薩に通じて、それが現れること。感は、我々の方から言い、応は、仏の方から言う。衆生の信心の誠に感じて、仏・菩薩が応えること（『正法華』巻二）。○心・境――心は、精神の働き。境は、これに対する外境、または対象。唐の黄檗宗開祖・希運述、裴休編の『伝心法要』（一巻、大中十一年〔八五七〕序）には「心境双忘」の

四字句がある。ここで言う心は、人間の心の働き（能観）、境は、諸々の対象（所観）の意で、見る心とか、見られる対象とかの一切を忘れ去ってしまうという意。すべての対象を超えた絶対の境地に入ること。この文の「心と境と両つながら忘ぜん（心与境両忘）」は、「心境双忘」の語を踏まえたものと思われる。

〔訳文〕筆に染料を付けて空中に絵を描いても、筆は空に色づけすることはできないし、空もまた色に染まることはない。

鋭い刃物で水を切り裂いても、刀の刃は損なわれることはないし、水もまた切られた痕跡を留めない。

このような無の境地に達して、しっかり自分自身を自覚し、世の人と付き合ったならば、こちらの感情と相手の対応とはぴったりと一致し、自分の心と相手の心を隔てているものがなくなる。

五二、自身は忍の心、他人に対しては恕の心

己《おのれ》の情欲《じょうよく》は縦《ほしいまま》にす可《べ》からず。当《まさ》に之《これ》に逆《さか》らうの法《ほう》を用《もち》いて、以《もっ》て之《これ》を制《せい》すべし。其《そ》の道《みち》は、只《た》だ一《いっ》の忍《にん》の字《じ》に在《あ》るのみ。

人《ひと》の情欲《じょうよく》は払《はら》う可《べ》からず。当《まさ》に之《これ》に順《したが》うの法《ほう》を用《もち》いて、以《もっ》て之《これ》を調《ととの》うべし。其《そ》の道《みち》は、只《た》だ一《いっ》の恕《じょ》の字《じ》に在《あ》るのみ。

今《いま》、人《ひと》は皆恕《みなじょ》、以《もっ》て己《おのれ》に適《かな》い、忍《にん》、以《もっ》て人《ひと》を制《せい》す。乃《すなわ》ち不可《ふか》なること毋《な》からんや。

己之情欲不レ可レ縦。当下用二逆レ之之法一以制上レ之。其道只在二一忍字一。
人之情欲不レ可レ払。当下用二順レ之之法一以調上レ之。其道只在二一恕字一。
今人皆恕以適レ己而忍以制レ人。毋二乃不可一乎。

〔語義〕○情欲——心の望み。心持ち。また、男女の情愛。『史記』（巻二十三、礼書）には、「文貌（文飾の姿）繁《しげ》く、情欲省《はぶ》くは、礼の隆なり。文貌省き、情欲繁きは、礼の殺なり。文貌と情欲と、内外表裏相《あい》為し、並びに行われて雑なるは、礼の中流なり」と文貌と対で用いられている。仏教では、貪り執着する心。四欲の一つ。○忍——こらえる。忍ぶ。耐える。『論語』（八佾《はちいつ》篇）に「八佾、庭に舞わす。是れをも忍《しの》ぶ可《べ》くんば、孰《いず》れをか忍ぶ可からざらんや」とある。○恕——思いやりの心。許す心。『論語』（衛霊公篇）に「子貢、問うて曰く、一言にして終身之《これ》を行う可きもの有りや、と。子（孔子）の曰《のたま》わく、其れ恕か。己《おのれ》の欲せざる所、人に施すこと勿《なか》れ、と」。また、同書（里仁篇）には「夫子の道は忠恕のみ」ともある。

〔訳文〕自分の心の望みは自由にさせておいてはいけない。むしろそれに逆らうやり方でもって、この奔放な心を抑制すべきである。その方法とは忍（耐え忍ぶ）という一字だけである。
　他人の心の望みは否定してはいけない。むしろそれを許すようなやり方でもって、この自由な心を調節してやるべきである。この方法とは恕（思いやりの心）という一字だけである。それなのに今の人は誰でも「他人を思いやる」という心を履き違えて、自分の都合の良いようにし、「自分が耐え忍ぶ」という心を履き違えて、他人を縛りつけている。そんなことでは、どうしてうまく行こうか。

五三、物事に対しては適度な態度で接する

好《よ》く察《さっ》するは明《めい》に非《あら》ず。能《よ》く察《さっ》し、能《よ》く察《さっ》せざる、之《これ》を明《めい》と謂《い》う。必《かなら》ず勝《か》つは勇《ゆう》に非《あら》ず。能《よ》く勝《か》ち、能《よ》く勝《か》たざる、之《これ》を勇《ゆう》と謂《い》う。

好察非レ明。能察能不レ察之謂レ明。

必勝非レ勇。能勝能不レ勝之謂レ勇。

〔語義〕〇勇——勇気。『論語』（憲問篇）に「仁者は必ず勇有り、勇者は必ずしも仁有らず」「君子の道なる者は三つ。我《われ》能くすること無し。仁者は憂えず、知者は惑わず、勇者は懼《おそ》れず」等とあり、『孟子』（公孫丑、上）にも「曾子、子襄に謂いて曰く、子、勇を好むか。吾嘗《われかつ》て大勇を夫子《ふうし》（孔子）に聞けり。自《みずか》ら反《はん》して縮《なお》（直）からずんば、褐寛博《かつかんぱく》（賤しい身分の者）と雖《いえど》も、吾惴《おそ》れざらんや。自ら反して縮ければ、千万人と雖も、吾住かん」など「勇」についての記述は多い。

〔訳文〕物事をはっきりさせるだけでは、聡明とは言えない。事実をはっきりさせることはできるが、時にはあまりはっきりさせないこともある。これを真の聡明と言うのである。
連戦連勝するだけでは、勇者とは言えない。勝つべきときには勝ち、ことさらに勝とうとしないこともある。これを真の勇者と言うのである。

五四、穏和な心が困難を消し去る

時《とき》に随《したが》うの内《うち》に、善《よ》く時《とき》を救《すく》うは、和風《わふう》の酷暑《こくしょ》を消《け》すが若《ごと》し。
俗《ぞく》に混《まじ》わるの中《うち》に、能《よ》く俗《ぞく》を脱《だっ》するは、淡月《たんげつ》の軽雲《けいうん》に映《えい》ずるに似《に》たり。

随レ時 之 内 善 救レ時 若三和 風 之 消二酷 暑一。
混レ俗 之 中 能 脱レ俗 似三淡 月 之 映二軽 雲一。

〔語義〕○和風――のどかな風。陶潜の「勧農」（『箋注陶淵明集』巻一）に、「卉木《きぼく》（草木）繁栄し、和風清穆《せいぼく》（清らかで和《やわ》らぐ）たり」とある。○淡月――影の薄い月かげ。おぼろ月。○軽雲――うす雲。薄くたなびく雲。魏の曹操の子、曹植《そうしょく》の「洛神賦」（『文選』巻十九）に「髣髴《ほうふつ》として軽雲の月を蔽《おお》うが若《ごと》く、飄飄として流水の雪を廻《めぐ》るが若し」とある。

〔訳文〕困難な運命に順応しているうちに、その困難な事態を解決できるのは、あたかも、和《やわ》らいだ風が猛暑を消し去ってくれるようなものである。

世間との交際を続けて行く中で、俗情を拭い去ることができるのは、おぼろ月でも薄くたなびいた雲に美しく映《は》えるのに良く似ている。

五五、世俗の中にも滋味があることを知る

思《おも》い世《よ》に入《い》りて為《な》す有《あ》らば、須《すべか》らく先《ま》ず世外《せがい》の風光《ふうこう》を領《さと》り得《う》べし、否《しからざ》れば則《すなわ》ち、以《もっ》て垢濁《こうだく》の塵縁《じんえん》を脱《だっ》する無《な》し。

思《おも》い世《よ》に出《い》でて染《そ》まること無《な》くば、須《すべか》らく先《ま》ず世中《せちゅう》の滋味《じみ》を諳《あん》じて尽《つく》すべし、否《しからざ》れば則《すなわ》ち、以《もっ》て空寂《くうじゃく》の苦趣《くしゅ》を持《じ》する無《な》し。

思入レ世而有レ為者須三先領二得世外風光一否則無三以脱二垢濁之塵縁一。

思出レ世而無レ染者須三先諳二尽世中滋味一否則無三以持二空寂之苦趣一。

〔語義〕○世に入り——後段の「世に出で」と対になる。「出世」が、世間を超出する、または、通俗の世界から脱却すること、世間を抜け出た仏法の世界であるのに対し、「入世」は、通俗の世界で生活すること。○世外——世俗の外。世間の外。○風光——景色、眺め、様子、風情などの意がある。

○垢濁——垢で汚れる。垢と汚れ。○塵縁——世の中のうるさいゆかり。塵累《じんるい》、俗縁《ぞくえん》とも言う。仏教では「じんねん」と読み、世俗の縁のこと。六塵《ろくじん》（心を汚す縁になる色・声・香・味・触《そく》・法の六つ）を言う。心の所縁（対象）となり、心を汚すことから、そのように言う。○滋味——味の良い物。また、滋養になる物。『呂氏春秋』（孟春紀、本生）に「聖人の声色滋味に於《お》けるや、性に利あれば、則ち之《これ》を取り、性に害あれば、則ち之を舎《す》つ。此れ性を全《まった》くするの道なり」とある。○諳じて尽す——十分に知り尽す。よくよく熟知すること。前段の「領り得」と対になる。○空寂——一切の事物は実体がなく、空虚なこと。また、空しいこと。「空空寂寂」とも言い、宇宙の有形、無形の一切の存在は、その本体はすべて空無であって、思慮分別し得るものではないこと。また、空は、諸相がないこと。寂は、起こったり滅《めっ》したりすることがなく静寂なこと。一物もなく、何らの起滅もない静寂そのものの状態。『心地観経』（巻一）に「今、三界の大導師、座上にて跏趺《かふ》（結跏趺坐のこと）し、三昧《ざんまい》に入り、独り凝然たる空寂舎に処り、身心動かざること須弥《しゅみ》（一世界の中心にある須弥山のこと）の如し」とある。

〔訳文〕心を世俗の中に置いて生きて行こうとするならば、まず世俗を越える趣《おもむき》豊かな世界があることを心に銘記しておく必要があり、そうしなければ、俗世間の汚れた人間関係を逃れることはできない。

心を世俗の外に置いて汚れに染まらないように生きて行こうとするならば、まず俗世間の生活の中にある豊かな人間味をすべてよくよく知り尽す必要があり、そうしなければ、苦を苦と感じない空寂な境地を保ち続けることはできない。

五六、交際は慎重に、処理は愚直に始めよ

人《ひと》と与《とも》にするには、其《そ》の終《おわ》りを疎《そ》にし易《やす》きよりは、始《はじ》めを親《した》しみ難《がた》きに若《し》かず。事《こと》を御《ぎょ》するには、其《そ》の後《あと》を持《じ》することを巧《たく》みにするよりは、前《まえ》を守《まも》るに拙《つたな》きに若《し》かず。

与レ人者与二其易上疎二于終一不レ若レ難レ親二于始一。
御レ事者与二其巧上持二于後一不レ若レ拙レ守二于前一。

〔語義〕 ○人と与にす――他人と交際をすること。○事を御する――事を治めるもの。事を掌るもの。『書経』（泰誓、上）に「王曰く、嗟《ああ》、我が友邦の冢君《ちょくん》（大君たち）越《およ》び我が御事庶士、明《つと》めて誓いを聴け、惟《こ》れ天地は万物の父母にして惟《こ》れ人は万物の霊なり」とあり、その注釈書、南宋の蔡沈の『書集伝』に「御事（事を御する）とは、事を治めるなり」とある。

〔訳文〕 人と交際する者は、簡単に気まずくなって終ってしまうよりは、始めはなかなか親しくなれないでいる方がずっと良い。

事を処理する者は、終り頃になってうまく取りまとめるようなやり方よりは、始めから愚直な姿勢

で取り組み続ける方がずっと良い。

五七、禍《わざわい》や転落は些事への気配りで防ぐ

酷烈《こくれつ》の禍《わざわい》は、多《おお》く玩忽《がんこつ》の人《ひと》に起《お》こる。

盛満《せいまん》の功《こう》は、常《つね》に細微《さいび》の事《こと》に敗《やぶ》る。

故《ゆえ》に語《ご》に云《い》う、人人《ひとびと》、好《よ》しと道《い》うも、須《すべか》らく一人《ひとり》の悩《なや》みに著《つ》くを防《ふせ》ぐべし、事事《じじ》、功有《こうあ》るも、須《すべか》らく一事《いちじ》の終《おわ》らざるを防《ふせ》ぐべし、と。


酷烈之禍多起㆓于玩忽之人㆒。

盛満之功常敗㆓于細微之事㆒。

故語云人人道㆑好須㆑防㆓一人著㆒㆑悩事事有㆑功須㆑防㆓一事不㆒㆑終。

〔語義〕○酷烈——物事の甚だ激しいこと。『荀子』（議兵篇第十五）に「秦人《しんひと》、其の民を生ずるや陿阸《きょうあい》（陝阨《きょうあい》。困窮させる）、其の民を使うや酷烈」とある。○玩忽——物事に慣れ、おろそかにすること。後の「細微」と対になっている。○盛満——盛んに満つる。盛り上がること。『管子』（形勢解篇）に「地、大いにして、国富み、民多くして、兵強きは、此れ盛満の国なり」とある。

〔訳文〕ひどい禍《わざわい》というものは、大抵は物事をおろそかにするような人に起こる。

盛りの功績というものは、いつもほんの些細《ささい》な理由で駄目になる。

だから世の諺に次のように言われている。「みんなが好《よ》いと言っていても、その中の一人でも、心にわだかまりを溜め込むことのないようにしなければいけないし、万事が順調に行っているような場合でも、ほんの一事でも結着の付いていないことを残さないようにしなければいけない」と。

五八、名誉を貪らず、難題も怨まない

功名富貴《こうみょうふうき》も、直《ただ》ちに滅処従《めっしょよ》り究竟《きゅうきょう》を観《み》れば、則《すなわ》ち貪恋《たんれん》も自《おの》ずから軽《かる》し。

横逆困窮《おうぎゃくこんきゅう》も、直《ただ》ちに起処従《きしょよ》り由来《ゆらい》を究《きわ》むれば、則《すなわ》ち怨尤《えんゆう》も自《おの》ずから息《や》む。


功名富貴直従㆓滅処㆒観㆓究竟㆒則貪恋自軽。

横逆困窮直従㆓起処㆒究㆓由来㆒則怨尤自息。

〔語義〕○滅処——滅んだところ。なくなったところ。次段の「起処」と対になっている。○究竟——つまるところ。最後。仏教では、事理の至極を言う。○貪恋——欲に心が惹かれること。物事に心が惹かれること。○横逆——わがままで道理に従わないこと。または、その行為。『孟子』（離婁、下）に「其の自《みずか》ら反（反省）して仁なり。自ら反して礼なり。其の横逆由是《なおかく》のごとくなるや、君子は

必ず自ら反するなり、我必ず不忠ならん」とある。〇怨尤――怨み咎める。『呂氏春秋』（孟夏紀、誣徒）に「人の情、己《おのれ》に異なる者を悪《にく》む。此れ師徒、相与《あいとも》に怨尤を這《な》すなり」とある。また『論語』（憲問篇）にも「子曰く、天を怨みず、人を尤《とが》めず、下学して上達す。我を知る者は、其れ天か」とある。

〔訳文〕名誉や財産を得ても、即座に、それらがまったくなくなったという観点から、その功名富貴というものの究極の意味を考えたならば、それらに対する貪り恋うる心は自《おの》ずと軽くなる。人から無理を仕掛けられて困った場合でも、即座に、そうした事態が生じ来たという観点から、その経緯を突き詰めてみれば、他人を怨み咎める心も自然とやんでしまう。

五九、身をもって事に当り、潔《いさぎよ》く身を引く

宇宙内《うちゅうない》の事《こと》は、力《つと》めて担当《たんとう》するを要《よう》す。又《また》、善《よ》く擺脱《はいだつ》するを要《よう》す。担当《たんとう》せざれば、則《すなわ》ち経世《けいせ》の事業無《じぎょうな》く、擺脱《はいだつ》せざれば、則《すなわ》ち出世《しゅっせ》の襟期無《きんきな》し。

宇宙内事要㆓力担当㆒。又要㆓善擺脱㆒。

不㆓担当㆒則無㆓経世之事業㆒不㆓擺脱㆒則無㆓出世之襟期㆒。

〔語義〕○擺脱――除き去る。抜け出す。脱れ去る。○経世――世の中を治めること。『荘子』（内篇、斉物論第二）に「春秋の世を経する（経世）は、先王の志《こころざし》なれば、聖人は議して弁せず」とある。○出世――世を出る、立身するなどの意もあるが、ここでは、俗世間を離れるの意。『顔氏家訓』（養生篇第十五）に「これを内教（仏教）に考うるに、縦《たと》え仙を得しむるも、終《つい》に死有るべく、出世すること能わず」とある。仏教では「出世間」と言い、この世間より勝《すぐ》れた覚者の世界。または、僧侶の践むべき道。○襟期――心に思う。また、そのこと。

〔訳文〕この世界にあるありとあらゆる物事は、できるだけ身をもって当ることが必要である。また、身を引くべきときには、きちんと抜け出ることが大切である。

　身をもって事に当らなければ、世の中を救うような大事業は成し遂げることはできないし、潔《いさぎよ》く身を引かなければ、世俗を超えた心境にはなれない。

六〇、人にも事にも余裕をもって接し当れ

人《ひと》を待《たい》して、余《あま》り有《あ》り尽《つく》さざるの恩礼《おんれい》を留《とど》むれば、則《すなわ》ち以《もっ》て無厭《むえん》の人心《じんしん》を維繫《いけい》す可《べ》し。
事《こと》を御《ぎょ》して、余《あま》り有《あ》り尽《つく》さざるの才智《さいち》を留《とど》むれば、則《すなわ》ち以《もっ》て不測《ふそく》の事変《じへん》を隄防《ていぼう》す可《べ》し。

待レ人而留二有レ余不レ尽之恩礼一則可三以維二繫無厭之人心一。

御レ事而留二有レ余不レ尽之才智一則可三以隄二防不測之事変一。

〔語義〕○恩礼――もともとは、臣下に恩を施して礼遇すること。広く目下、または他の人に対しても言う。『後漢書』（巻十三、隗囂《かいごう》伝）に「管仲曰く、我を生む者は父母、我を成す者は鮑子（鮑叔、「管鮑の交わり」で有名）なり。今より以後、手書（手ずから書いたもの）を聞し、傍人の鮮構（良いことを言って人を陥れる）の言を用うること勿《なか》れ、と。是れより恩礼は愈々《いよいよ》篤《あつ》し」とある。○無厭――厭《あ》くことがないの意味もあるが、ここでは、厭《いと》うことがないの意。『老子』（第七十二章）に「其の居る所を狭しとする無く、其の生くる所を厭《いと》うこと無し」とある。○維繫――繫ぐこと。維も繫も、繫ぐことで、人を引き止めて採用するの意味もある。○事を御す――統治すること。『国語』（周語、上）に「百官、事を御す」とある。○隄防――堤。防ぎ止める。防止する。または、戒め備えるの意もある。ここでは、防ぎ止めること。『漢書』（巻五十六、董仲舒伝）に「夫《そ》れ万民の利に従うや、水の下を走るが如く、教化を以てこれを隄防せずんば、止む能わざるなり。是の故に教化立てて姦邪皆《みな》止むるは、其の隄防完《まった》きなればなり」とある。

〔訳文〕人を接待するに際して、余裕があって、もてなしすぎない礼儀を残しているようならば、人に嫌われることなく、その人の心を繫ぎ止めることができる。

事を成し終えても、余裕を持って、まだ出し切っていない才能を残しているようならば、思い掛けない事態の変化を防ぎ止めることができる。

六一、根元を突き詰めると何ごとも理解できる

心《こころ》を了《りょう》じ自《おの》ずと事《こと》を了《りょう》ずるは、猶《なお》根《ね》抜《ぬ》かるれば、草《くさ》の生《は》えざるがごとし。世《よ》を逃《のが》るるも名《な》を逃《のが》れざるは、羶《なまぐ》さ存《そん》すれば、蚋《ぶよ》の仍《よ》りて集《あつ》まるに似《に》たり。

了レ心自了レ事猶ニ根抜而草不一レ生。

逃レ世不レ逃レ名似ニ羶存而蚋仍集一。

〔語義〕○事を了ずる——事の理を明らかにすること。事を了ず（了事）は、禅語では、なすべきことにちゃんと片《かた》を付けること（『龐居士語録』）。または、腕が立つ、有能なの意もある（『歴代法宝記』）。○世を逃る——隠居して世間と交わらない。『高士伝』（上）に「老萊子は楚人《そひと》なり。当時世や乱る。世を逃れて蒙山の陽《みなみ》に耕す」とある。○蚋——ぶよ。蚋とも書く。『経典釈文』には「蚋、また蚋に作る、字同じ。秦人《しんひと》は、蚊を謂いて蚋と為す」とある。『荀子』（勧学篇第一）に「樹の蔭《かげ》を成して衆鳥息《いこ》い、醯《けい》の酸《さん》（ししびしおなどが腐ると臭気を発する）にして蚋聚《ぶよあつ》まる」とある。

〔訳文〕根本が理解できると、すべての事態がうまく行くのは、あたかも根が抜き取られると、雑草が生えることがないようなものである。

身体は世俗を離れていても、名声にこだわる心があるのは、ちょうど生臭《なまぐさ》いものがそこにあると、

ぶよが自然に集まってくるようなものである。

六二、危険はむしろ平穏なときに隠れている

仇辺《きゅうへん》の弩《ど》は避《さ》け易《やす》きも、恩裏《おんり》の戈《か》は防《ふせ》ぎ難《がた》し。
苦時《くじ》の坎《かん》は逃《のが》れ易《やす》きも、楽処《らくしょ》の阱《せい》は脱《だっ》し難《がた》し。

仇辺之弩易レ避而恩裏之戈難レ防。
苦時之坎易レ逃而楽処之阱難レ脱。

〔語義〕○仇辺——仇《かたき》とするところ。『呂氏春秋』（孝行覧、長攻）には「夫《そ》れ呉と越とは、土を接して隣《とな》りし、道易《やす》く人通じ、仇讐敵戦の国なり」とある。讐は仇と同じ。○弩——いしゆみ。ばね仕掛けで矢や石を放つ武器。○戈——古代の武器の一種であるが、ここでは、仇辺の弩の弩に対し、恩裏の戈とあるので、感情的な中傷を指している。○坎——険しいこと。または、穴。易の八卦にも坎(☵)があり、『易経』（説卦伝）では「坎は陥なり」「坎は、水たり、溝瀆たり、隠伏たり、矯輮たり、弓輪たり、云云」と言っている。○阱——落し穴。獣を生け捕りにするために仕掛けた穴。穽の本字。『説文解字』（井部）には、「阱は陥なり」とあり、段玉裁の注には「穴を穿《うが》ちて獣を陥す。大陸に於いてこれを作るに井の如くす」とある。『周礼』（秋官、雍氏）に「春は、阱、穫（禽獣を捕えるも

の）、瀆（みぞ）の民に利ある者を為《つく》ることを令す。秋は、阱を塞《ふさ》ぎ、穫を杜《ふさ》ぐことを令す」とある。

〔訳文〕敵と戦っているときに相手が射てくる弓矢を避けることは、心構えができているのでやさしいが、感情にまつわる中傷など、目に見えない刃《やいば》のようなものを防ぐことは難しい。

苦しいときに落し穴を逃れることは、緊張しているのでやさしいが、平穏で楽しんでいるときの落し穴には、気が緩んでいるので気づかず、免れることは難しい。

六三、汚濁に染まらず名を挙げず、精気を保ち角を立てず

羶穢《せんわい》なれば、則《すなわ》ち蠅蚋《ようぜい》も叢《むら》り嘬《く》らい、芳馨《ほうけい》なれば、則《すなわ》ち蜂蝶《ほうちょう》も交《こも》ごも侵《おか》す。故《ゆえ》に君子《くんし》は、垢業《こうぎょう》を作《な》さず、亦《ま》た芳名《ほうめい》を立《た》てず、只《た》だ是《こ》れ元気渾然《がんきこんぜん》として、圭角露《けいかくあらわ》さず、便《すなわ》ち是《こ》れ、身《み》を持《じ》し世《よ》を渉《わた》るの一《いっ》の安楽《あんらく》の窩《か》なり。

羶穢則蠅蚋叢嘬芳馨則蜂蝶交侵。
故君子不レ作二垢業一亦不レ立二芳名一只是元気渾然圭角不レ露便是持レ身渉レ世一安楽窩也。

〔語義〕○羶穢――生臭くて汚い。穢は、漢音では「わい」であるが、慣用音として「あい」と読ま

れる。次の「芳馨」と反対の意味。○蝿蚋――はえとぶよ。後の「蜂蝶」と対になり、汚い物に群れる虫と美しい花に集まる蜂や蝶の意。『孟子』（滕文公、上）に「蓋《けだ》し上世、嘗《かつ》て其の親を葬らざる者あり。其の親死すれば、則ち挙《あ》げて之《これ》を壑《たに》に委《す》てたり。他日、之を過ぐるに、狐狸、之を食い、蝿蚋姑、之を嘬らう」とある。○嘬らう――噛む。食らう。品のない食べ方をする。虫などが集まって、つつき食らう。○芳馨――良い香り。良い評判。○垢業――汚いこと。汚れたしわざ。「芳名」と対になる。○元気――万物の根本をなす気。天地の気。万物を生成する根源的な精気。『論衡』（幸偶第五）に「倶《とも》に元気を稟《う》くるに、或いは独り人《ひと》と為《な》り、或いは禽獣と為る」とある。○渾然――ものが融合しているさま。また、角《かど》やくぼみがなくて丸いさま。○圭角――玉の角《かど》。玉のとがり。角が立つこと。○安楽の窩――安楽は、安んじ楽しむこと。窩は、むろ、穴ぐら、穴の巣であるが、安楽窩は、居室の名。河南省洛陽県の天津橋の南にあり、五代、後周の安審琦の故宅。宋の嘉祐年間（一〇五六―一〇六三）に、王洪辰が洛陽の尹《いん》（長官）となり、邵雍《しょうよう》に請い、ここにおらしめて安楽窩と言い、邵雍は、自ら安楽先生と号した。このことは『宋史』（巻四百二十七、邵雍伝）に詳しく述べられている。邵雍自身も、自撰詩集の『伊川撃壌集《いせんげきじょうしゅう》』に「安楽窩中吟」など「安楽」を冠した作品を多く収めている。この文は、これを意識したものであろう。

〔訳文〕臭く汚い生肉などがあると、はえやぶよも集まってきて群がり食らい、良い香りのする花があると、蜂や蝶も次々と飛んでくる。

だから、君子と言われて尊敬されるような人は、悪い行いをせず、また、良い評判も立てないようにして、ただ、天授の精気をそのまま保って、あまり角《かど》が立たないようにするだけで、それで身の安全を保ち世の中を生きて行く、一つの安らかで楽しい生き方ができるのである。

六四、静閑を保って俗世を眺め、俗務の中にも閑暇を

静中《せいちゅう》従《よ》り物《もの》の動《うご》くを観《み》、間処《かんしょ》向《よ》り人《ひと》の忙《いそが》しきを看《み》れば、纔《わず》かに超塵脱俗《ちょうじんだつぞく》の趣味《しゅみ》を得《え》るなり。忙処《ぼうしょ》に遇《あ》うも偸間《とうかん》に会《あ》い、鬧中《とうちゅう》に処《あ》りて能《よ》く静《せい》を取《と》る、便《すなわ》ち是《こ》れ、安身立命《あんしんりつめい》の工夫《こうふ》なり。

従㆓静中㆒観㆓物動㆒向㆓間処㆒看㆓人忙㆒纔得㆓超塵脱俗的趣味㆒。遇㆓忙処㆒会㆓偸間㆒処㆓鬧中㆒能取㆑静便是安身立命的工夫。

〔語義〕○間処――間は閑と同じ。静かなところ。のんびりとしたところ。本書にも「間適」篇がある。○超塵脱俗――欲望にまぎれた俗世間の煩わしさから超脱する。○趣味――趣《おもむき》。面白味。興味。○偸間――少しの暇を求めて怠けること。忙しいときに暇を見つけて楽しむこと。偸閑とも言う。現代中国語にも「偷閒度日」（いたずらに日を送る）の四字成語がある。○鬧中――騒がしい中。騒々しい場所。「鬧」は「閙」とも書く。○安身――身を安んずること。身心を安らかにすること。『易経』（繋《けい》辞下伝）に「用を利し身を安んずるは、以て徳を崇《たか》むるなり」「君子は、其の身を安んじて、後に動く」など「安身」の語が見える。○立命――天から付与された性を全うすること。『孟子』（尽心、

上）に「殀寿貳《たが》わず、身を修めて以て之《これ》を俟《ま》つは命を立つる所以《ゆえん》なり」とある。また、「安心立命」の語も、意味はほぼ同じで、心を安らかにして天命を全うすること。儒学から出た語であるが、仏教でも用いる。天命の帰するところを良く知って、心をそこに落ち着かせることで、仏教では「あんじんりゅうみょう」と読む。〇工夫——たびたび出てくるが、考えをめぐらすこと。やり方、方法などの意。韓国語では、勉強することを「工夫《ハダ》（する）」と言う。

〔訳文〕静かな心境で外界の変化する様子を見、ゆったりとした境地から人間世界のあわただしさを観察したなら、それでやっと、汚れた世俗を越えた趣《おもむき》を感じ取ることができる。

多忙な状況の中にあっても、上手に暇を見つけて楽しみ、騒々しい中にあっても、いつも静けさを求める、それこそが、心身を安らかにして天から付与された命を全うするやり方である。

六五、一人・一事を大切にせよ

千百《せんひゃく》の人《ひと》の歓《よろこ》びを邀《むか》うるは、一人《ひとり》の怨《えん》を釈《と》くに如《し》かず。
千百《せんひゃく》の事《こと》の栄《えい》を希《のぞ》むは、一事《いちじ》の醜《みにく》きを免《まぬか》るるに如《し》かず。

邀二千百人之歓一不レ如レ釈二一人之怨一。
希二千百事之栄一不レ如レ免二一事之醜一。

〔語義〕○千百――千と百。また、あまた、多数のこと。○邀う――迎える。李白の有名な「月下独酌」に「杯を挙げて明月を邀《むか》え、影に対して三人と成る」とある。○釈く――除き去ること。『老子』（第十五章）に「渙《かん》として氷の将《まさ》に釈《と》けんとするが若《ごと》し」とあり、その河上公注に「釈とは、消亡なり、情を除き、欲を去るなり」とある。

〔訳文〕多くの人が喜んで受け入れてくれるより、一人の人に誤解されて恨まれる心が解ける方がずっと良い。
すべての面で繁栄するより、一つの醜い事態から免《まぬが》れる方がずっと良い。

六六、人はうわべで判断せず、性格を良く見よ

落落《らくらく》たる者《もの》は、合《ごう》し難《がた》きも、亦《ま》た分《わか》ち難《がた》し。欣欣《きんきん》たる者《もの》は、親《した》しみ易《やす》きも、亦《ま》た散《ち》り易《やす》し。是《ここ》を以《もっ》て君子《くんし》は、寧《むし》ろ剛方《ごうほう》を以《もっ》て憚《はばか》るるも、媚悦《びえつ》を以《もっ》て容《い》るるを取《と》ること毋《なか》れ。

落落者難レ合亦難レ分。欣欣者易レ親亦易レ散。
是以君子寧以二剛方一見レ憚毋下以二媚悦一取上容。

〔語義〕○落落――互いに相容《あい》れないさま。また、度量が大きく、細いことにこだわらないさま。孤

独な様子、少ないさま、もの寂しいさま、多いさま、などと畳語であるのでいろいろな様子を表す。『後漢書』（巻十九、耿弇伝）に「常に以て落落として合し難し」とあり、その章懐太子・李賢の注に「落落とは、猶《なお》疏闊（久しく合わないこと、まわりくどいこと）なり」とある。ここでは「欣欣」と対になっている。また「落落難合」（落落として合し難し）の四字成語もある。これは、志が大きくて世と相容れないさま。○剛方——剛直で正しいこと。『論語』（子路篇）にある「剛毅木訥、仁に近し」と似ている。○媚悦——おもねりへつらうこと。『論語』（学而篇）に「巧言令色、鮮《すく》なきかな仁」とあるような人。

〔訳文〕志が大きくて世間と相《あい》容れない人とは、親しみにくいが、また、いったん親しくなると別れることも難しい。軽薄で他人を喜ばせるような人とは、仲良くなりやすいが、また、簡単に別れてしまう。

　そこで君子たるものは、むしろ剛直で正しいことをもって人に嫌われることはあっても、媚びへつらって人を喜ばせて受け入れられるような人と付き合ってはいけない。

六七、自分の心をいつも人々に明瞭にする

意気《いき》と天下《てんか》とは、相期《あいき》すること春風《しゅんぷう》の庶類《しょるい》を鼓暢《こちょう》するが如《ごと》し。宜《よろ》しく半点《はんてん》も隔閡《かくがい》の形《けい》を存《そん》すべからず。

肝胆《かんたん》と天下《てんか》とは、相照《あいて》らすこと秋月《しゅうげつ》の群品《ぐんぴん》を洞徹《どうてつ》するに似《に》たり。一毫《いちごう》の曖昧《あいまい》の状《じょう》を作《な》す可《べ》からず。

意気与二天下一相期如三春風之鼓二暢庶類一。不レ宜レ存二半点隔閡之形一。

肝胆与二天下一相照似三秋月之洞二徹群品一。不レ可レ作二一毫曖昧之状一。

〔語義〕○意気——心持ち。自分の気持ち。「天下」と対になる。○庶類——多くのものども。諸々の類。『楚辞』（遠遊、第四段）に「虚を以て之《これ》に待つは、無為の先なり。庶類以て成る、此れ徳の門なり」とあり、王逸は「衆法陳《つら》なる」と言う。類は法則。万物の法則が出来上がる、欠けたところがないの意。「庶類」は、後段の「群品」と対になる。○鼓暢——励まし伸ばす。○半点——半ば開くの意もあるが、ここでは、後段の「一毫」と同じく少しの意。現代中国語の「半点児《パンディアル》」、または「一点《イーディ》児《アル》」の意。○隔閡——隔て塞ぐ。遮る。阻隔する。張衡の「西京賦」（『文選』賦篇、上）に「華（中国）戎（異民族）を隔て閡《かぎ》り、岐《ぎ》・梁《りょう》・汧《けん》・雍《よう》（いずれも山の名）、陳宝（神の名）鳴鶏在り」とある。○肝胆——心のこと。肝は五臓の一つ。胆は六腑の一つ。いずれも五行説では、木に配当される。『菜根譚』には、この五臓・六腑を組み合せた語が多く見える。○群品——万物。すべてのもの。『易経』（孔穎達、正義序）に「聖人は仰いで観《み》、俯して察して、天地を象《かたど》りて、群品を育《はぐく》む有り」とある。○洞徹——うがちとおる。明らかに悟る。杜甫に「韋生は春秋に富み、洞徹して清識有り」とある。○一毫——少しの意。毫は、秋になった獣の細い毛。毫毛、秋毫とも言う。○曖昧——はっきりしない。まぎらわしい。確かでない。『晋書』（巻三十四、杜預伝）に「臣の心、実《まこと》に了なり。敢《あ》えて曖味を見て、自ら後累を取らず」とある。

〔訳文〕自分の意気込みと天下の人々の思いとが互いに支え合うのは、あたかも春の暖かい風が、万物を和《やわ》らげ育《はぐく》むようなものである。そこに少しでも気持ちの通い合わない様子を残してはいけない。

自分の真意が天下の人々と互いに通じ合うのは、あたかも明るい秋の月が、多くの人々を照らし出すようなものである。そこにほんのわずかでも、はっきりしない状態を作り出してはいけない。

六八、華美な生活の中でも衰亡を忘れない

仕途《しと》は赫奕《かくえき》たりと雖《いえど》も、常《つね》に林下《りんか》の風味《ふうみ》を思《おも》わば、則《すなわ》ち権勢《けんせい》の念《ねん》も自《おの》ずから軽《かる》し。
世途《せいと》は紛華《ふんか》なりと雖《いえど》も、常《つね》に泉下《せんか》の光景《こうけい》を思《おも》わば、則《すなわ》ち利欲《りよく》の心《こころ》も自《おの》ずから淡《あわ》し。

仕途雖㆓赫奕㆒常思㆓林下的風味㆒則権勢之念自軽。
世途雖㆓紛華㆒常思㆓泉下的光景㆒則利欲之心自淡。

〔語義〕○仕途——仕官の道。役人となること。○赫奕——光り輝くさま。盛んに美しい形。三国、魏の何晏の「景福殿賦」（『文選』巻十一、宮殿）に「華表（宮殿の屋外の装飾）は、則ち鎬鎬鑠鑠《こうこうしゃくしゃく》（光り輝くさま）、赫奕章灼《かくえきしょうしゃく》（光り輝くさま）として、日月の天に麗《つ》くが若《ごと》し」とあり、その李善の注には

「鎬鎬・鑠鑠・赫奕・章灼は、みな光顕昭明なり」とある。○林下――林のもと。幽静なところ。または、隠退するところを言う。後段の「泉下」と対になる。○風味――風流でおくゆかしいこと。○世途――世俗な生活の中。一本には「仕途」に作っている。○紛華――派手で華やかなこと。『史記』(巻二十三、礼書)に「出《い》でては紛華盛麗を見て説《よろこ》び、入りては夫子《ふうし》の道を聞きて楽しむ」とある。○泉下――地の下。黄泉のもと。死後に行く世界を言う。唐の孟効の「悼亡」(『孟東野集』)に「泉下の双龍、期を見る無し」とある。○光景――光、光るさまなどの意もあるが、ここでは、景色、様子を言う。

〔訳文〕役人として仕え、光り輝くような状況にあっても、いつも大自然の中で生活するような風情を慕っているならば、権力を得て出世しようというような世俗的な思いは自《おの》ずからなくなってしまう。

世間的には派手で華やかな生活をしていても、人間は誰でもやがて死んで冥土の世界に行くということがわかっているならば、飽くなき利益追求の思いも自ずから薄くなってくる。

六九、時機に応じて行動せよ

鴻《おおとり》、未《いま》だ至《いた》らざるに、先《ま》ず弓《ゆみ》を援《ひ》き、兎《うさぎ》、已《すで》に亡《に》ぐるに、再《ふたた》び矢《や》を呼《よ》ぶは、総《すべ》て当機《とうき》の作用《さよう》に非《あら》ず。

風《かぜ》、息《や》む時《とき》、浪《なみ》を起《お》こすを休《や》め、岸《きし》の到処《とうしょ》に便《すなわ》ち船《ふね》を離《はな》るるは、纔《わず》かに是《こ》れ了手《りょうしゅ》の工夫《こうふ》なり。

鴻未レ至先援レ弓　兎已亡再呼レ矢　総非二当機作用一。
風息時休レ起レ浪　岸到処便離レ船　纔是了手工夫。

〔語義〕◯鴻——おおとり。がんの類の大型の鳥。鴻雁とも言い、『毛詩』（小雅）に題名ともなっている。◯当機——その時機を得る。その機会に当って。その場に応じて。その機を逃さず。禅語である。宋の雪竇《せっちょう》重顕《ちょうけん》の頌古、臨済宗の圜悟克勤《えんごこくごん》が評唱した、『碧巌録』には「当機敲点」（点は占破のこと。師家が修業僧の力、相手の参学の程度を計り、これに応じて、問うたり答えたりする意）八十八則、「当機直截《じきせつ》」（順逆縦横自在な大用を言う）五十則、「当機覿面《てきめん》」（相手を見るや否や間髪を入れず、直ちに問うこと）六十六則がある。また、『法華玄義』（一、上）にも「当機益物《やくもつ》」（相手の能力、素質によって利益を与えること）など、多く「当機」の語が見える。◯了手——終るべきときに時機に応じて終る。止めるべきときに、その手を止める。禅語には「了悟」（真理を明らかに悟ること）、「了知」（明らかに知ること）、「了義」（その意味が完全に理解されること）など「了」を冠した語が多い。「了手」も禅語である。

〔訳文〕獲物のおおとりが、まだ現れないのに、弓に矢をつがえて引き絞って待ったり、兎は逃げてしまったのに、次の矢を持ってこいと叫ぶようなのは、すべて的《まと》はずれで、時宜を得た動作とは言えない。

風がやんだら浪を立てるのをやめ、船が岸に着いたところで直ちに船から下りるようならば、それでようやく時機に応じたやり方であると言える。

七〇、清冷は殺機を除き、誠実は生気を生ず

熱鬧《ねっとう》の場中《じょうちゅう》従《よ》り、幾句《いくく》かの清冷《せいれい》の言語《げんご》を出《い》ださば、便《すなわ》ち無限《むげん》の殺機《さっき》を掃除《そうじょ》す。寒微《かんび》の路上《ろじょう》に向《お》いて、一点《いってん》の赤熱《せきねつ》の心腸《しんちょう》を用《もち》うれば、自《おの》ずから許多《いくた》の生意《せいい》を培植《ばいしょく》す。

従㆓熱閙場中㆒出㆓幾句清冷言語㆒便掃㆓除無限殺機㆒。
向㆓寒微路上㆒用㆓一点赤熱心腸㆒自培㆓植許多生意㆒。

〔語義〕○熱鬧――賑やかなこと。人が混雑してやかましいこと。都会などで人の往来が激しく騒がしいこと。『紅楼夢』など清朝の小説類には多く用いられるが、古典には見当らない。口語的表現である。○幾句――少しの。次段の「一点」と対になり、同じ意味。○清冷――清らかで透きとおっていること。晴れた秋の空のこと。次段の「赤熱」と対になる。○無限――多いこと。次段の「許多」と同じ。○殺機――殺伐な心の働き。荒々しいさま。寒冷を催す気。次段の「生意」と反対。○掃除――払い去る。掃き清める。○寒微――貧しくて卑しい。寒賤と同じ。『晋書』（巻五十七、吾彦伝）に「寒微より出《い》でて、文武の才幹有り」とある。○一点――少しの。現代中国語の「一点儿《イーディアル》」のこと。

○赤熱――まごころの籠る。赤胆は、誠実であること。○心腸――心のうち。はらわた。心地。戦国時代の『楚辞』を書いた屈原の弟子、宋玉の「神女賦序」（『文選』巻十九、賦、情）には、「性、和適にして、宜しく旁《かたわ》らに侍《はべ》るべし、順序卑《いや》しくして、心腸を調う」とあり、その呂延済の注には「性霊和適にし、心腸調訓にして、宜しく君の旁《かたわ》らに侍《はべ》るべし」とある。○許多――多くの。○生意――生き生きとした趣《おもむき》。万物生々の意義。○培植――培い植えること。人材を養育することにも用いられる。

〔訳文〕大勢の人が議論沸騰しているまっただなかで、少しばかりでも心を冷静にさせるような言葉を出したならば、そこで多くの人を傷つけるようなその場の空気を取り鎮めることができる。

みんなが貧窮している状況にあって、わずかでも誠実な心遣いを示したならば、自然と多くのものを生かす心を養い育てることができる。

七一、他人を隔てず、道理に従えば心は円満

縁《えん》に随《したが》うは、便《すなわ》ち是《こ》れ縁《えん》を遣《や》るなり。舞蝶《ぶちょう》と飛花《ひか》と、共《とも》に適《かな》うに似《に》たり。
事《こと》に順《したが》えば、自然《しぜん》に事無《ことな》し。満月《まんげつ》と盂水《うすい》と偕《とも》に同《おな》じく円《まる》きが若《ごと》し。

随レ縁便是遣レ縁。似下舞蝶与二飛花一共適上。

順レ事自然無レ事。若下満月借二盂水一同円上。

〔語義〕○縁――仏教の言葉で、直接原因（因・親因）に対して、間接原因（縁・助縁）を指す。時には、因と縁とを含めて全体を「縁」で示すこともある。『景徳伝燈録』（巻十七、撫州曹山本寂禅師）には「縁に随《したが》い放曠す」の句がある。これは縁に応じて自由自在であること。○事に順う――それぞれの事柄に従う。なすことが道理に合うようにする。物の情に従って事を行う。すなおに事《つか》えるなどの意がある。『春秋左氏伝』（襄公二十三年）に「夏書曰く、茲《これ》を念《おも》い茲に在り、と。事に順にして施《ほどこ》しを恕にするなり」とある。○盂水――鉢の中の水。

〔訳文〕他の人を受け入れることは、そのまま自分と他人との隔りがなくなることである。それは舞い飛ぶ蝶と散る花とが、ともに無心に楽しんでいるのに似ている。

なすことが道理に合うようにしていると、自然と事変が生じない。それは十五夜の月と、月を映すお椀とが、ともにまん丸なようなものである。

七二、有事可動の平静は煩瑣多忙の中で養う

淡泊《たんぱく》の守《まも》りは、須《すべか》らく濃艶《のうえん》の場中従《じょうちゅうよ》り試《こころ》み来《きた》るべし。鎮定《ちんてい》の操《みさお》は、還《ま》た紛紜《ふんうん》の境上《きょうじょう》に向《お》いて勘過《かんか》す。

然《しか》らざれば、操持《そうじ》も未《いま》だ定《さだ》まらず、応用《おうよう》も未《いま》だ円《まど》かならず。恐《おそ》らくは一《ひと》たび機《き》に臨《のぞ》みて壇《だん》に登《のぼ》るも、上品《じょうほん》の禅師《ぜんじ》、又一《またいっ》の下品《げぼん》の俗士《ぞくし》と成《な》らん。

淡泊之守須下従二濃艶場中一試来上。鎮定之操還向二紛紜境上一勘過。
不レ然操持未レ定応用未レ円。恐一臨レ機登レ壇而上品禅師又成二一下品俗士一矣。

〔語義〕○淡泊――あっさりとしている。心がさっぱりとしている。○濃艶――あでやかで美しい。唐の李白の「清平調詞 其二」（『唐詩選』七言絶句）に「一枝濃艶、露、香を凝《こ》らし、雲雨、巫山、枉《むな》しく断腸」とある。○鎮定――鎮め定める。平安にする。『国語』（晋語、七）に「其の冠しては、和安にして敬を好み、小物に柔恵して、大事を鎮定す」とある。○紛紜――乱れるさま。盛んなさま。畳韻の語であるのでいろいろな様子を示す。○勘過す――検査する。真相を明らかにする。調べて明らかにする。『碧巌録』（第二十則）に「龍牙、翠微に問う。如何《いかん》ぞ是れ祖師西来の意、諸方の旧話も、也《ま》た勘過するを要す」とある。○操持――執り守る志行。操守と同じ。『漢書』（巻五十四、蘇武伝）に「漢節（漢の天子から使者に賜るしるしの旗）を杖《つえ》して羊を牧《やしな》い、臥起操持して、節、臥旄尽《ぼうことごと》く落つ」とある。○応用――事物に応じて活用すること。理論を実地にあてはめること。○壇に登る――戒法を受けるために戒壇に登ること。登壇受戒の略。『禅苑清規《ぜんねんしんぎ》』（巻一、受戒）に「若《も》し衣鉢《えはつ》を借《か》るは、壇に登りて受戒すると雖《いえど》も、並びに戒を得ず」とある。○上品――仏教では、仏に至る九等の階級があり、これを九品《くほん》と言う。九品とは、上上、上中、上下、中上、中中、中下、下上、下中、下下のことで、始めの三つを上品と言い、下の三つを下品と言っている。

〔訳文〕あっさりとした人生を守ろうとするならば、複雑な人間関係の中で試しておくべきである。静かな安定した心を保とうとするならば、やはりあわただしい状況の中でよくよく考えてみるべきである。

そうでなければ、志《こころざし》を守ることも一定しないし、その志を実行することもまだ自由にはならない。きっと、何か事が起こって表に出るようなことがあったとしても、例えば、立派な禅僧がとたんに、一人のつまらない俗人になってしまうようなことになる。

七三、廉潔・謙譲は自分から人に誇らない

廉《れん》は、貪《むさぼ》りを戒《いまし》むる所以《ゆえん》なり。我《われ》果《も》し貪《むさぼ》らざれば、又何《またなん》ぞ必《かなら》ず一《いっ》の廉名《れんめい》を標《ひょう》して、以《もっ》て貪夫《どんぷ》の側目《そくもく》を来《きた》らしめん。

譲《じょう》は、争《あらそ》いを戒《いまし》むる所以《ゆえん》なり。我《われ》果《も》し争《あらそ》わざれば、又何《またなん》ぞ必《かなら》ず一《いっ》の譲的《じょうてき》を立《た》てて、以《もっ》て暴客《ぼうきゃく》の彎《わん》弓《きゅう》を致《まね》かん。

廉所㆓以戒㆒㆑貪。我果不㆑貪又何必標㆓一廉名㆒以来㆓貪夫之側目㆒。

譲所㆓以戒㆒㆑争。我果不㆑争又何必立㆓一譲的㆒以致㆓暴客之彎弓㆒。

〔語義〕○廉――角《かど》、部屋の隅《すみ》、安い、細かいなどの意もあるが、ここでは、潔《いさぎよ》い。意志が堅く利益に心を惹かれないこと。廉潔、廉士、廉公、廉正などの廉。○貪夫――欲張りな男。○側目――憎しみ見る。妬《ねた》み見る。目をそばだてる。○譲的――謙譲な心。他本は「謙誉」「譲字」などに作っている。○暴客――暴れ者。乱暴な客。盗賊。『易経』(繫辞下伝)に「門を重ね柝《たく》(柏子木)を撃ち、以て暴客を待つ」とある。○彎弓――弓を引き絞ること。後漢の張衡の「西京賦」(『文選』賦篇、上)に「弓を彎《ひ》きて西羌《せいきょう》(異民族)を射《い》、又、顧《かえり》みて鮮卑《せんぴ》に発《はな》つ」とある。

〔訳文〕潔癖さは、貪りの心を抑えるためのものである。自分にもし貪る心がなかったならば、その上になぜ、潔癖な人間などという看板を掲げて、世の中の欲深な連中の妬《ねた》み心を招く必要があろうか。

他人に一歩譲るのは、争いを避けるためのものである。自分にもし他人と争う心がなかったならば、その上になぜ、謙譲の徳があるなどと自慢して、乱暴な人々の攻撃をあえて招く必要があろうか。

七四、無事のときを意識して有事のときに臨め

無事《ぶじ》は、常《つね》に有事《ゆうじ》の時《とき》の隄防《ていぼう》の如《ごと》し。纔《わず》かに以《もっ》て意外《いがい》の変《へん》を弥《とど》むべし。有事《ゆうじ》は、常《つね》に無事《ぶじ》の時《とき》の鎮定《ちんてい》の如《ごと》し。方《はじ》めて以《もっ》て局中《きょくちゅう》の危《あやう》きを消《け》すべし。

無事常如㆓有事時隄防㆒。纔可㆔以弥㆓意外之変㆒。
有事常如㆓無事時鎮定㆒。方可㆔以消㆓局中之危㆒。

〔語義〕○隄防――堤。元曲（元代の戯曲で、口語的表現で記されている）では、戒め備えるの意で多く用いられている。一本では「提防」に作る。○弥――本字は彌。弓を緩めるの意であったが、終える、遂げる、及ぶ、極める意にも用いられる。ここでは、やむ、止めること。『周礼』（春官、小祝）に「烖（災）兵を弥《とど》めて、皋（罪）疾を遠ざく」とある。○鎮定――安定に同じ。○局中――棋局（碁《ご》、将棋）をしているとき。「局外」は、囲碁のとき、対局者以外の見物人。局棋になぞらえた記述は『菜根譚』には多く見られる。当時は盛んだったのであろう。

〔訳文〕日頃の生活の中で何も問題がないということは、いつも何か事件が起こったときに、これに備える働きをするようなものだ。日常が無事であってこそ、思い掛けない出来事を止めることができる。

日頃の生活の中で何か問題があるのは、いつも問題がないときの冷静な判断のようなものである。それで初めて、わが身に降りかかった危険を除くことができる。

七五、受けた恩を忘れず、受ける害を除け

世《よ》に処《お》りて、人《ひと》の恩《おん》を感《かん》ぜんと欲《ほっ》するは、便《すなわ》ち怨《うら》みを斂《おさ》むるの道《みち》為《た》り。
事《こと》に遇《あ》いて、人《ひと》の為《ため》に害《がい》を除《のぞ》くは、即《すなわ》ち是《こ》れ利《り》を導《みちび》くの機《き》なり。

処レ世而欲二人感一レ恩便為二斂レ怨之道一。
遇レ事而為レ人除レ害即是導レ利之機。

〔語義〕○怨みを斂む――自分に怨みを抱く人を収める。『詩経』（大雅、蕩）に「女《なんじ》、中国を炰烋《ほうこう》（暴威を振う）す、怨みを斂めて以て徳と為せり」とある。○利を導く――利益を流通させる。『国語』（周語、上）に「夫《そ》れ人に王たる者は、将《まさ》に利を導きて、これを上下に布《し》かんとする者なり」とある。○機――ここでは、働きの起こるところ。働きや作用のきっかけ。また、きざし。機微。班彪《はんぴょう》の「王命論」（『文選』文章篇、論類）に「能《よ》く事理の致を推し、禍福の機を探り、宗祀を無窮に全うし、冊書を春秋に垂る」とある。

〔訳文〕世間の人と生活をしていて、人に何かしてもらい、その恩を忘れないならば、それこそ人に恨まれることから免れるやり方である。
何か事に遭遇して、人が害をこうむるのを除いてやったならば、それがそのまま利益を得るきっか

けとなる。

七六、身を保つには泰山、事に応ずるには流水

身《み》を持《じ》すること、泰山九鼎《たいざんきゅうてい》の如《ごと》く、凝然《ぎょうぜん》として動《うご》かざれば、則《すなわ》ち愆尤《けんゆう》も自《おの》ずから少《ま》れなり。事《こと》に応《おう》ずること、流水落花《りゅうすいらっか》の若《ごと》く、悠然《ゆうぜん》として逝《ゆ》かば、則《すなわ》ち趣味《しゅみ》も常《つね》に多《おお》し。

持レ身如二泰山九鼎一凝然不レ動則愆尤自少。
応レ事若二流水落花一悠然而逝則趣味常多。

〔語義〕◯泰山――中国の山を代表する五岳、則ち泰山（東岳）、華山（西岳）、衡山（南岳）、恒山（北岳）、嵩《すう》山（中岳）の一つで、山東省にあり、秦の始皇帝や漢の武帝が即位したのち封禅（天地を祭る儀式）を行ったもっとも有名な山。また人の生死をつかさどる泰山府君のいどころと信ぜられ、これは日本でも古くから信仰されていた。◯九鼎――禹のとき、九州の金を貢がせて鋳《い》た鼎《かなえ》で、夏殷以来伝わった天子の宝。『史記』（巻二十八、封禅書）に「周の九鼎、秦に入る」とある。◯凝然――じっとして動かないさま。心が一事に集中して動かないさま。◯愆尤――過ち。過失。驕り。張衡の「東京賦」（『文選』賦篇、京都）に「祇《ただ》に以て其の愆尤を昭《あき》らかにせるのみ」とある。◯趣味――味わい。趣《おもむき》。風情。

〔訳文〕自分の立場を守ること、あたかも五岳中もっとも有名な泰山や、九州の金を貢がせて作った鼎《かなえ》のように、どっしりとしてびくとも動かなければ、過失を犯すことはほとんどない。

何か事が起こったときの対応は、水が流れ花が散るように、ゆったりと自然に任せて身を処するなら、人生の味わいはいつも豊富である。

七七、自らに厳しすぎず、滑らかすぎずに

君子《くんし》、厳《げん》なること介石《かいせき》の如《ごと》くにして、其《そ》の親《した》しみ難《がた》きを畏《おそ》れしめば、明珠《めいしゅ》を以《もっ》て怪物《かいぶつ》と為《な》して、剣《けん》を按《お》くの心《こころ》を起《お》こさざること鮮《すく》なし。

小人《しょうじん》、滑《なめ》らかなること脂膏《しこう》の如《ごと》くにして、其《そ》の合《あわ》せ易《やす》きを喜《よろこ》ばしめば、毒螫《どくせき》を以《もっ》て甘飴《かんし》と為《な》して、指《ゆび》を染《そ》むるの欲《よく》を縦《ほしいまま》にせざること鮮《すく》なし。


君子厳如㆓介石㆒而畏㆓其難㆑親鮮㆑不㆘以㆓明珠㆒為㆓怪物㆒而起㆗按㆑剣之心㆖。

小人滑如㆓脂膏㆒而喜㆓其易㆑合鮮㆑不㆘以㆓毒螫㆒為㆓甘飴㆒而縦㆗染㆑指之欲㆖。

〔語義〕○介石——硬い石。節気を守ることが石のように堅いこと。『易経』（豫卦、六二）に「介たること石の于《ごと》し。日を終えず。貞にして吉」とある。○明珠——光る玉。宝珠。秀れた人物も言う。左思の「魏都賦」（『文選』賦篇、京都）に「明珠、寸を兼ね、尺璧《せきへき》、盈《み》てること有り」とある。○剣を按

く——剣をなでる。刀のつかに手を掛ける。『史記』（巻七十六、平原君虞卿列伝）に、「毛遂《もうすい》、剣を按じ、歴階（階段を駆け上がる）して上《のぼ》る」とある。○脂膏——生物の脂《あぶら》。油脂を用いた滑らかなもの。『礼記』（内則第十二）に「棗栗飴蜜《そうりつしみつ》（飴とはちみつ）、以て之《これ》を甘くし、菫荁《きんかん》（せりに似た野菜）紛《ふん》楡（にれの葉）の免薧《ぶんこう》（新旧）、滫瀡《しゅうずい》以て滑《なめ》らかにし、脂膏以て之を膏《あぶら》にす」とある。○毒螫——害毒。毒虫に刺されること。『史記』（巻二十五、律書）に「喜べば則ち愛心生じ、怒れば則ち毒螫加う。情性の理なり」とある。○指を染める——嘗《な》めるために羹《あつもの》などの中に指を入れること。転じて過分の利益を得ようとすること。『春秋左氏伝』（宣公四年）に「宰夫《さいふ》、将《まさ》に黿《げん》（大きなすっぽん）を解かんとす。相《あい》視て咲《わら》う。公之《これ》を問う。子家（鄭の公子帰生）以て告ぐ。大夫に黿を食わしむるに及び、子公（公子宋）を召して与えず。子公怒る。指を鼎《かなえ》に染め、之を嘗めて出ず」とある。

〔訳文〕立派な人間が、大石のように節気を守ることに厳しすぎ、その容易に親しみ難いことを恐れさせたならば、往々にして、美しい珠《たま》を得体の知れないものと見なし、剣に手を置いて油断なく身構えるような殺伐とした心を起こさせることになってしまう。

つまらない人間が、人付き合いが油のように滑らかで、その付き合いやすさを喜ばせるようにしたならば、往々にして、毒虫の害を甘い飴と勘違いし、これを嘗《な》めるために指を自由に差し入れるような、危険なことをさせてしまう。

七八、落ち着いた安らかな心を持ち、欺瞞の心を去れ

事《こと》に遇《あ》うに、只《た》だ一味鎮定《いちみちんてい》として従容《しょうよう》たらば、縦《たと》え紛《ふん》として乱糸《らんし》の若《ごと》くなれども、終《つい》に当《まさ》に緒《しょ》に就《つ》くべし。
人《ひと》を待《もてな》すに、半毫《はんごう》の矯偽欺隠《きょうぎぎいん》無《な》くば、狡《こう》なること山鬼《さんき》の如《ごと》しと雖《いえど》も、亦《ま》た自《おの》ずから誠《まこと》を献《けん》ず。

遇レ事只一味鎮定従容縦紛若二乱糸一終当レ就レ緒。
待レ人無二半毫矯偽欺隠一雖三狡如二山鬼一亦自献レ誠。

〔語義〕○一味——ほんの少し。ひたすら。ここでは、後段の「半毫」と対になる。○鎮定——安定と同じ。この語は、『菜根譚』ではしばしば用いられる。○従容——ゆったりとして落ち着いているさま。くつろぐさま。『書経』（君陳）に「寛《かん》にして制有り、従容として以て和せよ」とある。畳韻の語で「縦容」とも記す。○乱糸——乱れた糸。『管子』（枢言篇）に「聖人の其の心を用うるや、沌沌《とんとん》乎《こ》として摶《たん》にして圜《えん》、豚豚乎《とんとんこ》として其の門を得る莫《な》く、紛紛乎として乱糸の若《ごと》く、逡逡乎《しゅんしゅんこ》として従いて治まるが若し」とある。○緒に就く——端緒を見つけること。仕事に就《つ》かせること。『詩経』（大雅、常武）に「留まらず処らず、三事（三司。司徒・司馬・司空）をして緒に就かしめよ」とある。○半毫——少し。一毫、秋毫と同じ。『菜根譚』にはしばしば見える。○矯偽——偽る。矯詐。虚偽。欧陽脩「学を議するの状」（『欧陽文忠公集』巻一百十二）に「反《かえ》りて利を以て人を誘うは、矯偽と為す」

とある。〇欺隠——事実を隠して人を欺《あざむ》く。欺いて隠す。〇狡——ずるい。悪賢い。すばやいという意もある。〇山鬼——山の中の怪物。山の精。『楚辞』（九歌）に「山鬼」の辞がある。その首《はじめ》に「若《ここ》に人有り山の阿《くま》に、薜茘《へきれい》を被《き》て女蘿《じょら》（地衣類の植物）を帯とす、云云」とあり、この「山鬼」は、山の中の女神を祭る歌である。鬼と言うのは、正しい神ではなく、怪物の類であると言う。山の精霊のことであろう。『楚辞』の「山鬼」は、山中の女性の精霊が、人間の男性を恋する一種の神婚説話のような物語を背景にしている。

〔訳文〕何か事に遭遇した場合、ほんの少しだけ心を静かにし、ゆったりとした気分でいるならば、その事がどんなにこんがらがっていても、きっと問題解決の糸口を見つけることができる。
人をもてなすのに、わずかばかりでも偽りの心や人を騙す心がなかったならば、その人が山の中の怪物のように狡猾であっても、やはり自《おの》ずと誠意を示してくる。

七九、心が温かで清らかならば貧乏でも心豊か

肝腸《かんちょう》煦《あたた》かきこと春風《しゅんぷう》の若《ごと》くならば、囊《ふくろ》に一文乏《いちもんとぼ》しと雖《いえど》も、還《ま》た煢独《けいどく》を憐《あわ》れむ。
気骨清《きこつきよ》きこと秋水《しゅうすい》の如《ごと》くならば、縦《たと》え家《いえ》は四壁《しへき》に徒《うつ》るも、終《つい》に王公《おうこう》に傲《おご》らん。

肝腸煦若二春風一雖三囊乏二一文一還憐二煢独一。

気骨清如二秋水一縦家徒二四壁一終傲二王公一。

〔語義〕○肝腸――肝臓と腸。転じて心を言う。五臓と六腑とを組み合せた表現は『菜根譚』にはきわめて多く用いられる。○煦――音はク。温める。温かい。日光。また、火で温める。○一文――金銭の単位。わずかなこと。○煢独――身寄りのない独り者。兄弟のない者と子のない者。『書経』(洪範)に「時の人は斯《すなわ》ち其れ惟《こ》れ皇《きみ》の極《きょく》のみなれば、煢独を虐《しいた》げて、高明を畏《おそ》るる無からん」とある。○気骨――正義を守って屈しない気性。気概。○秋水――秋の頃の澄みわたった水。転じて曇りがなく清らかな事物の喩え。心が清らかなことに喩える。ここでは「春風」と対になっている。○四壁――家の周囲の壁。転じて、四方の壁のみで家具のない貧しい家。『戦国策』(秦策、二)に「夫《か》の江上の処女、家貧にして燭なき者あり。処女、相与《あいとも》に語り、これを去らんと欲す。家貧にして燭なき者、将《まさ》に去らんとしてなり、処女に謂って曰く、妾、燭なきを以ての故に、常に先ず至りて、室を掃《はら》い席を布《し》く。何《なん》ぞ、余明の四壁を照らす者を愛《おし》むや。幸いに以て妾に賜うとも、何《なん》ぞ処女に妨《さまた》げあらん。妾、自《みずか》ら以て処女に益ありと。何為《なんすれ》ぞ我を去《さ》るやと」とある。○王公――天子と諸侯。身分や地位の非常に高い人。

〔訳文〕心情が明るくて温かなこと、まるで春風のようであったならば、たとえ懐中には少しのお金しかなくても、それでも身寄りのない孤独な人をかわいそうに思う。

心意気が清らかなこと、あたかも秋の澄みわたった水のようであったならば、四方の壁しかないような粗末で貧しい家に移り住んでも、結局その心の豊かさは身分や地位の高い人にもはるかに勝《まさ》っている。

八〇、安易な人付き合いと世間の甘い汁の果てにあるもの

人事《じんじ》の便宜《べんぎ》を討《たず》ね了《おわ》れば、必《かなら》ず天道《てんどう》の虧《き》を受《う》く。

世味《せいみ》の滋益《じえき》を貪《むさぼ》り了《おわ》れば、必《かなら》ず性分《しょうぶん》の損《そん》を招《まね》く。

世《よ》を渉《わた》る者《もの》は、宜《よろ》しく審《つまび》らかに之《これ》を択《えら》ぶべし。慎《つつし》んで、黄雀《こうじゃく》を貪《むさぼ》りて深井《しんせい》に墜《お》ち、隋珠《ずいしゅ》を舎《す》てて飛禽《ひきん》を弾《う》つこと毋《なか》れ。


討二了人事的便宜一必受二天道的虧一。

貪二了世味的滋益一必招二性分的損一。

渉レ世者宜二審択一レ之。慎毋下貪二黄雀一而墜二深井一舎二隋珠一而弾中飛禽上也。

〔語義〕〇便宜――便利が良い。勝手が良い。都合の良いこと。〇天道――天の道。自然の原理。『史記』（巻六十一、伯夷列伝）に「天道は親無く、常に善人に与《くみ》す」「所謂《いわゆる》、天道は是《ぜ》か非か」など天道の語は多く見える。〇虧――欠ける。壊れる。「盈」と反対。『易経』（謙卦、彖《たん》伝）に「天道は下済して光明なり。地道は卑《ひく》くして上《のぼ》り行く。天道は盈《えい》（満てること）を虧《か》きて謙（謙遜すること）を益し、地

道は盈を変じて謙を流し、鬼神は盈を害して謙を福《さいわ》いし、人道は盈を悪《にく》みて謙を好む」とある。○世味——世情。人世の味わい。○滋益——増えて多くなる。ますます増える。○性分——生まれつき。性質。天性。○黄雀——雀の一種。幼い雀で嘴《くちばし》の黄色なもの、ここでは、つまらないもの。○深井——深い井戸。○隋珠——隋（随）侯の玉のこと。随侯に助けられた大蛇が、侯に報いるために献じた珠。天下の至宝。『荘子』（雑篇、譲王第二十八）に「随侯の珠を以て千仞《せんじん》の雀を弾《はじ》かば、世、必ず之《これ》を笑わん。是れ何《なん》ぞや。則ち其の用うる所の者は重くして、要《もと》むる所の者は軽ければなり。夫《そ》れ生なる者、豈《あ》に特《た》だに随侯の重きのみならんや」とある。これと同様な記事は『呂氏春秋』（仲春紀、貴生）にも見える。

〔訳文〕人間関係の安易さを追い求めてばかりいると、必ず天地自然の道理からかけはなれてしまう。世間の甘い汁を貪ることばかりしていると、必ず生まれながらに具わっている性格まで損なわれる結果を招いてしまう。

この世間を生きて行く者は、心してこれからのことを明らかに知って、正しい選択をしなければいけない。決してつまらない小鳥を追いかけて深い井戸に落ち込んだり、せっかくの貴重な玉を投げ捨てて空飛ぶ小鳥を撃つようなことはしてはいけない。

八一、真に必要なお金の使い方

千金《せんきん》を費《つい》やして賢豪《けんごう》に結納《けつのう》するは、孰《いず》くんぞ半瓢《はんぴょう》の粟《ぞく》を傾《かたむ》けて、以《もっ》て飢餓《きが》の人《ひと》を済《すく》うに若《し》かん。
千楹《せんえい》を搆《かま》えて賓客《ひんきゃく》を招来《しょうらい》するは、孰《いず》くんぞ数椽《すうてん》の茅《かや》を葺《ふ》きて、以《もっ》て孤寒《こかん》の士《し》を庇《かば》うに若《し》かん。

費二千金一而結二納賢豪一孰若下傾二半瓢之粟一以済中飢餓之人上。
搆二千楹一而招二来賓客一孰若下葺二数椽之茅一以庇中孤寒之士上。

〔語義〕○千金――大金。甚だしく高い価。『史記』（巻七、項羽本紀）に「吾聞く、漢、我が頭を千金、邑万石に購う」とある。次段の「千楹」と対になる。○賢豪――賢く秀れた者。『史記』（巻一百二十四、游俠列伝）に「士、窮窘（進退窮まる）して、命を委《まか》することを得る。此れ豈《あ》に人の所謂《いわゆる》賢豪の間の者に非《あら》ずや」とある。○結納――幣を納《い》れて約束を結ぶこと。取り入って結託すること。誓って頼ること。○半瓢――瓢は、ひさご。ひょうたん。酒を入れる容器。半瓢とは、少しのこと。後段の「数椽」と対になる。○千楹――楹は、柱。大広間の前に立てた左右の二本の大きな丸い太い柱。千楹は、立派な構えをした御殿。○数椽――椽は、たるき。家の棟《むね》から屋根の裏板を支える軒に渡した材。数椽は、「半瓢」の対で、粗末な家のさまを言っている。○孤寒――身寄りがなく貧しいこと。よるべのない貧乏生活。『晋書』（巻六十六、陶侃伝）に「臣、少《わか》くして孤寒に長じ、始め限り有ることを願うも、過ぎて聖朝歴世の殊恩を蒙《こうむ》る。陛下の睿監《えいかん》寵霊、弥いよ泰らかなり、始め有れば必ず終ること古《いにしえ》より然るなり」とある。

〔訳文〕大金を出費して、賢くて秀れた人に取り入って付き合うようなことが、どうしてひさごに半分ほどの少しの粟を差し出して、飢えている人を救うことに及ぼうか。

大きな家を構えて、賓客を丁寧に招待することが、どうして粗末な茅ぶきの家でもこれを用意して、孤独で貧しい人を手助けしてやることに及ぼうか。

八二、時宜を得た人の導き方

闘《とう》を解《さと》くする者《もの》は、之《これ》を助《たす》くるに威《い》を以《もっ》てせば、則《すなわ》ち怒気《どき》も自《おの》ずから平《たい》らかなり。貪《どん》に懲《こ》る者《もの》は、之《これ》を済《すく》うに欲《よく》を以《もっ》てせば、則《すなわ》ち利心《りしん》は反《かえ》って淡《あわ》きなり。所謂《いわゆる》、其《そ》の勢《せい》に因《よ》りて、利《り》もて之《これ》を導《みちび》き、亦《ま》た時《とき》に救《すく》い変《へん》に応《おう》ずるは、一《いっ》の権宜《けんぎ》の法《ほう》なり。

解レ闘 者 助レ之 以レ威 則 怒 気 自 平。
懲レ貪 者 済レ之 以レ欲 則 利 心 反 淡。
所 謂 因二其 勢一而 利 導レ之 亦 救レ時 応レ変 一 権 宜 法 也。

〔語義〕○威——おどす、恐れさせるの意もあるが、ここでは、おごそか。尊厳威光の意。○利心

——利益を追う心。『荀子』（非十二子篇第六）に「今の所謂《いわゆる》処士なる者は、能《のう》無くして能ありと云う者なり。知無くして知ありと云う者なり。利心足ること無くして、欲無しと佯《いつ》わる者なり、行為険穢《けんあい》にして、彊《し》いて高言謹慤《きんかん》なる者なり」とある。○権宜——時と場合に応じて適宜に処置すること。『後漢書』（巻四十三、朱穆伝）に「自殺する者有るに至っては、威略（威力あるはかりごと）権宜を以て、尽《ことごと》く賊の渠帥（首魁）を誅し、権貴を挙刻す」とある。

〔訳文〕武力に秀れている者には、威光を備えさせることにより人間性を育《はぐく》めば、怒りっぽい性格も自然に和《やわ》らぐ。

貪る心を持っている人には、欲心の醜さを教えて導いてやれば、利益に対する執着も逆に薄れてくる。

これが世に言われている、その状況によって上手に人を導き、また救うべきときには救い、事態の変化に対応する、一つの時宜に応じた処理の仕方というものである。

八三、売らんかなより退いて自適

恩《おん》を市《う》るは、徳《とく》に報《むく》いるの厚《あつ》きと為《な》すに如《し》かず。忿《いか》りを雪《すす》ぐは、恥《はじ》を忍《しの》ぶの高《たか》しと為《な》すに若《し》かず。誉《ほま》れを要《もと》むるは、名《な》を逃《のが》るるの適為《てきた》るに如《し》かず。情《じょう》を矯《た》めるは、節《せつ》を直《なお》くするの真為《しんた》るに若《し》かず。

市レ恩 不レ如三報レ徳 之 為二厚。雪レ忿 不レ若三忍レ恥 之 為二高。
要レ誉 不レ如三逃レ名 之 為二適。矯レ情 不レ若三直レ節 之 為二真。

〔語義〕○恩を市る——恩に着せる。期するところがあって人に恵みを施す。○忿を雪ぐ——怒りを晴らす。雪を「すすぐ」とする例は、雪恥（恥を雪ぐ）、雪辱（辱を雪ぐ）、雪足（足を雪ぐ）、雪仇（仇を雪ぐ）など多く見える。『戦国策』（燕策、二）に「先王の怨を報い恥を雪ぎ、万乗の強国を夷《たい》らげて、八百歳の蓄積《ちくし》を収め、群臣を棄《す》つるの日」とある。杜牧の「烏江亭に題す」（『樊川詩集』）に「勝敗は兵家も期す可《べ》からず、羞《はじ》を包み恥を忍ぶは是れ男子」とある。○名を逃る——名誉を避けて求めない。白居易の「香炉峰下に新たに山居を卜し、草堂初めて成り、偶《たま》たま東壁に題す」（『白氏長慶集』巻十六）に「匡廬は便《すなわ》ち是れ名を逃れるの地、司馬は仍《な》お老を送るの官為り」とある。

〔訳文〕恩を押し売りするのは、受けた恩を返す心の厚さにはとても及ばない。怒りを晴らすのは、恥を忍ぶ心の高潔さにはとても及ばない。

名誉を求めるのは、名声が上がるのを避ける心の安らかさにはとても及ばない。強《し》いて自分の感情を抑えるのは、節を曲げない心の真実さにはとても及ばない。

八四、失態の後始末ともう一歩の進め方

既敗《きはい》の事《こと》を救《すく》うは、崖《がけ》に臨《のぞ》むの馬《うま》を馭《ぎょ》するが如《ごと》し。軽《かる》く一《いっ》の鞭《むち》を策《むち》うつことを休《や》めよ。
垂成《すいせい》の功《こう》を図《はか》るは、灘《はやせ》に上《のぼ》るの舟《ふね》を挽《ひ》くが如《ごと》し。少《すこ》しも一《いっ》の棹《さお》を停《や》むること莫《なか》れ。

救二既敗之事一者如レ馭二臨レ崖之馬一。休三軽策二一鞭一。
図二垂成之功一者如レ挽二上レ灘之舟一。莫三少停二一棹一。

〔語義〕◯垂成——まさに成就しようとすること。『三国志』(呉書、第八、薛瑩伝)に「実に垂成の功を卒《お》え、前史の末を編ましめんと欲す」とある。◯灘——なだ。はやせ。水は浅くて岩石が多く、しかも流れが急で、舟行の危険なところ。

〔訳文〕すでに駄目になってしまった事態を何とかしようとするのは、崖っぷちで馬を取り押えようとするようなものである。無造作に鞭を打ってはいけない。
まさに成就しようとしている事業を推し進めるのは、岩石が多い急流を上《のぼ》る舟を進めるようなものである。一時《いっとき》でも棹を止めて舟を留めてはならない。

八五、軽率を慎む

先達《せんだつ》は冠《かんむり》を弾《はじ》くことを笑《わら》う。侯門《こうもん》に向《む》いて軽《かる》がるしく裾《すそ》を曳《ひ》くことを休《や》めよ。
相知《そうち》も猶《なお》剣《けん》を按《お》くがごとし。世路《せろ》に従《したが》いて暗《ひそ》かに珠《たま》を投《な》ぐること莫《なか》れ。

先達笑レ弾レ冠。休下向二侯門一軽曳上レ裾。
相知猶レ按レ剣。莫下従二世路一暗投上レ珠。

〔語義〕○先達――官位や学問の己《おのれ》より先に進んだ人。その道の先輩。庾亮《ゆりよう》の「中書監を譲る表」（『文選』文章篇、表類）に「十余年間、位《くらい》は先達を越ゆ。労無くして遇せらるること、臣と比するもの無し」とある。○冠を弾く――冠を弾いて塵《ちり》を払う。屈原の「漁父辞」（『楚辞』七）に「新たに沐する者は必ず冠を弾き、新たに浴する者は必ず衣を振う」とあるのは有名であるが、ここでは出仕の準備に冠を払うことで、君のお召しを待つこと。『漢書』（巻七十二、王吉伝）に「王吉、字は子陽、琅邪皐虞の人。（中略）吉と貢禹とは友為《た》り。世に称せらる、王陽は位に在り、貢公は冠を弾くと。言うこころは其の取舎は同じきなり」とあり、顔師古の注に「冠を弾くとは、且《まさ》に入仕せんとす」とある。○侯門――貴人の家。「侯門如海」の四字成語もある。貴人の邸は海のように奥深くて一度入れば容易に出られないこと。○相知――知り合い。○世路――世渡り。

〔訳文〕官位や学問のある者は、冠の塵《ちり》を払い出世の準備をしているような者をからかう。貴人の門の前で軽々しく気取った格好をしてはいけない。

よく知った間柄と言っても、いつでも剣を抜ける準備をしているようなものだ。世渡りのためだからと言って、わけもわからずに大切なものを人に任せてはいけない。

八六、自分の長所を包み隠すと却って人に認められる

楊修《ようしゅう》の軀《からだ》は、曹操《そうそう》に殺《ころ》されて、以《もっ》て己《おのれ》の長《ちょう》を露《あらわ》すなり。
韋誕《いたん》の墓《はか》は、鍾繇《しょうよう》に伐《あば》かれて、以《もっ》て己《おのれ》の美《び》を秘《ひ》するなり。
故《ゆえ》に哲士《てつし》は多《おお》く采《さい》を匿《つつ》みて以《もっ》て光《ひかり》を韜《かく》し、至人《しじん》は常《つね》に美《び》を遜《そん》して善《ぜん》を公《おおやけ》にす。

楊修之軀見レ殺ニ於曹操以露ニ己之長一也。
韋誕之墓見レ伐ニ於鍾繇一以秘ニ己美一也。
故哲士多匿レ采以韜レ光至人常遜レ美而公レ善。

〔語義〕○楊修——『蒙求《もうぎゅう》』（五）に「陽震関西」（関西の孔子）と称される、後漢の弘農華陰（今の陝西省潼関県）の西、華山の北の人、楊震の玄孫。楊震の子の秉《へい》、孫の賜、曾孫の彪、玄孫の修（脩）、いずれも有名である。楊修、字は徳祖。建安年間に孝廉に挙げられ、次いで曹操の主簿（文書管理の

役）となる。能《よ》く隠語を解したが、後に曹操に忌まれて誣《ふ》殺された。『後漢書』（巻五十四、楊震伝）には、秉・賜・彪・修（脩）のことが記されている。楊修のことも『蒙求』（二百十九）に「楊脩捷対《しょうたい》」（応対にすばやい答えをする）として挙げられている。◯曹操――沛国譙（安徽省）の人で、字は孟徳。三国、魏の武帝。蜀の劉備、呉の孫権とともに三国時代に活躍した。◯韋誕――三国、魏の京兆（今の陝西省長安県の西北）の人。字は仲将。文才があり、辞章を善くし、また、善書の名があった。漢末の建安年間、郡上計吏となり、特に郎中を授けられた。太和中、能書を以て侍中に補せられる。官は光禄大夫に終る。『三国志』（魏書、第二十一）に彼の伝がある。◯鍾繇――三国、魏の潁川《えいせん》（河南省禹県）の人。皓の曾孫。字は元常。漢末の孝廉、官は侍中、尚書僕射、封は東武亭侯。魏が漢の禅譲を受けて後、官は大傅《たいふ》、封は定陵侯。大和中に卒す。胡昭とともに劉徳昇に師事し、「胡肥鍾痩」と称せられる。『三国志』（魏書、第十三）に伝がある。◯伐――あばく。一本に「発」に作る。◯哲士――智徳の秀れた人。哲人。哲夫とも言う。『逸周書』（史記解）に「哲士は君政を凌ぐ」とある。◯匿――隠す。包み隠す。覆う。◯韜――音はトウ。韜に通ずる。巾ぶくろ。弓ぶくろ。ここでは、包む。「韜光」（光を韜《つつ》む）は、光を隠して外に現さない。転じて、才能を隠して人に知らせないこと。◯至人――道を修めて至極に到達した人。『荘子』（内篇、逍遥遊第一）に「至人は己無く、神人は功無く、聖人は名無し」とある。

〔訳文〕後漢末の文章家、楊修の肉体は、魏の曹操に殺されることによって、さらに文章のすばらしさが世間に知られることになった。

魏の書匠、韋誕の墓は、能書家の鍾繇にあばかれることによって、隠されていたすばらしさが世に出ることになった。

だから、秀れた人は、大抵その才能を包み隠し、すばらしさをひた隠しにするし、道を修めて至極に到達した人は、自分の良さを謙遜するので、却ってその良さが多くの人々に知られることになる。

八七、若者は躁心に、大人は惰気に注意

少年《しょうねん》の人《ひと》は、其《そ》の奮迅《ふんじん》せざるを患《うれ》えず、常《つね》に奮迅《ふんじん》を以《もっ》てして、鹵莽《ろもう》と成《な》るを患《うれ》う。故《ゆえ》に当《まさ》に其《そ》の躁心《そうしん》を抑《おさ》うべし。

老成《ろうせい》の人《ひと》は、其《そ》の持重《じちょう》せられざるを患《うれ》えず、常《つね》に持重《じちょう》を以《もっ》てして、退縮《たいしゅく》を成《な》すを患《うれ》う。故《ゆえ》に当《まさ》に其《そ》の惰気《だき》を振《ふる》うべし。

少年的人不㆑患㆔其不㆓奮迅㆒常患㆘以㆓奮迅㆒而成㆗鹵莽㆖。故当㆑抑㆓其躁心㆒。

老成的人不㆑患㆔其不㆓持重㆒常患㆘以㆓持重㆒而成㆗退縮㆖。故当㆑振㆓其惰気㆒。

〔語義〕○奮迅――猛りはやる。すさまじく奮いたつ。奮訊とも言う。『後漢書』（巻二十一、耿純《こうじゅん》伝）に「大王は龍虎の姿を以て、風雲の時に遭い、期日の間に奮迅し抜起し、兄弟は王と称す」とある。

○鹵莽――軽率で注意が足りないこと。粗末。おろそか。南宋の鄭樵《ていしょう》の『通志』（総序）に「小学の

一家、皆鹵莽為《た》り」とある。○躁心――心のせわしいこと。いらだつ心。いらいらする心。○老成――閲歴が多く、物事に練達する。また、文章などが老練巧妙なこと。また、その人。ここでは、前節の「少年」と対になる。○持重――正義を頑《かたく》なに守る。重々しくする。趣《おもむき》を持する。『史記』（巻一百八、韓長孺列伝）に「呉楚反するの時、孝王、安国（韓長孺）及び張羽を将と為して、呉の兵を東界に扞《ふせ》が使《し》む。張羽は力戦し、安国は持重す、故を以て呉は梁を過ぐる能わず。呉楚已《すで》に破れ、安国、張羽の名、此れ由《よ》り顕《あらわ》る」とある。○退縮――退き縮む。

〔訳文〕まだ年若い人達については、彼らが猛りはやる行動をしないことについては心配しないが、むしろそのはやる心が粗略に流れるのが心配だ。だから、その気短かにいらだつ心を抑えるべきである。

十分に大人になった人達については、彼らが重々しく大事にされないことについては心配はないが、むしろ大切にされすぎて萎縮してしまうことが心配である。だから、その怠惰に流れる気持ちを奮い起こすべきである。

八八、外見が立派で交友が広くても

望《ぼう》は縉紳《しんしん》を重《おも》んずるも、怎《いか》でか寒微《かんび》の頌徳《しょうとく》に似《し》かん。
朋《とも》は海宇《かいう》より来《きた》るも、何《なん》ぞ骨肉《こつにく》の孚心《ふしん》に如《し》かん。

望重㆓縉紳㆒怎似㆓寒微之頌徳㆒。
朋来㆓海宇㆒何如㆓骨肉之孚心㆒。

〔語義〕 ○縉紳――身分の高い人。上流階級の人。官吏は礼装のときに、笏《しゃく》を大帯に挿し込んだことから官吏を言う。また、儒者をも言う。『荘子』（雑篇、天下第三十三）に「其の詩書礼楽に在る者は、鄒《すう》魯《ろ》（鄒は孟子の生地、魯は孔子の生地、孔孟の学をも言う）の士、縉紳先生、多く能く之《これ》を明らかにす」とある。○怎――口語的表現で「怎麽」「怎生」とも言い、いかでか、どうか、なんぞなどの意。南宋以降の「語録」に多く見える。○寒微――貧しくて卑しい。寒賤に同じ。ここでは縉紳の反対。○頌徳――功徳を褒めたたえる。○海宇――海内の地、国内。天地四方を言う。○孚心――孚は、手で子供を大切に抱いていること。子供を大事に育む心。まごころ。真実な心。

〔訳文〕 名声ある者が、外見をどれほど飾ったとしても、どうして貧しく身分が低くても徳を褒めたたえられることに及ぼうか。

友人が、どれほど全国各地の遠いところからやってきたとしても、どうして肉親の養育の心に及ぼうか。

八九、柔弱は剛強を制し、円滑は固執に勝る

舌《した》は存《そん》するも、常《つね》に歯《は》の亡《ほろ》ぶるを見《み》る。剛強《ごうきょう》も終《つい》に柔弱《じゅうじゃく》に勝《か》たず。
戸《と》は朽《く》ちたるも、未《いま》だ枢《すう》の蠹《と》するを聞《き》かず。偏執《へんしゅう》も豈《あ》に能《よ》く円融《えんゆう》に及《およ》ばんや。

舌存常見㆓歯亡㆒。剛強終不㆑勝㆓柔弱㆒。
戸朽未㆑聞㆓枢蠹㆒。偏執豈能及㆓円融㆒。

〔語義〕○舌は存するも――前漢末の劉向《りゅうきょう》撰『説苑《ぜいえん》』（敬慎第十）に「老子曰く、夫れ舌の存するや、豈に其の柔なるを以てに非《あら》ずや、歯の亡《ほろ》ぶるや、豈に其の剛なるを以てに非ずや」とある。○戸は朽ちたるも――『呂氏春秋』（季春紀、尽数）に「流水の腐らず、戸枢（戸と柱を繫ぐ開閉軸）の螻《ろう》（むしばむ）せざるは、動けばなり、形気も亦た然り。形動かざれば則ち精流れず、精流れざれば則ち気は鬱《うつ》す。云々」とある。○蠹――音はト。きくいむし。むしばむ。虫が食う。○偏執――ある一方に固執すること。偏屈。片意地。○円融――遍《あまね》く施す。なだらかで滞《とどこお》りがないこと。仏教では、円は円満で満ちて欠けることがないこと。融は融通でとろけあうこと。それぞれのものが、その立場を保ちながら互いに融《と》け合って妨げのないこと。

〔訳文〕柔らかい舌はいつまでもあるのに、硬い歯が失われてしまうようなことはどこにでもある。

硬い強いものも、結局は柔らかく弱いものに勝てない。

屋敷や家を外部から遮蔽する戸はいつかは朽ち腐ってしまうが、外から見えない戸の回転軸の部分がなくなってしまうことはまだ聞いたことがない。外見的で一方にとらわれてしまうものが、どうして融通無礙《むげ》なものに及ぶことができようか。

評議

九〇、悠久の天地、有限の人事に臨むには

物《もの》は、天地《てんち》日月《にちげつ》より大《だい》なるは莫《な》し。而《しか》れども、子美《しび》云《い》う、日月《にちげつ》は籠中《ろうちゅう》の鳥《とり》、乾坤《けんこん》は水上《すいじょう》の萍《うきくさ》、と。

事《こと》は、揖遜征誅《ゆうそんせいちゅう》より大《だい》なるは莫《な》し。而《しか》れども、康節《こうせつ》云《い》う、唐虞《とうぐ》の揖遜《ゆうそん》も三杯《さんばい》の酒《さけ》、湯武《とうぶ》の征誅《せいちゅう》も一局《いっきょく》の棋《き》、と。

人《ひと》、能《よ》く此《こ》の胸襟眼界《きょうきんがんかい》を以《もっ》て、六合《りくごう》を呑吐《どんと》し、千古《せんこ》を上下《じょうげ》すれば、事《こと》の来《きた》ること、漚《あわ》の大海《たいかい》に生《しょう》ずるが如《ごと》く、事《こと》の去《さ》ること、影《かげ》の長空《ちょうくう》に滅《めつ》するが如《ごと》くして、自《おの》ずから万変《ばんぺん》を経綸《けいりん》し、而《しか》も一塵《いちじん》を動《うご》かさず。

物莫レ大二于天地日月一。而子美云日月籠中鳥乾坤水上萍。
事莫レ大二于揖遜征誅一。而康節云唐虞揖遜三杯酒湯武征誅一局棋。
人能以二此胸襟眼界一呑二吐六合一上二下千古一事来如三漚生二大海一事去如三影滅二長空一
自経二綸万変一而不レ動二一塵一矣。

〔語義〕〇子美——杜甫の字。鞏県（河南省）の人、号は少陵。また、工部員外郎の官にあったので杜工部とも言われる。彼の作品は『杜工部集』六十巻（『四部叢刊』）に収められている。〇月日は籠中の鳥……——この句は「衡州にて李大夫七丈勉の広州に赴《おもむ》くを送る」（『杜工部集』第九巻、皇族）の

「斧鉞《ふえつ》青冥（青天）に下り、楼船洞庭を過ぐ、北風は爽風に随い、青斗は文星を避く、日月は籠中の鳥、乾坤は水上の萍、王孫丈人行き、垂老（老人）飄雲（木の葉がひらひら落ちる）を見る」という五言律詩の頸聯。この二句は多く難解とされている。籠中の鳥は、籠の中に飼われた鳥で、自由が利かないことに喩えられる。○乾坤――天地のこと。『易経』（説卦伝）に「乾は天と為し、坤は地と為す」とある。○揖遜――へりくだる。後漢の荀悦が漢王朝再興の願いを献帝に託して著した『申鑒《しんかん》』（政体第一）に「垂拱《すいきょう》揖遜して、而して海内平らかなり、是れ政を為《な》すの方たるなり」とある。○征誅――征伐して誅殺すること。『荀子』（楽論篇第二十）に「故に楽《がく》なる者は、出でては征誅する所以《ゆえん》、入りては揖譲する所以にして、征誅と揖譲とは、其の義一なり」とある。○康節――北宋の思想家、邵雍《しょうよう》の諡。字は堯夫。祖先は范陽（河北省）の人で、後に父の吉に従って共城（河南省）に移り、共城の長官であった李才子から図書・先天・象数の学を授けられたといわれる。これは、『易』の哲学的解釈において国家・象数によって解釈を試みたもので「先天易」と称させる易学を樹立した。三十歳後半に洛陽に移り住み、伊川のほとりの安楽窩《あんらくか》と称する庵に住み、自《みずか》ら「安楽先生」と号して悠々自適の生活を送った。主著に『皇極経世書』があり、また『伊川撃壌集《いせんげきじょうしゅう》』に千六百首余りの詩を集めている。○唐虞の揖遜も三杯の酒……――『伊川撃壌集』（巻二十、首尾吟、一百三十五首、その一百二十二）に「唐虞（『四庫叢刊』は樽前に作る）の揖遜も三杯の酒、湯武（『四庫』は坐上に作る）の征誅（『四庫』は交争に作る）も一局の碁」とある。その意味は、唐堯が位を虞舜に禅譲し、虞舜が夏禹に禅譲したことは、古来より美談とされているが、そのようなことは酒宴でわずかなお酒を進められたようなもので、根本的には大したことではない。また、殷（商）の湯王が夏の桀王を伐って政権を改め、周の武王が殷の紂王に代ったことも、一局の碁を打ったようにちょっとしたもので、根本的にはどんな壮挙でもない、ということ。○胸襟――心の中。胸中。○眼界――目に見える範囲。目が届く限り。仏教でも、眼の領域の意で使っている（『倶舎論』巻一、十一―十四など）。○六合――天地と四方のこと。○呑吐――呑み込むことと吐くこと。また、飲んだり吐いたりすること。○長空――大空。杜牧の「楽遊原に登る」（『樊川文庫』巻二）に「長空澹澹（淡いさま）として孤鳥没し、万古銷沈して此の中に向う」とある。○経綸――秩序づけて治めること。天下を営み治める喩え。『中庸』（第三十二章）に「惟《た》だ天下の至誠のみ、能く天下の大経を経綸し、天下の大本を立て、天下の化育を知ると為す」とある。○一塵――一つの塵《ちり》。微細なものに喩える。

〔訳文〕物では、天地や日月より大きなものはない。しかし、杜甫は「太陽や月は籠の中に閉じ込められた鳥のように、自由が利かず休むこともできない。天や地というような壮大なものも、水の上の浮き草のように安定していない」と言っている。

事では、へりくだったり譲ったりすることや征伐して誅殺することより大きなものはない。しかし、邵康節は「唐堯や虞舜が帝位を禅譲したことも、ほんのわずかなお酒のようなものであり、殷（商）の湯王や周の武王が、夏の桀王や殷の紂王を征伐して殺したことも、一回の囲碁をするようなほんのわずかな行動であって、いずれも大したことではない」と言っている。

人は、良く自分の心の中や目の届く範囲で、天地や四方の大きなものを呑みほし、古今の長い時間の間を自由に行ったり来たりすれば、事が来ることは、泡が大海から生じてくるようであり、事が去るることも、影が大空に消えるようであって、自然の中のあらゆる変化を秩序づけて治め、しかも、少しも動ずることはない。

九一、名声は小人を育てるが、君子には不必要

君子《くんし》の名《な》を好《この》めば、便《すなわ》ち人を欺《あざむ》くの念《ねん》を起《お》こす。小人《しょうじん》の名《な》を好《この》めば、猶人《なおひと》を畏《おそ》るるの心《こころ》を懐《いだ》くがごとし。

故《ゆえ》に、人《ひと》にして皆《みな》名《な》を好《この》めば、則《すなわ》ち善《ぜん》を詐《いつわ》るの門《もん》を開《ひら》く。人《ひと》をして名《な》を好《この》まざら使《し》めば、則《すなわ》ち善《ぜん》を為《な》すの路《みち》を絶《た》つ。

此《ここ》に、名《な》を好《この》むことを譏《そし》るは、当《まさ》に厳《きび》しく夫《そ》の君子《くんし》を責《せ》むべし、当《まさ》に過《す》ぎて小人《しょうじん》に求《もと》むべからざるなり。

君子好レ名便起二欺レ人之念一。小人好レ名猶懐二畏レ人之心一。

故人而皆好レ名則開二詐レ善之門一。使二人而不一レ好レ名則絶二為レ善之路一。

此譏レ好レ名者当三厳責二夫君子一不レ当三過求二于小人一也。

〔語義〕○善を詐る——人前をつくろって善人らしくする。うわべだけの善。偽善。『後漢書』（巻二十七、張湛《ちょうたん》伝）に「（湛）郷党に在るに及んで、言を詳《つまび》らかにし、色《いろ》を正す。三輔は以て儀表と為《な》す。

人、或いは偽詐《ぎさ》と謂う。湛《たん》、聞きて笑いて曰く、我は誠に詐なり。人は皆悪を詐《いつわ》る。我は独り善を詐る。亦た可ならざらんや」とある。

〔訳文〕立派な人が名声を欲しがると、人を欺《あざむ》こうという思いが起きてくる。それはちょうど、つまらない心の狭い人が、名声を欲しがると、人の目を恐れるという気持ちになるのと、よく似ている。だから、すべての人間がみな名声を欲しがるようになると、みなが善人のふりをするようになってしまう。逆に名声を欲しがらないようにさせると、作為的であっても善いことをするという風潮を封じてしまうことになる。

そういうわけだから、名声を欲していると批難する場合には、立派な人に対しては、それを厳しく咎めるべきであるが、つまらない人物に対しては、それをあまりに厳しく追及しない方が良い。

九二、危難は安穏の中に潜む

大悪《たいあく》は、多《おお》く柔処《じゅうしょ》に従《よ》りて伏《ふ》す。哲士《てっし》は須《すべか》らく綿裏《めんり》の針《はり》を防《ふせ》ぐべし。
深仇《しんきゅう》は、常《つね》に愛中《あいちゅう》自《よ》り来《きた》る。達人《たつじん》は宜《よろ》しく刀頭《とうとう》の蜜《みつ》を遠《とお》ざくべし。

大悪多従二柔処一伏。哲士須レ防二綿裏之針一。
深仇常自二愛中一来。達人宜レ遠二刀頭之蜜一。

〔語義〕○柔処――心地の良い場所。「処」は、一本では、「辺」に作っている。○哲士――智徳の秀れた人。次段の「達人」と対になる。○綿裏の針――柔中に剛のある喩え。外面は温和そうに見えても心に含むことのある喩え。「綿裏の鍼」「綿裏の鉄」とも言い、宋・元以降の文章、元曲、小説の類に多く用いられるようになった語。○深仇――深い怨み。深い憎しみ。また、深い遺恨のある仇《かたき》。深讐とも言う。○達人――物の道理に通達した人。○刀頭の蜜――小さな利益を貪って大きな危険を冒すこと。『仏説四十二章経』に「仏《ほとけ》言う、財色の人におけるや、譬《たと》えば小児の刀刃の蜜を貪るが如し、甜《てん》(甘さ)一食の美足《た》らざれば、然して舌を截《き》るの患《わざわ》いなり」とある。

〔訳文〕大きな禍《わざわい》は、しばしば居心地の良いところに潜んでいる。知恵や徳のある人は、外見は温和そうに見えても心に含むところのある人に、注意していなければいけない。

深い怨みは、いつも恩愛の情の中から生じてくる。物事の道理に通達した人は、小さな利便を貪って、大きな危険を冒すようなことはしてはいけない。

九三、世間の流れに抗して身を処せ

身《み》を持し世《よ》を渉《わた》るには、境《きょう》に随《したが》いて遷《うつ》る可《べ》からず。須《すべか》らく是《こ》れ、大火《たいか》、金《きん》を流《なが》して、清風穆然《せいふうぼくぜん》とし、厳霜《げんそう》、物《もの》を殺《ころ》して、和気藹然《わきあいぜん》とし、陰霾《いんばい》、空《そら》を翳《おお》いて、慧日朗然《けいじつろうぜん》と、洪濤《こうとう》、海《うみ》を倒《さか》さにし、砥柱屹然《しちゅうこつぜん》たるべくして、方《はじ》めて是《こ》れ宇宙内《うちゅうない》の真《しん》の人品《じんぴん》なり。

持レ身渉レ世不レ可ニ随レ境而遷一。須ニ是大火流レ金而清風穆然厳霜殺レ物而和気藹然陰霾翳レ空而慧日朗然洪濤倒レ海而砥柱砿然一方是宇宙内的真人品。

〔語義〕○身を持す――自分の身を処置すること。自分自身の身を守ること。『列子』（説符篇第八）に「子、後《のち》を持するを知らば、則ち身を持すると言う可《べ》し、と。列子曰く、願わくば後を持するを聞かん、と。曰く、若《なんじ》が影を顧《かえり》みれば、則ち之《これ》を知らん、と」とある。この語は『菜根譚』の中には多く見える。○大火――大きな火事。夏の甚だしい暑さをも言う。熱い炎。○穆然――和《やわ》らぐさま。静かに思うさま。盛んな様子。○藹然――気持ちが和らぐさま。盛んなさま。また、雲の集まるさま、など種々の意味がある。『管子』（移靡篇）に「標然《ひょうぜん》（高く上がるさま）として秋雲の遠くして、人心を動かして、人の体を歿《うご》かすが若し云云」とある。○陰霾――天が曇って土砂が降るようなこと。霾は、大風が土砂を空に巻き上げて降らすこと。つちぐもり。○翳――かざしの羽。目がかすむこと。曇り。隠れる。覆う。○慧日――仏の知慧。仏知。仏の知恵が太陽のように大地を照らすこと。日光が世界を照らすように世の中の盲冥を照らすから言う。『無量寿経』（下）に「慧日は世間を照らし、生死の雲を清除す」とあり、『華厳経』（普門品）にも見える。○砥柱――黄河の中にある山で、激流にあっても少しも動かないことから、節操を守ることに喩えられる。『菜根譚』には多く見える。○砿然——山の高くそびえたつさま。独立して屈しないさま。砬砬、毅然と同じ。〇人品——品格。人格。風采。人柄。

〔訳文〕自分自身を堅持して世の中を生きて行くには、ただ環境が、その時々に変化するのに従っているだけではいけない。

必ず、熱い火が金属を溶かすようなときであっても、清らかな風が静かに吹いているようにし、厳しい霜が降りて万物を枯らしてしまうようなときにあっても、気持ちが和《やわ》らいでいるようにゆったりとし、空が曇って土嵐が天を覆っているときでも、仏の知恵が世の中を明るく照らしているようにし、大きな波が海を逆さまにするように荒れ狂っているときでも、黄河の真中にそびえる砥柱という山が、激しい川の流れの中でびくともしないで立っているようにする。それで初めて、広い世の中に生きて行く真実の人物であると言える。

九四、執着を捨てて世俗を超える

愛《あい》は、是《こ》れ万縁《ばんえん》の根《こん》なり、当《まさ》に割捨《かっしゃ》するを知《し》るべし。
識《しき》は、是《こ》れ衆欲《しゅうよく》の本《ほん》なり、掃除《そうじょ》するを力《つと》むるを要《よう》す。

愛是万縁之根　当レ知二割捨一。

識是衆欲之本要レ力ニ掃除一。

〔語義〕○愛——古字は「㤅」であり、意符の心と音符の旡（キ、またはアイ。贈るの意）と重なり、もともとは、人に食物を贈るの意であった。また、愛は、意符の夊（スイ。すり足でそっと歩く）と音符の㤅（こっそりの意、僾）とから成り、それとなくこっそり歩くの意。後に愛が㤅の意で用いられるようになり、行くさま、愛する、親しむ、恋い慕う、慈《いつく》しむ、欲する、願う、愛好する、愛着する、執着するなどの意に用いられるようになった。仏教では、広く煩悩を意味し、狭くは、貪欲と同じに用いられる。○万縁——多くの世俗の関係。一切の世俗的な関係。一切の社会的関係。衆縁とも言う。宋の永安道原撰『景徳伝燈録』に「みな万縁を息《や》めば、心は枯木の如し」とあり、『正法眼蔵』（重雲堂式）にも見える。○割捨——切り捨てる。思い切る。割き捨てる。○識——梵語 vijñāna の漢訳の語。認識作用。識別作用。識別の働きをなすもの。働く心。視・聴・嗅・味・触覚の機官、および思考力を媒介とする六種の認識機能。眼・耳・鼻・舌・身・意の六種の色・形・声・香・味・触れられるもの、法の六種の対象を認識する働き。○掃除——払い去る。掃き清める。『管子』（小匡篇）に「国家、日に益《ま》さず、月に長ぜず、吾、宗廟を掃除せず、社稷の血食（宗廟の神として祭ること）せざらんことを恐る」とある。

〔訳文〕貪欲な心は、多くの世俗の関係の根源となるものである。それを切り捨てることを知らなければいけない。

識別作用というものは、多くの欲望の原因となるものである。それを掃き清めることに努めるのが大切である。

九五、世俗から離れて立ち、時機を待って動け

人《ひと》と作《な》るには、俗《ぞく》を脱《だっ》するを要《よう》す。一《ひと》えに俗《ぞく》を矯《ただ》すの心《こころ》を存《そん》す可《べ》からず。
世《よ》に応《おう》ずるには、時《とき》に随《したが》うを要《よう》す。一《ひと》えに時《とき》に趨《はし》るの念《ねん》を起《お》こす可《べ》からず。

作レ人要レ脱レ俗。不レ可レ存二一矯レ俗之心一。
応レ世要レ随レ時。不レ可レ起二一趨レ時之念一。

〔語義〕○俗を矯す――悪い風俗を矯《た》め直す。世間の風俗と異なったことをする。『後漢書』（巻二十、祭遵伝）に「俗を矯し化を厲《はげ》ますこと、卓として日月の如し」とある。○時に随う――時勢に順応する。『国語』（越語、下）に「夫《そ》れ聖人は時に随いて以て行《おこな》う。是《こ》れを時を守ると謂う。天時、作《お》こらずんば、人は客《かく》と為《な》らず、人事、起こらずんば、之《これ》が始《はじ》めを為さず」とある。○時に趨る――時機に投ずる。時の流れを追う。時勢に応ずる。『易経』（繫辞下伝）に「変通する者は、時に趣《おもむ》（趨）く者なり」とある。

評　議

〔訳文〕真実の心を持つ人間となるには、世俗の世界から脱け出すことが必要である。一途に悪い風俗を矯《た》め直そうという身に過ぎた心があってはいけない。
この世の中に従って生きて行くには、時機に順応することが必要である。ひたすら時勢を追うような焦りの気持ちを起こしてはいけない。

九六、身に過ぎた称賛や幸福には気を付けよ

寧《むし》ろ全《まった》きを求《もと》むるの毀《そし》り有《あ》るも、情《じょう》に過《す》ぐるの誉《ほま》れ有《あ》る可《べ》からず。
寧《むし》ろ妄《いつ》わり无《な》きの災《わざわ》い有《あ》るも、分《ぶん》に非《あら》ざるの福《さいわ》い有《あ》る可《べ》からず。

寧有㆓求㆑全之毀㆒不㆑可㆑有㆓過㆑情之誉㆒。
寧有㆓无㆑妄之災㆒不㆑可㆑有㆓非㆑分之福㆒。

〔語義〕○全きを求むるの毀り——いつも自分の身を修めて、完全なものになろうと堅く決意するのに、思いも掛けないそしりを受けること。『孟子』（離婁、上）に「孟子曰く、慮《おもんぱか》らざるの誉れ有り、全きを求むるの毀り有り」とある。○情に過ぐるの誉れ——実際に合致しないような名誉や称賛。『孟子』（離婁、下）に「故に声聞の情を過ぐるは、君子は之を恥ず」とある。情を過ぐるとは、実情以上であること。○妄わり无きの災い——意外な災禍。予期しない災いに遭うこと。『易経』（无妄《むぼう》

卦、六三）に「无妄の災いあり。或いはこれが牛を繫ぎ、行人《こうじん》（通り掛かった人）の得るは、邑人（村人）の災いなり」とある。また『戦国策』（楚策、四）に「春申君《しゅんしんくん》曰く、何をか無妄の禍《わざわい》と謂う、と。曰く、李園は国を治めずして、王の舅《きゆう》（妻の父）たり。兵の将たらずして、陰《ひそ》かに死士（命知らずの男）を養うの日久し。楚王の崩ぜば、李園は必ず先《ま》ず入り、本議に拠り（自分の一存で）、君命を制断し、権を秉《と》りて君を殺し、以て口を滅せん。此れ所謂《いわゆる》無妄の禍なり」とある。また、その前段は「無妄の福《さいわ》い」についても記している。

〔訳文〕いつも自分の身を修めて完全なものになろうと心掛けているのに、思いも掛けないそしりを受けるようなことがあっても、自分の実情に合わない称賛を受けるようなことがあってはいけない。

予期していなかった災禍を受けるようなことがあっても、自分の身のほどにそぐわないような幸福を得ることがあってはいけない。

九七、誹謗・横逆は人格形成の糧《かて》

人《ひと》を毀《そし》る者《もの》は、美《び》ならず。而《しか》れども、人《ひと》の毀《そし》りを受《う》くる者《もの》は、一番《いちばん》の訕謗《せんぼう》に遭《あ》えば、便《すなわ》ち一番《いちばん》の修省《しゅうしょう》を加《くわ》え、以《もっ》て回《かい》を釈《と》き、美《び》を増《ま》す可《べ》し。

人《ひと》を欺《あざむ》く者《もの》は、福《ふく》に非《あら》ず。而《しか》れども、人《ひと》の欺《あざむ》きを受《う》くる者《もの》は、一番《いちばん》の横逆《おうぎゃく》に遇《あ》えば、便《すなわ》ち一番《いちばん》の器宇《きう》を長《ちょう》じ、以《もっ》て禍《わざわい》を転《てん》じて、福《ふく》と為《な》す可《べ》し。

毀レ人者不レ美。而受二人毀一者遭二一番訕謗一便加二一番修省一可二以釈レ回而増レ美。

欺レ人者非レ福。而受二人欺一者遇二一番横逆一便長二一番器宇一可二以転レ禍而為レ福。

〔語義〕○一番――ひとたび。一度。ひとしきり。○訕謗――そしる。非難する。誹謗・誹譏と同じ。『北史』（巻二十七、賈彝《かい》伝）に「父は苻堅鉅鹿太守の為に、訕謗に坐し獄に繋がる。彝は年十歳」とある。○修省――身を修めて反省する。この『菜根譚』の首部は「修省」であった。『易経』（震卦、大象）に「君子は以て恐懼して修省す」とある。○回――まわる、めぐらすなどの意もあるが、ここでは、過ち、よこしまの意。『詩経』（小雅、鼓鐘）に「其の徳、回《よこしま》ならず」とあり、「毛伝」「集伝」は、回をよこしまの意としている。また、同書（小雅、小旻《しょうびん》）に「謀猶《ぼうゆう》（天下を治めるはかりごと）の回《かい》遹《いっ》なるは、何《いず》れの日にか斯《こ》れ沮《や》まん」とあり、「集伝」は、回遹を、よこしまで片寄ることとしている。○横逆――ほしいままで、道理に逆らい、道にもとること。または、その行為。『孟子』（離婁、下）に「君子の人に異なる所以《ゆえん》の者は、其の心を存《そん》するを以てなり。君子は仁を以て心を存し、礼を以て心を存す。仁者は人を愛し、人を敬する者は、人恒《つね》に之《これ》を敬す。此《ここ》に人有り。其の我を待《ま》つに横逆を以てすれば、則ち君子、必ず自《みずか》ら反（反省）するなり。我、必ず不仁ならん。必ず無礼ならん。此の物、奚《なん》ぞ宜《よう》しく至るべけんや、と。其の横逆、由是《なおかく》のごとくなるや、君子は必ず自ら反するなり。我、必ず不忠ならん、と。自ら反して忠なり。其の横逆、由是《なおかく》のごとくなるをや」とある。この前半は有名である。○器宇――人柄。人品。度量。『晋書』（巻二十七、安平献王孚伝）に「百世安平にして、風土宏邈、器宇高雅、内に道義を弘め、外に忠貞を闡《あき》らかにす」とある。

〔訳文〕他人をそしる者はよくない。しかし、他人からそしられる者は、ひとたび誹謗に遭遇したときには、ひとしきり自分の身を修めて、よくよく反省して、それによって自分の誤りを明らかにし、自分の美点を増すべきである。

他人を欺く者に幸いは来ない。しかし、他人の欺《あざむ》きを受けた者は、ひとたび道理に合わないことに遭遇したときには、少しでも自分自身の度量を成長させ、それによって禍《わざわい》を転じて福とすべきである。

九八、夢想は現実とするに足らず

夢裏《むり》に金《きん》を懸《か》け玉《ぎょく》を佩《お》び、事実《じじつ》は真《しん》に逼《せま》る。睡《ねむ》り去《さ》り真《しん》なりと雖《いえど》も、覚《さ》めて後《のち》は仮《か》なり。
間中《かんちゅう》に偈《げ》を演《の》べ元《げん》を談《だん》じ、言言《げんげん》は酷似《こくじ》す。説《と》き来《きた》りて是《ぜ》なりと雖《いえど》も、用《もち》うる時《とき》には非《ひ》なり。

夢裏懸レ金佩レ玉事事逼レ真。睡去雖レ真覚後仮。
間中演レ偈談レ元言言酷似。説来雖レ是用時非。

〔語義〕〇玉を佩び――大帯に懸ける飾りの玉を佩風という。身分の高い人が身に着けるもの。「金を懸く」とともに高い位にいる人。『礼記』（玉藻第十三）に「古《いにしえ》の君子は必ず玉を佩ぶ。右に徴角《ちかく》、左に宮商」とある。宮・商・角・徴・羽は五音。五行に配当される。○睡り去り――「去」は、後段の「説き来る」の「来」と対になっていずれも動詞の後に付ける接尾語で、陶潜の「帰去来辞」の「去来」と似ている。○仮――かり。偽り。実体のないもの。前の「真」と反対。○間中――閑中と同じで、ゆったりと静かな内。本書の中にも「間適」の章がある。○偈――梵語 gāthā から来ており、漢訳は偈陀。詩句の形で仏説を賛嘆し、教理を述べたもの。○元――玄のこと。清代、聖祖玄燁《げんよう》の名を避けて、玄の代りに元の字を用いた。ここでは、玄学のこと。普通は、老荘思想を指すが、『老子』『荘子』に『易経』を加えて、その学問を三間の学と言う。この玄学は、魏より始まり、王弼《おうひつ》、何晏《かあん》、西晋の何秀《かしゅう》、郭象を経て、東晋には仏教とともに隆盛した。

〔訳文〕夢の中では、立派な金印を懸け、玉の飾りを身に着けて、高い位に昇ったようであり、何ごとも真実であった。眠っているときには、それがほんとうであると思っていても、目が覚めると、そのようなものは実体のない幻像にすぎない。

ゆっくりとして暇なときには、仏教の教理について語り、老子や荘子の学問を論じ、深く道を究め、その言葉はみな道理に適《かな》っている。談論しているときには、それが正しい思想であると信じていても、実際に事件に出遭ったときには、何の役にも立たない。

九九、一時の禍福に一喜一憂せず思いめぐらせ

天《てん》、人《ひと》に禍《わざわい》せんと欲《ほっ》するには、必《かなら》ず先《ま》ず微福《びふく》を以《もっ》て之《これ》を驕《おご》らかす。福来《ふくきた》るも必《かなら》ずしも喜《よろこ》ばざる所以《ゆえん》なり。他《た》の受《じゅ》に会《あ》うを看《み》るを要《よう》す。

天《てん》、人《ひと》に福《ふく》せんと欲《ほっ》するには、必《かなら》ず先《ま》ず微禍《びか》を以《もっ》て之《これ》を儆《いまし》む。禍来《わざわいきた》るも必《かなら》ずしも憂《うれ》えざる所以《ゆえん》なり。他《た》の救《すく》いに会《あ》うを看《み》るを要《よう》す。

天欲ㇾ禍ㇾ人必先以二微福一驕ㇾ之。所二以福来不二必喜一。要ㇾ看二他会ㇾ受。

天欲ㇾ福ㇾ人必先以二微禍一儆ㇾ之。所三以禍来不二必憂一。要ㇾ看二他会ㇾ救。

〔語義〕○儆――戒める。警と同じ。前の「驕」に対する。

〔訳文〕天が人に禍害を与えようとするときには、必ずまず少しばかりの幸福で、その人を驕らせる。だから幸福が来ても、必ずしも喜んではいけない。その人がどうして幸福を受けるようになったかを良く考えてみなければいけない。

天が人に幸福を与えようとするときには、必ずまず少しばかりの禍害で、その人を警戒させる。だから禍害がやってきても、必ずしも憂えてはいけない。どのようにしてその禍害から救われるかを良く考えることが必要である。

一〇〇、栄辱・生死は併せて思量すべし

栄《えい》辱《じょく》とは、蔕《へた》を共《とも》にす。辱《じょく》を厭《いと》いて、何《なん》ぞ栄《えい》を求《もと》むるを須《もち》いん。
生《せい》と死《し》とは、根《ね》を同《おな》じくす。生《せい》を貪《むさぼ》るも、必《かなら》ずしも死《し》を畏《おそ》れず。

栄与レ辱共レ蔕。厭レ辱何須レ求レ栄。
生与レ死同レ根。貪レ生不ニ必畏一レ死。

〔語義〕○栄・辱――名誉と恥辱。『易経』（繋辞上伝）に「言行は君子の枢機なり。枢機の発は栄辱の主なり。言行は君子の天地を動かす所以《ゆえん》なり、慎まざる可《べ》けんや」と、また『荀子』（栄辱第四）に「栄辱の大分（大きな区分）は、安危、利害の常体なり。義を先にして利を後にする者は栄え、利を先にして義を後にする者は辱しめらる。栄える者は常に通じ、辱しめらる者は常に窮す。通ずる者は常に人を制し、窮する者は常に制せらる。是れ栄辱の大分なり」とあるのは参考になる。○蔕――へた。果実が枝や茎に付くところ。根本。「根蔕」の語もあり、後の「根」と対になる。いずれも同一の根元。○生・死――生きることと死ぬこと。『戦国策』（斉策、六）に「知者は再びは計《はか》らず、勇者は死を怯《おそ》れず。今、死生栄辱、尊卑貴賤、それその一時なり。願わくは公の詳《つまび》らかに計りて、俗と同じうする無からんことを」とある。

〔訳文〕栄誉と恥辱とは根元は同じである。恥辱を嫌って、どうして栄誉を求めることができようか。生きることと死ぬことは起源は同じである。生命を貪っていても、必ずしも死を畏れることはない。

一〇一、私欲を去って正しく身を処すべし

人《ひと》と作《な》りて、只《た》だ是《こ》れ一味《いちみ》率真《そっしん》ならば、蹤跡《しょうせき》は隠《かく》れたりと雖《いえど》も、還《ま》た顕《あらわ》る。
心《こころ》を存《そん》して、若《も》し半毫《はんごう》も未《いま》だ浄《きよ》からざる有《あ》らば、事為《じい》は公《おおやけ》なりと雖《いえど》も、亦《ま》た私《わたくし》なり。

作レ人只是一味率真蹤跡雖レ隠還顕。
存レ心若有二半毫未一レ浄事為雖レ公亦私。

〔語義〕〇人と作り——身を持する。身を処する。〇一味——一に惟《こ》れの意。ひたすら。もっぱら。いちずに。口語的表現である。〇率真——誠実で偽りがない。さっぱりとしている。口語的表現。〇蹤跡——人の行った跡。以前あった事柄。事跡。〇心を存し——本心を失うことなく、存し養うこと。『孟子』（尽心、上）に「其の心を存し、其の性を養うは、天に事《つか》うる所以《ゆえん》なり」とある。〇半毫——少しの。一毫、秋毫、毫毛などと同じ。〇事為——なすこと。事業。唐の韓愈の「浮屠文暢師を送るの序」（『朱文公校昌黎先生集』巻二十）に「彼は吾が君臣父子の懿《い》（ねんごろ）、文物事為の盛んな

るを見、其の心に慕う有り」とある。

〔訳文〕正しく身を処している者は、ひたすら誠実で偽りがなかったならば、その事跡はひととき隠れていても、いつかは世間に知られる。

本来の心を存していても、わずかな清浄でないことがあると、そのなすことは広く天下に資することをしたと言っても、やはり利欲からしたことであるとされてしまう。

一〇二、小人とは大志をともにするを得ず

鷯《りょう》は一枝《いっし》を占《し》めて、反《かえ》って鵬心《ほうしん》の奢侈《しゃし》なるを笑《わら》う。兎《と》は三窟《さんくつ》を営《いとな》みて、転《うた》た鶴塁《かくるい》の高危《こうき》なるを嗤《わら》う。

智《ち》の小《しょう》なる者《もの》は、以《もっ》て大《だい》を謀《はか》る可《べ》からず。趣《しゅ》の卑《いや》しき者《もの》は、与《とも》に高《たか》きを談《かた》る可《べ》からず。信《まこと》に然《しか》り。

鷯占二一枝一反笑二鵬心奢侈一。兎営二三窟一転嗤二鶴塁高危一。

智小者不レ可二以謀一レ大。趣卑者不レ可二与談一レ高。信然矣。

〔語義〕○鷯――みそさざい。よしきり。よしはらすずめ。ここでは小さな鳥のことで、後の大きな鳥の「鵬」に対する。○一枝を占め――一枝だけで満足している。『荘子』（内篇、逍遥遊第一）に

「鷦鷯《しょうりょう》、深林に巣《す》くうに一枝に過ぎず、偃鼠《えんそ》（どぶねずみ）、河に飲むも満腹に過ぎず」とある。○鵬——鳳と同じ。想像上の大鳥。おおとり。『荘子』（内篇、逍遥遊第一）に「鵬の南冥《なんめい》（南の海。北冥の対で、冥は、暗い果てしないところ）に渉《うつ》るや、水を撃《げき》すること三千里、扶遥《ふよう》を博《う》ちて上《のぼ》る者、九千里、去りて六月《りくげつ》を以て息《いこ》う者なり」とあるのを踏まえている。○奢侈——ぜいたく。驕り。○兎は三窟を営み——身を隠すことの確かさ。難を免れることの巧みさ。『戦国策』（斉策、四）に「馮諼《ふけん》曰く、狡《こう》兎《と》（利口な兎）は三窟有りて、僅かに其の死を免《まぬか》るるを得るのみ。今、君は一窟有るのみ。請《こ》う君のために三窟を鑿《うが》たんと」とあり。ここから「狡兎三窟」または「狡兎三穴」の成語が出た。○嗤う——あざけり笑う。さげすみ笑う。嗤侮《しぶ》、嗤易《しい》とも言う。

〔訳文〕 みそさざいのような小さな鳥は、深林のたくさんの木の枝の中のたった一枝に巣を作るだけで満足し、かえって遠いところまで自由に飛びまわることができるおおとりの豪華で高ぶっているのを笑う。利口な兎は、安全のために三つの穴を作ってどこにでも逃れる準備をし、鶴の巣が高くて危険なところにあるのをあざけり笑う。

　知恵のない人とは、世界の大きなことを相談し議論することはできない。趣味の卑しい人とは、一緒に高尚な道理を語り合うことはできない。ほんとうにそのとおりである。

一〇三、貧者も誇りを持ち、英雄も真心を失うな

貧賤《ひんせん》も人《ひと》に驕《おご》らば、虚憍《きょきょう》に渉《わた》ると雖《いえど》も、還《ま》た幾分《いくぶん》の侠気《きょうき》有《あ》り。
英雄《えいゆう》も世《よ》に欺《あざむ》かば、縦《たと》え揮霍《きかく》に似《に》るも、全《まった》く半点《はんてん》の真心《しんしん》没《な》し。

貧賤驕レ人雖レ渉ニ虚憍一還有ニ幾分侠気一。
英雄欺レ世縦似ニ揮霍一全没ニ半点真心一。

〔語義〕○虚憍――空しく驕る。実力がないのに強がる。自負する。から元気を張る。憍は驕にも通ずる。『荘子』（外篇、達生第十九）に「紀渻子《きせいし》、王の為に闘鶏を養う。十日にして問う。鶏已《すで》にするか、と。曰く、未《いま》だしなり。方《まさ》に虚憍にして気を恃《たの》む、と」とあり、同じ内容の文が『列子』（黄帝篇第二）にもあるが、そこでは「虚驕」に作っている。○侠気――男気。勇ましい気持ち。○揮霍――勢いの激しいさま。上下するさま。動くさま。○半点――一小点の半分。少しばかり。現代中国語でも「半点儿《パンディアル》」は良く用いられる。○真心――偽りのない心。

〔訳文〕貧しく賤しい取るに足りないような人であっても、他の人を驚かすような盛んな意気込みを見せれば、それはから元気であるとは言っても、幾らかの男気はある。
才知や武勇の秀れた人でも、世の中を欺《あざむ》けば、たとえそれが勢いのあるものと言っても、まったく

少しのまごころのない者と同じである。

一〇四、立場によって各々に適するものがある

糟糠《そうこう》は彘肥《ていひ》と為《な》らず。何事《なにごと》ぞ偏《ひとえ》に鉤下《こうか》の餌《じ》を貪《むさぼ》る。
錦綺《きんき》は豈《あ》に犠貴《ぎき》に因《よ》らん。誰人《たれひと》か能《よ》く籠中《ろうちゅう》の囮《か》を解《と》かん。

糟糠不レ為ニ彘肥一。何事偏貪ニ鉤下餌一。
錦綺豈因ニ犠貴一。誰人能解ニ籠中囮一。

〔語義〕〇糟糠——酒かすとぬか。粗末な食べ物。貧者の食べ物。『戦国策』（韓策、一）に「民の食する所は、大抵《たいてい》は豆飯に藿羹《かくこう》（豆の若葉で作ったあつもの）、一歳収めざれば、民は糟糠に饜《あ》かず」と、同（宋衛策）に「其の梁肉《りょうにく》（上等な肉）を舍《す》て、鄰《となり》に糟糠有りて、これを竊《ぬす》まんと欲す」などとある。貧賤で糟糠など粗末な食事をともにした妻のことを「糟糠之妻」と言う。〇彘肥——肥えた豚肉。ご馳走。立派な食事。〇鉤下の餌——魚を釣る道具に付ける餌。『荘子』（雑篇、外物第二十六）に、「任公《じんこう》子《し》、大鉤（大きな釣り針）巨緇《きょし》（太い黒縄）を為《つく》り、五十犗《かい》（去勢をした牛）を以て餌《えさ》と為《な》し、会稽に蹲《うずくま》り、竿を東海に投じて、旦旦（毎日）にして釣る」と、また、同書（外篇、胠篋第十）に「鉤餌網《もう》罟《こ》、罾罟《そうこう》（四つ手網とやな）の知多ければ、魚、水に乱る」とある。〇錦綺——錦と綾織。美しいきぬ

もの。○犠貴――高価な犠牲。一本では「犠牲貴」に作る。○囮――おとり。他の鳥獣虫魚などで騙しておびき寄せるための生きている鳥獣虫魚。他をおびき出すために用いられる媒介物。

〔訳文〕酒かすやぬかのような粗末な餌を与えるだけでは、肥えた美味しい豚とはならない。どうして何の取り柄もない釣り針の餌のようなつまらない物を貪るのであろうか。

錦や綾織のような美しい物は、どうして高価な犠牲によろうか。誰が能《よ》く錦のような美しい物によって籠の中のおとりを解放することができようか。

一〇五、人の見識によって価値は異なる

琴書詩画《きんしょしが》は、達士《たっし》は之《これ》を以《もっ》て性霊《せいれい》を養《やしな》うも、庸夫《ようふ》は徒《いたず》らに其《そ》の跡象《せきしょう》を賞《しょう》す。

山川雲物《さんせんうんぶつ》は、高人《こうじん》は之《これ》を以《もっ》て学識《がくしき》を助《たす》くるも、俗子《ぞくし》は徒《いたず》らに其《そ》の光華《こうか》を玩《もてあそ》ぶ。

見《み》る可《べ》し、事物《じぶつ》には定品《ていひん》無《な》く、人《ひと》の識見《しきけん》に随《したが》いて、以《もっ》て高下《こうか》を為《な》す。故《ゆえ》に、書《しょ》を読《よ》み理《り》を窮《きわ》むるには、趣《しゅ》を識《し》るを以《もっ》て先《せん》と為《な》すを要《よう》す。


琴書詩画達士以レ之養ニ性霊一而庸夫徒賞ニ其跡象一。

山川雲物高人以レ之助ニ学識一而俗子徒玩ニ其光華一。

可レ見事物無ニ定品一随ニ人識見一以為ニ高下一。故読レ書窮レ理要ニ以レ識レ趣為一レ先。

〔語義〕〇達士――見識が高く、広く事理に通じて、物事に拘束されない立派な人。達人。『呂氏春秋』（侍君覧、知分）に「達士は、死生の分に達す。死生の分に達すれば、則ち利害存亡も惑わす能《あた》わず」と、また『国語』（越語、上）にも「其れ達士は、其の居を潔《きよ》くす」ともある。この「達士」は、次段の「高人」とともに「庸夫」「俗子」と対になっている。〇性霊――心。たましい。精神。梁の劉勰《りゅうきょう》の撰で、文学評論として最古の書『文心雕龍《ぶんしんちょうりょう》』（情采第三十一）に「乃《か》の性霊を総述し、器象を敷写《ふしゃ》する若《ごと》きは、心を鳥跡の中に鏤《ちりば》め、辞を魚網の上に織《お》る」と、また、同（序志第五十）に「歳月は飄然《ひょうぜん》として、性霊は届《とど》まらず」などとある。〇庸夫――つまらない者。平凡な人。「庸夫愚婦」の成語がある。〇跡象――表面に出た美しさ。〇高人――世俗に超越している人。秀れた能力を持ちながら官職に就かない人。〇学識――学問と見識。〇光華――美しく光る。光彩。栄える。〇定品――決まった評価。〇識見――事物を観察して是非を識別する能力。見わけ。見識と同じ。〇趣――趣《おもむき》。志すところ。考え。

〔訳文〕音楽・書道・詩歌・絵画というものは、見識が高く事理に通じた人は、それによって精神を養うことができるが、愚かで平凡な人は、その外面的な美しさだけを愛《め》でるにすぎない。

山河や雲などの自然に存在するものは、世俗に超然としている人は、それを深い学問を理解する助けとすることができるが、通俗な世界にいる人は、ただ単に美しい景色を弄《もてあそ》ぶだけである。

ありとあらゆる存在には一定の評価はなく、その人の見識によって、そのものの価値の高低が決定されることがわかる。それ故に、典籍を学び道理を究めるには、その志すところを明らかにすることがもっとも大切であるということをよくよく考えるべきである。

一〇六、真実の美は質素を尊ぶ

美女《びじょ》の鉛華《えんか》を尚《とうと》ばざること、疎梅《そばい》の淡月《たんげつ》に映《えい》ずるに似《に》たり。
禅師《ぜんじ》の空寂《くうじゃく》に落《お》ちざること、碧沼《へきしょう》の青蓮《せいれん》を吐《は》くが若《ごと》し。

美女不レ尚二鉛華一似三疎梅之映二淡月一。
禅師不レ落二空寂一若三碧沼之吐二青蓮一。

〔語義〕○鉛華――おしろい。白粉。厚化粧。曹植の「洛神賦」（『文選』賦類）に「延頸秀項ありて、皓質呈露す。芳沢加《くわ》うる無く、鉛華御《ぎょ》せず（白粉も付けていない）、両髻峩峩、修眉聯娟《れんけん》たり」とある。○疎梅――疎は、疏の俗字。華やかでなく清楚に咲いている梅の花。○淡月――影の薄い月影。おぼろ月。○空寂――空は、諸相がないこと。寂は、起滅がなく寂静のこと。一物もなく、何らの起滅もない静寂そのものの状態。『心地観経』（巻一）に「今、三界の大導師、座上に跏趺《かふ》（足を組んで坐る坐禅）し、三昧《ざんまい》（精神を統一する）に入り、独《ひと》り凝然《ぎょうぜん》空寂の舎に処り、身心の動かざること須弥《しゅみ》（一世界の中央にある須弥山《せん》のこと）の如し」とある。○碧沼――緑色の沼。○青蓮――青色の蓮。

〔訳文〕美しい女の人が厚化粧を好まないのは、清楚な梅の花が淡い月の光に調和しているようなものである。

禅宗の徳の高い僧が静寂な境地を捨てないのは、緑の美しい池から青い蓮が生《は》えてくるようなものである。

一〇七、自分は廉潔でも他人の弱みを追及するな

廉官《れんかん》は多《おお》く後無《あとな》し、其《そ》の太《はなは》だ清《きよ》きを以《もっ》てなり。痴人《ちじん》は毎《つね》に福多《ふくおお》し、其《そ》の近《ちか》く厚《あつ》きを以《もっ》てなり。故《ゆえ》に君子《くんし》は、廉介《れんかい》を重《おも》んずと雖《いえど》も、垢《あか》を含《ふく》み汚《けが》れを納《い》るるの雅量無《がりょうな》かる可《べ》からず、痴頑《ちがん》を戒《いまし》むと雖《いえど》も、亦《ま》た必《かなら》ずしも淵《ふち》に察《さっ》し垢《あか》を洗《あら》うの精明有《せいめいあ》らず。

廉官多無レ後以二其太清一也。癡人每多レ福以二其近厚一也。故君子雖レ重二廉介一不レ可レ無二含レ垢納レ汚之雅量一雖レ戒二癡頑一亦不三必有二察レ淵洗レ垢之精明一。

〔語義〕〇廉官――心が清く正しい役人。〇後――あと。『後漢書』（巻六十一、左雄伝）に「白璧は為《な》す可《べ》からず、容容は後の福多し」とあり、その李賢注には「容容は猶《なお》和同のごときなり、独《ひと》り白玉の清潔為《た》る可からず、常に衆人と和同するなり」とある。〇雅量――広い度量。おっとりとした気持

ち。胸中の正しく広いこと。楊修の「臨淄侯に答うるの牋」(『文選』文章篇、牋類)に「乃《すなわ》ち経国の大美を忘れず、千載の英声を流し、功を景鍾(景公の鐘)に銘し、名を竹帛に書するが若《ごと》きは、斯《こ》れ自《おの》ずから雅量、素の畜《たくわ》うる所なり」とある。○痴頑——愚かで頑《かたく》ななこと。「痴老子」(ばかおやじ)の成語もある。愚かで頑なな年寄り。○淵に察し——無理に人の欠点を探る。『列子』(説符篇第八)に「文子曰く、周の諺に言有り、察にして淵魚を見る者は不祥なり、智にして隠匿を料《はか》る者は殃《わざわい》有り」とあり、また『韓非子』(説林篇上第二十二)に「淵中の魚を知る者は不祥なり」(隅から隅まで知り尽すことは良くない)とある。○垢を洗う——無理に人の欠点を探すこと。『後漢書』(巻八十下、趙壹伝)に「好む所は、則ち皮を鑽《き》りて其の羽毛を出《い》だし、悪《にく》む所は、則ち垢を洗いて其の瘢痕《はんこん》(傷跡。欠点)を求む。誠を竭《つく》して忠を尽さんと欲すると雖も、路は絶嶮《ぜっけん》(険しい)にして縁《よ》る靡《な》し」とある。○精明——詳しく明らかにすること。『礼記』(祭統第二十五)に「心は苟《いやしく》も慮《はか》らず、必ず道に依り、手足は苟も動かず、必ず礼に依る。是の故に、君子の斉《さい》するや、専《もっぱ》ら其の精明の徳を致すなり」とある。

〔訳文〕 清廉すぎる役人は多くの場合、その行く末は幸福でない。それは潔癖すぎるからである。愚かな人はいつも幸福が多い。それは身近なものを厚く待遇するからである。

潔《いさぎよ》く正しいことを重んずると言っても、垢や汚れを包み込むような広い度量がなくてはならず、愚かで頑固なことを戒めるとは言っても、また必ずしも無理やりに人の隠しごとや欠点を探し出すような詮索はしない方が良い。

一〇八、人の心は自然に任せ、技巧をこらすな

密《みつ》なれば、則《すなわ》ち神気《じんき》拘逼《こうひつ》し、疎《そ》なれば、則《すなわ》ち天真爛漫《てんしんらんまん》なり。此《こ》れ豈《あ》に独《ひと》り詩文《しぶん》の工拙《こうせつ》のみ、此《こ》れ従《よ》り分《わか》れんや。

吾《われ》、周密《しゅうみつ》の人《ひと》の、純《もっぱ》ら機功《きこう》を用《もち》い、疎狂《そきょう》の士《し》の、独《ひと》り性真《しょうしん》に任《にん》ずるを見《み》る。人心《じんしん》の生死《せいし》も、亦《ま》た此《こ》れに於《お》いて判《わか》るなり。

密則神気拘逼疎則天真爛漫。此豈独詩文之工拙従レ此分哉。

吾見下周密之人純用二機巧一疎狂之士独任中性真上。人心之生死亦於レ此判也。

〔語義〕〇神気——心。精神。不思議な霊気。万物を生成する不思議な力。『荘子』（外篇、田子方第二十二）に、「夫《そ》れ至人なる者は、上は青天を窺い、下は黄泉を潜《さぐ》り、八極に揮折《きせつ》（自由自在に駆けめぐる）して、神気変せず」とある。〇拘逼——捕えられる。〇天真爛漫——天与の純粋な心のままを言動に現して、包み隠しのないこと。自然のままがありありと現れるさま。〇周密——十分に行きわたること。遍《あまね》く行きわたること。『荀子』（儒効篇第八）に「其の行いは多く当るも、而《しか》も今だ安んぜず、其の知慮は多く当るも、而も未だ周密ならず、上《かみ》は則ち能《よ》く其の隆《とうと》ぶ所を大にし、下は能く己《おのれ》に若《し》かざる者を開道す」とある。〇疎狂——そそっかしく常規をはずれること。〇性真——本性を言う。〇人心——人の心。『易経』（咸卦、彖《たん》伝）に「天地感じて万物化生し、聖人は人心に感じて、天下和平

なり。其の感ずる所を観て、天地万物の情見る可《べ》し」とある。○判る——区別する。

〔訳文〕内に深く閉ざしていると、心意は拘束されて狭められ、粗く大まかであると、天与の本性がありのままに現れてくる。この疎密の違いによって、どうしてただ詩歌や文章の上手《じょうず》、下手《へた》だけが分れてこようか。

私は、十分に行きとどいた人は、一心に技巧をこらし、そそっかしい人は、ただ真実の心に任せていることを知っている。その人がもともと持っている性質が生かされるか殺されるかも、また、密であるか疎であるかによって、分れてくるのである。

一〇九、節を守って人の性を全うする

翠篠《すいじょう》は厳霜《げんそう》に傲《おご》る。節《せつ》は縦《たと》え孤高《ここう》なるも、沖雅《ちゅうが》を傷《そこ》なわるる無《な》し。
紅蕖《こうきょ》は秋水《しゅうすい》に媚《よ》し。色《いろ》は艶麗《えんれい》なりと雖《いえど》も、何《なん》ぞ清修《せいしゅう》を損《そこ》なわん。

翠篠傲二厳霜一。節縦孤高無レ傷二沖雅一。
紅蕖媚二秋水一。色雖二艶麗一何損二清修一。

〔語義〕○翠篠——つねに青緑色の篠竹。いつも緑であるさま。○孤高——群を抜いて独り高くそび

えている。〇沖雅――和《やわ》らいで雅《みやび》やかなこと。沖虚淡雅のこと。〇紅蕖――紅い蓮の花。〇秋水――秋の頃の澄みわたった水。初唐の王勃《おうぼつ》の「滕王閣《とうおうかく》（江西省南昌）序」（『古文真宝後集』序類）に「落霞は孤鶩《こぼく》（一羽の鴨）と斉《ひと》しく飛び、秋水は長天（果てしない空）と共に一色なり」とある。〇艶麗――つやつやと麗《うるわ》しいこと。〇清修――素行が清く修まっていること。『後漢書』（巻二十六、宋弘伝）に「清修にして雪白、正直にして邪《よこしま》無し」とある。

〔訳文〕つねに緑の篠竹は、厳しい霜にもびくともしないで茂っている。節操はたとえ独りぼっちで世俗を超越していても、和《やわ》らいだ雅《みやび》やかさは少しも損なわれるようなことはない。
紅い蓮の花は、秋の冷たく澄みわたった水によく映えている。その色彩がつややかで麗《うるわ》しいとは言っても、どうして素行の清らかさを損なうことがあろうか。

一一〇、貧者は卑屈、富者は非礼に陥りやすい

貧賤《ひんせん》の難《かた》き所《ところ》は、節《せつ》を砥《と》ぐに難《かた》からざるも、情《じょう》を用《もち》うるに難《かた》し。
富貴《ふうき》の難《かた》き所《ところ》は、恩《おん》を推《お》すに難《かた》からざるも、礼《れい》を好《この》むに難《かた》し。

貧 賤 所ㇾ難 不ㇾ難ㇾ在 砥ㇾ節 而 難ㇾ在 用ㇾ情。
富 貴 所ㇾ難 不ㇾ難ㇾ在 推ㇾ恩 而 難ㇾ在 好ㇾ礼。

〔語義〕○節を砥ぐ――節操を磨く。孔子・子思の後裔である子高・子順・子魚などの言行を後に集録したとされる『孔叢子《くぞうし》』（公儀、『四部叢刊』三一九・三二〇）に「節を砥《と》ぎ行を礪《みが》き、道を楽しみ古《いにしえ》を好む」とある。なお「節を砥ぐに難からざるも、情を用うるに難し」は、原文は「不難在砥節、而難在用情」とある。難の下の「在」は、動詞の後に付いて、その状態・結果を表す結果補語で、ここでは読んでいない。○情を用う――感情をほど良く処理する。○恩を推す――慈《いつく》しみを推し及ぼす。愛情を人に施す。『孟子』（梁恵王、上）に「恩を推せば、以て四海を保《やす》んずるに足り、恩を推さざれば、以て妻子を安んずるなし」とある。○礼を好む――礼儀を好む。『論語』（学而篇）に「子貢曰く、貧にして諂《へつら》うことなく、富みて驕ることなきは如何《いかん》、と。子（孔子）曰く、可《か》なり。未《いま》だ貧にして楽しみ、富みて礼を好む者には若《し》かざるなり」とある。

〔訳文〕貧賤のときに難しいことは、節操を磨くことは難しくはないが、つい卑屈になりがちで、感情を適切に表現することが難しい。

富貴のときに難しいことは、他人に愛情を施すことは難しくはないが、ややもすると驕り高ぶって、心から礼儀を尽すことが難しい。

一一一、富裕が損なう人間の本性の回復法

簪纓《しんえい》の士《し》は、常《つね》に孤寒《こかん》の子《し》に及《およ》ばず、以《もっ》て節《せつ》を抗《あ》げ忠《ちゅう》を致《いた》す可《べ》し。

廟堂《びょうどう》の士《し》は、常《つね》に山野《さんや》の夫《ふ》に及《およ》ばず、以《もっ》て事《こと》を料《はか》り理《り》を燭《しょく》す可《べ》し。何《なん》ぞや。彼《かれ》は濃艶《のうえん》を以《もっ》て志《こころざし》を損《そこ》ない、此《こ》れは淡泊《たんぱく》を以《もっ》て真《しん》を全《まっと》うするなり。

簪纓之士常不㆑及㆓孤寒之子㆒可㆓以抗㆑節致㆒㆑忠。廟堂之士常不㆑及㆓山野之夫㆒可㆓以料㆑事燭㆒㆑理。何也。彼以㆓濃艶㆒損㆑志此以㆓淡泊㆒全㆑真也。

〔**語義**〕○簪纓——かんざしと冠のひも。転じて高位の人。宮廷に仕える人を簪纓縉紳と言う。「縉紳」は、本書の第八八節に見える。そこでは、その反対を「寒微」とし、ここでは「孤寒」としているが意味は同じ。○孤寒——身寄りがなく貧しいこと。○節を抗げ——高尚な節操を堅く守る。晋の桓温の「譙《しょう》元彦《げんげん》を薦《すす》むるの表」（『文選』表類）に「凶命（悪い命令）屢《しば》しば招き、姦威（よこしまなおどし）仍《しき》りに逼《せま》り、身は虎吻《こふん》（虎の口）に寄り、危うきこと朝露に同じ、而《しか》も能《よ》く節を抗げて玉立（玉のように立つ）し、誓いて降辱（志を曲げて降参する）せず」とある。○廟堂の士——朝廷に仕える高い位の人。○理を燭す——道理を明らかにする。○濃艶——あでやかで美しい。○真を全うす——人間の真性を完全に保つ。『荘子』（雑篇、盗跖《とうせき》第二十九）に「子《し》（孔子）の道は、狂狂（本性を失う）汲汲（足りぬさま）たる詐巧《さこう》虚偽（嘘偽り）の事なり。以て真を全くす可《べ》きに非《あら》ざるなり。奚《なん》ぞ論ずるに足らんや」とある。

〔訳文〕高い位にある人は、いつも身寄りのない貧しい者には及ばない。そこで節操を堅く守って誠実な行為をすべきである。

高級な役人は、いつも民間の名もない庶民には及ばない。そこで事実を推し量って道理を明らかにすべきである。

それは何故であろうか。高い身分の人はぜいたくな生活をしているために、本来の目的を損ない、名もない庶民たちは無欲な生活をしているので、人間の本来の生き方を全《まっと》うすることができるからである。

一一二、栄誉に驕らず、窮乏に悩まず

栄寵《えいちょう》の傍辺《ぼうへん》には、辱《はずかし》め、等《ひと》しく待《ま》つ。必《かなら》ずしも揚揚《ようよう》たらざれ。
困窮《こんきゅう》の背後《はいご》には、福《ふく》、跟《つ》き随《したが》う。何《なん》ぞ戚戚《せきせき》たるを須《もち》いん。

栄寵傍辺辱等待。不㆓必揚揚㆒。
困窮背後福跟随。何須㆓戚戚㆒。

〔語義〕○傍辺――そば。あたり。傍ら。付近。旁辺とも言う。○揚揚――得意のさま。畳語。○戚戚――憂えているさま。畳語。

〔**訳文**〕栄達や寵愛のそばには、恥辱が必ず付き添っている。だから、それほど得意気になってはいけない。

生活や物事に困った後には、幸福がぴったりと追いかけてくる。だから、どうして憂える必要があろうか。

一一三、空想・妄動すれば一生を無駄にする

古人《こじん》の間適《かんてき》の処《ところ》、今人《こんじん》は却《かえ》って忙《いそが》しく一生《いっしょう》を過《す》ごし了《おわ》る。
古人《こじん》の実受《じつじゅ》の処《ところ》、今人《こんじん》は又虚《またむな》しく一生《いっしょう》を度《わた》り了《おわ》る。
総《すべ》て是《こ》れ空《くう》に耽《ふけ》り妄《もう》を逐《お》い、個《こ》の色身《しきしん》を看《み》て破《やぶ》らず、個《こ》の法身《ほっしん》を認《みと》めて真《しん》とせざるのみ。

古 人 間 適 処 今 人 却 忙 過㆓了 一 生㆒。
古 人 実 受 処 今 人 又 虚 度㆓了 一 世㆒。
総 是 耽㆑空 逐㆑妄 看㆓個 色 身㆒不㆑破 認㆓個 法 身㆒不㆑真 耳。

〔**語義**〕○間適――閑適とも書き、心静かに楽しむこと。唐詩にも、閑適詩がある。○実受――実際に役に立って行動すること。○空――うつろ。梵語 śūnya の、膨れ上がって中がうつろなことを示す語からの漢訳。転じて、無い、欠けた。諸々の事象は因縁によって生じたものであって固定的実体

のないこと。〇個——一個の略。一つの。個は、助数詞で、一般に具象的、非形象的なものを具体化する働きをする。個体としてまとまったものを指す。〇色身——仏教語。四大（地・水・火・風）や五塵（色・声・味・香・触）などの色法からなる肉体のこと。すなわち肉体。〇法身——仏教語。仏《ほとけ》の自性である真如（ありのままの姿）そのもの。

〔訳文〕昔の秀れた人が、心静かに楽しんでいたところを、今の凡人達は、そうはしないで忙しく一生を過ごしてしまう。

昔の秀れた人が、実際に役に立てて行動したところを、今の凡人達は、やはり何もしないで生涯を過ごしてしまう。

これは結局、空虚なことに溺れ、妄想を追って、一つの欲望に満ちた肉体を見ても、それから脱け出すことができず、一つの真実な姿を認めても、それを真実としないからに違いない。

一一四、志しては出身にこだわらず、達しては華美に流されない

芝草《しそう》は根《ね》無《な》く、醴《れい》は源《もと》無《な》し。志士《しし》は、当《まさ》に勇《ゆう》にして翼《つばさ》を奮《ふる》うべし。
彩雲《さいうん》は散《ち》り易《やす》く、琉璃《りゅうり》は脆《もろ》し。達人《たつじん》は、当《まさ》に早《はや》く頭《こうべ》を回《めぐ》らすべし。

芝草無レ根醴無レ源。志士当二勇奮一レ翼。

彩雲易レ散琉璃脆。達人当二早回一レ頭。

〔語義〕○芝草は根無く……――菌類である芝草には根がない。三国・呉の有名な易学者、会稽《かいけい》余姚（浙江省）の人、虞翻《ぐほん》の「弟に与えるの書」に「芝草は根無く、醴泉は源無し」の句がある。芝草は、きのこの一種である霊芝《れいし》のこと。『神農本草経』では、上薬とされ、また『抱朴子』（仙薬篇）では不老長生の代表的な生薬とされている。五岳の一、山東省の泰山の石段のあたりで多く売られている。○醴――醴泉のこと。甘い味のある泉。甘泉。一説に甘露と同一物とする。古来、芝草とともに瑞祥とされる。ここでは、いずれも秀れた人物の喩え。秀れた人は必ずしも高位高官の家から生まれたのではないことを言っている。○志士――高遠雄大な志のある人。『論語』（衛霊公篇）に「志士仁人は、生を求めて以て仁を害すること無し。身を殺して以て仁を成すこと有り」とある。○彩雲――美しい彩りのある雲。李白の「早《つと》に白帝城を発す」（『唐詩選』七言絶句）に「朝《あした》に辞《じ》す白帝彩雲の間、千里の江陵一日にして還る」とあるのは有名である。○琉璃――「ルリ」とも読む。紺青色の宝玉の名。仏説の七宝の一。梵語 vaiḍūrya からの漢訳。吠琉璃の略。バイカル湖の南岸に産するとも言う。『倶舎論』（巻二、十五）、『道行般若《はんにゃ》経』（巻八、四百七十二上）、『華厳《けごん》経』（巻九、五百五十九下）などに多く見える。○達人――秀れた人物。経綸の手腕に秀れた賢人。『春秋左氏伝』（昭公七年）に「聖人の明徳有る者は、若《も》し世に当《あた》らずんば、其の後、必ず達人有らん」とある。

〔訳文〕仙薬でもあり、瑞草ともされる霊芝《れいし》は根がなく、醴泉という瑞祥である甘い水は源がないように、秀れた人物は必ずしも上層の家庭から出るものではない。志《こころざし》のある人間は、勇気をもって自由に目標に向って行動すべきである。

美しい彩りのある雲は散りやすく、高価な宝玉は砕けやすい。秀れた人物は、早く思慮を働かせて、その実態を知るべきである。

一一五、若者は周到に、老人は淡泊であれ

少壮《しょうそう》の者《もの》は、事事《じじ》に当《まさ》に意《い》を用《もち》うべきも、而《しか》も意《い》は反《かえ》って軽《かる》し。徒《いたず》らに汎汎《はんはん》として、水中《すいちゅう》の鳧《かも》と作《な》るのみ。何《なに》を以《もっ》てか雲霄《うんしょう》の翮《かく》を振《ふる》わん。

衰老《すいろう》の者《もの》は、事事《じじ》に宜《よろ》しく情《じょう》を忘《わす》るべきも、而《しか》も情《じょう》は反《かえ》って重《おも》し。徒《いたず》らに碌碌《ろくろく》として、轅下《えんか》の駒《こま》と為《な》るのみ。何《なに》を以《もっ》てか韁鎖《きょうさ》の身《み》を脱《だっ》せん。

少壮者事事当レ用レ意而意反軽。徒汎汎作二水中鳧一而已。何以振二雲霄之翮一。

衰老者事事宜レ忘レ情而情反重。徒碌碌為二轅下駒一而已。何以脱二韁鎖之身一。

〔語義〕○汎汎——速く流れて滞らないさま。水に浮んで揺れているさま。畳語。○鳧——音は「フ」。鴨。野鴨。あひる。家鴨。○雲霄——空。天空。高い地位にも喩えられる。○翮——羽根の付け根。○情を忘る——喜怒哀楽のことに対し感情を動かさず、無欲であること。○碌碌——小石がご

ろごろとしているさま。平凡なこと。役に立たないこと。○轅下の駒──駒は三歳馬。足の力がまだ弱くて車を牽くには十分でない馬。車のながえに繋がれた役に立たない駒。人の束縛を受けて自由にならない喩え。『史記』（巻一百七、魏其武安侯列伝）に「上《しょう》（武帝）は内史を怒りて曰く、公は平生数《しば》しば魏其、武安侯の長短を言う。今日の廷論（朝廷の議論）には、局趣として（しりごみしてしまって）、轅下の駒に効《なら》う。吾、幷《あわ》せて若《なんじ》の属を斬《き》らん」とある。○韁鎖──きずなとくさり。転じて浮き世のきずな。人の身や心を束縛するもの。『漢書』（巻一百、叙伝）に「今、吾子、已《すで》に仁誼の羈絆を貫き、名声を韁鎖に繋ぎ、周孔（周公・孔子）の軌躅《きたく》（法則）に伏し、顔閔《がんびん》（顔回・閔子騫《びんしけん》）の極摯《きょくし》（至極の道）に馳《は》す」とあり、顔師古の注には「韁《つな》ぐこと馬韁の如し」とある。

〔訳文〕若くて元気のある人は、いつも何か事をするたびに心遣いを尽すべきであるのに、その気持ちは却って軽々しくなってしまう。空しく流れに任せて、水の上に浮んでいる鴨のようになっているだけである。そんなことで、どうして世に雄飛できようか。

年老いて衰えた人は、いつも何か事をするのに私情を忘れるべきであるのに、その欲望に却って強くとらわれてしまう。いたずらに小さなことにこだわって、馬車に繋がれた小馬のように世間の束縛を受けるだけで自由をなくしている。そんなことで、どうしてその身を束縛しているものから抜け出せようか。

一一六、何ごとも五分に止めるのが安穏

帆《ほ》は、只《た》だ五分《ごぶ》を揚《あ》ぐれば、船《ふね》は便《すなわ》ち安《やす》し。水《みず》は、只《た》だ五分《ごぶ》を注《そそ》がば、器《うつわ》は便《すなわ》ち穏《おだ》やかなり。韓信《かんしん》は、勇略《ゆうりゃく》を以《もっ》て主《あるじ》を震《ふる》わして擒《とら》えられ、陸機《りくき》は、才《さい》を以《もっ》て名《な》を世《よ》に冠《かん》たるも殺《ころ》され、霍光《かくこう》は、権勢《けんせい》に敗《やぶ》れて君《きみ》に逼《せま》り、石崇《せきすう》は、財賦《ざいふ》に死《し》して国《くに》に敵《てき》するが如《ごと》し。皆《みな》、十分《じゅうぶ》を以《もっ》て敗《はい》を取《と》る者《もの》なり。康節《こうせつ》云《い》う、飲酒《いんしゅ》は酩酊《めいてい》を成《な》さ教《し》むること莫《な》く、看花《かんか》は慎《つつし》んで離披《りはい》に至《いた》ること勿《なか》れ、と。旨《うま》きかな言《げん》や。

帆只揚二五分一船便安。水只注二五分一器便穏。如下韓信以二勇略一震レ主被レ擒陸機以レ才名冠レ世見レ殺霍光敗二于権勢一逼レ君石崇死二于財賦一敵上国。皆以二十分一取レ敗者也。康節云飲酒莫レ教レ成二酩酊一看花慎勿レ至二離披一。旨哉言乎。

〔語義〕○帆――音はハン。○五分――一寸の半分で、全部を揚げないで半分だけ揚げて余裕を持たせること。後に「十分」とある半分。○便ち――それですぐに。AからBにすらりと運ぶことを示す助字。本書には多く使われる。○穏――音はオン。穏やか。「穏穏」は、安らかなこと。○韓信――秦末・漢初の淮陰《わいいん》（今の江蘇省）の人。蕭何《しょうか》・張良とともに高祖の三傑の一人。初め項羽に従ったが用いられず、後に劉邦（漢の高祖）に従って華北を平定し、漢の統一の後、斉王から楚王に遷され、

後に反乱の疑いで捕えられて殺された。「韓信の股くぐり」は有名である。『史記』（巻九十二、淮陰侯列伝）に「且《か》つ臣聞く、勇略もて主を震わす者は身危うく、而して功の天下を益する者は賞せられず」とある。○勇略——勇気と才略。勇壮と武略。略は、はかりごと。○陸機——西晋の呉郡華亭（江蘇省）の人。字は士衡。文書家として有名で、弟の陸雲とともに「二陸」と称された。成都王司馬穎に仕えた。穎が長沙王乂《がい》を討ったときに、軍が敗れると、孟玖らに異志ありと譖《しん》せられて殺された。著に『陸士衡集』十巻がある。彼の伝は『晋書』（巻五十四）にある。○霍光——漢の平陽（山西省）の人。匈奴を征伐して大功を立てた霍去病《かくきょへい》の異母弟。武帝・昭帝・宣帝に仕えて権勢を極めた。しかし、霍光が死去すると、宣帝は霍氏が権力を収めて謀反を起こそうとした罪を責めて、その一族はすべて殺された。伝は『漢書』（巻六十八）にある。○権勢——他人を服従させる力。権力と勢威。また、その官位、その人。○石崇——晋の南皮（河北省）の人。商客に航海を営ませて、巨満の富を得、河陽（河南省孟県付近）に金谷別墅を置き、奢靡な遊びをした。後に趙王倫に殺された。彼の伝は『晋書』（巻三十三）や『琅琊代酔篇』にある。○康節——北宋の思想家、邵雍《しょうよう》のこと。著に『皇極経世書』十二篇、『伊川撃壌集』二十巻、『観物篇』五篇、『先天図』『漁樵問答』などがある。○飲酒は酩酊を……——この句は「安楽窩《あんらくか》中吟」（『伊川撃壌集』巻十）の十一詩目にある。ただ『四部叢刊』では「看花」を「賞花」に作っている。○離披——散乱したありさま。

評　議

〔訳文〕帆は、ただ半分だけ揚げていれば船は安泰である。水は、半分だけ注いでおけば器は溢れず穏やかである。

韓信は、勇敢と策略で主君を驚懼させて捕えられ、陸機は、文才を発揮してその名は世に称《たた》えられたが、結局は殺され、霍光は、権勢を極めたが、彼の死後は君主によって一族すべてが殺され、石崇は、巨満の富を蓄え華美の遊びをしたが、最後には逆らって趙王に殺されてしまった。邵康節は、酒を飲んでも酔いつぶれてはいけないし、花見を楽しんでも取り乱してはいけない、と言っている。その言葉は要旨を良く示している。

一一七、権勢・利益に追随すると自滅する

勢《せい》に附《つ》く者《もの》は、寄生《きせい》の木《き》に依《よ》るが如《ごと》し。木伐《きき》らるれば、而《すなわ》ち寄生《きせい》も亦《ま》た枯《か》る。利《り》を窃《ぬす》む者《もの》は、蠮虰《えいてい》の人《ひと》より盗《ぬす》むが如《ごと》し。人死《ひとし》すれば、而《すなわ》ち蠮虰《えいてい》も亦《ま》た滅《めっ》す。始《はじ》めに勢利《せいり》を以《もっ》て人《ひと》を害《がい》し、終《おわ》りには勢利《せいり》を以《もっ》て自《みずか》ら斃《たお》る。勢利《せいり》の害為《がいた》るや、是《こ》の如《ごと》きか。

附レ勢者如ニ寄生依一レ木。木伐而寄生亦枯。
窃レ利者如ニ蠮虰盗一レ人。人死而蠮虰亦滅。
始以ニ勢利一害レ人終以ニ勢利一自斃。勢利之為レ害也如レ是夫。

〔語義〕○寄生——他のものに依付して生長する生物。『詩経』（小雅、頍弁《きべん》）に「蔦《つた》と女蘿《かずら》、松柏に施《の》ぶ」とあり、その「毛伝」に「蔦は寄生なり」とある。○蠮虰——寄生虫。五代・南唐の譚哨の『化

書』(『正統道蔵』大玄部、巻一、天地)に「蠑虰は腹中の虫なり」とある。○勢利――権勢と利益。形勢と便利。戦争をする際に地勢が便利なこと。権勢や利益を目的とする交際を「勢利の交わり」と言う。

〔訳文〕人の権勢に従っている者は、木に寄生している蔦《つた》のようなものである。木が伐られると、それに寄生している植物も枯れてしまう。

密かに自己の利益を図る者は、人の腸の中の寄生虫のようなものである。人が死ぬと寄生虫も死んでしまう。

初めは他人の勢力や利益にたかって人に害を与えていても、結局は、その勢力や利益に引きずられて自分自身も滅亡してしまう。勢力や利益を求めることの害というものは、このようなものである。

一一八、一時の安逸を貪るとすべてを失う

血《ち》を杯中《はいちゅう》に失《うしな》うは、笑《わら》うに堪《た》えたり、猩猩《しょうじょう》の酒《さけ》を嗜《たしな》むを。巣《す》を幕上《ばくじょう》に為《つく》るは、憐《あわ》れむ可《べ》し、燕燕《えんえん》の安《やす》きを偸《ぬす》むを。

失㆓血于杯中㆒堪㆑笑猩猩之嗜㆑酒。

為㆓巣于幕上㆒可㆑憐燕燕之偸㆑安。

〔語義〕○血を杯中に……――『華陽国志』に「永昌郡（雲南省）に猩猩有りて、能く言うも、其の血を以て朱罽《しゅけい》（赤い魚網）を染むべし」とある。○猩猩――想像上の動物。もっとも人類に近い類人猿の一種、オランウータンをも指す。声は小児の泣き声に似て、人の言葉を解し、酒を飲むと言う。『礼記』（曲礼上第一）に、「鸚鵡《おうむ》は能《よ》く言えども、飛鳥を離れず、猩猩は能く言えども、禽獣を離れず。今、人にして礼無ければ、能く言うと雖《いえど》も、亦《ま》た禽獣の心ならずや」とある。○巣を幕上に為る――いどころの危険なさま。『春秋左氏伝』（襄公二十九年）に「夫子《ふうし》の此に在るや、猶《なお》燕の幕上に巣《す》くうがごとし。君、殯《ひん》に在り（まだ葬式が終っていない）、而《しか》るに以て楽《がく》す可《べ》けんや」とある。○燕燕――つばめ。玄鳥とも言う。燕燕は、これを重言したもの。『詩経』（邶風《はいふう》、燕燕）に「燕燕、于《ここ》に飛び、嗟《ああ》、其の羽を池《た》つ。之《こ》の子、于《ここ》に帰《とつ》ぐ、遠く野に送る」とある。

〔訳文〕猩猩が盃の中の酒につられて命を失う。それでも猩猩は酒をたしなむということはお笑いぐさである。

燕がいつ取り払われてしまうかわからない幕の上に巣を作って、そこで安泰を貪っているのはかわいそうである。

一一九、つねに謙虚な態度で事に臨め

鶴《つる》、雞群《けいぐん》に立《た》たば、超然《ちょうぜん》として侶無《ともな》しと謂《い》う可《べ》し。

然《しか》れども、進《すす》みて大海《たいかい》の鵬《ほう》を観《み》れば、則《すなわ》ち眇然《びょうぜん》として自《おの》ずから小《しょう》なり。又進《またすす》みて、之《これ》を九霄《きゅうしょう》の鳳《ほう》に求《もと》むれば、則《すなわ》ち巍乎《ぎこ》として及《およ》ぶ莫《な》し。所以《ゆえ》に至人《しじん》は、常《つね》に無《な》きが若《ごと》く虚《むな》しきが若《ごと》くして、盛徳多《せいとくおお》きも矜《ほこ》らず伐《ほこ》らざるなり。

鶴立二雞群一可レ謂二超然無一レ侶矣。
然進而観二于大海之鵬一則眇然自小。又進而求二之九霄之鳳一則巍乎莫レ及。
所以至人常若レ無若レ虚而盛徳多不レ矜不レ伐也。

〔語義〕○雞群——鶏の群。衆人の仲間に喩える。韓愈の「酔いて張秘書に贈る」（『朱文公昌黎先生集』巻二）に「張籍は古淡を学び、軒鶴（車に乗る鶴。抜きんでて秀れた人に喩える）は群鶏を避く」とある。また「鶏群一鶴」「鶏群孤鶴」「鶏群鶴」などの成語もある。これらはいずれも、多数の凡庸な人の中で独り際だって秀れた者を言う。○大海の鵬——広々とした海の中のおおとり。『荘子』（内篇、逍遥遊第一）に「北冥《ほくめい》に魚《うお》有り。其の名を鯤《こん》と為す。鯤の大いなる、其の幾千里なるを知らず。化して鳥と為《な》る。其の名を鵬と為す。鵬の背、其の幾千里なるかを知らず。怒《ど》して飛べば、其の翼は垂天の雲の若《ごと》し。是の鳥や、海運《めぐ》れば、則ち将《まさ》に南冥に徙《うつ》らんとす。南冥は天池なり」とある。○眇然——微少なさま。○九霄——高い天。天の九つの分野。天の極高のところ。九天とも言う。転じて宮中のこと。杜甫の「春、左省に宿す」（『杜工部集』巻六）に「星は万戸に臨みて動き、月は九霄に傍《よ》（一本は停《とどま》）りて多し。寝《いね》ずして金鑰《きんやく》（門を開ける金の錠前の音）を聴き、風に因《よ》りて玉珂（参朝してきた人の馬のくつわに付いた玉の飾りの鳴る音）を想う」とある。〇巍乎——山の高いさま。巍然と同じ。〇至人——十分に道を修めた人。道家最高の理想の人。『荘子』（内篇、逍遥遊第一）に「至人は己《おのれ》無く、神人は功無く、聖人は名無し」とある。〇盛徳——人の立派な徳。〇伐——普通は、伐《う》つ、伐《き》るであるが、ここでは、伐《ほこ》る。『書経』（大禹謨）に「汝《なんじ》、惟《こ》れ矜《ほこ》らず、天下、汝と能《よ》く争う莫し。汝、惟れ伐《ほこ》らず、天下、汝と功を争う莫し」とある。

〔訳文〕鶴は、鶏などの平凡な鳥の中にいたならば、飛び抜けて秀れていて比較するものがない。しかし、進んで背丈が幾千里もある大海の鵬を見たならば、至って小さな存在であることがわかる。さらに進んで、これを大空の鳳凰に比べると、それは高くそびえたった山のようで到底及ばない。

それだから、この上もなく秀れた人は、いつも何もないようであり、虚《むな》しいようにしていて、いかに才能や功績があっても、それを誇示しないのである。

一二〇、貪心・疑心は人を蒙昧《もうまい》にさせる

貪心《たんしん》の勝《まさ》る者《もの》は、獣《けもの》を逐《お》いて、泰山《たいざん》の前《まえ》に在《あ》るを見《み》ず。雀《すずめ》を弾《う》ちて、深井《しんせい》の後《しり》えに在《あ》るを知《し》らず。疑心《ぎしん》の勝《まさ》る者《もの》は、弓影《きゅうえい》を見《み》て、杯中《はいちゅう》の蛇《へび》に驚《おどろ》き、人《ひと》の言《げん》を聴《き》きて、市上《しじょう》の虎《とら》を信《しん》ず。人心《じんしん》、一《ひと》たび偏《へん》すれば、遂《つい》に有《ゆう》を視《み》て無《む》と為《な》し、無《む》に造《いた》りて有《ゆう》と作《な》す。此《こ》の如《ごと》き心《こころ》は、妄《みだ》りに動《うご》か

す可《べ》けんや。

貪心勝者逐レ獣而不レ見二泰山在一レ前。弾レ雀而不レ知二深井在一レ後。
疑心勝者見二弓影一而驚二杯中之蛇一聴二人言一而信二市上之虎一。
人心一偏遂視レ有為レ無造レ無作レ有。如レ此心可二妄動一乎哉。

〔語義〕〇貪心——貪る心。貪欲な心。『管子』（七法篇）に「故に罪有る者も上《かみ》を怨まず。賞を受くる者も貪心無し」とある。〇泰山——中国の五岳の一つ。東岳・岱宗とも言う。山東省の孔子の故郷、曲阜の近くにあり、山頂に戦国時代の斉と魯の境界線がある。昔、天子が即位すると、この泰山で封禅（天地を祭る儀式）をした。『礼記』（檀弓《だんぐう》下第四）に「孔子、泰山の側《かたわ》らを過《す》ぐ。婦人の墓に哭《こく》する者有りて哀《かな》し。孔子、式《しょく》してこれを聴き、子路をして問わしめて曰く、子《し》の哭するや、壱《いっ》に重《かさ》ねて憂《うれ》い有る者に似たり、と。而《すなわ》ち曰く、然り。昔者《むかし》、吾が舅《しゅうと》虎に死し、吾が夫《おっと》も又《また》死し、今、吾が子も又死せり、と。夫子《ふうし》曰く、何為《なんすれ》ぞ去《さ》らざるや、と。曰く、苛政《かせい》無ければなり、と。夫子曰く、小子、之《これ》を識《しる》せ、苛政は虎よりも猛《たけ》きなり、と」とあるように、泰山には虎などの獣が多かった。〇杯中の蛇——疑い迷って神経を悩ますこと。『晋書』（巻四十三、楽広伝）に「嘗《かっ》て親客有り、久闊《きゅうかつ》して復《ふたた》び来らず。（楽）広、其の故《ゆえ》に問う。答えて曰く、方《まさ》に飲まんと欲するに、盃（杯）中に蛇有るを見る。意、甚だこれを悪《にく》む。既に飲みて疾あり。時に河南の聴事（郡の役所の政を聴くところ）の壁上に角有り、漆書して蛇を作る。広、意《おも》うこと盃中の蛇は、即ち角影なり。復《ま》た酒を前処に置く。客に請いて曰く、酒中に復た見る所有りや、と。答えて曰く、見る所は初めの如し、と。広は乃ち其の所以《ゆえん》を告ぐ。客は豁然《かつぜん》として意解け、沈痾《ちんあ》（長い病気）は頓《とみ》に愈《い》ゆ」とある。〇市上の虎――無根の言葉も大勢がこれを言えば人を惑わせる喩え。「市虎」とも言う。市場に虎のいる道理はないが、これを言う者が三人いればついに信ずるに至る。「市虎、三人に成る」の成語もある。『戦国策』（魏策、二）に「今、一人、市に虎有りと言わば、王、これを信ぜんか、と。王曰く、否《いな》、と。二人、市に虎有りと言わば、王、信ぜんか、と。王曰く、寡人《かじん》これを疑わん、と。三人、市に虎有りと言わば信ぜんか、と。王曰く、寡人はこれを信ぜん」とある。

〔訳文〕貪る心の多い人は、獣を追いかけて、前に泰山のような大きな山があることが見えなくなり、雀を追いかけて撃っているときも、その人の後ろに危険な深い井戸があることもわからなくなる。疑い深い人は、弓の影を見て、盃の酒の中に蛇がいるのではないかと驚き、人の噂《うわさ》を聞いて、市場に虎がいると信じてしまう。

人の心が一たび片寄ると、ついに有るものを見ても無いとし、無いものに至っても有るとする。このように人の心はみだりに動かして良いものであろうか。

一二一、禍福にはそれぞれ原因がある

蛾《が》は、火《ひ》を撲《ぼく》せんとすれば、火《ひ》は蛾《が》を焦《や》く。禍《か》の生《しょう》ずるの本無《もとな》しと謂《い》う莫《なか》れ。

果《か》は、花《はな》を種《う》えれば、花《はな》は果《か》を結《むす》ぶ。須《すべか》らく福《ふく》の至《いた》るには因《いん》有《あ》るを知《し》るべし。

蛾撲レ火　火焦レ蛾。莫レ謂ニ禍生無一レ本。
果種レ花　花結レ果。須レ知ニ福至有一レ因。

〔語義〕○撲——打つ。投げる。なげうつ。払いのける。○本——事物の起こり。みなもと。○因——よる、頼る、従うの意もあるがここでは、わけ、理由、原因の意。前段の「本」と対をなす。

〔訳文〕蛾が飛んできて灯《とも》し火を打とうとすると、灯し火は蛾を焼き殺してしまう。禍《わざわい》が生ずるのには、そのみなもとがないと言ってはならない。
果樹は花の咲く木を植えると、その花は実を結ぶ。福がやってくることには、それなりの理由があることを理解せよ。

一二二、争えば窮し、満つれば空し

車《くるま》は、険道《けんどう》を争《あらそ》い、馬《うま》は、先鞭《せんべん》を騁《は》す。敗処《はいしょ》に至《いた》りて、未《いま》だ噬臍《ぜいせい》を免《まぬか》れず。
粟《あわ》は、堆山《たいざん》を喜《よろこ》び、金《きん》は、過斗《かと》を誇《ほこ》る。行《い》く時《とき》に臨《のぞ》みて、還《ま》た是《こ》れ空手《くうしゅ》なり。

車争二険道一馬騁二先鞭一。到二敗処一未レ免二噬臍一。
粟喜二堆山一金誇二過斗一。臨二行時一還是空手。

〔語義〕○先鞭——先を越す。「先鞭を著《つ》く」は、人より先に馬をむち打って、さきがけの功名を立てること。人より先に手を着ける。○騁す——馬を疾走させる。まっしぐらに駆ける。○噬臍——ほぞを噛む。へそを噛もうとしても口が届しないから及ばない。後悔してもどうにもならない。間に合わない。『春秋左氏伝』（荘公六年）に「三甥《さんせい》（三人の甥《おい》）曰く、鄧国《とうこく》を亡《ほろ》ぼす者は、必ず此の人ならん。若《も》し早く図《はか》らずんば、後に君、斉《ほぞ》（臍）を筮《の》まん。それこれ図《はか》らんとせば、此の時と為す」とある。○堆山——小高い丘。堆は、馬王堆、三星堆など土を盛り上げた古代の墓にも用いられる。○過斗——枡《ます》で量る。量り済みのこと。○空手——すで。素手。徒手。手に何も持たないこと。

〔訳文〕車は、険しい道を争うように急いで走り、馬は、われ先にとまっしぐらに疾走する。しかし、争いに敗れたときには、ほぞを噛むような後悔を免れることはできない。

粟は、小高い丘のように積まれることを好み、金は、枡から溢れることを誇っている。しかし、臨終のときに持って行くことはできず、ただ素手で行くしかない。

一二三、花は移ろいやすく、竹は困難に耐う

花《はな》は春光《しゅんこう》に逞《たくま》しくし、一番《いちばん》の雨《あめ》、一番《いちばん》の風《かぜ》、催《もよお》して塵土《じんど》に帰《き》す。
竹《たけ》は雅操《がそう》を堅《かた》くし、幾朝《いくちょう》の霜《しも》、幾朝《いくちょう》の雪《ゆき》、傲《おご》りて琅玕《ろうかん》に就《つ》く。

花逞㆓春光㆒一番雨一番風催帰㆓塵土㆒。
竹堅㆓雅操㆒幾朝霜幾朝雪傲就㆓琅玕㆒。

〔語義〕○春光——春の日の暖かい光。また、春の景色。盛唐の詩人、王之渙《おうしかん》の「涼州詞」(『唐詩選』七言絶句)に「黄河遠く上《のぼ》る白雲の間、一片の孤城万仞《ばんじん》の山、羌笛何《きょうてきなん》ぞ須《もち》いん楊柳を怨むを、春光渡らず玉門関」とある。○雅操——正しい操《みさお》。○琅玕——美しい竹の異名。また、玉に似た美しい石。玉の名。美しい文章をも言う。「瑯玕」にも作る。

〔訳文〕花は春の日ざしに美しく輝くが、一度の雨や一度の風に促されて散り、塵土と化してしまう。竹は正しい操《みさお》を堅く守って、幾たびかの霜や幾たびかの雪に屈せず、ますます美しく茂っている。

一二四、富貴を貪らず貧賤に安んぜよ

富貴《ふうき》は是《こ》れ無情《むじょう》の物《もの》なり。他《かれ》の重《おも》きを看得《みえ》ば、他《かれ》の爾《なんじ》を害《がい》すること越《いよ》いよ大《だい》なり。

貧賤《ひんせん》は是《こ》れ耐久《たいきゅう》の交《まじ》わりなり。他《かれ》の好《よ》きに処《お》り得《え》ば、他《かれ》の爾《なんじ》を益《えき》すること反《かえ》って深《ふか》し。

故《ゆえ》に、商於《しょうお》を貪《むさぼ》りて、金谷《きんこく》を恋《こ》うる者《もの》は、竟《つい》に一時《いちじ》の顕戮《けんりく》を被《こうむ》り、箪瓢《たんぴょう》を楽《たの》しみて、敝縕《へいうん》を甘《あま》しとする者《もの》は、終《つい》に千載《せんざい》の令名《れいめい》を亨《う》く。


富貴是無情之物。看二得他重一他害レ爾越大。

貧賤是耐久之交。処二得他好一他益レ爾反深。

故貪二商於一而恋二金谷一者竟被二一時之顕戮一楽二箪瓢一而甘二敝縕一者終亨二千載之令名一。

〔語義〕○無情——まごころがない。真実の心がない。『大学』（第二章）に「情無き者には、その辞《ことば》を尽すを得ざらしめ、大いに民の志《こころ》を畏《おそ》れしむ。此れを本《もと》を知ると謂うなり」とある。○耐久——久しく耐える。永く持続する。長もちする。○商・於——二つの邑の名。商は、今の陝西省商州。於は、今の河南省内郷県。『史記』（巻四十、楚世家）に「王、（張）儀の為に関《かん》を閉じて斉《せい》（山東省）に絶ち、今、使者をして儀に従い、西して故《もと》秦の分ちし所の楚の商・於の地、方《ほう》六百里を取らしめよ。是の如くせば、則ち斉は弱からん。是れ北は斉を弱め、西は秦に徳し、商・於を私《わたくし》し、以て富を為す。此れ一計にして三利倶《とも》に至るなり」とある。張儀は、蘇秦が合従を唱えたのに対し、連衡を唱えた人で、彼らを縦横家と言う。○金谷——金谷園。西晋の富豪、石崇《せきすう》が作った別荘で、陸機などの賓客を集めて詩賦を楽しみ、豪奢を極めたところ。今の河南省洛陽県にあった。李白の「春夜、桃李の園に宴するの序」（『古文真宝』巻三、序類）に「瓊筵《けいえん》を開いて以て花に坐し、羽觴《うしょう》を飛ばして月に酔う。佳作有らずんば何ぞ雅懐を伸べん。如《も》し詩成らざれば、罰は金谷の酒数に依《よ》らん」とある。石崇のことは、第一一六節に詳しい。○顕戮——露《あらわ》に誅殺する。罪人を誅して、その死体を公衆の前にさらす。『書経』（泰誓、下）に「功多ければ厚賞有らん、迪《てき》せざれば（教え導かなければ）顕戮有らん」とある。○箪瓢——箪食瓢飲《たんしひょういん》の略。竹の器に盛った飯とひさごに入れた飲み物。貧しく質素な生活に安んじていること。『論語』（雍也《ようや》篇）に「賢なるかな回（顔回）や、一箪の食《し》、一瓢の飲、陋巷《ろうこう》に在り、人は其の憂いに堪《た》えず、回や其の楽しみを改めず、賢なるかな回や」とあり、また、陶潜の「五柳先生伝」（『靖節先生集』巻六）に「環堵蕭然《かんとしょうぜん》として、風日を蔽《おお》わず、短褐穿結《たんかつせんけつ》し、箪瓢屢《しば》しば空しきも、晏如《あんじょ》たり」とある。○敝縕——破れた綿入れ。貧しい衣服。○令名——良い評判。良い誉れ。

〔訳文〕金持ちになったり高い身分になるということは、情に欠けるものである。他の人はあなたが富んだり貴い地位になったりしているのを見ると、あなたに害を与えようとすることはいよいよ大きくなる。

貧しいことや身分の低いことは、安定持続の境遇である。他の人が好い地位にいることができれば、その人があなたのためを思ってくれることは却って深くなる。

戦国時代に、連衡の術を用いて商や於の領土を貪った者や、晋の時代に豪華な金谷の花苑《はなぞの》を恋しがったりした者は、ついには大衆の前で殺されて死体をさらされることになるのであり、粗末な食事を摂り、貧しい衣服を身に着けて、それを楽しんでいる者は、最後には永遠の良い評判を受けることになるのである。

一二五、困苦も平穏も自分の心掛け次第

鵠《いえばと》は、鈴《すず》を悪《にく》みて高《たか》く飛《と》び、翼《つばさ》を斂《おさ》むれば鈴《すず》の自《おの》ずから息《や》むを知《し》らず。人《ひと》は、影《かげ》を悪《にく》みて疾《はや》く走《はし》り、陰《かげ》に処《お》れば影《かげ》の自《おの》ずから滅《めっ》するを知《し》らず。故《ゆえ》に愚夫《ぐふ》は、徒《いたず》らに疾《はや》く走《はし》り、高《たか》く飛《と》べば、平地《へいち》も反《かえ》って苦海《くかい》と為《な》る。達士《たっし》は、陰《かげ》に処《お》り、翼《つばさ》を斂《おさ》むれば、巉巌《ざんがん》も亦《ま》た是《こ》れ坦途《たんと》なるを知《し》る。

鵠悪㆑鈴而高飛不㆑知㆓斂㆑翼而鈴自息㆒。
人悪㆑影而疾走不㆑知㆓処㆑陰而影自滅㆒。
故愚夫徒疾走高飛而平地反為㆓苦海㆒。達士知㆓処㆑陰斂㆑翼而巉巌亦是坦途㆒。

〔語義〕○鵠――音はコウ。鳩。かわらばとの家禽化されたもの。○影を悪み――自分の影を嫌《いや》がって、その影を消そうと疾走する。『荘子』（雑篇、漁夫第三十一）に「甚だしいかな、子《し》の悟《さと》し難きこと

をや。人、影を畏れ、迹を悪《にく》みて、之《これ》を去《す》てて走る者有り。足を挙ぐること愈《いよ》いよ数《しば》しばにして、迹は愈いよ多く、走ること愈いよ疾《はや》くして、影は身を離れず。自《みずか》ら以為《おもえ》らく尚《なお》遅しと。疾《と》く走りて休《や》まず、力を絶ちて死す。陰に処《お》りて以て影を休《や》め、静に処り以て迹の息《や》むを知らず。愚も亦た甚だし」とある。○苦海――仏教用語で、苦しみの海。現実のこの世界には苦が満ちて限りのないことを海に喩えて言う。苦しみに満ちた人間世界。苦悩に満ちた世界。○達士――ものの道理に通達した人。○巉巌――岩山が険しくて高いさま。険しい岩。畳韻の語。蘇軾の「後赤壁賦」（『古文真宝後集』賦類）に「予《よ》、乃《すなわ》ち衣を摂《かか》げて上《のぼ》り、巉巌を履《ふ》みて蒙茸《もうじょう》（草や木の茂っているさま）を披《ひら》き、虎豹に踞《またが》り虬《きゅう》龍《りょう》（みずち）に登《の》り、棲鶻《せいこつ》の危巣（はやぶさの住む高いところ）に攀《よ》ぢ、憑夷《ひょうい》の幽宮（黄河の神の住む奥深い宮殿）に俯《ふ》す」とある。○担途――平らな道。

〔訳文〕家で飼われている鳩は、自分に付けられている鈴の音を嫌って高く飛び上がり、翼を収めて止まったなら鈴の音が自然にやんでしまうことを知らない。

凡人は、自分の影を嫌がって速く走り、日の光の差さない日蔭にいたなら影は自然と消えてしまうことを知らない。

だから、愚かな者は、やたらに速く走り、高く飛ぶので、安定した平らかなところが却って苦しみに満ちた世界になる。ものの道理に通達した人は、日の当らないところにおり、翼を休めていると、そこで険しい岩場もまた平坦な道になることを知っている。

一二六、自然には悲喜・美醜の区別はない

秋《あき》の虫《むし》、春《はる》の鳥《とり》は、共《とも》に天機《てんき》を暢《の》ぶ。何《いず》んぞ必《かなら》ず浪《みだ》りに悲喜《ひき》を生《しょう》ぜん。
老《お》いたる樹《き》、新《あら》たなる花《はな》は、同《とも》に生意《せいい》を含《ふく》む。胡為《なんすれ》ぞ妄《みだ》りに媸妍《しけん》を別《わか》たん。

秋虫春鳥共暢㆓天機㆒。何必浪生㆓悲喜㆒。
老樹新花同含㆓生意㆒。胡為妄別㆓媸妍㆒。

〔語義〕○天機——万物を生成した意志。人間にはわからない自然の神秘。造化の機密。心、素質、能力などを言う。また、自然に備わっている機関。『荘子』（外篇、秋水第十七）に「蛇曰く、天機の動く所、何《なん》ぞ易《か》う可《べ》けんや。吾、安《いず》くんぞ足を用いんや」と、また『淮南子《えなんじ》』（原道訓）に「聖人はこれに処るも、愁悴怨《しゅうすいえん》（悲しみ怨むこと）を為《な》さずして、其の自《おの》ずから楽しむ所以《ゆえん》を失わず。是《こ》れ何となれば、則ち内に以て天機に通じて、貴賤貧富労逸を以て、其の志徳を失わざる者有ればなり」とある。○浪——音はロウ。滄浪と記し、もともとは河北を流れる川の名。『楚辞』（漁父辞）に「滄浪の水、清《す》まば以て吾が纓《えい》を濯《あら》うべし」とある。後に、波、大波の意となり、ここでは、ほしいまま、みだりにの意となる。○媸妍——醜さと美しさ。妍醜、好悪と同じ。『後漢書』（巻八十下、趙壱伝）に「栄納は閃揄《せんしゅ》（媚びへつらうさま）に由《よ》る。孰《たれ》か其の媸妍を弁ずるを知らんや」とある。

〔訳文〕秋の虫の寂しい声や春の鳥の明るいさえずりは、ともに天地自然の神秘を示している。どうしてその声を聞いて悲しんだり喜んだりする心を興して良いであろうか。
老いた樹木も綻《ほころ》び始めた花も、いずれも内に生命の気力を蔵している。どうしてそれを醜いとか美しいとか区別して良いであろうか。

一二七、禍福は自分の行為がもたらす

多《おお》く桃李《とうり》を栽《う》え、荊《いばら》を栽《う》うるを少《すく》なくせば、便《すなわ》ち是《こ》れ条《じょう》の福《ふく》を開《ひら》くの路《みち》なり。
詩書《ししょ》を積《つ》まず、偏《ひとえ》に玉《ぎょく》を積《つ》むは、還《ま》た箇《こ》の禍《わざわい》を築《きず》く如《ごと》きの基《もとい》なり。

多 栽二桃 李一少レ栽レ荊 便 是 開二条 福一路。
不レ積二詩 書一偏 積レ玉 還 如レ築二箇 禍一基。

〔語義〕○荊——いばら。とげのある、人を害する植物。桃や李《すもも》の花が美しく美味しい実を付けるのに対し、楚とともに悪い植物の代表。楚も、いばらで、とげを持つ小木。荊楚と言うと、黄河中流域の中華文化発祥の地である中国（中原）に対し、長江（揚子江）流域のいばらの生えた未開の地を示す。古代中国では、長江流域の地は中国ではなく異民族の住む野蛮な地であった。ここを本拠としたのが楚国であり、現在も荊州の地名が残る。ただ、南北朝になると文化が栄え、南朝の梁の時代に作

られた『荊楚歳時記』は、その地が日本の気候、風土に近いため平安朝より多く読まれ、日本の風習にも多大な影響を与えた。○条――接尾詞の一つ。一条の略。細長い物を数える助数詞。一つの。平安当時の都であった京都では、大きな道路が、一条から九条まである。○詩書――『詩経』と『書経』のことを言い、また詩に関する書物のことも言うが、ここでは広く多くの典籍を指している。○玉――宝石や美しい石の総称。一本では「貨」に作っているので、広く財貨のことを指す。○箇――一箇（個）の略。一つの。前の「条」と対になっている。

〔訳文〕美しい花や美味しい実を付ける桃や李の樹を多く植え、人を害するとげのあるいばらを植えることが少なければ、それは一つの幸福を得ることができる方法である。

典籍を読んで勉強することもせず、ただひたすら財貨ばかり貯め込むのは、また一つの禍害を積み重ねるもとになる。

一二八、万物は一体であることを悟れ

万境《ばんきょう》は一轍《いってつ》にして、原《もと》より地《ち》として個《こ》の窮《きゅう》と通《つう》とに著《ちゃく》すること無《な》し。
万物《ばんぶつ》は一体《いったい》にして、原《もと》より処《ところ》として個《こ》の彼《かれ》と我《われ》とを分《わか》つ無《な》し。
世人《せじん》は、真《しん》に迷《まよ》い妄《もう》を逐《お》いて、乃《すなわ》ち坦途《たんと》の上《うえ》に向《むか》いて、自《みずか》ら一の坷坎《かかん》を設《もう》け、空洞《くうどう》の中《なか》従《よ》り、自《みずか》ら一《いっ》の藩籬《はんり》を築《きず》く。良《まこと》に慨《なげ》くに足《た》れるかな。

万境一轍原無㆔地著㆓個窮通㆒。

万物一体原無㆔処分㆓個彼我㆒。

世人迷㆑真逐㆑妄乃向㆓坦途上㆒自設㆓一坷坎㆒従㆓空洞中㆒自築㆓一藩籬㆒。良足㆑慨哉。

〔語義〕○万境——あらゆる境遇。あらゆる境涯。すべての場所。多くの境域。○一轍——車の跡を一つにする。一つにまとまる。同一の結果。○個——一個のこと。個は別条の「箇」と同じく助数詞。○窮と通——困窮と通達。貧困と立身出世。『荘子』（雑篇、譲王第二十八）に「子路、子貢入る。子路曰く、此の如き者、窮すると謂う可《べ》し、と。孔子曰く、是《こ》れ何の言《いい》ぞや。君子、道に通ずるを通と謂い、道に窮するを窮と謂う。今、丘（孔子）は仁義の道を抱きて、以て乱世の患《うれ》いに遭う。其れ何の窮するをか之《これ》を為さん。故に内に省みて道に窮せず。難に臨みて其の徳を失わず。天寒、既に至り、霜雪、既に降る。吾、是《ここ》を以て松柏の茂るを知るなり。陳・蔡（いずれも国名）の阨《やく》（災難）は、丘に於いて其れ幸いか、と。（中略）子貢曰く、吾、天の高きや、地の下《ひく》きやを知らず。窮も亦《ま》た楽しみ、通も亦た楽しむ。楽しむ所は窮通に非《あら》ざるなり。道、此の徳を得れば、即ち窮通は、寒暑・風雨の序たり」とある。○坦途——平らかな道。『荘子』（外篇、秋水第十七）に「得《う》れども喜ばず、失えども憂えず。分の常無きを知ればなり。坦途を明らかにす。故に生まるれども説《よろこ》ばず、死すれども禍《わざわい》とせず。終始の故《ゆえ》とす可《べ》からざるを知ればなり」とある。○坷坎——平らかでない。険しいところ。行き悩む。転じて、時に遇わないこと。坎坷とも言い双声の語。坷は、平らかでないこと。「可」の付く字、即ち河、椅、寄、歌などはいずれも曲ったさまや寄り掛かるさまを示す。坎は穴。『易経』

の八卦に「坎（☵）」があり、険難・水・隠れる・悩む・月・北方・下などの性がある。○藩籬——垣根。囲い。東晋の陶潜の有名な「飲酒」（其五）に「菊を采《と》る東籬の下《もと》、悠然として南山を見る」（『靖節先生集』）とある。

〔訳文〕あらゆる境域は同一の道筋を辿っているものであって、もともとそのところが困窮であるとか通達であるとかいうことに執着してはいけない。

あらゆるものは同等のものであって、そのものが彼であるとか我であるとかいうことを区別してはいけない。

世の中の人々は、真実の姿を見失い妄想を追って、そこが平坦な道であるのに自分自身で険しいところを作り、何もないところに自分自身で垣根を作っている。ほんとうに嘆かわしいことである。

一二九、小事に拘泥せず、事あるときに明察せよ

大聡明《だいそうめい》の人《ひと》は、小事《しょうじ》には必《かなら》ず朦朧《もうろう》たり。
大懵懂《だいぼうとう》の人《ひと》は、小事《しょうじ》には必《かなら》ず伺察《しさつ》す。
蓋《けだ》し、伺察《しさつ》は乃《すなわ》ち懵懂《ぼうとう》の根《こん》にして、朦朧《もうろう》は正《まさ》に聡明《そうめい》の窟《くつ》なり。

大聡明的人小事必朦朧。

大懜懂的人小事必伺察。
蓋伺察乃懜懂之根而朦朧正聡明之窟也。

〔語義〕○朦朧――もともとは、月が没しようとしておぼろなさま。転じて、物事の確かでないさま。ぼんやりとしているさま。畳韻の語。○懜懂――たわけたさま。心が乱れたさま。ぼんやりとしたさま。畳韻。○伺察――窺い見る。探る。『列子』（説符篇第八）に「文子曰く、吾が君、伺察を恃《たの》みて盗を得んとす、盗尽きじ」とある。○窟――岩屋。物が集まるところ。「根」と対になる。

〔訳文〕非常に聡明な人は、どうでも良いような小さなことにはぼんやりしている。非常に愚かな人は、小さなことにも必ず興味を持って探り見ようとする。思うに、やたらに窺い見ようとすることは、愚かになる根本であり、日頃ぼんやりしていることは、まさに聡明さの住みどころである。

一三〇、大功は悠閑から、幸福は温厚から来る

大烈鴻猷《たいれつこうゆう》は、常《つね》に悠閑鎮定《ゆうかんちんてい》の士《し》に出《い》ず。必《かなら》ずしも忙忙《ぼうぼう》たらず。
休徴景福《きゅうちょうけいふく》は、多《おお》く寛洪長厚《かんこうちょうこう》の家《いえ》に集《あつ》まる。何《なん》ぞ瑣瑣《ささ》たるを須《もち》いん。

大烈鴻猷常出㆓悠閑鎮定之士㆒。不㆓必忙忙㆒。
休徴景福多集㆓寛洪長厚之家㆒。何須㆓瑣瑣㆒。

〔語義〕○大烈――大きな手柄。大きな功績。大きな事業。『書経』（立政）に「以て文王の耿光《こうこう》（明らかな光）を覲《つ》ぎ、以て武王の大烈を揚《つ》がん」とある。○鴻猷――大きなはかりごと。大きい道。『史記』（巻一百二十一、儒林列伝、賛、索隠）に「化を興《おこ》し理を致せば、鴻は克《よ》く賛す」とある。○悠閑――悠悠閑閑の略。悠悠緩緩ともいう。のんきに構えてゆったりとしているさま。○鎮定――鎮め定める。平定する。○忙忙――忙しいさま。『論衡』（書解第八十三）に「著作の人をして衆事の汎《はん》を総《す》べ、国境の職を典《つかさど》り、汲汲忙忙たら使《し》めば、或《なん》ぞ著作する暇《いとま》あらん」とある。○休徴――めでたいしるし。祥瑞。後漢の班固の「東都賦」の「霊台詩」（『文選』賦類）に「乃《こ》れ霊台を経《いとな》みて、霊台既《すで》に崇《たか》し、帝、勤めて時《ここ》に登り、爰《ここ》に休徴を考う。三光、精を宣《の》べ、五行、布き序《つい》づ」とある。○景福――大きなしあわせ。非常な幸福。『詩経』（小雅、小明）に「爾《なんじ》の位に靖共（静かにうやうやしくする）し、是《こ》の正直を好《よみ》せよ。神のこれを聴けば、爾に景福を介《あた》えん」とある。○寛洪――情け深く手厚いこと。○長厚――おとなしく人情が厚いこと。人柄がおっとりとしていて、人情が深いこと。温厚。○瑣瑣――細微なさま。卑しいこと。こせこせしたさま。『易経』（旅卦、初六）に「旅のとき瑣瑣たり。斯《こ》れその災いを取るところなり」とある。

〔訳文〕大きな功績や大きなはかりごとは、いつもゆったりとして静かに落ち着いている人によってなされる。必ずしも忙しく走りまわっている人によってではない。喜ばしいきざしや大きな幸福は、広く大きな心を持ち温厚な人の家にやってくる。どうしてどうでも良い小さいことにこだわる必要があろうか。

一三二、境遇・環境にかかわらず、信念を貫け

貧士《ひんし》にして肯《あ》えて人《ひと》を済《すく》いて、纔《わず》かに是《こ》れ性天中《せいてんちゅう》の恵沢《けいたく》なり。
鬧場《どうじょう》に能《よ》く道《みち》を学《まな》びて、方《はじ》めて心地上《しんちじょう》の工夫《こうふ》と為《な》る。

貧士肯済レ人纔是性天中恵沢。
鬧場能学レ道方為二心地上工夫一。

〔語義〕○性天――天から受けた本然の性。天性。『中庸』（第一章）に「天の命ずるをこれを性と謂う。性に率《したが》うをこれを道と謂う」とある。○恵沢――恩沢。恵み。恩恵。『漢書』（巻七十七、鄭崇伝）に「教道（導）するに礼を以て成人に至れば、恵沢茂《しげ》し」とある。○鬧場――騒がしい場所。乱れたところ。俗語的表現。○心地――胸の内。心底。禅宗では、心という地盤の意。そこから一切のものが生ずる。心は一切法。一切の功徳《くどく》を生じ増長させることあたかも大地が草木、百穀を生じさせるようであるから、心を地に喩えて心地と言う。○工夫――考えをめぐらす。ここでは、やり方。『菜根

評議

譚』には多く用いられる。

〔訳文〕貧しい人が、自分の貧しさをも顧みずに思いきって人を救う。これでようやく天から与えられた本然の性の恵みと言える。

騒がしく落ち着かないところにいても、周囲に惑わされずに学問に専念する。それで初めて良い考え方が生じてくる。

一三二、無欲恬淡な人は世間の煩累を受けない

人生《じんせい》は、只《た》だ欲《よく》の字《じ》の累《わずら》う所《ところ》と為《な》る。便《すなわ》ち馬《うま》の如《ごと》く牛《うし》の如《ごと》く、人《ひと》の羈絡《きらく》を聴《き》きて、鷹《たか》と為《な》り犬《いぬ》と為《な》りて物《もの》の鞭笞《べんち》に任《まか》す。若《も》し果し一念清明《いちねんせいめい》にして、淡然《たんぜん》として欲無《よくな》ければ、天地《てんち》も也《ま》た我《われ》を転動《てんどう》する能《あた》わず、鬼神《きしん》も也《ま》た我《われ》を役使《えきし》する能《あた》わず、況《いわん》や一切《いっさい》の区区《くく》たる事物《じぶつ》をや。

人生只為㆓欲字所㆒㆑累。便如㆑馬如㆑牛聴㆓人羈絡㆒為㆑鷹為㆑犬任㆓物鞭笞㆒。

若果一念清明淡然無㆑欲天地也不㆑能㆔転㆓動我㆒鬼神也不㆑能㆔役㆓使我㆒。況一切区区事物乎。

〔語義〕○羈絡――馬のおもがい。また、繋ぎまとうこと。羈は、たずな。絡は、まとう。繋がること。○物――自分以外のもの。ここでは他人を指す。○鞭笞――むち打つこと。また、戒めること。○一念――一つの意念。きわめて短い時間に起こる心の作用。○清明――清くて明らかなこと。天下が安らかに治まること。心が清く明らかで曇りないこと。なお、中国の二十四節気では、春分から一五日後、現在の暦では、四月五日頃を清明と言い、お墓参りをする日となっている。ちょうど、その頃の天候が清明になるからである。○淡然――あっさりとしたさま。淡如とも言う。○也――口語的表現で、現代中国語で多く用いられる。○役使――召し使う。こき使う。また、その仕事。使役とも言う。○区区――わずか。小さい。取るに足りない。わずかな人数のことを「区区の衆」と言い、取るに足りない小さな心を「区区の心」と言うなど多く用いられる。

〔訳文〕人生は、ただ「欲」の一字から煩わしさが生じるのである。欲があるから馬や牛のように他人の言いつけを良く聴き、鷹や犬のように他の人の指図《さしず》のままに行動しなければならなくなる。

もし、わが心の動きが清らかで明るく、あっさりとしていて欲がなかったならば、天地も、また私を自由に振りまわすことはできないし、鬼神も、また私を勝手に召し使うことはできない。まして他の小さな事柄は言うまでもない。

一三三、足るを知ることが人生の至福

得《え》んことを貪《むさぼ》る者《もの》は、身《み》は富《と》めるも、心《こころ》は貧《まず》し。足《た》るを知《し》る者《もの》は、身《み》は貧《まず》しきも、心《こころ》は富《と》めり。高《たか》きに居《お》る者《もの》は、形《けい》は逸《いっ》するも、神《しん》は労《ろう》せり。下《ひく》きに処《お》る者《もの》は、形《けい》は労《ろう》するも、神《しん》は逸《いっ》せり。孰《いず》れか得《とく》にして、孰《いず》れか失《しつ》、孰《いず》れか幻《まぼろし》にして、孰《いず》れか真《しん》なる。達人《たつじん》は当《まさ》に自《みずか》ら之《これ》を弁《べん》ずべし。

貪㆑得者身富而心貧。知㆑足者身貧而心富。
居㆑高者形逸而神労。処㆑下者形労而神逸。
孰得孰失孰幻孰真。達人当㆔自弁㆓之。

〔語義〕○逸す――普通は、失う、ほしいままにする、それる、過つ、秀れるなどの意であるが、ここでは安らか、気楽の意。一本では「安」に作っている。『詩経』（小雅、十月之交）に「四方に羨《あま》り有るも、義、独《ひと》り憂いに居る。民は逸（気ままに遊び暮す）せざる莫《な》きも、我、独り敢《あ》えて休せず」とある。○形・神――肉体と精神。前段の「身・心」と対になり、意味は同じ。班固の「東京賦」（『文選』賦類）に「形神寂寞《せきばく》として、耳目営《いとな》まず」とある。○達人――広く道理に精通した人。達士とも言い、『菜根譚』には多く理想的な人間として、小人、凡人などに対して用いられている。

〔訳文〕財物を得たいと貪る心の深い人は、身のまわりは物質的に豊かになったとしても、その心持

ちは貧しい。満足することを知っている人は、その身は貧しいようであっても、心は豊かである。高い位にいる人は、身体は楽をしているようであるが、神経は疲れる。身分の低い人は、肉体的には苦労するが、その心は安らかである。

どれが得か、どれが損か、どれが幻想で、どれが真実であるか、ものの道理に精通した人は、自分自身でこれを弁別することができるはずだ。

一三四、感情に流されず、理性で事に処せ

衆人《しゅうじん》は順境《じゅんきょう》を以《もっ》て楽《たの》しみと為《な》すも、君子《くんし》の楽《たの》しみは逆境《ぎゃっきょう》の中《なか》自《よ》り来《きた》る。衆人《しゅうじん》は払意《ふつい》を以《もっ》て憂《うれ》いと為《な》すも、君子《くんし》の憂《うれ》いは快意《かいい》の処《ところ》従《よ》り起《お》く。蓋《けだ》し、衆人《しゅうじん》の憂楽《ゆうらく》は情《じょう》を以《もっ》てするも、君子《くんし》の憂楽《ゆうらく》は理《り》を以《もっ》てするなり。

衆人以二順境一為レ楽而君子楽自二逆境中一来。
衆人以二払意一為レ憂而君子憂従二快意処一起。
蓋衆人憂楽以レ情而君子憂楽以レ理也。

〔語義〕○払意――自分の思いに逆らうこと。自分の願いに反すること。この文章では「順境」と「逆境」、「払意」と「快意」とが対になっている。○情・理――人情と道理。感情と理性。『後漢書』

（巻三十一、廉范伝）に「情理の枢とは、亦《ま》た開塞の感有り」とある。

〔訳文〕多くの凡人は、自分の思いどおりに事が進んでいることを楽しいとするが、立派な人柄の人の楽しみは、事が思いどおりに行かない困難な状態の中からそれを見出す。

多くの凡人は、自分の願いに背くことを憂いとするが、立派な人柄の人の憂いは、心地好く安らかに思っているところからそれが起こることを知っている。

思うに、多くの凡人の憂いや楽しみは、感情的なものに左右されるが、立派な人柄の人の憂いや楽しみは、道理に適《かな》っているかどうかによって決まる。

一三五、愧・悔の二文字に善が芽生える

謝豹《しやひよう》の面《おもて》を覆《おお》うは、猶自《なおみずか》ら愧《は》ずるを知《し》るがごとし。唐鼠《とうそ》の腸《はらわた》を易《か》うるは、猶自《なおみずか》ら悔《く》ゆるを知《し》るがごとし。

蓋《けだ》し、愧悔《きかい》の二字《にじ》は、乃《すなわ》ち吾人《ごじん》の悪《あく》を去《さ》り善《ぜん》に遷《うつ》るの門《もん》にして、死《し》を起《お》こし生《せい》を回《めぐ》らすの路《みち》なり。人《ひと》の生《い》くるに、若《も》し此《こ》の念頭《ねんとう》無《な》くば、便《すなわ》ち是《こ》れ既《すで》に死《し》するの寒灰《かんかい》にして、已《すで》に枯《か》るるの槁木《こうぼく》なり。何《いず》れの処《ところ》にか些《いささ》かの生理《せいり》を討《たず》ねん。

謝豹覆ㇾ面猶ㇾ知二自愧一。唐鼠易ㇾ腸猶ㇾ知二自悔一。

蓋愧悔二字乃吾人去ㇾ悪遷ㇾ善之門起ㇾ死回ㇾ生之路也。
人生若無二此念頭一便是既死之寒灰已枯之槁木矣。何処討二些生理一。

〔語義〕○謝豹——怪虫の名。その状は蝦蟇《がま》に類し、人を見ると前脚で頭を覆い、羞ずるような様子をすると言う。唐の段成式撰『酉陽雑俎《ゆうようざっそ》』（巻十七、広動植物之二、虫篇、虫類）に見える。虢州《かくしゅう》（今の河南省霊宝県）にいたと言う。○唐鼠——一箇月に三度も腸を替えるという鼠。『芸文類聚』（巻九十五）『梁州記』に「山に腸を易《か》えるの鼠有り。一月に三たび吐《は》きて其の腸を易《か》う」とある。○念頭——心憶《おも》い。考え。心中。王陽明の言を集めた『伝習録』（巻中）に「仏氏は、また常提念頭の説あり」とある。○寒灰——火の気のない灰。死灰。冷え切った灰。心の働きのなくなった形容にも用いられる。○槁木——枯れた木。『荘子』（内篇、斉物論第二）に「形は固《もと》より槁木の如くならしむ可《べ》く、心は固より死灰の如くならしむ可きか」とある。○些——一些のこと。少し。いささか。口語的表現。現代中国語では多く用いられる。○生理——ものの生々の原理。ものの生きて行く筋合い。生物が死活する道理。天から人として生を受けた理由。『管子』（幼官篇）に「凡物《はんぶつ》、静を聞き、生理を形《あらわ》す。虚に処りて静を守り、人を人とし物を物とすれば、則ち皇たり（皇帝にふさわしい）」とあり、また『荘子』（外篇、天地第十二）に「留動して物を生じ、物成りて生理ある。之《これ》を形と謂う」ともある。

〔訳文〕醜い虫である謝豹が人間を見ると顔を隠すようなしぐさをするのは、まだ、自分を羞《は》じることを知っているからである。鼠の一種である唐鼠が腸を一箇月に三度も易《か》えるのは、なお、自分を悔いることを知っているからである。

思うに「愧」と「悔」の二つの文字は、私達が悪いことを除き善い方向に向う出発点であり、死から離れ生に帰りつく路である。

人間が生きて行くのに、このような思いがなかったならば、それはすでに死んで活動をしていない火の気のない灰のようであり、すでに生長しない枯れ木のようなものである。どこに少しでも人間が生きて行く原理を尋ねることができようか。

一三六、物欲を去り、平凡に徹すれば福を得る

異宝《いほう》奇琛《きちん》は、倶《とも》に是《こ》れ必《かなら》ず争《あらそ》うの器《うつわ》なり。瑰節《かいせつ》奇行《きこう》は、多《おお》く不祥《ふしょう》の名《な》を冒《おか》す。総《すべ》て尋常《じんじょう》の歴履《れきり》に若《し》かず。

易簡《いかん》行蔵《ぎょうぞう》は、以《もっ》て天地《てんち》の渾噩《こんがく》の真《しん》を完《まっと》うし、民物《みんぶつ》和平《わへい》の福《ふく》を亨《う》く可《べ》し。

異宝奇琛倶是必争之器。瑰節奇行多冒二不祥之名一。総不レ若二尋常歴履一。

易簡行蔵可下以完二天地渾噩之真一亨中民物和平之福上。

〔語義〕○奇琛――珍しい宝物。奇宝と同じ。現代中国語に「奇珍異宝」の成語もある。○瑰節――秀れた節操。○奇行――人並みならない行為。○歴履――履歴と同じ。過ごした跡。経たこと。○易

簡——やさしくて手数の掛からないこと。『易経』（繫辞上伝）に「乾は易《い》を以て知り、坤は簡を以て能《よ》くす。易なれば知り易《やす》く、簡なれば従い易し。（中略）易簡にして天下の理得《う》、天下の理得《え》て、位を其の中に成す」とある。○行蔵——世に出て道を行うこと。世から退いて隠れること。『論語』（述而篇）に、「之《これ》を用うれば則ち行い、之を舎《す》つれば則ち蔵《かく》る。唯《た》だ我と爾《なんじ》と是《こ》れ有るかな」とある。○渾噩——渾渾噩噩の略。渾渾は、朴略で知り難いさま。噩噩は、明直なさま。前漢末、蜀郡成都（四川省）の揚雄の『法言』（問学第五）に「虞夏（舜・禹）の書は、渾渾爾《こんこんじ》たり。商（殷）書は、灝灝爾《こうこうじ》（果てしない大河のさま）たり。周書は、噩噩爾《がくがくじ》たり。周より下る者は、その書は譙乎《しょうこ》（情け容赦のないさま）たり」とある。○民物——民の財産。『後漢書』（巻七十三、劉虞伝）に「（公孫）瓚は、但《た》だ務めて徒衆を合せて、自《みずか》ら強大にして部曲を任じ、頗《すこぶ》る百姓《ひゃくせい》を侵擾《しんじょう》（侵し乱す）す。而して（劉）虞は政を為《な》すこと仁愛なり、民物を利せんことを念《おも》う。是《こ》れより瓚と漸《ようや》く相《あい》平らかならず」とある。

〔訳文〕通常なものと異なった秀れた宝や珍しい宝石は、ともに必ず人々の奪い合いのもとになる。際だった節操を示し行為をする人は、多くは良くない評判を残す。いずれも普通の経歴の人には及ばない。

　平易で簡単、その上時勢に順応して行動する人は、天地自然の素朴で明瞭な真実を全《まっと》うし、人民の財産も安堵されるような幸福を受けるであろう。

一三七、幸福や禍害は日常生活の中に潜む

福善《ふくぜん》は杳冥《ようめい》に在《あ》らず、即《すなわ》ち食息起居《しょくそくききょ》の処《ところ》に在《あ》りて、其《そ》の衷《ちゅう》を牖《みちび》く。禍淫《かいん》は幽渺《ゆうびょう》に在《あ》らず、即《すなわ》ち動静語黙《どうせいごもく》の間《あいだ》に在《あ》りて、其《そ》の魄《はく》を奪《うば》う。人《ひと》の精爽《せいそう》は、常《つね》に天《てん》に通《つう》じ、天《てん》の威命《いめい》は、即《すなわ》ち人《ひと》に寓《ぐう》することを見《み》る可《べ》し。天《てん》と人《ひと》と、豈《あ》に相遠《あいとお》からんや。

福善不レ在二杳冥一即在二食息起居処一牖二其衷一。
禍淫不レ在二幽渺一即在二動静語黙間一奪二其魄一。
可レ見下人之精爽常通二于天一天之威命即寓中于人上。天人豈相遠哉。

〔語義〕○杳冥——奥深くして暗いこと。はるかに遠いこと。『楚辞』（九歌、東君）に「余《よ》が轡《たずな》を撰《も》って高く駝翔《だしょう》（はせかける）し、杳として冥冥として以て東に行く」とある。○幽渺——奥深くしてはるかなさま。声音の軽妙なこと。幽眇とも言う。○精爽——明るくさわやか。精神。霊魂。精は神、爽は明。『春秋左氏伝』（昭公二十五年）に「吾、これを聞く、楽しきを哀しみて、哀しきを楽しむは、皆《みな》、心を喪《うし》なうなり、と。心の精爽、是《こ》れ魂魄と謂う。魂魄、これを去らば、何を以て能《よ》く久しからん、と」とあり、また、同書（昭公七年）に「人の生、始めて化するを魄と曰《い》う。既に魄を生ず。陽を魂と曰い、物を用いて精多ければ、魂魄強し。是《ここ》を以《もっ》て、精爽にして神明に至る」とある。○威命

――威厳のある命令。『書経』（胤征）に「爾《なんじ》、衆士、力を王室に同じうし、尚《こいねが》わくば予《よ》を弼《たす》けて、欽《つつし》んで天子の威命を承けよ」とある。

〔訳文〕幸福や善行は、はるかに遠いところにあるのではなく、それは私達が食事をしたり休息したり、寝たり起きたりしている平素の生活の中にあって、その人のまごころを導いている。

禍害や淫逸は、奥深くずっと遠いところにあるのではなく、それは私達が動いたり静かにしたり、話したり黙ったりしている日常の生活の中にあって、その人の精神を奪っている。

人の心というものは、つねに天に通じ、天の威厳のある命令はそっくり人の中に宿っていると思うべきである。天と人とは、どうして互いに遠いことがあろうか。

間適

一三八、静寂の中で初めて真理がわかる

昼閑《ひるかん》にして人寂《ひとしず》かなるとき、数声《すうせい》の鳥語《ちょうご》の悠揚《ゆうよう》なるを聴《き》けば、覚《おぼ》えず耳根《じこん》は尽《ことごと》く徹《てっ》す。
夜静《よるしず》かにして天高《てんたか》きとき、一片《いっぺん》の雲光《うんこう》の舒巻《じょけん》するを看《み》れば、頓《にわ》かに眼界《がんかい》をして倶《とも》に空《くう》ならしむ。

昼閑人寂聴㆓数声鳥語悠揚㆒不㆑覚耳根尽徹。
夜静天高看㆓一片雲光舒巻㆒頓令㆓眼界倶空㆒。

〔語義〕○悠揚――長く遠いさま。声音が高下して遠くから来るさま。○耳根――視覚・聴覚・嗅覚・味覚・触覚の感覚器官と、認識し、思考する心の眼・耳・鼻・舌・身・意の六根の一つ。○雲光――雲の間から照る光。晩唐の詩人、杜牧の「商山麻澗」（『樊川文集』巻四）に「雲光嵐彩　四面合し、柔柔たる垂柳　十余家」とある。○舒巻――延べると巻く。時に応じて進退すること。○眼界――目に見える範囲。目の届く限り。唐の唐彦謙の「清涼寺に遊ぶ詩」（『鹿門詩集』）に「万有は倶《とも》に空にして眼界清し」とある。○空――諸々の事象は因縁によって生ずるものであって、固定的実体がないということ。

〔訳文〕昼間、気分がゆったりとして人の動きも静かなときに、幾声か鳥のさえずりがのどかに聞こえてくるのに耳を澄ますと、知らないうちに耳の感覚もすべてよく研ぎすまされる。

夜中、まわりも静まって空も晴れわたっているときに、一片の雲の間から月の光が漏れてくるのを看ると、にわかに目の届く限りのものがすべて実体のない仮の現象であることがわかる。

一三九、物事に執着しないと真実が見える

世事《せじ》は棋局《ききょく》の如《ごと》し、着《ちゃく》し得《え》ざれば、纔《わず》かに是《こ》れ高手《こうしゅ》なり。
人生《じんせい》は瓦盆《がぼん》に似《に》たり、打破《だは》し了《おわ》りて、方《まさ》に真空《しんくう》を見《み》る。

世事如㆓棋局㆒不㆓着得㆒纔是高手。
人生似㆓瓦盆㆒打破了方見㆓真空㆒。

適　間

〔語義〕○期局——碁盤。碁（漢音はキ、慣用音がゴ）の一勝負を一局と言い、転じて賭碁（賭賽《とさい》、賭博、ばくち）とも言う。『菜根譚』には「棋局」の用例が多く見える。日本でも盛んであるが、中国では現在も盛行している。○高手——技芸の長ずること。またはその人。名手。秀れて巧みな医者を「高手医」と言う。○瓦盆——素焼きの盃。酒を入れて飲む器。明の葉鼎思撰『琅琊代酔篇《ろうやだいすいへん》』（瓦盆）には「玉盃」と対になって引用されている。○真空——仏教語。相、即ち現象を実在に真如（本性）から見ると一切の現象は空であること。真理の本性がすべて凡人の迷いの考え方から離れている状態。有がない有である妙有に対し、空でない空のこと。これが大乗仏教の教えである。真実の空。空が徹

底したところを言う。

〔訳文〕世の中のことは賭《か》け碁を打つようなものである。勝負に執着しなかったならば、そこで初めて名手と言える。

人の一生は素焼きの盃に似ている。それを打ちこわして、初めて物にはもともと実態がないという真実の世界が見える。

一四〇、名利にとらわれず、刑罰に関わらず

龍《りゅう》の豢《やしな》う可《べ》きは、真《しん》の龍《りゅう》に非《あら》ず。虎《とら》の搏《とら》う可《べ》きは真《しん》の虎《とら》に非《あら》ず。故《ゆえ》に爵禄《しゃくろく》は、栄進《えいしん》の輩《やから》を餌《じ》す可《べ》きも、必《かなら》ず淡然無欲《たんぜんむよく》の人《ひと》を籠《ろう》す可《べ》からず。鼎鑊《ていかく》は、寵利《ちょうり》の流《りゅう》に及《およ》ぶ可《べ》きも、必《かなら》ず飄然遠引《ひょうぜんえんいん》の士《し》に加《くわ》う可《べ》からず。

龍可レ豢非二真龍一。虎可レ搏非二真虎一。
故爵禄可レ餌二栄進之輩一必不レ可レ籠二淡然無欲之人一。鼎鑊可レ及二寵利之流一必不レ可レ
加二飄然遠引之士一。

〔語義〕○豢う――家畜を飼う。家畜などを養う。『礼記』（楽記第十九）に「夫れ豕《し》を豢い酒を為《つく》る

は、以て禍《わざわい》を為すに非ざるなり。而も獄訟の益《ます》ます繁《しげ》きは、酒の流、禍を生ずるなり」とある。○鼎鑊——大きな鼎《かなえ》。肉を煮るのに用い、また死罰で人を釜ゆでにするのに用いられた。○寵利——恩寵による利益。『書経』（太甲、下）に「君は弁言《べんげん》（弁説）を以て旧政を乱すこと罔《な》く、臣は寵利を以て成功に居《お》る罔くんば、邦《くに》は永く体を孚《ふ》せん（幸いを保って行けるでしょう）」とある。○流——流れ、時が過ぎるなどの意もあるが、ここでは分派、仲間、ともがらの意で、前の「輩」と対になる。○飄然——さすらうさま。翻《ひるがえ》るさまなどの意もあるが、ここでは、俗事にこだわらないさま。杜甫の「春日、李白を憶う」（『杜工部詩』巻十九）に「白《はく》や詩に敵無し、飄然として思いは群ならず（飛び抜けている）」とある。○遠引——引退して現実の世間から遠ざかること。また、遠く引くこと。孔融《こうゆう》の「盛孝章を論ずるの書」（『文選』文章篇、書類）に「向《も》し郭隗《かくかい》（「先ず隗より始めよ」の成語で有名な人）倒懸（体を逆さにつるす。非常な苦しみの喩え）すれども王をして拯《すく》わざらしめば、即ち亦《ま》た高く翔《かけ》り遠く引き、北のかた燕路に首《しゅ》する者有ること莫《な》からんとす」とある。

〔訳文〕龍の中で飼うことができるようなものはほんとうの龍ではない。虎の中で捕えることができるようなものはほんとうの虎ではない。

だから、爵位や食禄は、栄誉や昇進を望む連中を誘惑することはできるが、淡白で無欲な人を囚《とりこ》にすることはできない。罪人を釜ゆでの刑にする大きな釜は、恩愛や利益を貪る一派には役だつが、世俗的な境地から遠ざかっている立派な人には、何の影響も及ぼすことはできない。

一四一、富貴を求めず有閑な生活を送れ

一場《いちじょう》の閑《おお》いなる富貴《ふうき》は、狠狠《かんかん》として争《あらそ》い来《きた》すも、得《え》ると雖《いえど》も還《ま》た是《こ》れ失《うしな》う。
百歳《ひゃくさい》の好《よ》き光陰《こういん》は、忙忙《ぼうぼう》として過《す》ごし了《おわ》るも、縦《たと》え寿《じゅ》なれども亦《ま》た殀《よう》と為《な》す。

一場閑富貴狠狠争来雖ㇾ得還是失。
百歳好光陰忙忙過了縦寿亦為ㇾ殀。

〔語義〕○一場——一つの場所、一つの試験などの意味もあるが、ここでは、一時《ひととき》、その場限りの意。朱熹《しゅき》の「方耕道に答う」その二(『朱文公文集』書、巻四十六)に「所謂《いわゆる》、只《た》だ一場の話説を作りて、高きを務むるのみの者は、以て戒めざる可《べ》からず」とある。後の「百歳」と対になる。また、一しきりの雨を「一場の雨」、その場だけのあとかたもない春の夢を「一場の春夢」と言う。○閑——普通は、静かに、しきりに、習うなどの意味であるが、ここでは、大きいさま。『詩経』(商頌、殷武)に「松桷(松のたるき)は梴(長い)たり、旅楹(磨いた柱)は閑(大きい)たり」とある。○狠狠——狠は、コンとも読み、犬の嚙み合う声。争うこと。戦うこと。それを畳語とした。○光陰——歳月。時間。光は日、陰は月。唐の李白の「春夜、桃李の園に宴するの序」に「夫《そ》れ天地は、万物の逆旅《げきりょ》にして、光陰は、百代の過客なり。而して浮生は夢の若《ごと》し」とある。また、「光陰惜しむ可《べ》し」「光陰箭《や》の如し」「光陰は逝水に似たり」「光陰は流水の如し」などの成語もある。○忙忙——忙しいさま。後漢の

王充の『論衡』（書解第二十八）に「著作の人をして、国境の職を典《つかさど》り、汲汲忙忙（休まず努めるさま）たら使《し》めば、或《なん》ぞ著作する暇《いとま》あらん」とある。○夭——若死。若いときに死ぬこと。

〔訳文〕その場限りの大いなる富や高位高官は、大騒ぎして争い手に入れようとし、それによって得たとは言っても、またすぐ失ってしまう。

百年もの長い幸運な歳月は、ただ忙しく過ごし終ってしまったなら、たとえ長寿を得たと言っても、若死したのと同じである。

一四二、都会生活の強迫は自然の中で緩解する

高車《こうしゃ》の地《ち》の僻《へき》なるを嫌《きら》うは、魚鳥《ぎょちょう》の解《と》けて人《ひと》に親《した》しむに如《し》かず。
駟馬《しば》の門《もん》の高《たか》きを喜《よろこ》ぶは、怎《なん》ぞ鶯花《おうか》の能《よ》く俗《ぞく》を避《さ》けるに似《に》ん。

高車嫌二地僻一不レ如二魚鳥解親一レ人。
駟馬喜二門高一怎似二鶯花能避一レ俗。

〔語義〕○高車——蓋《かさ》の高い立派な車。『釈名』（釈車）に「高車は、其の蓋高く、立ちて乗載する車なり」とある。○駟馬——四頭だての馬車。貴人の乗り物。古代の馬車は、四頭だてのうち、外側の

二頭を驂《さん》、または騑、内側の二頭を服と称した。『老子』（第六十二章）に「天子を立て三公を置くときは、拱璧《きょうへき》（両手の指を合せるほど大きな美しい玉）以て駟馬に先だたしむる有りと雖《いえど》も、坐して此の道を進むるに如《し》かず」とあり、また、張衡の「蜀都賦」（『文選』賦篇）に「亦《ま》た甲第《こうだい》（立派な邸宅）有り、衢《ちまた》に当りて術《みち》に向い、檀宇（大きな家屋）顕敞《けんしょう》（高く広い）にして高門駟を納《い》る」とある。「高門駟馬」の成語もある。高貴な人の乗り物を言う。〇怎——現代中国語の「怎么《ツアンモ》」と同じ。疑問を表す代詞。〇鶯花——鶯と花。春の美しい景色を表す。

〔訳文〕高級車に乗るような人は、とかく片田舎を嫌うが、鳥や魚が人に馴れて寄ってくるような田園自然の生活に、都会の暮しは及ばない。

四頭立ての馬車に乗る人は、乗ったまま入って行けるような高い門のある邸宅に住む人と交際したがるが、それでは鶯や花が都塵を離れたところに春景色を繰り広げる風雅には、似ても似つかぬのではないか。

一四三、隆盛・栄華も早晩はかないものになってしまう

紅燭《こうしょく》焼《や》け残《のこ》り、万念《ばんねん》も自然《しぜん》に灰冷《かいれい》す。
黄粱《こうりょう》夢《ゆめ》破《やぶ》れ、一身《いっしん》も亦《ま》た雲浮《うんぷ》に似《に》たり。

紅燭焼残万念自然灰冷。
黄粱夢破一身亦似二雲浮一。

〔語義〕○紅燭――紅い灯《とも》し火。紅灯。○万念――あらゆる妄念。「一念」の対であるが、ここでは、「一身」の対。○灰冷――火の気《け》がなくなって灰が冷たくなったもの。冷たい灰。○黄粱夢――「黄粱一炊の夢」とも言う。晩唐の道士呂翁《りょおう》が河北の邯鄲《かんたん》に泊まっていたとき、少年の盧生に遭った。盧生が身の困窮を嘆くと、呂翁は懐《かい》中《ちゅう》より枕を取り出し、それを盧生に授けて、これを枕として寝たならば栄誉が自由に得られると言った。そのときに店の主人は黄粱（おおあわ）を炊いていた。盧生は、それを枕にして昼寝すると、栄誉ある一生を送って、高官のときに左遷される夢を見た。盧生が欠伸《あくび》をして目が覚めると、黄粱はまだ煮えておらず、束のまの出来事であったという話。唐代の小説『枕中記』に見える他、『文苑英華』（八百三十三、記三十七）、『太平広記』（八十二）など多くの文献に見える。人生の栄華のはかない喩え。「邯鄲の夢」とも言い、現在でも戦国期に趙の都であった邯鄲の郊外には、後世になって呂翁と目された呂洞賓を祀った呂仙祠という道観があって、そこを「夢枕」と言い、多くの人々が参拝に来ている。訳注者も邯鄲を訪れたとき、その地に行った。○雲浮――空に雲が浮んでいるさま。雲のようにはかなく浮いているさま。

〔訳文〕赤々と燃えている灯《とも》し火も、いつか燃え尽き、この世俗の思いも自然に冷たい灰のようになってしまう。

夢の中で栄華を極めたことも、たちまち目が覚め、自分の身も空に浮ぶ雲のようにはかないものに思えてくる。

一四四、幸福は身近な事柄の中に潜む

千載《せんざい》の奇逢《きほう》は、書《しょ》を好《この》むの良友《りょうゆう》に如《し》くは無《な》し。
一生《いっしょう》の清福《せいふく》は、只《た》だ椀茗《わんめい》の炉煙《ろえん》に在《あ》り。

千載奇逢無レ如ニ好レ書良友一。
一生清福只在ニ椀茗炉煙一。

〔語義〕○奇逢――不思議なめぐり逢い。○清福――清らかな幸い。元の名臣耶律楚材《やりつそざい》の「冬夜、琴を弾じて以て猶子蘭《ゆうしらん》に遺《おく》る」（『湛然居士集』巻十一）に「秋思雅興を画し、三楽清福を歌う」とある。○椀茗――お椀の中のお茶。○炉煙――香炉の中の煙。杜甫の「宣政殿、朝喚に退きて左掖（役所の名）を出づ」（『杜工部詩』巻六）に「宮草微微として委珮《いはい》を承《う》け、炉煙細細として遊糸（かげろう）を駐《とど》む」とある。

〔訳文〕千年にただ一度しかないようなまれに見るめぐり逢いといったら、それは書物を愛好する良

い友人に及ぶものはない。

一生の清らかな幸福は、ただ一杯のお茶を沸かす香炉から立ち昇る一筋の煙のような静かな生活の中にある。

一四五、清貧や酔境の中に真の心の充実がある

蓬茅《ほうぼう》の下《もと》に詩《し》を誦《ず》し書《しょ》を読《よ》み、日日《じつじつ》に聖賢《せいけん》と晤語《ごご》す。誰《たれ》か貧《ひん》は是《こ》れ病《びょう》と云《い》わん。

樽罍《そんらい》の辺《あた》りに天《てん》を幕《まく》とし地《ち》を席《せき》とし、時時《じじ》に造化《ぞうか》と共《とも》に氤氳《いんうん》す。孰《たれ》か酔《よ》いは禅《ぜん》に非《あら》ずと謂《い》わん。


蓬茅下誦レ詩読レ書日日与二聖賢一晤語。誰云二貧是病一。

樽罍辺幕レ天席レ地時時共二造化一氤氳。孰謂二酔非一レ禅。

〔語義〕〇蓬茅――よもぎとちがや。ここでは、草ぶきの粗末な家。貧乏人の家。〇晤語――向い合って語る。また、互いに打ち解けて語り合う。『詩経』（陳風、東門之池《ち》）に「東門の池《いけ》、以て紵《ちょ》（和名、カラムシ。麻の属）を漚《ひた》す可《べ》し、彼《か》の美なる淑姫《しゅくき》よ、与《とも》に晤語す可《べ》し」とある。〇樽罍――酒樽。罍は、雲雷の文様を画いた樽。〇造化――天地を言う。天地自然の理。また、万物を創造育化すること。『列子』（周穆王《ぼくおう》篇第三）に「昔、老聃《ろうたん》の西に徂《ゆ》くや、顧《かえり》みて予《よ》に告げて曰く、有生の気、有形の状、尽《ことごと》く幻《げん》なり、と。造化の始まる所、陰陽の変ずる所の者は、これを生と謂い、これを死と謂う」

とある。○氤氳——気の盛んなさま。気のもつれ合うさま。○禅——梵語 dhyāna の音写。瞑想の意。定《じょう》、静慮、思惟修などと漢訳する。心の統一と安定に関する一表現。精神統一、禅定とも言う。心を一つの目的に注いで、心が散ったり乱れたりすることを防ぎ、知慧を身に付け真実の理に適《かな》う修行法。「禅とは、是れ天竺《てんじく》の語」（『禅源諸詮集』序）、「憂喜の情忘る、便《すなわ》ち是れ禅」（『白楽天詩集』巻十六）ともある。また、坐禅の略、禅宗の略としても使われる。禅宗では、迷を断ち、感情を静め、心を明らかにして、真実の理法を体得することを教えている。

〔訳文〕よもぎやちがやで覆った粗末な家で、自由に詩歌を唱え典籍を読んで、毎日その詩歌や典籍を作った聖人や賢人を身近に感じて語り合う。こういう生活を見て、誰が貧乏は憂苦であると言えようか。

酒樽の傍《かたわ》らで、天を覆いとし地を敷き物として、折々に万物生成の理法を気力を昂めて感得する。こういう心境に対して、誰が酒を飲んで酔っていたのでは、心を静かにして真実を悟る禅の境地にたがうと言えようか。

一四六、物我ともに忘るれば古今は蜉蝣の如し

興来《きょうきた》りて、落花《らっか》の前《まえ》に酔倒《すいとう》すれば、天地《てんち》は即《すなわ》ち衾枕《きんちん》と為《な》る。
機《き》息《や》みて、盤石《ばんじゃく》の上《うえ》に坐忘《ざぼう》すれば、古今《ここん》は尽《ことごと》く蜉蝣《ふゆう》に属《ぞく》す。

興来酔二倒落花前一天地即為二衾枕一。
機息坐二忘盤石上一古今尽属二蜉蝣一。

〔語義〕○衾枕——ふすまと枕。夜具。李白の「友人会宿」（『李太白詩』巻二十二）に「酔来りて空山に臥し、天地は即ち衾枕」とある。○機——働きの起こるところ。働きや作用のきっかけ。万物発動の根本。『荘子』（外篇、至楽第十八）に「人は又反《またかえ》りて機に入る。万物は、皆機より出《い》でて皆機に入る」とある。○盤石——大きな巌《いわお》。大石。事の安定していること。磐石とも言う。きわめて堅固なことを「磐石之安」と言う。○坐忘——雑念を去り、身心、物我の区別を忘れて現実を超越すること。現実の区別を超越した融通無礙《ゆうずうむげ》な心境。いながらにしてすべてを忘れること。『荘子』（内篇、大宗師第六）に、孔子と顔淵の問答として「它日《たじつ》、復《ふたた》び見《まみ》えて曰く、回（顔淵）、益せり、と。曰く、何の謂《いい》ぞや、と。曰く、回は坐忘せり、と。仲尼蹵然《しゅくぜん》（びっくりするさま）として曰く、何をか坐忘と謂う、と。顔回曰く、肢体を堕《おと》し聡明を黜《しりぞ》け、形を離れて知を去り、大通に同《どう》ず。此れを坐忘と謂う、と。仲尼曰く、同すれば則ち好無く、化すれば則ち常無し。而《なんじ》、果たして其れ賢なるか、丘や請《こ》う、従いて後せん、と」とある。○蜉蝣——かげろう。とんぼに似た小虫。夏秋の間に出て、朝に生まれて暮に死ぬという。故に人生のはかないことに喩える。『詩経』（曹風、蜉蝣）に「蜉蝣の羽、衣裳楚楚たり、心の憂《うれ》うれば、我と帰処せよ」とある。

〔訳文〕興味が湧いてきて、花の舞い散る前で酒に酔いつぶれると、天や地がそのまま布団や枕となって安らかに眠れる。
一切の人智の働きがやんで、どっしりとした大石の上で物我の区別を忘れると、古今のことはすべてはかないかげろうのような存在になってしまう。

一四七、身を高く持して、世俗の風儀に超然たれ

昂蔵《こうぞう》の老鶴《ろうかく》は飢《う》えると雖《いえど》も飲啄《いんたく》は猶《なお》間《かん》あり。肯《あ》えて雞鶩《けいぼく》の営営《えいえい》として食《しょく》を競《きそ》うに同《おな》じからんや。偃蹇《えんけん》の寒松《かんしょう》は縦《たと》え老《お》いても、丰標《ほうひょう》は自《おの》ずから在《あ》り。豈《あ》に桃李《とうり》の灼灼《しゃくしゃく》として妍《けん》を争《あらそ》うに似《に》たらんや。

昂蔵老鶴雖レ飢飲啄猶間。肯同二雞鶩之営営而競一レ食。
偃蹇寒松縦老丰標自在。豈似二桃李之灼灼而争一レ妍。

〔語義〕○昂蔵――意気の盛んなさま。気宇の軒昂たるさま。『北史』(巻三十一、高昂伝)に「(高)昂、字は教曹。(中略)昂の性、其の母に似る。幼時に便《すなわ》ち壮気有り。長ずるに及んで倜儻《てきとう》(才気が秀れている)、胆力は人に過ぎ、龍犀《りゅうさい》(中央が高くなっている額)豹頭、姿体雄異なり。其の父、為《ため》に厳師を求め、捶撻《すいたつ》(むち打つ)を加えしむ。昂は師訓に遵《したが》わず。専《もっぱ》ら馳騁《ちてい》(馬を走らす)を事とす。毎《つね》に言う、男児は天下を横行し、自《みずか》ら富貴を取る。誰か能《よ》く端座して書を読み、老博士と作《な》らんや、と。其

の父曰く、此の児は吾が族を滅せずんば、当《まさ》に吾が門を大ならしむべし、と。其の昂蔵曹に敖《おご》るを以ての故に名を以て之《これ》に字《あざな》す、と」とある。○飲啄――鳥が水を飲み、餌をついばむこと。人が飲食すること。生活することにも用いられる。○雞鶩――鶏やあひるのように小さな家禽。転じて平凡な人間のことをも言う。○営営――激しく往来するさま。あくせくと利益を求めるさま。『荘子』（雑篇、庚桑楚第二十三）に「庚桑子曰く、汝の形を全うし、汝の生を抱き、汝の思慮を営営たらしむること無《な》かれ」とある。○偃蹇――高いさま。のさばるさま。曲りくねるさま。屈原の『楚辞』（離騒、第十一段）に「瑤台《ようだい》の偃蹇たるを望み、有娀《ゆうじゅう》の佚女を見る」とある。○丰標――丰采（美しい様子）。風采と同じ。容色美好。丰は豊に通じる。また、見目好いこと。○灼灼――花が盛んに咲いているさま。光り輝くさま。明らかなさま。『詩経』（周南、桃夭）に「桃の夭夭たる、灼灼たる其の華、之《こ》の子于《ここ》に帰《とつ》ぐ、其の室家に宜しからん」とある。○妍――美しい。見目好い。

〔訳文〕意気盛んな年老いた鶴は、飢えたとは言っても、水を飲んだり餌をついばむときはなおゆったりとしている。どうして鶏やあひるがせかせかと餌を争い貪るようなことをしようか。

曲りくねって高くそびえている寒さにも耐える松は、たとえ老いても、風采は自然と具《そな》わっている。どうして桃やすももの花が咲き誇って美しさを競っているようなことをしようか。

一四八、華美は幻想、真実は淡泊

吾人《ごじん》は、志《こころざし》を花柳爛漫《かりゅうらんまん》の時《とき》に適《あそ》ばせ、趣《おもむき》を笙歌騰沸《しょうかとうふつ》の処《ところ》に得《う》るも、乃《すなわ》ち是《こ》れ造化《ぞうか》の幻境《げんきょう》、人心《じんしん》の蕩念《とうねん》なり。
須《すべか》らく木《き》落《お》ち草《くさ》枯《か》るる後《のち》従《よ》り、声希《こえまれ》に味淡《あじあわ》きの中《なか》に向《む》いて、一些《いささか》の消息《しょうそく》を覓《もと》め得《う》べし。纔《わず》かに是《こ》れ乾坤《けんこん》の橐籥《たくやく》、人物《じんぶつ》の根宗《こんそう》なり。

吾人適二志于花柳爛漫之時一得二趣于笙歌騰沸之処一乃是造化之幻境人心之蕩念也。
須下従二木落草枯之後一向二声希味淡之中一覓中得一些消息上。纔是乾坤的橐籥人物的根宗。

〔語義〕○笙歌――笙の笛と歌。○騰沸――湧き上がる。沸騰と同じ。○造化――天地自然の理。天地を言う。また、万物を創造化育すること。第一四五節参照。○蕩念――揺れ動く心。光緒本では「妄念」に作っている。妄念は、仏教語で、みだらな心、迷いの心。○一些――口語的表現で少しの、いささかの。○消息――消えることと生ずること。『易経』（豊卦、彖《たん》伝）に「日、中すれば昃《かたむ》き、月、盈《み》つれば食《か》く。天地の盈虚、時と消息す。而《しか》るを況《いわ》んや人に於いてをや。況や鬼神に於いてをや」とある。○乾坤――易の二つの代表的な卦名。『易経』（繫辞上伝）に「天は尊く地は卑しくて、乾坤定まる」とある。天と地、日と月、陽と陰、剛と柔、男と女などに配される。〇橐籥――ふいご。匣の中に仕掛けを設けて火を吹き起こすのに用いられる。『老子』（第五章）に「天地の間、其れ猶《なお》橐籥のごときか。虚にして屈《つ》きず、動きて愈《いよ》いよ出づ」とある。〇根宗――おおもと。根元と同じ。

〔訳文〕われわれは、意向を花が美しく咲き誇り、柳の若芽が成長する良い時候に遊ばせ、趣味を笙の笛や和《なご》やかな歌の聞こえるところに得ているが、それは自然の織りなす幻影であり、人の心の揺れ動く姿である。

当然に秋になって木の葉が散り、草が枯れ、鳥のさえずりが少なくなり、趣《おもむき》も淡泊になった中に、いささかの天地自然の変化の道理を求めることができるようになるべきである。このようになって初めて宇宙の無限や人となりの根本を知ることができる。

一四九、閑静なところで見れば実相がわかる

静処《せいしょ》に人事《じんじ》を観《み》れば、即《すなわ》ち伊呂《いろ》の勲庸《くんよう》、夷斉《いせい》の節義《せつぎ》も、大海《たいかい》の浮漚《ふおう》に非《あら》ざるは無《な》し。
間中《かんちゅう》に物情《ぶつじょう》を玩《がん》ずれば、木石《ぼくせき》の偏枯《へんこ》、鹿豕《ろくし》の頑蠢《がんしゅん》と雖《いえど》も、総《すべ》て是《こ》れ吾《わ》が性《せい》の真如《しんにょ》なり。

静処観二人事一即伊呂之勲庸夷斉之節義無レ非二大海浮漚一。
間中玩二物情一雖二木石之偏枯鹿豕之頑蠢一総是吾性真如。

〔語義〕○伊呂——伊は、殷代の賢相《けんしょう》である伊尹《いいん》のこと。呂は、周代の賢臣であった太公望呂尚《りょしょう》のこと。○勲庸——功績。手柄。いさお。○夷斉——殷末の伯夷・叔斉のこと。『史記』列伝の最初に「伯夷列伝」があり、そこに二人のことが詳細に記されている。周の武王が、その君である殷の紂王を伐つという、道に反する行為をしたので、周に仕えず首陽山に逃れてわらびを採って食べ、山中で餓死したとされる。司馬遷は、この二人を高く評価したが、後世、その行為に対する批判もある。○物情——事物のありさま。物事の実情。転じて世の中の様子。世人の心情。顔之推の『顔氏家訓』（風操篇第六）に「物情怨駭《えんがい》（世間が文句を言う）し、竟《つい》に弁《べん》ぜざるを以て還《かえ》る」とある。○偏枯——半身不随の病気。半身がしびれて自由が利かないこと。半分枯れる。『列子』（楊朱篇第七）に「大禹は、一身を以て自《みずか》ら利せず、一体偏枯す」とある。○鹿豕——鹿と豚。愚かな者の喩え。○頑蠢——愚かなこと。○真如——梵語 tathatā からの漢訳。真は真実。如はその性がかくあるとの意。万有に遍在する根源的な実相。

〔訳文〕心静かに、人間世界のいろいろな事例を見ると、殷代の名宰相であった伊尹《いいん》や周代の賢臣であった太公望呂尚《りょしょう》の秀れた功績も、主君である殷の紂王を伐った周の武王のところから逃れて首陽山でわらびを食べて餓死した伯夷・叔斉兄弟の節操も、広く果てしない海上に浮んだ泡のようなものになってしまわないものはない。

ゆったりとした心境で、一切の事物の実情をあれやこれやと良く見ると、木や石の一部に欠けたところがあったり、鹿や豚が愚かであったりするのも、それらはすべてわが心の真実の姿であることがわかる。

一五〇、失意も得意も他人の前では示さない

花《はな》開《ひら》き花《はな》謝《しぼ》む、春《はる》は管《かん》せず。払意《ふつい》の事《こと》は人《ひと》に対《たい》して言《い》うを休《や》めよ。
水《みず》煖《あたた》かく水《みず》寒《さむ》き、魚《うお》は自《みずか》ら知《し》る。会心《かいしん》の処《ところ》は還《ま》た独賞《どくしょう》を期《き》す。

花開花謝春不レ管。払意事休ニ対レ人言一。
水煖水寒魚自知。会心処還期ニ独賞一。

〔語義〕○謝――別れを告げる、告げる、礼を言う、謝るなどの意もあるが、本来は、去る、散る、衰える、しぼむなどの意であった。一本では「落」に作っている。○払意――思いどおりに行かないこと。不如意。○会心――思いどおりになる。気に入る。心によく適《かな》う。「払意」と対になる。○独賞――自分自身で褒めたたえ、他人に対して誇らない。

〔訳文〕花が咲き、花がしぼむということは、春がそうさせているわけではない。失意のことは、他人に言ってはいけない。
水がぬるみ、水が冷たくなることは、魚は自分自身で知っている。わが意を得たりという場合は、

やはり独り静かに喜んでいるのが良い。

一五一、動物の行動を見て人の行いを省みよ

閑《しず》かに紙《かみ》を撲《う》つ蠅《はえ》を観《み》て、痴人《ちじん》の自《みずか》ら障礙《しょうがい》を生《しょう》ずるを笑《わら》う。
静《しず》かに巣《す》を競《きそ》う鵲《かささぎ》を睹《み》て、傑士《けっし》の空《むな》しく英雄《えいゆう》を逞《たくま》しくするを嘆《なげ》く。

閑観二撲レ紙蠅一笑三痴人自生二障礙一。
静睹二競レ巣鵲一嘆三傑士空逞二英雄一。

〔語義〕○紙を撲つ蠅——はえを捕えるために作った粘りのある紙にはえが自分から飛び掛かってくること。○障礙——妨げ。障《さわ》り。禅宗では「しょうげ」と読み、学問修行上の邪魔を言う。

〔訳文〕ゆったりとした気持ちで、はえとり紙に自分から飛び掛かってくるはえを見ていると、愚かな人が、自分自身で自分の妨げになるようなものを作っていることを笑ってしまう。
静かな心で、競うように巣を作っているかささぎの様子を見ていると、秀れた人が、無意味に自分の英雄的な気概や行為を誇っていることを嘆きたくなる。

一五二、無常を知り真実を悟れば心は明るい

有尽《うじん》の身軀《しんく》を看破《みやぶ》れば、万境《ばんきょう》の塵縁《じんえん》は自《おの》ずから息《や》む。
無壊《むえ》の境界《きょうかい》に悟《さと》り入《い》れば、一輪《いちりん》の心月《しんげつ》は独《ひと》り明《あき》らかなり。

看㆓破有尽身軀㆒万境之塵縁自息。
悟㆓入無壊境界㆒一輪之心月独明。

〔語義〕○有尽――無常のこと。何ごとも尽きることがあること。すべてのものには終りがあること。○身軀――身体。○万境――万は、衆多無限の意。境は、心識の対象となる外界の事実。○塵縁――世俗のうるさい関わり。世俗の縁。色・声・香・味・触・法の六塵を言う。心の所縁（対象）となり、心を汚すからである。○無壊――事物に対して誤った見解や行為がないこと。○心月――悟りを開いた心。明月のように清徹であるから言う。真如の理を月に喩えたもの。

〔訳文〕人間が本来尽きることのある身体であるということを見破ったならば、多くの世俗的な関わりは自然と消えてしまう。
　誤りのない見解や行為の境地に達したならば、人の心は天に輝く一つの月のように独り明るく光を発している。

一五三、質素な生活の中にも楽しさがある

土牀石枕《どしょうせきちん》、冷家《れいけ》の風《ふう》、衾《しとね》を擁《いだ》くの時《とき》、魂夢《こんむ》も亦《ま》た爽《さわ》やかなり。
麦飯豆羹《ばくはんとうこう》、淡滋《たんじ》の味《あじ》、箸《はし》を放《お》く処《ところ》、歯頬《しきょう》も猶香《なおかんば》し。

土牀石枕冷家風　擁レ衾時魂夢亦爽。
麦飯豆羹淡滋味　放レ箸処歯頬猶香。

〔語義〕○冷家――清貧の人の家。○魂夢――魂の見る夢。夢。○歯頬――歯と頬。転じて口舌の意。

〔訳文〕土で作った質素なベッド、硬い石の枕というような清貧の家の暮しぶりでも、夜具を抱いて寝ると、そこで見る夢はまたさわやかである。
麦のご飯、豆の羹《あつもの》という質素な食事であっても、それを食べ終って箸を置くときになると、歯も頬も芳《かんば》しくすがすがしい。

一五四、濃淡や好悪の区別から脱却せよ

紛華《ふんか》を談《だん》じて厭《いと》う者《もの》は、或《あ》るいは紛華《ふんか》を見《み》て喜《よろこ》ぶ。淡泊《たんぱく》を語《かた》りて欣《よろこ》ぶ者《もの》は、或《あ》るいは淡泊《たんぱく》に処《お》りて厭《いと》

う。

須《すべか》らく濃淡《のうたん》の見《けん》を掃除《そうじょ》し、欣厭《きんえん》の情《じょう》を滅却《めっきゃく》すべし。纔《わず》かに以《もっ》て紛華《ふんか》を忘《わす》れ淡泊《たんぱく》に甘《あま》んず可《べ》きなり。

談二紛華一而厭者或見二紛華一而喜。語二淡泊一而欣者或処二淡泊一而厭。
須下掃二除濃淡之見一滅中却欣厭之情上。纔可下以忘二紛華一而甘中淡泊上也。

〔語義〕○紛華――綾があって華やかなこと。麗《うるわ》しいこと。『史記』（巻二十三、礼書）に「猶《なお》、出でては紛華盛麗を見て説《よろこ》び、入りては夫子《ふうし》の道を聞きて楽しみ、二つの者、心に戦いて、未だ自《みずか》ら決することを能《あた》わず」とある。○淡泊――淡白と同じ。心があっさりとしている。また、気持ちがさっぱりとして飾らないこと。欲がないこと。色や味がさっぱりとしていること。○掃除――払い去る。払い清める。

〔訳文〕派手で華やかなことを話題にして嫌う人は、あるいは派手で華やかなものを見たら喜ぶかも知れない。あっさりとしたことを語って喜ぶ人は、あるいはあっさりとしたところにいたら嫌《いや》がるかも知れない。

だから、華やかだとかあっさりしているとか決めつける見解を除き去り、ものに対する好悪の感情を捨て去ったならば、華やかなものを忘れ、あっさりとしたものに満足することができるようになる。

一五五、感情を豊かに保てば真実が見えてくる

鳥《とり》に心《こころ》を驚《おどろ》かせ、花《はな》に涙《なみだ》を濺《そそ》ぐ。此《こ》の熱《あつ》き肝腸《かんちょう》を懐《いだ》きて如何《いかん》ぞ冷《れい》なる風月《ふうげつ》を領取《りょうしゅ》し得《え》ん。
山《やま》に照《しょう》を写《うつ》し、水《みず》に神《じん》を伝《つた》う。吾《われ》の真面目《しんめんぼく》を識《し》りて、方《まさ》に幻《まぼろし》の乾坤《けんこん》を擺脱《はいだつ》し得《う》可《べ》し。

鳥驚レ心花濺レ涙。懐二此熱肝腸一如何領三取‐得冷風月一。
山写レ照水伝レ神。識二吾真面目一方可三擺三脱‐得幻乾坤一。

〔語義〕○鳥に心を驚かせ……——盛唐の杜甫の「春望」（『杜工部集』巻二）に「国破れて山河在り、城春にして草木深し、時に感じては花にも涙を濺ぎ、別れを恨んでは鳥にも心を驚かす」とある。○肝腸——肝臓と腸。転じて心を言う。『菜根譚』の中には五臓・六腑を用いた表現がしばしば出てくる。○山に照を写し……——『晋書』（巻九十二、顧愷之伝）に「愷之、毎《つね》に人を画《えが》きて成るも、数年、目睛を点せず、人、其の故を問うに答えて曰く、四体の妍蚩《けんし》、本《もと》闕少無く、妙処に於いて伝神写照、正に阿堵（このもの。俗語）の中に在り」とある。「写照」とは、真の形を写すこと。伝神とは、精神を伝えること。真髄を写し出すこと。例えば人の像を画いて、その絵が真実に迫ること。○真面目——ありのままの姿。本然のまま。偽りや飾りのないこと。○幻の乾坤——幻想の天地自然。幻の世俗の世界。○擺脱——束縛や習慣などから脱け出すこと。

〔訳文〕鳥の飛び出す羽音にはっと心を驚かせ、美しく咲き誇っている花を見てもいろいろなことに心を馳せて涙を注ぐ。このような熱い感情をいつも懐いているならば、どうして清らかで冷たい風や月にでも、その風情を感じ取ることができるだろう。

山に真髄を写し出し、水に精神を伝える。このように自分自身のありのままの姿を識って、初めて幻の俗世間から抜け出すことができるのである。

一五六、死期に富貴は未練のもと、貧賤は煩いからの解放

富貴《ふうき》は、一世《いっせ》の寵栄《ちょうえい》を得《う》るも、死《し》する時《とき》に到《いた》りて反《かえ》って一個《いっこ》の恋《れん》の字《じ》を増《ま》して了《おわ》り、重担《じゅうたん》を負《お》うが如《ごと》し。

貧賤《ひんせん》は、一世《いっせ》の清苦《せいく》を得《う》るも、死《し》する時《とき》に到《いた》りて反《かえ》って一個《いっこ》の厭《えん》の字《じ》を脱《だっ》して了《おわ》り、重枷《じゅうか》を釈《と》くが如《ごと》し。

人《ひと》、誠《まこと》に想念《そうねん》、此《ここ》に到《いた》れば、当《まさ》に急《いそ》ぎて貪恋《たんれん》の首《くび》を回《めぐ》らして、猛《すみ》やかに愁苦《しゅうく》の眉《まゆ》を舒《の》ぶべし。

富貴得二一世寵栄一到二死時一反増二了一個恋字一如レ負二重担一。
貧賤得二一世清苦一到二死時一反脱二了一個厭字一如レ釈二重枷一。
人誠想念到レ此当下急回二貪恋之首一而猛舒中愁苦之眉上矣。

〔語義〕○一世――三十年を一世とも言うが、その時代、世の中などの意もある。ここでは、人の一生涯。一生涯を通じて。○寵栄――寵愛されて栄えること。○重担――重い荷物。○清苦――清廉潔白で困苦に耐えること。『後漢書』（巻四十八、爰延伝）に「爰延、字は季平、陳留外黄の人なり、清苦にして学を好み、能《よ》く経に通じて教授す」とある。○重枷――重い首かせの刑。枷には、架ける、からざお、などの意味もあるが、ここでは、首かせのこと。昔、罪人の首に付けた木や金属製の刑具。○愁苦――愁い苦しむ。『楚辞』（九歌、小司命）に「夫《そ》れ人には自《おの》ずから美子有り、蓀《そん》（香草の名。相手の美称）何を以て愁苦す」とある。

〔訳文〕富貴であると、一生の間、寵愛や栄誉が得られるが、死ぬときになると却って「恋（未練）」の一字が加わって、重い荷物を背負い込むようになってしまう。貧賤であると、一生の間、清廉ながら苦労が絶えないが、死ぬときになると却って「厭（厭《いと》う）」の一字から抜け出し、重い首かせの刑から解放されることになる。

人は熟慮してこの相違に思い至ったならば、早々に貪ったり恋い慕ったりするという心が起こる根源をよくよく考えて、速やかに愁いや苦しみのところから自由になるべきである。

一五七、人生の有限を知って、それに対処せよ

人《ひと》の生有《せいあ》るや、太倉《たいそう》の粒米《りゅうまい》の如《ごと》く、灼目《しゃくもく》の電光《でんこう》の如《ごと》く、懸崖《けんがい》の朽木《くちぎ》の如《ごと》く、逝海《せいかい》の一波《いっぱ》の如《ごと》し。

此《こ》れを知《し》る者《もの》は、如何《いかん》ぞ悲《かな》しまざる、如何《いかん》ぞ楽《たの》しまざる。如何《いかん》ぞ他《かれ》を看《み》て破《やぶ》らずして、貪生《たんせい》の慮《おも》いを懐《いだ》くや。如何《いかん》ぞ他《かれ》を看《み》て重《おも》んぜずして、虚生《きょせい》の羞《はじ》を貽《のこ》すや。

人之有レ生也如二太倉之粒米一如二灼目之電光一如二懸崖之朽木一如二逝海之一波一。
知レ此者如何不レ悲如何不レ楽。如何看レ他不レ破而懐二貪生之慮一。如何看レ他不レ重
而貽二虚生之羞一。

〔語義〕○太倉――政府の米倉。大きな倉庫。○灼目――目をチカチカさせる。目を灼く。瞬間。○懸崖――高く切りたった崖。断崖。○逝海――去って行く海水。行ったり来たりする海水。○一波――一つの波。○貪生――ひたすらに生き長らえんとする思い。『荘子』（外篇、至楽第十八）に「夫《ふう》子《し》、生を貪り、理を失いて、此れと為れるか。将《は》た子《し》、亡国の事、斧鉞《ふえつ》の誅有りて、此れと為れるか」とある。○虚生――虚しく一生を過ごす。虚しく成る。

〔訳文〕人間の一生というものは、政府の大きな倉庫の中の一粒の米のような小さな存在であり、目をチカチカさせる一瞬の電光のような短いものであり、高く切りたった崖に生えている朽ちた枯木のような危ういところにいるものであり、往ったり来たりする大海原の一つの波のように不安定なものである。

人間は、このような小さくはかない存在であることを知って、どうして悲しまないのか。どうして

短い一生を楽しまないのか。人間の一生のはかなさを看て、それを見破らないで、ひたすら生き長らえようとする思いを懐くのか。どうしてそれを見てその時々を重んじないで、虚しく一生を過ごすような恥辱を後世に残そうとするのか。

一五八、鳥獣の諸相を見て人生を考えよ

鷸蚌《きっぽう》は相持《あいじ》し、兎犬《とけん》は共《とも》に斃《たお》る。冷覷《れいしょ》し来《きた》りて、人《ひと》をして猛気《もうき》全《まった》く消《け》さ令《し》む。鷗鳧《おうふ》は共《とも》に浴《よく》し、鹿豕《ろくし》は同《とも》に眠《ねむ》る。間観《かんかん》し去《さ》りて、我《わ》が機心《きしん》をして頓息《とんそく》せ使《し》む。

鷸蚌相持兎犬共斃。冷覷来令㆓人猛気全消㆒。
鷗鳧共浴鹿豕同眠。間観去使㆓我機心頓息㆒。

〔語義〕○鷸蚌は相持し――鳥のしぎとどぶ貝とが言い争って両方ともに降参しないうちに第三者に利益を横取りされること。「漁夫の利」とも言う。『戦国策』（燕策、二）に「趙、且《まさ》に燕を伐たんとす。蘇代、燕の為《ため》に恵王に謂いて曰く、今者《きょう》、臣来《きた》るとき、易水《えきすい》を過《す》ぐ。蚌《ぼう》、方《まさ》に出《い》でて曝《さら》す。而して鷸《いつ》、其の肉を啄《ついば》む。蚌、合せてその喙《くちばし》を拑《はさ》む。鷸曰く、今日、雨ふらず、明日、雨ふらずんば、蚌、将《まさ》に脯《ほじし》（干した肉）と為らんとす、と。蚌も亦た鷸に謂いて曰く、今日、出《い》ださず、明日、出ださずんば、即ち死鷸有らん、と。両者、相舎《あいす》つるを肯《がえ》んぜず、漁者、得て之《これ》を并《あわ》せ禽《とら》う」とある。○

兎犬は共に斃る――狡兎が殺し尽されると、猟のときに兎を追いかけて走りまわっていた良犬も必要がなくなり煮られてしまう。『史記』（巻四十一、越王句践世家）に「蜚鳥（飛ぶ鳥）尽きて良弓蔵され、狡兎死して良狗烹《に》らる」とある。このような話は『韓非子』（内儲説篇下第三十一）、『呉越春秋』（夫差内伝）、『文子』（上徳）、『淮南子』（説林訓）、『論衡』（定賢）など多くの文献に記されている。○冷覵――冷静な目で良く観察する。○猛気――猛々《たけだけ》しい気性。曹植の「七啓」（『文選』文章篇、七類）に、「志《こころざし》 触突《しょくとつ》（犯し突く）に在り、猛気慴《おそ》れず」とある。○鷗鳧――鷗《かもめ》と真鴨《まがも》。鳧鷗とも言い、いずれも水鳥。『詩経』（大雅、鳧鷖）に「鳧鷖（鷗）は涇（川の名）に在り」とある。○鹿豕――鹿と豚。『孟子』（尽心、上）に「舜の深山の中に居るや、木石と居り、鹿豕と遊ぶ、其の深山の野人と異なる所以《ゆえん》の者は、幾《ほとん》ど希《まれ》なり」とある。○間観――ゆったりとした心で良く見る。○機心――偽りや巧みな心。偽りたくらむ心。『荘子』（外篇、天地第十二）に「機械有る者は、必ず機事（機械による仕事）有り、機事有る者は、必ず機心有り。機心胸中に存せば、則ち純白備わらず。純白備わらずんば、即ち神生（精神）定まらず。神生定まらざる者は、道の載《の》らざる所なり。吾、知らざるに非《あら》ず、羞《は》じて為さざるなり」とある。○頓息――止まり休むこと。

〔訳文〕 しぎとどぶ貝とが言い争っているうちに第三者である漁夫に一緒に捕えられてしまい、狡い兎がいなくなると猟のときに走りまわって役に立っていた良犬も必要がなくなって煮られてしまう。そのような例を冷静な目でよくよく観察すると、人のはやり猛る気勢はまったく消沈させられてしまう。

異なる種類である鷗と真鴨が一緒に水辺で水浴をし、鹿と豚とが同じところで眠っている。ゆったりとした心でそれを見ていると、偽りの巧みな心は鎮静させられてしまう。

一五九、苦・楽や迷・悟も根は一つ

迷《まよ》えば則《すなわ》ち楽境《らくきょう》も苦海《くかい》と成《な》るは、水《みず》の凝《こお》りて氷《こおり》と為《な》るが如《ごと》し。悟《さと》れば則《すなわ》ち苦海《くかい》も楽境《らくきょう》と為《な》るは、猶《なお》、氷《こおり》の渙《と》けて水《みず》と作《な》るがごとし。見《み》る可《べ》し、苦楽《くらく》に二境無《にきょうな》く、迷悟《めいご》に両心《りょうしん》非《あら》ず。只《た》だ一転《いってん》の念間《ねんかん》に在《あ》るのみ。

迷 則 楽 境 成二苦 海一如二水 凝 為一レ氷。悟 則 苦 海 為二楽 境一猶二氷 渙 作一レ水。
可レ見 苦 楽 無二二 境一迷 悟 非二両 心一。只 在二一 転 念 間一耳。

〔語義〕○迷――真実を見失うこと。物の道理、仏法に暗いこと。「悟」と対になる。○苦海――苦悩に満ちた世界。苦界とも言う。○一転――一度転ずる。○念――思い出す。また記憶すること。記憶作用。対象を記憶して忘れない働き。念間は、心のあり方。心の働き。

〔訳文〕いったん真実を見失うと、楽しいところも苦悩に満ちた世界になるのは、水が凍って氷となるようなものである。心の迷いが覚めると、苦悩に満ちたところも楽しい世界となるのは、ちょうど、氷が溶けて水となるようなものである。
苦悩と快楽という二つの場所はなく、迷いと悟りという二つの心があるのではなく、いずれも心のあり方によって二つに分れるのである。

一六〇、世情のありさまを見届けると真実なものがわかる

遍《あまね》く人情《にんじょう》を閲《よみ》し、始《はじ》めて疎狂《そきょう》の貴《とうと》ぶに足《た》るを識《し》る。備《つぶ》さに世味《せいみ》を嘗《な》めて、方《はじ》めて淡泊《たんぱく》の真《しん》為《た》るを知《し》る。

遍閲二人情一始識二疎狂之足一レ貴。
備嘗二世味一方知二淡泊之為一レ真。

〔語義〕○疎狂――そそっかしく常軌をはずれていること。世事にうとく、世俗と妥協しないために常規を逸していると見なされる人。疏狂とも言う。○世味――浮き世の味わい。世の触れ合い。世態人情。

〔訳文〕広く人間の感情の動く様子を良く見て、初めて世事にうとく世の常識にはずれていることの貴重さがわかる。

いろいろと俗世間の生活の味わいを経験し尽して、初めてあっさりとした生活が真の人生であることを知ることができる。

一六一、広大な天地、深閑たる自然に思いを致せ

地《ち》は寛《ひろ》く天《てん》は高《たか》し、尚鵬程《なおほうてい》の窄小《さくしょう》なるを覚《おぼ》ゆ。
雲《くも》は深《ふか》く松《まつ》は老《お》ゆ、方《はじ》めて鶴夢《かくむ》の悠間《ゆうかん》なるを知《し》る。

地寛天高尚覚㆓鵬程之窄小㆒。
雲深松老方知㆓鶴夢之悠間㆒。

〔語義〕〇鵬程――鵬（おおとり。想像上の大鳥）の飛んで行く道のり。遠い道筋の喩え。『荘子』（内篇、逍遥遊第一）に「鵬の南冥（南の海）に徙《わた》るや、水を撃《げき》することを三千里、扶揺（旋風）を搏《う》ちて上る者、九万里、去りて六月《りくげつ》を以て息《いこ》う者なり」とある。「鵬程万里」の成語もある。海上のきわめて広いことの形容。また、人間が海外に赴くのに、前途の遼遠なる喩えに用いられる。〇窄小――狭くて小さいこと。〇鶴夢――神仙世界や脱俗の世界へのあこがれ。また、俗世間から抜け出した趣《おもむき》。〇悠間――ゆったりして静かなさま。

〔訳文〕地は果てしなく広々とし、天はどこまでも高いのを見ると、おおとりの飛ぶ道のりでもまだ狭くて小さいことを感ずる。

どこまでも深い空に浮んでいる雲、老いても高くそびえている松に思い到って、初めてそこに栖《す》んでいる鶴がいかにゆったりとくつろいでいるかがわかる。

一六二、緊張した後には悠然とした心になれ

両個《りょうこ》の空拳《くうけん》も古今《ここん》を握《にぎ》り、握《にぎ》り住《とど》まり了《おわ》りて、還《ま》た当《まさ》に手《て》を放《はな》つべし。
一条《いちじょう》の竹杖《ちくじょう》もて風月《ふうげつ》を挑《かか》げ、挑《かか》げ到《いた》りし時《とき》に、也《ま》た肩《かた》を息《いこ》うるを要《よう》す。

両個空拳握二古今一握住了還当レ放レ手。
一条竹杖挑二風月一挑到時也要レ息レ肩。

〔語義〕○両個——左右二つの。○空拳——手に一物も持たないこと。徒手、空手と同じ。○一条——条は、長い物を数える助数詞。○風月——清風と明月。夜の景色の美しいこと。○肩を息う——荷物を降ろして肩を休める。疲れを休める。責任を降ろす。『春秋左氏伝』（襄公二年）に「鄭の成公疾《や》む。子駟《しし》、肩を晋に息えんことを請う」とある。

〔訳文〕左右の徒手によって古今の成敗や得失を把握し、把握し終ったならば、何ごとにも執着しないですべてを放さなければいけない。

一本の竹の杖で清風や明月を高く掲げ、掲げ終ったときには、また、重い荷物を降ろして肩を休めるようにゆったりとすることが必要である。

一六三、自然の変化を熟知すれば真理がわかる

階下《かいか》の幾点《いくてん》の飛翠《ひすい》は紅《べに》を落《おと》す、収拾《しゅうし》し来《きた》れば詩料《しりょう》に非《あら》ざるは無《な》し。
窓前《そうぜん》の一片《いっぺん》の浮青《ふせい》は白《しろ》に映《えい》ず、悟入《ごにゅう》する処《ところ》、尽《ことごと》く是《こ》れ禅機《ぜんき》なり。

階下幾点飛翠落レ紅　収拾来無レ非ニ詩料一。
窓前一片浮青映レ白　悟入処尽是禅機。

〔語義〕○幾点——幾つかの。少しばかり。○飛翠——緑に満ちた木の葉。また、飛んできた翠の小鳥とも取れる。○紅を落す——冷たい風が吹いて紅葉して落ちる。また、鳥が紅い花をついばんで落すとも取れる。○詩料——詩を作るときの資料。詩の題材。○窓前——窗前とも書く。宋の周敦頤《しゅうとんい》は「窗前の草、除かれず」（『程氏道書』）と言った。○浮青——青々と茂った木の葉。青い空とも取れる。○白——白い花。白雲とも取れる。○禅機——禅の大機大用。禅の修行で体得した無我の境地か

ら出る心の動き。禅の境地。

〔訳文〕階段の下の少しばかりの青々とした木の葉に秋の冷たい風が吹いてきて紅葉してちらちら散っている。そこに風情を感じ取れるようなら、あらゆるものが詩を作るときの資料となる。

窓の前の一枝の青葉の間に白い花が美しく映えている。そのような景色を見て悟り得たならば、すべてそれは禅の大機大用の境地であると言える。

一六四、平静な生活をすることのしあわせ

忽《ゆる》やかに天際《てんさい》の彩雲《さいうん》を睹《み》て、常《つね》に好事《こうじ》は皆虚事《みなきょじ》なるかと疑《うたが》う。再《ふたた》び山中《さんちゅう》の間木《かんぼく》を観《み》て、方《まさ》に間人《かんじん》は是《こ》れ福人《ふくじん》なるを信《しん》ず。

忽睹二天際彩雲一常疑二好事皆虚事一。

再観二山中間木一方信二間人是福人一。

〔語義〕〇天際――天の果て。空のかなた。天根。『易経』（豊卦、象伝）に「其の屋《おく》を豊《おお》いにす。天際を翔《か》くるなり」とある。〇彩雲――美しい彩りのある雲。李白の「早《つと》に白帝城を発す」の中に「朝《あした》に辞す白帝彩雲の間」とある句は有名。〇好事――良いこと。有益なこと。ここでは「虚事」と対し

ている。○山中の間木――山の中に高くそびえている役に立たない大木。『荘子』（外篇、山木第二十）に「荘子、山中に行き、大木の枝葉盛茂せるを見る。木を伐る者、其の旁《かたわ》らに止まりて取らざるなり。其の故を問う。用う可《べ》き所無し、と。荘子曰く、此の木、不材を以て其の天年を終うるを得たり、と」とある。

〔**訳文**〕ゆっくりと広い空のかなたに美しい雲が点々と浮んでいるのを良く見ると、いつも好ましいことはみな美しくはあるが、実は虚しい存在なのではないかと疑うことが必要だと思う。

また、山の中で伐られることもなく悠然と葉を茂らせてそびえている何の役にも立たない大木を見ていると、世俗的なことに煩わされないでいる人が、それこそほんとうに幸福な人なのだと実感されてくる。

一六五、人生は気負わないでゆったりと過ごそう

東海《とうかい》の水《みず》は、曾《かつ》て定波《ていは》無《な》しと聞《き》く。世事《せじ》は何《なん》ぞ扼腕《やくわん》を須《もち》いん。
北邙《ほくぼう》の山《やま》は、未《いま》だ間地《かんち》を留《とど》めるを省《かえり》みず。人生《じんせい》は且《しばら》く自《みずか》ら舒眉《じょび》す。

東海水曾聞レ無二定波一。世事何須二扼腕一。
北邙山未レ省レ留二間地一。人生且自舒眉。

〔語義〕○東海――東の大海。中国の地形は西方は山岳が多くて高く、東方は海に面しているので「東海」の語が多く用いられる。「北邙」と対になる。○扼腕――腕を抑える。手で腕を握り、無念やるかたなく悶え怒る。『韓非子』（守道篇第二十六）に「人主は、玉堂の中に甘服（美味しい物を食べ、暖かい衣を着る）して瞋目（目を怒らせ）、切歯、傾取（腹を立てる）する患《うれ》い無く、人臣は、金城の中に垂拱《すいきょう》（手をこまねく）して、扼腕、聚脣（唇をとがらせ）、嗟唶《さしゃ》（溜息）するの禍《わざわい》無けん」とある。○北邙――後漢を始め幾たびか都となった洛陽の東北にある、王公貴族の墓が多くあった山。漢詩には多くこの山が出てくる。北山・邙山・北邙山とも言う。○間地――空き地。閑地とも言う。○舒眉――ひそめた眉を延べる。憂いを忘れて楽しむこと。

〔訳文〕東方の海の水には、以前から一定の決まった平穏な波はないと聞いている。俗世間のつまらないことにどうして悶え怒ったりする必要があろうか。

洛陽の北東にあって多くの墓地が連なる北邙山には、なおいまだに空き地が残っているのを人は良く見ない。人間はいずれ誰でも死ぬのであるから、生きている間はしばらく自《みずか》らゆっくりと楽しむのが良い。

一六六、状況に逆らわず、円満無事を旨とする

天地《てんち》は尚《ひさ》しく停息《ていそく》すること無《な》く、日月《じつげつ》は且《か》つ盈虧《えいき》有《あ》り。況《いわん》や区区《くく》の人世《じんせい》は、能《よ》く事事《じじ》に円満《えんまん》にし

て、時時《じじ》に暇逸《かいつ》するをや。
只《た》だ是《こ》れ忙裏《ぼうり》に向《む》いて間《かん》を偸《ぬす》み、欠処《けっしょ》に遇《あ》いて足《た》るを知《し》れば、則《すなわ》ち操縦《そうじゅう》は我《われ》に在《あ》り、作息《さくそく》は自如《じじょ》たり。即《すなわ》ち造物《ぞうぶつ》は、之《これ》と労逸《ろういつ》を論《ろん》じ、虧盈《きえい》を較《くら》ぶることを得《え》ず。

天地尚無二停息一日月且有二盈虧一。況区区人世能事事円満而時時暇逸乎。
只是向二忙裏一偸レ間遇二欠処一知レ足則操縦在レ我作息自如。即造物不レ得下与レ之論二労逸一較中虧盈上矣。

〔語義〕○停息――止まり休む。○盈虧――満ちることと欠けること。後段には「虧盈」とあるが同じ意味。『易経』（謙卦、彖伝《たん》）に「天道は盈《み》てるを虧《か》きて謙を益《ま》し、地道は盈てるを変じて謙を流《し》く」とある。○区区――小さいさま。わずかなさま。ちっぽけなこと。『春秋左氏伝』（襄公十七年）に「宋国は区区たり。而《しか》るに詛《そ》（呪われる者）有り、祝（喜び褒められる者）有るは、禍《わざわい》の本なり」とある。○暇逸――暇で遊んでいる。無事で安閑としている。『書経』（酒誥）に「成湯自《よ》り、咸《ひ》いて帝乙《ていいつ》に至るまで、成王（盛徳の王）、畏相《いしょう》（威厳のある大臣）、惟《およ》び御事（役人）、厥《そ》れ恭（なすべきこと）有るに棐《あら》ざれども、敢《あ》えて自《みずか》ら暇し自ら逸せず」とある。○操縦――巧みに使う。操る。上手に使う。○作息――動作。○自如――平気なさま。思いのまま。泰然。自然。○労逸――骨を折ることと楽しむこと。苦労と安楽。

〔訳文〕天地自然は昔から止まり休むことなく変化しており、太陽や月もいつも満ちたり欠けたりしている。まして天地自然の中できわめて小さな存在である人間の世界においては、事柄が円満に運び、時間が無事安穏に過ぎていくならば、それにこしたことはないのではないか。
ただ、多忙な生活の中にも暇を見つけ、不足があってもそこで満足できたならば、主体性を持ち得て事の取捨緩急は自在となる。そうなった人に対しては、造物者である天も、苦労と安逸についてその是非を争ったり、人生の満ち欠けである富裕と窮乏とを較べ合ったりすることはできなくなる。

一六七、自然の中に天地の清純な働きを見る

霜天《そうてん》に鶴《つる》の唳《な》くを聞《き》き、雪夜《せつや》に雞《にわとり》の鳴《な》くを聴《き》けば、乾坤《けんこん》の清純《せいじゅん》の気《き》を得《う》る。晴空《せいくう》の鳥《とり》の飛《と》ぶを看《み》、活水《かっすい》に魚《うお》の戯《たわむ》るを観《み》れば、宇宙《うちゅう》の活潑《かっぱつ》の機《き》を識《し》る。

霜天聞㆓鶴唳㆒雪夜聴㆓雞鳴㆒得㆓乾坤清純之気㆒。
晴空看㆓鳥飛㆒活水観㆓魚戯㆒識㆓宇宙活潑之機㆒。

〔語義〕○霜天——霜の置く夜の空。冬の暁の空。盛唐の詩人王昌齢《おうしょうれい》の「京江口に宿す」の「霜天起きて長望すれば、残月梅門に生ず」など、その用例は多い。○唳く——鶴や雁などの鳴き声。「鶴唳」の話は、王充の『論衡』（変動第四十三）に「夜半に及びて鶴唳き、晨《あした》に将に旦《あ》けんとして雞鳴く」と

あり、また、『晋書』（巻五十四、陸機伝）に「華亭に鶴唳く、豈《あ》に復《ま》た聞くべけんや」など、その用例は多い。鶴の鳴き声が凄鋭《せいえい》で清らかなこと。○乾坤——易の八卦中の主要な卦で、陰と陽、男と女などにも配されるが、ここでは天と地。後の「宇宙」と対をなしている。○清純の気——清くて混じり気《け》のない働き。後の「活潑の機」と対をなし、「気」と「機」は押韻している。○活水——流れ動いている水。○魚の戯る——魚が水中で戯れるように動いている。「魚戯新荷動」（池の魚が戯れて新しく生じた蓮の葉が揺れ動く）の成語もある。○活潑——天気の流動するさま。魚が勢い良く水上にはねること。転じて精神、行動に勢いがあることにも用いられる。

〔訳文〕大空いっぱいに霜が満ちている中で、鶴が清らかで鋭い声で鳴くのを聞き、雪の降りしきる夜に、鶏が鳴くのを聞くと、天地が混じり気《け》のない清らかな働きをしていることを感得する。良く晴れた空に、鳥が気持ち良さそうに飛んでいるのを見、清らかに流れている水の中で、魚が戯れるように泳いでいるのを観ると、宇宙が時々刻々と活潑に動いていることがわかる。

一六八、悠然と身辺のことを見て道理を知ろう

間《しず》かに山茗《さんめい》を烹《ほう》じ、瓶声《びんせい》を聴《き》き、炉内《ろない》に陰陽《いんよう》の理《り》を識《し》る。
漫《そぞ》ろに楸枰《しゅうへい》を履《ふ》み、局戯《きょくぎ》を観《み》て、手中《しゅちゅう》に生殺《せいさつ》の機《き》を悟《さと》る。

間烹二山茗一聴二瓶声一炉内識二陰陽之理一。
漫履二楸枰一観二局戯一手中悟二生殺之機一。

〔語義〕○山茗――山から産する茶。蘇軾の「銭安道の恵建茶を寄するに和す」（『東坡集』巻十三、茶詩十三首）に「我、南に官して、今、幾時ぞ、嘗《かつ》て渓茶と山茗とを尽す」とある。○陰陽――天と地、乾と坤、男と女など多くに配されるが、ここでは陰は瓶中の水であり、陽は炉火を指す。○楸枰――碁盤。棋盤。楸局とも言う。蘇軾の「席上、人に代りて別に贈る」（『東坡集』巻二十、送別上）に「楸枰、著し尽し、更に期無し」とある。○局戯――局面に向って行う勝負のこと。

〔訳文〕静かにくつろいでお茶を烹《ほう》じ、瓶の中の水音を聴いて、釜の中の水と炉の火とが交感して行く道理を知った。
ゆったりとして碁盤を自分の前に置き、その碁盤の上に展開する勝負を見ていると、手の中にある碁石によって攻めるか守るか、生きるか死ぬかの働きが自然にわかる。

一六九、華麗な俗塵より閑静な清幽

芳菲《ほうひ》なる園林《えんりん》に蜂《はち》の忙《いそが》しきを看《み》て、幾般《いくはん》の塵情世態《じんじょうせたい》を覷破《しょは》す。
寂寞《せきばく》なる衡茅《こうぼう》に燕《つばめ》の寝《ね》るを観《み》て、一種《いっしゅ》の冷趣幽思《れいしゅゆうし》を引起《いんき》す。

芳菲園林看㆓蜂忙㆒覰㆓破幾般塵情世態㆒。
寂寞衡茅観㆓燕寝㆒引㆓起一種冷趣幽思㆒。

〔語義〕○芳菲――花の好い匂い。草が青々と生え、花が美しく咲きほこること。初唐の四傑の一人、婺州《ぶしゅう》義烏（浙江省）の人、洛賓王《らくひんおう》の「帝京篇」（『唐詩選』七言古詩）に「娼家の桃李、自《おの》ずから芳菲、京華の遊俠、軽肥（軽い皮ごろもを着て肥馬に跨る）を事とす」とある。○幾般――幾らかの。後段の「一種」と対になる。○覰破――覰は覷の俗字で、窺う、見るの意。見破ること。○衡茅――茅ぶきの門と茅ぶきの粗末な家。隠者の草舎。陶潜の「辛丑歳七月、赴仮して江陵に還らんとして、夜、塗口（湖北省）を行く」（『陶淵明集』巻三、詩五言）に「真を養う衡茅の下《もと》、庶《こいねが》わくば善を以て自《みずか》ら名づけん」とある。また、白居易の詩にもしばしば見える。○冷趣――落ち着いた深い思い。○幽思――心静かに思いやる。思いに沈む。

〔訳文〕芳《かんば》しい香りに満ちた花園の木々の中を蜂が蜜を求めて忙しそうに飛び交っているのを見て、その中になにがしかの俗人の欲望に満ちた現実の世界を窺い知る。

もの寂しい粗末な門の付いた茅ぶきの家のひさしに、燕が巣を作って安らかに棲んでいるのを見て、ある種の落ち着いた深い思いを引き起こす。

一七〇、身近なところに万物古今の道理がある

心《こころ》に会《かい》するは遠《とお》きに在《あ》らず。趣《おもむき》を得《う》るは多《おお》きに在《あ》らず。盆池拳石《ぼんちけんせき》の間《あいだ》に、便《すなわ》ち居然《きょぜん》として万里《ばんり》の山川《さんせん》の勢《いきお》い有《あ》り。片言隻語《へんげんせきご》の内《うち》に、便《すなわ》ち宛然《えんぜん》たる万古《ばんこ》の聖《せい》賢《けん》の心《こころ》を見《み》る。纔《わず》かに是《こ》れ高士《こうし》の眼界《がんかい》を得《え》、達人《たつじん》の胸襟《きょうきん》を得《え》る。

会レ心不レ在レ遠。得レ趣不レ在レ多。
盆池拳石間便居然有ニ万里山川之勢一。片言隻語内便宛然見ニ万古聖賢之心一。
纔是高士得ニ眼界一達人得ニ胸襟一。

〔語義〕○心に会する――心に適《かな》うこと。南朝、宋の劉義慶《りゅうぎけい》の『世説新語』（言語第二）に「簡文（司馬昱）、華林園に入り、顧《かえり》みて左右に謂いて曰く、会心の処は必ずしも遠きに在らず、翳然《えいぜん》（ほの暗い）たる林水、便ち自《おの》ずから濠濮《ごうばく》（濠水や濮水）の間に想い有り、覚えず鳥獣禽魚、自《みずか》ら来《きた》りて人に親しむ」とある。○趣――心が動かされること。また、心を動かす風情を言う。○盆池――箱庭ほどの小さな庭に作った池。○拳石――拳ほどの小さな石。『資治通鑑』（唐紀）に「何ぞ拳石を睹《み》て泰山を軽しとするに異《こと》ならんや」とある。○片言隻語――わずかな言葉。ひとこと。片言隻辞、片言隻句、一言半句とも言う。○宛然――さながら。ちょうど。明瞭なさま。○眼界――目の見える範囲。目の届く限り。○胸襟――胸の中。心。胸懐。

〔訳文〕心に適《かな》うところは遠いところにあるのではない。趣旨を会得するのは多くのことの中にあるのではない。
小さな箱庭の池や、握り拳ほどの置き石にも、見ればいながらにして遠く離れた山や河の姿勢がある。たった一つの言葉の中にも、そっくりそのままに古《いにしえ》の聖人や賢人の心を見ることができる。そのようにして初めて高尚な人の広い視野を知ることができ、道理に通達した人の心の中がわかるのである。

一七一、この世には人の思惟の辿り着けないものがある

心《こころ》と竹《たけ》とは倶《とも》に空《くう》、是非《ぜひ》を問《と》うに、何処《いずく》にか脚《あし》を安《お》かん。
貌《かたち》と松《まつ》とは共《とも》に痩《そう》、憂喜《ゆうき》を知《し》るには、眉《まゆ》を上《あ》げるに由《よ》し無《な》し。

心 与レ竹 倶 空 問二是 非一何 処 安レ脚。
貌 偕レ松 共 痩 知二憂 喜一無レ由レ上レ眉。

〔語義〕○貌と――「と」は原文では「偕」に作っている。○松――松には「痩松」の称があり、痩せて骨ばっている。

〔訳文〕心の内と竹の節と節の間は両方とも空虚である。その空虚なものに向って是か非かを問うても、どこに根拠を置いて答えたら良いであろうか。

容貌と松の木とはともに痩せて骨ばっている。それが憂いを表すものであるか喜びを表すものであるかを知ろうとしても、知るよしがないのである。

一七二、暖処・甘味を追い求めず

炎《ほのお》に趨《おもむ》けば暖《あたた》かと雖《いえど》も、暖《あたた》かき後《のち》には更《さら》に寒威《かんい》を覚《おぼ》ゆ。蔗《しょ》を食《く》らえば能《よ》く甘《あま》きも、甘《あま》きの余《のち》には便《すなわ》ち苦趣《くしゅ》を生《しょう》ず。何《なん》ぞ志《こころざし》を清修《せいしゅう》に養《やしな》いて、炎涼《えんりょう》に渉《わた》らず、心《こころ》を淡泊《たんぱく》に棲《す》ませて、甘苦《かんく》倶《とも》に忘《わす》るるに似《しか》んや。其《そ》れ自得《じとく》すれば更《さら》に多《おお》しと為《な》す。

趨レ炎 雖レ暖 暖 後 更 覚二寒 威一。食レ蔗 能 甘 甘 余 便 生二苦 趣一。
何 似下養二志 於 清 修一而 炎 涼 不レ渉 棲二心 于 淡 泊一而 甘 苦 倶 忘上。其 自 得 為二更 多一也。

〔語義〕○炎に趨く――暖かい炎に近づくことであるが、権力のある人におもねることにも喩えられる。○寒威――烈しい寒さ。寒さの厳しいこと。○蔗――さとうきび。茎は竹に似ているが中空ではなく多量の甘い汁を含んでいるので砂糖を作ることができる。○志を……養い――『荘子』（雑篇、譲王第二十八）に「志を養う者は形を忘れ、形を養うものは利を忘れ、道を致す者は心を忘る」とある。○清修——行いが清くて修まっていること。○心を……に棲ませ——『晋書』（巻五十四、陸雲伝）に「初め聖門を慕い、心を重仞に棲ます」とある。○自得——自《みずか》ら満足して楽しんでいること。『孔子家《け》語《ご》』（七十二弟子解）に「原憲《げんけん》、弊衣冠を衣《き》、日を并《あわ》せて蔬《そ》食《し》するも、汧然《かんぜん》（ゆっくり落ち着くさま）として自得の志《こころざし》有り」とある。

〔訳文〕燃えている炎の方に行ったならば、そのときは暖かいと言っても、それがそのまま後に烈しい寒さを感じさせるようになる。甘いさとうきびを食べると、そのときは甘いと思うが、後には苦味を生ずることになる。

どうして志《こころざし》を清らかな修行の中で養い、時候の寒暑、人情の厚薄にも煩わされず、心を物事にこだわらないようにし、甘さも苦さもともに忘れてしまうのに及ぼうか。そのように今の自分が置かれている立場に満足して楽しんだならばさらに良いことである。

一七三、天地自然の恵みを素直に味わえ

席《せき》は飛花《らっか》落絮《らくじょ》に擁《かこ》まれ、林中《りんちゅう》の錦繍《きんしゅう》の団裀《だんいん》に坐《ざ》す。
炉《ろ》は白雪《はくせつ》清氷《せいひょう》を烹《ほう》じ、天上《てんじょう》の玲瓏《れいろう》の液髄《えきずい》を熬《い》る。

席擁㆓飛花落絮㆒坐㆓林中錦繡団裀㆒。
炉烹㆓白雪清氷㆒熬㆓天上玲瓏液髄㆒。

〔語義〕○落絮――散り落ちる柳絮。絮は楊柳の花。梁の蕭子顕の「春日」に「新禽争いて響きを弄《もてあそ》び、落絮乱れて風に従う」とある。柳絮は中国河北の名物。多く詩歌の題材となる。○団裀――丸いしとね。ここでは林中に落ちたたくさんの花びらや柳絮をしとねの代りとすること。○玲瓏――珠玉の触れ合って鳴る美しい音の形容。双声。○液髄――液体の精華。

〔訳文〕酒席は飛び交う美しい花びらやふわふわと散る柳絮に囲まれ、今いる静かな林の中には、その花びらや柳絮が重なっている。それを布団の代りにして坐っていると、何とも言えない興趣が湧いてくる。

炉では白い雪や清らかな氷を煮溶かしているが、それはあたかも天上で奏でられているような美しい響きをたてながら液体の精華を煮つめているようで、とても気持ちが良い。

一七四、人物・風采は自分自身の中にある

逸態間情《いったいかんじょう》は、惟《た》だ自《みずか》ら尚《とうと》ぶを期《き》す。何事《なにごと》か外《そと》に辺幅《へんぷく》を修《おさ》めん。
清標傲骨《せいひょうごうこつ》は、人《ひと》の憐《あわ》れみを願《ねが》わず。多《おお》く胭脂《えんし》を買《か》うに労《ろう》すること無《な》し。

逸態間情惟期㆓自尚㆒。何事外修㆓辺幅㆒。
清標傲骨不㆑願㆓人憐㆒。無㆑労㆔多買㆓胭脂㆒。

〔語義〕○逸態――秀れているさま。建安の七子の一人、陳琳の「柳賦」に「偉姿逸態にして、英艶妙奇なり」とある。○間情――間は閑に通じ、静かにゆったりとした心。唐の詩僧、皎然《きょうねん》の「雨」に「朝の観興尽きること無く、高詠して閑情を寄す」とある。○辺幅――布帛の広狭の度。転じて外貌を言う。○清標――きりりとして気高いこと。りりしい風采。○傲骨――自ら高くして人に下らない意気。唐の李白の腰には傲骨があるので、人に身を屈することがないと世人が評したという故事がある。○胭脂――紅《べに》。口紅《くちべに》。化粧品の一つ。

〔訳文〕秀れたゆったりとした態度や感情を持つ人は、ただ自分自身を高めることを心に期するだけである。どうして外貌を飾る必要があろうか。
風采りりしく気位高く他に屈しない人は、他人の寵愛などはまったく望まない。だからたくさんの化粧品などを買うような苦労をすることはない。

一七五、天地自然の妙境

天地《てんち》の景物《けいぶつ》は、山間《さんかん》の空翠《くうすい》、水上《すいじょう》の漣漪《れんい》、潭中《たんちゅう》の雲影《うんえい》、草際《そうさい》の煙光《えんこう》、月下《げっか》の花容《かよう》、風中《ふうちゅう》の柳態《りゅうたい》の如《ごと》し。

有《あ》るが若《ごと》く、無《な》きが若《ごと》く、半《なか》ば真《しん》、半《なか》ば幻《まぼろし》。最《もっと》も以《もっ》て人《ひと》の心目《しんもく》を悦《よろこ》ばせ、人《ひと》の性霊《せいれい》を豁《ひろ》くするに足《た》る。真《まこと》に天地間《てんちかん》の一《いっ》の妙境《みょうきょう》なり。

天地景物如㆓山間之空翠水上之漣漪潭中之雲影草際之煙光月下之花容風中之柳態㆒。

若㆑有若㆑無半真半幻。最足㆘以悦㆓人心目㆒而豁㆗人性霊㆖。真天地間一妙境也。

〔語義〕○景物――景色。風景。花鳥風月のように四季折々の景致を添えるもの。南朝、宋の鮑照の「舞鶴賦」（『文選』賦、鳥獣）に「氛昏《ふんこん》（夕方の霧）夜歇《や》み、景物澄廓《ちょうかく》（月に照らされてはっきり見える）たり」とある。○空翠――滴《したた》るような緑色になること。また、高い木などの緑色を言う。○漣漪――水面のさざなみ。○草際――草原が限りなく広がり、その尽きるあたりのこと。○花容――花のように美しい様子。○柳態――柳の枝ぶり。転じて、しなやかな姿の意にも用いられる。柳容と同じ。○性霊――心。たましい。精神。人間の霊妙な心。梁の劉勰《りゅうきょう》の『文心雕龍』（宗経第三）に「性霊の奥区を洞《つらぬ》き、文章の骨髄を極む」「性霊の鎔匠《ようしょう》（鋳型を用いて器を鋳造する者）にして、文章の奥府なり」と二箇所にある。○妙境――計り知れない善美の境地。また、秀れて巧みなところ。

〔訳文〕天地自然の景色は、山の緑滴《したた》る美しさ、かわものさざなみ、池の水面に浮んだ美しい雲の影、果てしなく広がった草原のかげろう、月に照らされた花のようにきれいな姿、風に吹かれた柳のしなやかな様子のようなものである。

あるようでもあり、ないようでもあり、半分は真実で、半分は幻のようである。このような景色は、人の心や目を悦ばせ、人の霊妙な心を広々とさせるのに十分である。このような天地自然のありのままの中に、計り知れない善美の境地があるのである。

一七六、花鳥風光が心を活潑・寛大にさせる

楽意《らくい》は、禽《とり》の対語《たいご》と相関《あいかん》し、生香《せいか》は、樹《き》の交花《こうか》を断《た》たず。此《こ》れ是《こ》れ、彼《かれ》無《な》く此《こ》れ無《な》きの真機《しんき》を得《う》るなり。

野色《のしょく》は、更《さら》に山《やま》の隔断《かくだん》する無《な》く、天光《てんこう》は、常《つね》に水《みず》と相連《あいつら》なる。此《こ》れ是《こ》れ、徹上徹下《てつじょうてっか》の真境《しんきょう》を得《う》るなり。

吾人《ごじん》、時時《じじ》に此《こ》の景象《けいしょう》を以《もっ》て、之《これ》に心目《しんもく》を注《そそ》げば、何《なん》ぞ心思《しんし》の活潑《かっぱつ》ならず、気象《きしょう》の寛平《かんぺい》ならざるを患《うれ》えん。

楽意相ニ関禽対語一生香不レ断ニ樹交花一。此是無レ彼無レ此得ニ真機一。

野色更無ニ山隔断一天光常与レ水相連。此是徹上徹下得ニ真境一。

吾人時時以ニ此景象一注ニ之心目一何患下心思不ニ活潑一気象不中寛平上。

〔語義〕○楽意――心を楽しませる。心中に楽しみ喜ぶ。『荘子』（雑篇、盗跖《とうせき》第二十九）に「夫《か》の下り貴ばるる君は、長生・安体・楽意する所以《ゆえん》の道なり」「俗に与《くみ》し世と化し、至重を去り、至尊を棄《す》て、以て其の為す所を為すなり。此れ其の長生・安体・楽意の道を論ずる所以《ゆえん》、亦《ま》た遠からずや」と、「長生」「安体」と並べて記されている。○対語――話を交える。対話する。ここでは、鳥がさえずっていること。○生香――新しい匂い。生き生きとした香り。○真機――真実な働き、作用。○野色――野原の景色。○隔断――間を隔つこと。『三国志』（魏書、第三十、鮮卑伝）に「遂に東夷を隔断し、諸夏に通ずるを得ず」とある。○天光――天に輝く光。日の光。霊妙な光彩。○徹上徹下――上下に貫通する。上から下まで貫く。○真境――少しの汚れもなく秀れて良い境地、またその場所。○時時――その折々に。○心目――心の目。眼の前。魏の文帝の「呉質に与《あた》うるの書」（『文選』書類）に「昔遊を追思すれば、猶《なお》心目に在るに、而《しか》るに此の諸子、化して糞壌《ふんじょう》と為る。復《ま》た道《い》う可《べ》けんや」とある。○心思――心。心の思考。『孟子』（離婁、上）に「既に心思を竭《つく》し、之《これ》を継《つ》ぐに人に忍《しの》びざるの政《まつりごと》を以てす。而《しこう》して仁、天下を覆う」とある。○気象――空中に起こる物理的な現象。風雨、陰晴、寒暑などの類。転じて景色、趣《おもむき》、生まれつきの意気、気前、心だて。○寛平――寛仁公平。緩やかで公平なこと。

〔訳文〕心ゆったりと鳥達の楽しそうなさえずり合いを聞いていると、生き生きとした花の香《かぐわ》しい匂いが、樹々の間を絶え間なく行き交っている。このような自然の中で人は、彼とかこれとかの区別をしない真実の心の働きを得るのだ。

広々とした野原の景色は、ことさら山に邪魔されることもなく、天に輝く光が、いつも下を流れる水と一緒に美しい風景を作り出している。このような風光の中で人は、透徹した真実の心の境地を得るのだ。

私達がその折々に、このような景色に接して心の目をしっかりと見開いたならば、自分の精神の働きが活潑でないとか、気だてが緩やかでも穏やかでもないと言って憂える必要はきっとなくなるだろう。

一七七、自然の風景の中に古人の心情を察知する

鶴《つる》は雪月霜天《せいげつそうてん》に唳《な》けば、屈大夫《くったいふ》の醒時《せいじ》の激烈《げきれつ》を想見《そうけん》す。
鷗《かもめ》は春風暖日《しゅんぷうだんじつ》に眠《ねむ》れば、陶処士《とうしょし》の酔裏《すいり》の風流《ふうりゅう》を会知《かいち》す。

鶴唳㆓雪月霜天㆒想㆓見屈大夫醒時之激烈㆒。
鷗眠㆓春風暖日㆒会㆓知陶処士酔裏之風流㆒。

〔語義〕○唳く——鶴の鳴き声を言う。○屈大夫——屈原のこと。戦国時代末期の楚の王族で三閭大夫《さんりょたいふ》とも言われていた。楚の国に忠誠を尽したが、讒言《ざんげん》に遭って江南に追放され、憂愁の思いを書いた代表作「離騒」（『楚辞』）を作り、ついに五月五日に汨羅《べきら》に身を投じて自殺したとされる。後世、屈原

の霊を慰めるために端午の節句にちまき（粽）を食べる風習ができ、また、彼を助けるために競渡したとされ、その二つのことは、今も中国・日本に伝承されている。○醒時――屈原の作とされる「漁父辞」（『楚辞』七）に「世人、皆濁りて、我、独《ひと》り清《す》めり、衆人、皆酔いて、我、独り醒《さ》めたり。是を以て放たる」とある。○激烈――きわめて激しいこと。同上の「漁父辞」に「安《いずく》んぞ能《よ》く身の察察（潔白）たるを以て、物の汶汶《もんもん》（暗く汚れたさま）たるを受けんや。寧《むし》ろ湘流に赴きて、江魚の腹中に葬らるるとも、安んぞ皓皓《こうこう》の白きを以て世俗の塵埃《じんあい》（ほこり）を蒙《こうむ》らんや」と言った言葉の中に激烈の様相が見える。○陶処士――陶潜のこと。処士は、士のいまだ仕えない者を言う。陶淵明は、晋の潯陽《じんよう》（江西省）の人で「飲酒」「帰去来辞」「五柳先生伝」「桃花源記」など多くの作品を書き、日本では白居易とともに古くからもっとも親しまれた文人である。性来、酒と自然とを愛し、無絃の琴を携え、会飲弾琴して詩を作ったとされる。彼は老荘思想の影響を受けるとともに、儒家的な道徳をも守った。○風流――雅《みやび》やかなこと。品格の優雅なこと。また、俗事を捨てて高尚な遊びをすること。

〔訳文〕 鶴が、雪の降りしきる寒々とした中を照らす月夜や、霜の降りた冬空に哀しそうに鳴くのを聞くと、屈原が、他の人達が目先の利益に目がくらみ、酔い溺れているとき、独《ひと》り事実に目覚めて、激しい言葉で国を憂えていたことを思い出す。

鷗が、春の暖かい風の吹く日向で気持ち良さそうに眠っているのを見ると、陶淵明が、お酒に酔い、世俗を離れて風雅な生活をしていたことが理解できる。

適　間

一七八、天地自然はつねに人々を喜ばせる

黄鳥《こうちょう》は情《じょう》多《おお》く、常《つね》に夢中《むちゅう》に向《お》いて酔客《すいかく》を呼《よ》ぶ。
白雲《はくうん》は意懶《いものう》く、偏《ひとえ》に僻処《へきしょ》に来《きた》りて幽人《ゆうじん》を媚《よろこ》ばす。

黄 鳥 情 多 常 向二夢 中一呼二酔 客一。
白 雲 意 懶 偏 来二僻 処一媚二幽 人一。

〔語義〕○黄鳥——うぐいすの一種。高麗《こうらい》うぐいす。日本のうぐいすとは少し違い、つぐみよりは少し大きく、頭や背が黄緑色で、腹の部分は淡泊で美しい。『詩経』（周南、葛覃《かったん》）に「維《こ》れ、萋萋《せいせい》（葉の繁っているさま）たり、黄鳥、于《ここ》に飛び、灌木（密生した木）に集《つど》い、其の鳴くこと喈喈《かいかい》（和《やわ》らげる声のさま）たり」とある。○酔客——酒に酔った人。酒に酔った客。○幽人——世を避けて隠れている人。隠君子。班固の「幽通賦」（『文選』巻十四）に「夢に山に登りて迥《はる》かに眺めるに、幽人の髣髴《ほうふつ》たるを覿《み》る」とある。

〔訳文〕うぐいすは、感情が豊かで、世俗の思いがなく、いつも夢見心地で鳴いて、酒に酔った人にやさしく呼びかけている。
白い雲は、気持ちが自由で、競争するような心がなく、いつも人里離れたところにやってきて、世

俗から遠ざかってゆったりとした生活をしている人を喜ばせている。

一七九、隠者の心を持って生きよう

蓬戸《ほうこ》に棲遅《せいち》すれば、耳目《じもく》は拘《こう》せらるると雖《いえど》も、神情《しんじょう》は自《おの》ずから曠《ひろ》し。
山翁《さんおう》に結納《けつのう》すれば、儀文《ぎぶん》は略《りゃく》なりと雖《いえど》も、意念《いねん》は常《つね》に真《しん》なり。

棲二遅蓬戸一耳目雖レ拘而神情自曠。
結二納山翁一儀文雖レ略而意念常真。

〔語義〕○蓬戸——よもぎを編んで作った戸。貧者や賤者の住む家。『史記』（巻一百二十四、遊俠列伝）に「季次原憲は、身を終うるまで、空室蓬戸、褐衣疏食《かっいそし》なれども厭《あ》かずして死するのみ」とある。○棲遅——隠居すること。静かに暮すこと。『詩経』（陳風、衡門）に「衡門の下、以て棲遅す可《べ》し」とある。○神情——心。心情。精神。『世説新語』（賢媛第十九）に「王夫人は、神情散朗にして、故《もと》より林家の気有り」とある。○結納——心に誓って頼ること。幣を入れて約束を結ぶこと。心の通った友人になること。○儀文——礼貌。立居振舞が礼儀に適《かな》っていること。○意念——心。想い。念慮。ここでは前の「神情」と対になる。

〔訳文〕粗末な家で静かに暮すと、耳目を始め肉体は拘束されて不便であるとは言っても、精神は自然とゆったりとなる。

山居の俗世を離れた老人と交際すると、世俗的な礼節は簡略となるが、想いはいつも真実となる。

一八〇、風月・雲水とともに暮す

満室《まんしつ》の清風《せいふう》は、几月《きげつ》に満《み》ち、坐中《ざちゅう》の物物《ぶつぶつ》に天心《てんしん》を見《み》る。
一渓《いっけい》の流水《りゅうすい》は、山雲《さんうん》と一《いっ》になり、行《い》く処《ところ》の時時《じじ》に妙道《みょうどう》を観《み》る。

満室清風満二几月一坐中物物見二天心一。
一渓流水一二山雲一行処時時観二妙道一。

〔語義〕○几月——机の上を照らす月の光。○物物——そこにあるすべてのもの。後の「時時」という時間的なものと対になる。○天心——天の心。天帝の心。『書経』（咸有一徳）に「咸《みな》一徳有りて克《よ》く天心に享《あた》り、天の明命を受け、以て九有の師を有《たも》ち、爰《ここ》に夏正を革《あらた》む」とある。○妙道——妙なる道。秀れた道。最上のやり方。『荘子』（内篇、斉物論第二）に「夫子《ふうし》は以て妙道の行を為す」とある。

〔訳文〕部屋の中に清らかな風が吹いてきて、机の上を照らす月の光が遍《あまね》くなると、坐ったままで、そこにあるどれもこれもすべてのものの中に、天の真実な心を見ることができる。一筋の谷川の清らかな流れが、山に懸かった雲と一つになって、どこに行くのかわからないが、その時々にいつもそこに妙なる道を見出すことができる。

一八一、美衣美食は束のまの快楽

鳳《ほう》を炮《あぶ》り龍《りゅう》を烹《ほう》ずるも、箸《はし》を放《お》く時《とき》は、虀塩《せいえん》と異《こと》なる無《な》し。
金《きん》を懸《か》け玉《ぎょく》を佩《お》ぶるも、灰《はい》と成《な》る処《ところ》は、瓦礫《がれき》と何《なん》ぞ殊《こと》ならん。

炮レ鳳 烹レ龍 放レ箸 時 与二虀 塩一無レ異。
懸レ金 佩レ玉 成レ灰 処 共二瓦 礫一何 殊。

〔語義〕○鳳——鳳凰《ほうおう》とも言い、伝説上の霊鳥で、徳の高い天子が世に出るときに現れるというめでたい鳥とされ、龍とともに中国では古来よりもっとも重んじられていた。だが、ここでは鳳と龍とは最高の味の食べ物の意に用いられている。後の「金・玉」の立派な品物と対する。○炮・烹——炮は、古代からの調理法で、あぶる。丸焼きにすること。烹は、にること。いずれも中国古代よりある炙（火で炙る）・蒸（湯気で蒸し温める）・煮（煮る）などとともに代表的調理法。ご馳走を食べることを「炮鳳烹龍」と言う。○虀塩——粗末な食事。虀は韲とも言い、なます。和《あ》え物。一種の漬け物。○

瓦礫――瓦や小石。つまらないもの。値打ちのないもの。

〔訳文〕この上もない美味しいご馳走を食べても、食べ終って箸を置くときになると、粗末なものを食べたときと少しも変らない。

　金や玉のような高価なものを身に着けても、死んで灰になるときには、瓦礫のようなつまらないものと何の異なるところがあろうか。

一八二、作為を捨てて無為に就く

地《ち》を掃《はら》えば、白雲《はくうん》来《きた》るも、纔《わず》かに工夫《こうふ》に着《ちゃく》すれば、便《すなわ》ち障《しょう》を起《お》こす。
地《ち》を鑿《うが》てば、明月《めいげつ》入《い》るも、能《よ》く境界《きょうかい》を空《くう》にすれば、自《おの》ずから明《みょう》を生《しょう》ず。

掃レ地白雲来纔着二工夫一便起レ障。
鑿レ池明月入能空二境界一自生レ明。

〔語義〕〇白雲――白い雲。神仙世界に行くのに乗る物。『荘子』（外篇、天地第十二）に「天下に道有れば、則ち物と皆昌《さか》え、天下に道無ければ、則ち徳を修めて間に就《つ》く（静かにしている）。千歳世《よ》を厭《いと》い、去《さ》りて上遷す。彼の白雲に乗りて、帝郷（上帝のところ）に至り、三患至る莫《な》くして、身は常に殃《わざわい》無ければ、人の辱《はじ》かこれ有らん」とある。道教では、もっとも中心的な道観を白雲観（北京・上海などにある）と言う。ここでは白雲は、「明月」と対になる。○工夫――思慮をめぐらす。仕事や思慮に努力すること。手間。俗語では、暇、時間の意もある。○障――障害。仏教では煩悩のこと。障《さわ》り。聖道の妨げになるもの。一般には精神的な妨げを意味するが、物質的な抵抗を意味することもある。障礙《しょうげ》とも言う。○境界――心識の対象。心境。修業して到達した心の状態。○明――仏教では、智恵。知識。学問を指すこともある。ここでは前段の「障」と対になる。

〔訳文〕地を掃き清めるように煩悩を除くと、白い雲のような理想的な心がやってくるが、少しでも思慮をめぐらすと、すぐにまた新しい煩悩がやってくる。

地面を掘って水を貯える池を作ると、そこに美しい月が映し出されるが、心境が幻であることがわかってくると、そこには自然と智恵が生じてくる。

一八三、天地自然は融通無碍《むげ》

造化《ぞうか》は喚《よ》びて小児《しょうじ》と作《な》さるるも、切《せつ》に渠《きょ》の戯弄《ぎろう》を受《う》くる莫《な》し。
天地《てんち》は丸《まる》くして大塊《たいかい》と為《な》さるるも、須《すべか》らく我《わ》が炉錘《ろすい》に任《にん》ずるを要《よう》すべし。

造化喚作二小児一切莫レ受二渠戯弄一。

天地丸為二大塊一須レ要レ任二我炉錘一。

〔語義〕○造化――天地を言う。天地自然の道理。万物を創造化育すること。また、その神。『列子』（周穆王《ぼくおう》篇第三）に「造化の始まる所、陰陽の変ずる所は、之《これ》を生と謂《い》い、之を死と謂う。数（道理）を極めて変に達し、形に因《よ》りて移易《いえき》する者、之を化と謂い、之を幻《げん》と謂う」とある。『淮南子』（覧冥訓）に「又《また》、況《いわん》や夫の天地を宮とし、万物を懐《つつ》みて、造化を友とし、至和を含み、直《た》だ人形に偶するのみにして、九を観、一を鑽《き》り、之が知らざる所を知りて、心は未《いま》だ嘗《かつ》て死せざる者をや」とある。○小児――子供。『新唐書』（巻二百一、杜審言《しんげん》伝）に「（杜）審言は病《やまい》甚だし。宋之問、武平一等《ら》、如《いか》何《ん》せんと省候（省み窺う）す。答えて曰く、甚だ造化の小児為《た》るを相《あい》苦しむ。尚《なお》何かを言わんに」とある。○渠――彼。現代中国語の「他《ター》」と同じ。次段の「我」に対する。○戯弄――戯れ遊ぶ。また、なぐさみものとする。『史記』（巻八十一、廉頗藺相如列伝）に、「今、臣至れば、大王、臣を列観（大勢の見物人）に見、礼節甚だ倨《おご》る。璧《たま》を得るや、之を美人に伝え、以て臣を戯弄す」とある。○大塊――自然。造物者。『荘子』（内篇、斉物論第二）に「夫《そ》の大塊の噫気《あいき》（吐く息）は、其の名を風となす。是れ惟《た》だ作《おこ》る無きも、作れば万竅《きょう》怒呺す」と、また同書（内篇、大宗師第六）に「夫《そ》れ大塊、我を載《の》するに形を以てし、我を労するに生を以てし、我を佚《いっ》（安らか）するに老を以てし、我を息《そく》（休ませる）するに死を以てす。故に吾が生を善くする者は、乃ち吾が死を喜くする所以《ゆえん》なり」とある。李白の「春夜、桃李園に宴するの序」（『古文真宝後集』）に「況や陽春、我を召《まね》くに煙景を以てし、大塊、我に仮すに文章を以てするをや」とある。○炉錘――炉（いろり）と錘（火を吹きつけて金銭を鍛える器）。転じて陶鋳するもの。造化に喩える。『荘子』（内篇、大宗師第六）に「無荘（美人の名）の其の美を失える、據梁《きょりょう》（人名、力持ちだったという）の其の力を失える、黄帝の其の知を亡《うしな》えるは、皆、炉錘の間に在るのみ。庸詎《いずく》んぞ知らん」とある。

〔訳文〕造物者は、小児と呼ばれて些細《ささい》なものとされるが、決して他のものに弄《もてあそ》ばれるようなことはない。

天地は丸くて自然ともされているけれども、我によって意のままに陶鋳されるべきものでもある。

一八四、静思して世俗から遠ざかれ

想《おも》いは白骨黄泉《はっこつよみ》に到《いた》れば、壮士《そうし》の肝腸《かんちょう》も自《おの》ずから冷《ひや》やかなり。
坐《ざ》して清渓碧嶂《せいけいへきしょう》に老《お》ゆれば、俗流《ぞくりゅう》の胸次《きょうじ》も亦《ま》た間《かん》なり。

想到二白骨黄泉一壮士之肝腸自冷。
坐老二清渓碧嶂一俗流之胸次亦間。

〔語義〕○黄泉――『荘子』（外篇、秋水第十七）や『荀子』（勧学篇第一）にあるように、地下の泉の意もあるが、ここでは、死者の行くところ。よみじ。冥土の意。『春秋左氏伝』（隠公元年）に「黄泉に及ばずんば、相見《あいまみ》ゆること無からん」とある。中国文化の発生の地、黄河中流域は黄土地帯であったので、黄泉という言葉ができたのであろう。○壮士――気力の盛んなますらお。意気盛んな男。○肝腸――胸中。胸の内。心。五臓の肝・心・脾・肺・腎と六腑の胃・三焦・胆・小腸・大腸・膀胱などを組み合せたもの。肝胃・肝腎・肝胆・肝腸などいずれも古くから、心、まごころなどの意に用いられている例が多く見える。『菜根譚』にもたびたび出てくる。○碧嶂――青緑の木々に覆われて屏風をめぐらしたように連なり険しくそそりたつ山の峰。美しい青々とした山に囲まれた中。○胸次――胸の内。胸中。『荘子』（外篇、田子方第二十一）に「小変を行うも、其の大常に失わざれば、喜怒哀楽、胸次に入らず」とある。

〔訳文〕よくよく考えて、人間は誰でもやがては死んで地中に葬られ、白骨となり黄泉の世界に行くのだとわかると、血気盛んな壮年の人の胸中も、自然と冷静になる。落ち着いて、美しい渓流や緑に囲まれた静かな連山の中で生活をし、そのまま年老いたならば、世俗な人々の心中も、またゆったりと穏やかになる。

一八五、平凡な生活の中に安らぎを求めよ

夜《よる》は八尺《はっしゃく》に眠《ねむ》り、日《ひ》に二升《にしょう》を啖《く》らえば、何《なん》ぞ百般《ひゃっぱん》の計較《けいかく》を須《もち》いん。
書《しょ》は五車《ごしゃ》を読《よ》み、才《さい》は八斗《はっと》に分《わか》つも、未《いま》だ一日《いちじつ》の清間《せいかん》を聞《き》かず。

夜眠㆓八尺㆒日啖㆓二升㆒何須㆓百般計較㆒。
書読㆓五車㆒才分㆓八斗㆒未㆑聞㆓一日清間㆒。

〔語義〕○八尺——人の寝る普通のベッド。『晋書』（巻三十三、何曾伝）に、「銭百万、絹五百匹、及び八尺の牀、帳、簟、褥を賜う」とあり、八尺のベッドを指す。○二升——人間が普通に食べる食事の量。○百般——いろいろ。さまざま。後段の「一日」に対する。○計較——計り較べる。論争する。相談する。○五車——五台の車。書物の多いこと。博学を言う。古代は竹簡・木簡に文章を書いた。そこで量が多くて五台の車に載せるようになった。『荘子』（雑篇、天下第三十三）に「恵施は多方、其の書は五車、其の道は舛駁《せんばく》（論ずるところが純一でなく雑駁）、其の言や中《あた》らず」とある。○八斗——量の豊かなこと。詩文の豊富なこと。○清間——清くてもの静かなこと。人の暇なときを言う。清閑に同じ。『漢書』（巻七十八、蕭望之伝）に「京師、雹を雨ふる。望之、是れに因りて上疏す。願わくは清間の宴を賜い、口に災異の意を陳《の》べん」と、また、同書（巻八十九、龔遂《きょうつい》伝）に「（龔）遂曰く、臣は社稷の危うきを痛むなり。願わくば清間を賜えば愚を竭《つ》くさん」とある。

〔訳文〕夜は八尺という普通の寝台に眠り、一日に二升のご飯を食べるという平凡な生活をしていれば、それで十分である。どうしてあれやこれやと計り較べる必要があろうか。

書物は五台の車に積むほど多く読み、才能は群を抜いてすばらしい人でも、だからと言って、清らかなゆったりとした生活をしているということは聞いたことがない。

概論

一八六、心は公明正大に、才能はひけらかさず

君子《くんし》の心事《しんじ》は、天青《てんあお》く日白《ひしろ》く、人《ひと》をして知《し》らざらしむ可《べ》からず。君子《くんし》の才華《さいか》は、玉韞《たまおさ》め珠蔵《たまかく》し、人《ひと》をして知《し》り易《やす》からしむ可《べ》からず。

君子之心事天青日白不㆑可㆑使㆓人不㆒㆑知。
君子之才華玉韞珠蔵不㆑可㆑使㆓人易㆒㆑知。

〔語義〕○心事――心中で思っていること。○玉韞め珠蔵す――珠玉を大切に保管し、他人に見せないようにしておくこと。『論語』（子罕篇）に「子貢曰く、斯《ここ》に美玉有り、匵に韞めて諸《これ》を蔵さんか、善賈を求めて諸を沽《う》らんか。子曰く、之《これ》を沽《う》らんかな、之を沽らんかな。吾は賈（買い手）を待つものなり」とあり、『荘子』（外篇、天地第十二）には「金を山に蔵し、珠を淵に蔵し、財貨を利とせず、富貴に近づかず、寿を楽しまず、夭を哀しまず、通ずるを栄とせず、窮するを醜しとせず」とある。

〔訳文〕君子の心中は、青天白日のように誰の目にもはっきりわかるようにしておいて、人にわからないようにさせてはならない。

君子の才能の秀れたところは、珠玉を深く包み隠しておくように表には出さないで、人に簡単に知

られるようにしてはならない。

一八七、忠言と甘言を聞き分ける

耳中《じちゅう》、常《つね》に耳《みみ》に逆《さか》らうの言《げん》を聞《き》き、心中《しんちゅう》、常《つね》に心《こころ》に払《もと》るの事《こと》あらば、纔《わず》かに是《こ》れ徳《とく》に進《すす》み行《おこな》いを修《おさ》むるの砥石《しせき》たるを得《え》ん。若《も》し言言《げんげん》耳《みみ》を悦《よろこ》ばせ、事事《じじ》心《こころ》を快《こころよ》くせば、便《すなわ》ち此《こ》の生《せい》を把《と》りて鴆毒《ちんどく》の中《なか》に埋《うず》めん。

耳中常聞二逆レ耳之言一心中常有二払レ心之事一纔是進レ徳修レ行得二砥石一。若言言悦レ耳事事快レ心便把二此生一埋二在鴆毒中一矣。

〔語義〕〇耳に逆らうの言――批判や意見などが率直に表明されるために、耳障りで聞き苦しい忠告や進言。『説苑』（正諫第九）に「良薬は口に苦けれど、病に利あり、忠言は耳に逆らえども、行いに利あり」とある。〇鴆毒――鴆鳥の羽を酒に浸して作った毒薬。鴆鳥は広東省の深山に棲息するという、黒身赤目の毒鳥で、まむしや野葛を常食にすると伝えられる。

〔訳文〕耳にはいつも聞きづらい忠告を受け入れるようにし、心にはいつも思いどおりにならないことがあったならば、それでようやく徳を高め行いを修め磨くための砥石《といし》のような役割を果たすことができる。
もし、言葉がすべて耳を喜ばせるように聞こえ、物事がすべて心を満足させるようなものであったなら、この身体をただちに猛毒の中に埋めてしまうようなものだ。

一八八、天地の間には陽気、人の心には喜神

疾風怒雨《しっぷうどうう》には、禽鳥《きんちょう》も戚戚《せきせき》たり。霽月光風《せいげつこうふう》には、草木《そうもく》も欣欣《きんきん》たり。見《み》る可《べ》し、天地《てんち》には一日《いちじつ》も和気《わき》無《な》かる可《べ》からず、人心《じんしん》には一日《いちじつ》も喜神《きしん》無《な》かる可《べ》からず。

疾風怒雨禽鳥戚戚。霽月光風草木欣欣。
可レ見天地不レ可三一日無二和気一人心不レ可三一日無二喜神一。

〔語義〕○戚戚——畳語で、憂いが続くさま。『論語』（述而篇）に「君子は坦らかに蕩蕩たり、小人は長《とこし》えに戚戚たり」とある。○霽月光風——雨が晴れ上がった夜空に月が照っている、雨後の美しい景色。光風霽月とも言い、胸中の清らかな人や、世の中が良く治まり整っている喩えにも用いる。『宣和遺事』（前集上）に「大概、光風霽月の時は少なく、陰雨晦冥の時は多し」とある。○欣欣——草木が生き生きとして、喜び楽しんでいるように見える様子。陶淵明の「帰去来辞」に「木は欣欣として栄に向い、泉は涓涓として始めて流る」とある。○和気——天和の気、自然の調和の取れた気。

『荘子』（外篇、知北遊第二十二）に「若《なんじ》、汝の形を正し、汝の視を一にせよ、天和将《まさ》に至らんとす。汝の知を摂し、汝の度を一にせよ、神将に来り舎《やど》らんとす。云々」とある。〇喜神――吉事をつかさどる神のことで、方角では南方、易では「離（明らかなこと、物事がすべて成る象）」、五行説では「火」の徳を表す。

〔訳文〕暴風が吹き荒れ、激しい雨が降るような（乱れた世の）ときは、山野の鳥達も憂え悲しみ、雨がやんだ空に月が出ている清らかな景色（安定した治政）のもとでは、草木までも喜び楽しんでいるように見える。

だから、天地間には、一日も調和の取れた気がないということがあってはならないし、人の心には、一日も積極的な精霊の働きを欠くということがあってはならないことを、良く見極めておくべきである。

一八九、淡々として平凡に生きる

醲肥《じょうひ》辛甘《しんかん》は真味《しんみ》に非《あら》ず、真味《しんみ》は只《た》だ是《こ》れ淡《たん》なるのみ。
神奇《しんき》卓異《たくい》は至人《しじん》に非《あら》ず、至人《しじん》は只《た》だ是《こ》れ常《じょう》なるのみ。

醲肥辛甘非二真味一真味只是淡。

神奇卓異非至人至人只是常。

〔語義〕○醲肥辛甘――醇厚な味の濃い酒や、肥えた美味しい肉、極端に辛く、また甘いことの意で、いずれも濃厚な味つけ。○淡――あっさりしていて、しつこくない味つけ。中国では伝統的に、五行説によって酸・苦・甘・辛・鹹の「五味」であるが（『礼記』月令）、仏教や特に禅宗では、「淡」を加えて「六味」を説く（『涅槃経』『禅苑清規』『典座教訓』）。淡はまた、『荘子』（外篇、刻意第十五）に「純粋にして雑《まじ》えず、静一にして変ぜず、淡にして無為（心安らかにして、ことさら何も企てない）、動いては天行を以てす。此れ神を養うの道なり」とあるのに通ずる。○神奇卓異――秀れた人や、他に抜きん出て卓越している人。奇異は特別秀れた才能を言う。○至人――道を極めて究極に達した人。『荘子』（内篇、逍遥遊第一）に「至人は己無く、神人は功無く、聖人は名無し」とある。

〔訳文〕濃厚な味の美酒美肉や、辛いものや甘いものは、ほんとうの味ではなく、ほんとうの味わいは、ただあっさりと淡泊なだけである。

同様に、人より秀れ抜きん出ているように見える人も、ほんとうに道を極めた人ではなく、ほんとうに道を極めた人とは、別に人と変ったところのない、普通の人であるにすぎない。

一九〇、静思して自心を観察

夜深《よるふか》く人静《ひとしず》かなるとき、独《ひと》り坐《ざ》して心《しん》を観《かん》ぜば、始《はじ》めて妄窮《もうきわ》まりて、真独《しんひと》り露《あらわ》なるを知《し》る。毎《つね》に此《こ》の中《なか》に於《お》いて、大機趣《たいきしゅ》を得《う》。既《すで》に、真現《しんあらわ》れて妄《もう》の逃《のが》れ難《がた》きを覚《さと》らば、又此《またこ》の中《なか》に於《お》いて、大慚忸《だいざんじく》を得《う》。

夜深人静独坐観レ心始知ニ妄窮而真独露一。毎於ニ此中一得ニ大機趣一。既覚ニ真現而妄難レ逃又於ニ此中一得ニ大慚忸一。

〔語義〕○心を観ぜば――観は梵語 vipaśyanā の訳語で、静かに坐禅して真理を観察すること。自己の本心を見極めること。○妄・真――煩悩の縁によって起こる妄心と、人が本来具えている、汚れを離れた清らかな心。○大機趣――自由自在に働く心の動き。趣は心が対象に引かれ向うこと。○大慚忸――慚忸は自《みずか》らの良心に深く恥じること。妄念の除き難いことを反省すれば自《おの》ずから懺悔の心が湧いてくる。

〔訳文〕夜が更けて人々が寝静まったとき、ただ独り坐禅して自分の本心を観察すると、初めていろいろの妄念が働かなくなって、ただ本来の清らかな真心だけが働くのがわかる。そしていつもその真心が働いているときに、自由自在の心の働きを得ることができる。このようにして、すでに真心が現れても、妄念は除くことが難しいことを悟ると、そこで懺悔の心が湧いてくる。

一九一、好調のときも驕らず、失意のときもあきらめず

恩裏《おんり》には由来害《ゆらいがい》を生《しょう》ず。故《ゆえ》に快意《かいい》の時《とき》は、須《すべか》らく早《はや》く頭《こうべ》を回《めぐ》らすべし。敗後《はいご》には、或《ある》いは反《かえ》りて功《こう》を成《な》す。故《ゆえ》に払心《ほっしん》の処《ところ》は、切《せっ》に手《て》を放《はな》つこと莫《なか》れ。

恩裏由来生レ害。故快意時須二早回一レ頭。敗後或反成レ功。故払心処切莫レ放レ手。

〔語義〕○恩裏——主人の寵愛を受けたり世間の人々から良く思われたりしているとき。○払心の処——心にもとる。自分の意に適《かな》わない状態にあるとき。

〔訳文〕恩情が厚いときは、昔から災害を起こしやすい。だから自分の思いどおりになり、心地好いときには早く反省して引き返すようにしなさい。また、物事が失敗した後には、逆に成功するものである。だから、自分の思いどおりにならないときでも、やたらに手を放ち投げ出してはいけない。

一九二、美食美衣が身を滅ぼす

藜口莧腸《れいこうかんちょう》の者《もの》は、氷清玉潔《ひょうせいぎょくけつ》多《おお》く、袞衣玉食《こんいぎょくしょく》の者《もの》は、婢膝奴顔《ひしつどがん》に甘《あま》んず。蓋《けだ》し、志《こころざし》は淡泊《たんぱく》を以《もっ》て明《あき》らかなるも、節《せつ》は肥甘《ひかん》従《よ》り喪《うしな》うなり。

藜口莧腸者多㆓氷清玉潔㆒袞衣玉食者甘㆓婢膝奴顔㆒。蓋志以㆓淡泊㆒明而節従㆓肥甘㆒喪矣。

〔語義〕○藜口莧腸――藜（あかざ）や莧（山ごぼう）を食べて腹を満たすこと。いずれもその若葉を摘んで羹《あつもの》にすることから、粗食に甘んずる生活のこと。○氷清玉潔――氷や玉のように清らかで汚れのない心の喩え。盛唐の王昌齢の「芙蓉楼にて辛漸を送る」の詩に、「洛陽の親友如《も》し相《あい》問わば、一片の氷心玉壺に在り」とあるのも同様の喩え。○袞衣玉食――袞衣は「袞龍の御衣」などと言う、龍の飾りを付けた天子の礼服。玉食は美味しい食事。美衣美食すること。○婢膝奴顔――奴隷が膝を屈したり顔色を窺ったりして主人にへつらい従うこと。婢は女の奴隷、奴は男の奴隷。○肥甘――肥は肥えた美味しい肉、甘は甘い味で袞衣玉食の生活をすること。

〔訳文〕あかざや山ごぼうを食べて粗食に甘んじている人は、氷や玉のような清く汚れのない心の持ち主が多いが、美衣や美食を求める人は、奴婢が自分にへつらい従うのに甘んじて、自己を見失ってしまう。思うに、人としての志気は、淡泊で質素な生活により磨かれて輝くものであるが、その節操は、美食でぜいたくな生活により失われるものである。

一九三、心はゆったり、恵みは深く

面前《めんぜん》の田地《でんち》は、放《はな》ち得《え》て寛《ひろ》きことを要《よう》し、人《ひと》をして不平《ふへい》の嘆《なげ》き無《な》からしむ。
身後《しんご》の恵沢《けいたく》は、流《つた》え得《え》て長《なが》きことを要《よう》し、人《ひと》をして不匱《ふき》の思《おも》い有《あ》らしむ。

面前的田地要㆓放得寛㆒使㆔人無㆓不平之嘆㆒。
身後的恵沢要㆓流得長㆒使㆔人有㆓不匱之思㆒。

〔語義〕○面前の田地――面前は「身後」に対する語で、現在生存中の意。田地は心持ち。仏教では、心は大地が草木百穀を生み育てるように、一切の法、一切の功徳を生み出し増長させることから、心地・心田とも言う。○放ち得て寛き――広く解放することができること。「得」は動詞とその動作の程度、結果、効果を表す補語の間に置かれ、それが可能なことを表す。○不匱――匱は匱乏と同義で衣食などに乏しいこと。不匱はここでは精神的な豊かさ。

〔訳文〕生きている間の心がまえは、できるだけ広く心が放たれていることが大切で、そうすれば不平不満に嘆く人がないようにさせることができる。
また、死後に残る精神的な恵みは、いつまでも後世に伝えられるようにすることが大切で、そうすれば、人に豊かな心を持たせることができる。

一九四、長生の道は一歩譲ることから

路径《ろけい》の窄《せま》き処《ところ》は、一歩《いっぽ》を留《とど》めて人《ひと》の行《ゆ》くに与《あた》え、滋味《じみ》の濃《こま》やかなるものは、三分《さんぶ》を減《げん》じて人《ひと》の嗜《たしな》むに譲《ゆず》る。此《こ》れは是《こ》れ、世《よ》を渉《わた》る一《いっ》の極楽《ごくらく》の法《ほう》なり。

路径窄処留㆓一歩㆒与㆓人行㆒滋味濃的減㆓三分㆒譲㆓人嗜㆒。此是渉㆑世一極楽法。

〔語義〕○路径――径は捷径と同義で、小道、近道。『論語』（雍也篇）に「澹台滅明なる者有り、行くに径に由らず、公事に非《あら》ざれば未《いま》だ嘗《かつ》て偃《えん》の室に至らざるなり」とある。○滋味の濃やかなるもの――美味しさが溢れている食べ物。「的」は、……であるところの、……するところの、の意を表す形容詞的修飾語の語尾で、ここでは被修飾語（食べ物）が省略された形。

〔訳文〕小道の狭い場所では、自分から一歩立ち止まりよけて相手に行かせてやり、また美味しい食べ物は、自分の分を三分ぐらい減らして相手に譲ってやる。このような心掛けこそ、この世を生きて

行く上で、一つのきわめて安らかで楽しい方法である。

一九五、平凡な生き方の中に道が備わる

人《ひと》と作《な》りて、甚《なん》の高遠《こうえん》の事業《じぎょう》無《な》きも、俗情《ぞくじょう》を擺脱《はいだつ》し得《え》ば、便《すなわ》ち名流《めいりゅう》に入《い》る。
学《がく》を為《な》して、甚《なん》の増益《ぞうえき》の工夫《こうふ》無《な》きも、物累《ぶつるい》を減除《げんじょ》し得《え》ば、便《すなわ》ち聖境《せいきょう》に臻《いた》る。

作レ人無ニ甚高遠的事業一擺三脱‐得俗情一便入ニ名流一。
為レ学無ニ甚増益的工夫一減三除‐得物累一便臻ニ聖境一。

〔語義〕○人と作りて――一般の人と同じように生まれて、ごく普通に生きること。○甚――甚麼・什麼・甚底などと同義で、何の、どのような、などの疑問の意を表す口語的表現。○擺脱――擺は排と同じ。払い落し脱ぎ去ること。○増益の工夫――学識を高めるための種々の行為、作業、それに努力すること。○物累――名誉や利益等によって身体が束縛され、心が煩わされること。○臻る――物事がどんどん進むこと。

〔訳文〕平凡な人間と生まれて、特別に何も高尚で偉大な事業をしなくても、ただ名誉や利益に惹かれる世俗的な心を払い落せたなら、それでもう名士の仲間に入ることができる。

学問をして、特別に何も学識を増す努力をしなくても、ただ外物によって心を煩わされることを減らし除くことができさえすれば、それでもう聖人の境地に到達できる。

一九六、利を得るには分を守って、修養は人並み以上に

寵利《ちょうり》は人《ひと》の前《まえ》に居《お》ること毋《なか》れ、徳業《とくぎょう》は人《ひと》の後《あと》に落《お》つること毋《なか》れ。
受享《じゅきょう》は分《ぶん》の外《そと》に踰《こ》ゆること毋《なか》れ、修為《しゅうい》は分《ぶん》の中《うち》に減《げん》ずること毋《なか》れ。

寵利毋レ居二人前一徳業毋レ落二人後一。
受享毋レ踰二分外一修為毋レ減二分中一。

〔語義〕○人の前に居る——自分を優先させ他人を後にして恩恵に浴しようとすること。○人の後に落つる——他の人に劣る。人に遅れを取ること。『老子』（第七章）の「天は長く地は久し。天地の能く長く且つ久しき所以は、其の自ら生きざるを以て、故に能く長生きす。是れを以て聖人は、其の身を後にして身先んじ、其の身を外にして身存す。云々」という説の心に合致する。○受享——受も享も他からのものを受ける意。○修為——自己の修行としての行為。

〔訳文〕人から寵愛や利益を受けるときには、他人を押しのけてまで取ろうとしてはいけないが、世

のため人のためになる道徳や事業を行うときには、人に率先して行い、人の後からするようなことはしてはいけない。

人から物を受け取るときには、一定の限度を越えてはならないが、自分が修行をするときには、与えられたことを行うだけではなく、それ以上に勤めなくてはいけない。

一九七、自らは一歩譲り、他には完全を求めず

世《よ》に処《お》るには、一歩《いっぽ》を譲《ゆず》るを高《たか》しと為《な》す。歩《ほ》を退《しりぞ》くるは、即《すなわ》ち歩《ほ》を進《すす》むるの張本《ちょうほん》なり。

人《ひと》を待《ま》つには、一分《いちぶ》を寛《ひろ》くするは是《こ》れ福《ふく》なり。人《ひと》を利《り》するは、実《じつ》に己《おのれ》を利《り》するの根基《こんき》なり。


処レ世譲二一歩一為レ高。退レ歩即進レ歩的張本。

待レ人寛二一分一是福。利レ人実利レ己的根基。

〔語義〕○世に処る——人として生まれこの世を生きること。○張本——後続の文章のもととなる前置き、伏線の意から、物事の原因となる要素のこと。○人を待つ——待は待遇。他人と付き合いこれに対応すること。○根基——根本基礎のことで、基《もとい》となるべき好条件。このような、人に利益を与えることが実は自己の利益のための土台となるとするのは、墨子《ぼくし》の兼愛説にも通ずる。

〔訳文〕人が世の中を生きて行くときには、自分から一歩を譲ることがより秀れた道である。この一歩を譲ることが、それがそのまま一歩を進める根本となるのである。人を遇するときには、完全なことを求めないで、九分ぐらいに止めて後の一分は寛大にして見過ごすようにするのが良いことである。人に利益を与えることは、実は自己の利益のためのもととなるのである。

一九八、功は誇らず、罪過は潔《いさぎよ》く改める

世《よ》を蓋《おお》うの功労《こうろう》も、一個《いっこ》の矜《きょう》の字《じ》には当《た》え得《え》ず。
天《てん》に弥《わた》るの罪過《ざいか》も、一個《いっこ》の悔《かい》の字《じ》には当《た》え得《え》ず。

蓋レ世的功労当三不レ得二一個矜字一。
弥レ天的罪過当三不レ得二一個悔字一。

〔語義〕○世を蓋うの功労――世の中をすべて覆い尽すほど大きい手柄、実績。○矜の字――矜は誇り、自慢すること。○当え得ず――当は堪える、屈しないで持ちこたえること。「不得」は動詞に後置して不可能の意味を表す。堪えられない、誇る心に打ち克つことができなくなること。○天に弥るの罪過――天を貫き、遍《あまね》く空いっぱいに満ち溢れる罪悪。

〔訳文〕天下を覆うほどの大きな手柄でも、それを誇る心が生じたなら、この一個の「矜」の字には堪えられず、大きな手柄も意味をなさなくなってしまう。

また、天に届き空いっぱいに満ちるような大きな罪悪も、悔い改める心が生じたなら、この一個の「悔」の字には堪えられず、どんな大きな罪悪も消滅してしまう。

一九九、名誉は独占せず、失敗は押しつけない

完名美節《かんめいびせつ》は、宜《よろ》しく独《ひと》りにては任《にん》ずべからず。些《わず》かを分《わか》ちて人《ひと》に与《あた》うれば、以《もっ》て害《がい》を遠《とお》ざけ身《み》を全《まった》くす可《べ》し。

辱行汚名《じょくこうおめい》は、宜《よろ》しく全《まった》くは推《お》すべからず。些《わず》かを引《ひ》きて己《おのれ》に帰《き》せば、以《もっ》て光《ひかり》を韜《つつ》み徳《とく》を養《やしな》う可《べ》し。

完名美節不ㇾ宜㆓独任㆒。分ㇾ些㆒与ㇾ人可㆓以遠ㇾ害全㆒ㇾ身。

辱行汚名不ㇾ宜㆓全推㆒。引ㇾ些㆒帰ㇾ己可㆓以韜ㇾ光養㆒ㇾ徳。

〔語義〕○完名美節――「完・美」は「名・節」の両方を修飾する語で、完全無欠で見事な名誉と節操のこと。○些――ほんのわずか、いささか。○辱行汚名――恥ずかしく良くない行為や評判。○光を韜み――才能を隠して表に現さないこと。梁の昭明太子蕭統《しょうとう》の『陶靖節集序』には、「聖人は光を

韜み、賢人は世を遁る」とある。『老子』（第七章）の「天は長く地は久し、云云」の一節を、河上公注では「韜光」と名づけている。

〔訳文〕完全で立派な名誉や節操は、自分一人で独占してはいけない。その一部を他人にも分け与えてやるようにすれば、危害を遠ざけ天寿を全《まっと》うすることができる。

恥ずかしい行為や悪い評判も、全部が他人の責任だと押しつけてはいけない。その一部を自分で引きかぶるようにすれば、自分の才能というものをあまりひけらかさないで、その人柄を磨き高めることができる。

二〇〇、十全を求めず、余裕を持って

事事《じじ》、個《こ》の有余不尽《ゆうよふじん》の意思《いし》を留《とど》めんことを要《よう》せば、便《すなわ》ち造物《ぞうぶつ》も我《われ》を忌《い》むこと能《あた》わず、鬼神《きしん》も我《われ》を損《そこ》なうこと能《あた》わず。

若《も》し業《ぎょう》は必《かなら》ず満《まん》を求《もと》め、功《こう》は必《かな》ず盈《えい》を求《もと》めば、内変《ないへん》を生《しょう》ずるにあらずば、必《かなら》ず外憂《がいゆう》を招《まね》かん。

事事要レ留ニ個有余不尽的意思一便造物不レ能レ忌レ我鬼神不レ能レ損レ我。

若業必求レ満功必求レ盈者不レ生ニ内変一必招ニ外憂一。

〔語義〕○個――一個のことで、ほんの少し、わずか。○有余不尽の意思――有余は余裕があること。不尽は出し尽さないで控えめに保っていること。意思は気持ち、心。○造物――天地万物の創造主。『列子』（周穆王篇第三）には「造物者は、其の功は妙にして其の功は深く、固《もと》より窮め難く終え難し」とあり、また、『荘子』（内篇、大宗師第六）には「偉なるかな、夫《か》の造物者は、将《まさ》に予《よ》を以て此の拘拘と為さんとするなり」とあり、ここでは造物者は自然のこととなる。○鬼神――鬼も神も目に見えない神秘的霊的存在のこと。○満・盈――いずれも、満ち足りることを意味するが、『易経』（謙卦、彖《たん》伝）には、「天道は盈を虧《か》きて謙を益し、地道は盈を変じて謙を流す。鬼神は盈を害して謙を福《さいわ》いし、人道は盈を悪《にく》みて謙を好む」とあり、盈満に乗じてこれを用い尽すことをせず、すべて控えめにすることを説いている。

〔訳文〕何ごとにつけ、多少余裕を残し控えめにする気持ちを持ち続けたならば、そうすることによって、造物主も私を忌み嫌って禍《わざわい》を加えることはできないし、鬼神も私に対して害を加えることはできない。

しかし、もし仕事は必ず十分完成することを求め、功績は必ず十分であることを求めたならば、必ず、内部からの変事が起こってくるのでなかったならば、外部からの心配ごとを招くであろう。

二〇一、家族団欒《だんらん》の中に道は実現している

家庭《かてい》に個《こ》の真仏《しんぶつ》有《あ》り、日用《にちよう》に種《しゅ》の真道《しんどう》有《あ》り。人能《ひとよ》く、誠心和気《せいしんわき》、愉色婉言《ゆしょくえんげん》もて、父母兄弟《ふぼけいてい》の間《かん》をして、形体両《けいたいふた》つながら釈《と》け、意気交《いきこもごも》流《なが》れ使《し》めば、調息観心《ちょうそくかんしん》に勝《まさ》ること万倍《まんばい》なり。

家庭有二個真仏一日用有二種真道一。人能誠心和気愉色婉言使二父母兄弟間形体両釈意気交流一勝二于調息観心一万倍矣。

〔語義〕○個・種――一個・一種のことで、いずれも一つ、あるいはある種の意味。○真仏――真実の仏。仏像や経典の中の仏ではなく、日常生活の中に生き生きとして躍動している真実の人間のあり方を仏と言った。○真道――真仏と同様に、観念的哲学的な道とは異なる、真人間の生き方を指す。○愉色婉言――愉悦に満ちた顔色と、もの柔らかな言葉遣い。○調息観心に勝る――調息は道教の呼吸法による調心養気の方法。観心は仏教の坐禅観法による真理の探究方法。「真仏（仏教）」「真道（道家）」に対応させたもので、特別に改まった修行によらず、普通の日常生活の中に真実を見出そうとするもの。

〔訳文〕家庭の中には一つの真実の仏がおり、日常生活の中にも一つの真実の道がある。すなわち、人間同士が、まごころをもって仲良くし、にこやかな顔色にやさしい言葉を使うことにより、父母兄

弟の間柄を、身体も気持ちもお互いに通じるようにさせたならば、息を整えて気を養ったり、心を観察して特別な修行をして悟りを開くことよりも、ずっと勝《まさ》っているのである。

二〇二、人を叱責《しっせき》し導く秘訣

人《ひと》の悪《あく》を攻《せ》むるときは、太《はなは》だしくは厳《げん》なること毋《な》く、其《そ》の受《う》くるに堪《た》えんことを思《おも》うを要《よう》す。人《ひと》を教《おし》うるに善《ぜん》を以《もっ》てするときは、過《はなは》だしくは高《たか》くすること毋《な》く、当《まさ》に其《そ》れをして従《したが》う可《べ》からしむべし。

攻ニ人之悪一毋ニ太厳一要レ思ニ其堪一レ受。教レ人以レ善毋ニ過高一当レ使ニ其可一レ従。

〔語義〕○攻むる——叱責。忠告すること。○太だしくは厳なること毋く——あまり厳しすぎるようにはしないこと。「太」は次句の、「過だしくは高く」の「過」と同義で、度を越したあり方を言う。

〔訳文〕人の悪を責めるときには、あまりに厳しすぎるようにはしないで、その人が果たして叱責の言葉を受け容れることができるかどうかの程度を考慮しておく必要がある。また人に教えて善い行いをさせるときにも、目標を高く置きすぎないで、そのことが実行できる範囲に留めさせるべきである。

二〇三、至清は至穢より生ずる

糞虫《ふんちゅう》は至穢《しあい》なるも、変《へん》じて蟬《せみ》と為《な》り、露《つゆ》を秋風《しゅうふう》に飲《の》む。腐草《ふそう》は光無《ひかりな》きも、化《か》して蛍《ほたる》と為《な》り、采《さい》を夏月《かげつ》に耀《かがや》かす。
故《ゆえ》に知《し》る、潔《けつ》は常《つね》に汚《お》より出《い》で、明《めい》は毎《つね》に暗《あん》より生《しょう》ずることを。

糞虫至穢変為㆑蟬而飲㆓露于秋風㆒。腐草無㆑光化為㆑蛍而耀㆓采於夏月㆒。
故知潔常自㆑汚出明毎従㆑暗生也。

〔語義〕○至穢――至は甚だ、この上もなく、きわめての意。この上もなく汚く厭《いと》わしいもの。○蟬――ひぐらし。『酉陽雑俎』（巻十七、広動植二、虫篇）に、「蟬は、未だ脱せざる時は復育と名づく。相《あい》伝えて言う、蛣蜣《きっきょう》（くそむし）の化するところなりと」とある。○蛍――『礼記』（月令第六）に、「季夏の月、鷹乃ち学習し、腐草、蛍と為る」とあり、『淮南子』（時則訓）にも「腐草、化して蚈（やすで、ほたる）と為る」とある。蟬も蛍も、いずれもきわめて汚いものから生ずるとされていた。○采――彩と同義で、美しく清明な光のこと。

〔訳文〕糞土に生じる虫はこの上もなく汚いものであるが、この虫も一旦変化し殻を脱すると寒蟬となり、もはや汚いものは食わず、白露を秋風の中で飲んで、涼しげに吟ずる。また、腐った草には光などないものであるが、これが変化すると蛍となり、清らかな光を夏の月夜に輝かす。
これらによって、清いものはいつも汚れたものから出てき、明るさもことごとに暗闇から生まれるものであることがわかる。

二〇四、客気・妄心を捨て去る

矜高倨傲《きょうこうきょごう》は、客気《かくき》に非《あら》ざるは無《な》し。客気《かくき》を降伏《こうふく》し得下《えくだ》して、而《しか》る後《のち》に正気《せいき》伸《の》ぶ。
情欲意識《じょうよくいしき》は、尽《ことごと》く妄心《もうしん》に属《ぞく》す。妄心《もうしん》を消殺《しょうさつ》し得尽《えつく》して、而《しか》る後《のち》に真心《しんしん》現《あらわ》る。

矜高倨傲無レ非二客気一。降三伏-得客気二下而後正気伸。
情欲意識尽属二妄心一。消三殺-得妄心二尽而後真心現。

〔語義〕○矜高倨傲——自らを誇り驕り高ぶることと、傲慢不遜な態度で相手を見下すことによって自ら誇ること。○客気——客は主に対する語で、仮の、借り物の意から、仮勇、から元気のこと。『宋書』（巻七十三）の顔延之の伝に、「客気虚張して、曾て愧畏無し」とある。○得——動詞の後に付き、動作が可能であることを表す。○情欲意識——仏教で説かれる、ものの好き嫌いを分別判断して起こす情愛の欲望と、思考することによって生ずる執着。いずれも煩悩妄想の心。○消殺——殺はそぎ落す、省くの意。

〔訳文〕自らを誇り高ぶったり、他人を横柄に見下したりするのは、すべて自分自身の実力から来る元気ではなく、借りものの元気でないことはない。このような借りものの元気を押えつけてしまうことができると、そこに初めてほんとうの勇気が現れ伸びてくる。

また情愛などの種々の欲望や、物に執着する心の働きは、すべて真実に迷っている心によって生ずるものである。この真実に迷っている心を消し去ってしまうことができると、そこで初めてほんとうの心が現れてくる。

二〇五、後悔の念を事前に思い起こして、有事の迷いを打ち破る

飽後《ほうご》に味《あじ》を思《おも》わば、則《すなわ》ち濃淡《のうたん》の境《きょう》も都《すべ》て消《き》え、色後《しきご》に婬《いん》を思《おも》わば、則《すなわ》ち男女《だんじょ》の見《けん》も尽《ことごと》く絶《た》ゆ。故《ゆえ》に人《ひと》、常《つね》に事後《じご》の悔悟《かいご》を以《もっ》て、臨事《りんじ》の痴迷《ちめい》を破《やぶ》らば、則《すなわ》ち性定《せいさだ》まりて、動《うご》くこと正《ただ》しからざるは無《な》し。

飽後思レ味則濃淡之境都消色後思レ婬則男女之見尽絶。

故人常以二事後之悔悟一破二臨事之痴迷一則性定而動無レ不レ正。

〔語義〕〇濃淡の境——境は区切り、分れめ、区別のこと。味が濃いか淡いかの区別。〇男女の見——見は考え、見解、志向。男子が女子に、女子が男子に対して抱く異性を求める志向。〇臨事の痴

迷――何か事が起こったときに生ずるその場限りの愚痴迷妄の見解。○性――本心。愚痴迷妄によって動かされない本来のまごころ。○動くこと――行動、行為のこと。

〔訳文〕十分に食べて食欲を満たした後で、味わいのことを思ってみても、味の濃淡の区別もまったくできなくなってしまうし、また色欲を満たした後で、色欲のことを思い浮べてみても、異性を求める心もまったくなくなってしまう。

だから人は、その事の終った後に生じてくる後悔の心で、その事に臨んだときに起こる愚かな迷いの心を打ち破ったならば、本心もしっかりと定まって落ち着き、その行動はすべて正しくないものではなくなる。

二〇六、高位にあって流されず、隠遁して偏せず

軒冕《けんべん》の中《なか》に居《お》りては、山林《さんりん》の気味《きみ》無かる可《べ》からず。
林泉《りんせん》の下《もと》に処《お》りては、須《すべか》らく廊廟《ろうびょう》の経綸《けいりん》を懐《いだ》くことを要《よう》すべし。

居ニ軒冕之中ニ不レ可レ無ニ山林的気味一。
処ニ林泉之下一須レ要レ懐ニ廊廟的経綸。

〔語義〕○軒冕の中――軒は大夫以上の貴人の乗り物で、轅《ながえ》が曲って高く突き出て、両脇に覆いがあるもの。冕は大夫以上の高官が用いる冠のこと。高位高官にあることを意味する。○山林の気味――気味は趣味と同義で、志向のこと。役を退き山林に隠遁したときの心持ち。○林泉の下――隠遁して山林泉石の間で生活しているようなゆったりした境界。○廊廟の経綸――朝廷に出仕して天下国家の秩序を整え正すこと。

〔訳文〕高位高官の地位にあるときには、一方において、富貴に引きずられて人物が鄙俗にならないように、山林に引き籠っている隠者の趣《おもむき》がなくてはならない。

これに対して、隠遁して自然の中でのんびりと生活していても、一方において、現実の社会から遊離してしまわないように、天下国家を治めて行く為政者としての見識もつねに持っているようでなければいけない。

二〇七、真実の功名、真実の恩恵

世《よ》に処《お》りては、必《かなら》ずしも功《こう》を徼《もと》めざれ。過《あやま》ち無《な》きは便《すなわ》ち是《こ》れ功《こう》なり。人《ひと》に与《あた》えては、徳《とく》に感《かん》ずることを要《もと》めざれ。怨《うら》み無《な》きは便《すなわ》ち是《こ》れ徳《とく》なり。

処レ世不ニ必徼ヒ功。無レ過便是功。与レ人不レ要レ感レ徳。無レ怨便是徳。

〔語義〕○徼め――要と同義で、みだりに求める。功名を待ち受け、期待すること。○徳――恵み。賜《たまもの》。また恩恵に感じありがたく思うこと。

〔訳文〕人間が現実の社会で生きて行くときには、必ずしも功名を期待してはいけない。大きな過ちがなく過ごすことができれば、それがそのままとりもなおさず功名である。また、他人に対して恩恵を施すときには、その恩恵に感謝されることを求めてはいけない。他人に怨まれなかったならば、それがそのまま恩恵である。

二〇八、苦労も枯淡も度を越さず

憂勤《ゆうきん》は是《こ》れ美徳《びとく》なるも、太《はなは》だ苦《くる》しまば、則《すなわ》ち以《もっ》て性《せい》に適《かな》い情《じょう》を怡《よろこ》ばしむる無《な》し。
淡泊《たんぱく》は是《こ》れ高風《こうふう》なるも、太《はなは》だ枯《か》るれば、則《すなわ》ち以《もっ》て人《ひと》を済《すく》い物《もの》を利《り》する無《な》し。

憂 勤 是 美 徳 太 苦 則 無㆓以 適㆑性 怡㆒情。
淡 泊 是 高 風 太 枯 則 無㆓以 済㆑人 利㆒物。

〔語義〕○憂勤――憂慮精勤のことで、あれこれと思いめぐらし、熱心に仕事に励むこと。○淡泊――淡然泊乎のことで、心が安らかに無欲であり、さっぱりしていること。

〔訳文〕種々の状況を考慮し苦労して仕事に努めることは、それは良い行いであるが、しかし限度を越えて苦労しすぎると、その人の本性を楽しくし、心情を喜ばせることができなくなる。
これに対して、心がさっぱりして無欲であることは、それは高尚な心であるが、しかし限度を越えて枯淡になりすぎると、世の人を救ったり、役に立ったりすることができなくなる。

二〇九、行き詰まったら初心に返り、栄達したら行く末を見極める

事窮《こときわ》まり勢《いきお》い蹙《せま》るの人《ひと》は、当《まさ》に其《そ》の初心《しょしん》を原《たず》ぬべし。功成《こうな》り行《おこな》い満《み》つるの士《し》は、其《そ》の末路《まつろ》を観《み》んことを要《よう》す。

事窮勢蹙之人当レ原二其初心一。功成行満之士要レ観二其末路一。

〔語義〕○蹙る——縮まり衰えること。○末路——将来の結末。晩年のなりゆき。

〔訳文〕何か事に行き詰まり、かつての勢力も衰えた人は、その出発点となったときの心をもう一度思い出し考えてみるべきである。これに対して、功績を成し遂げ仕事を十分に果たした人は、その先の行く末をよくよく見極めて自分の進退を決めることが必要である。

二二〇、富貴な人・聡明な人は、とかくこうなる

富貴《ふうき》の家《いえ》は宜《よろ》しく寛厚《かんこう》なるべきも、反《かえ》って忌剋《きこく》なり。是《こ》れ富貴《ふうき》なるも、其《そ》の行《おこな》いを貧賤《ひんせん》にすればなり。如何《いかん》ぞ能《よ》く享《う》けん。

聡明《そうめい》の人《ひと》は宜《よろ》しく斂蔵《れんぞう》すべきも、反《かえ》って炫耀《げんよう》す。是《こ》れ聡明《そうめい》なるも、其《そ》の病《やまい》を愚懜《ぐぼう》にすればなり。如《いか》何《ん》ぞ敗《やぶ》れざらん。

富貴家宜二寛厚一而反忌剋。是富貴而貧二賤其行一。如何能享。

聡明人宜二斂蔵一而反炫耀。是聡明而愚二懜其病一。如何不レ敗。

〔語義〕○忌剋――他人の能力あるのを忌み嫌い、苛酷残忍な扱いをすること。忌尅とも言う。○享――福禄を享受すること。○斂蔵――聡明さをひけらかさず、内に収め隠しておくこと。○炫燿――炫も燿も光り輝き、明るく照らし出されること。他人にもわかるようにこれ見よがしに振る舞うこと。○愚懜――愚かで道理に暗いこと。愚昧。

〔訳文〕財産があり身分の高い人は、物心両面において恵まれているから、当然他人に対しては寛容であるべきなのに、逆に他人を妬《ねた》み残酷なことをする人が多い。これは、物質的には富貴であっても、その行いは貧しく卑しいからである。こんなことではどうして人生の福を受けることができよう

か。

また、ものの道理に明るく才智秀れた人は、その才智を収め隠して控えめにすべきなのに、かえってその才能を外に見せびらかす人が多い。これは、才智の面では聡明であっても、その欠点をそのままにして暗愚なことに気づかないからである。こんなことでは実際生活の面でどうして失敗しないことがあろうか。

二二一、人生の難事には譲る心で対処する

人情《にんじょう》は反覆《はんぷく》し、世路《せろ》は崎嶇《きく》たり。行《ゆ》くに去《さ》けざれば、須《すべか》らく一歩《いっぽ》を退《しりぞ》くの法《ほう》を知《し》るべし。行《ゆ》くに去《ゆ》き得《う》れば務《つと》めて三分《さんぶ》を譲《ゆず》るの功《こう》を加《くわ》えよ。

人情反覆世路崎嶇。行不レ去須レ知下退二一歩一之法上。行得レ去務加下譲二三分一之功上。

〔語義〕○人情は反覆し――反覆は翻覆と同義で、手のひらを返すように変りやすいこと。王維の詩にも、「人情翻覆して波瀾に似たり」とあり、白居易の「行路難」の詩「太行路」にも「行路難は水に在らず、山に在らず、祇《た》だ人情反覆の間に在り」とあって、詩の題材の一つでもあった。○崎嶇――山路が平坦ではなくでこぼこして険しいこと。双声の語。陶潜の「帰去来辞」に「既に窈窕として以て壑を尋ね、亦《ま》た崎嶇として丘を経」とある。○三分を譲るの功を加えよ――三分は「一歩」と

対応し、少し、わずかぐらいはの意。功は、少しは他に譲ることを考慮し、その方法を取ること。

〔**訳文**〕人の心は時々刻々と変りやすく、人生の行路はほんとうに険しい。そこで、行こうとして行くことができないときは、まず自分の方から一歩を退くというやり方を知らなければならない。また、行こうとすれば行けるところでも、そのまま自分だけの思いどおりに行ってしまわないで、なるべく三分は人に譲る方法を考えなさい。

二二二、小人を憎まず、君子といえども媚びず

小人《しょうじん》を待《ま》つに、厳《きび》しきを難《かた》しとせざるも、悪《にく》まざるを難《かた》しとす。君子《くんし》を待《ま》つに、恭《うやうや》しきを難《かた》しとせざるも、礼《れい》有《あ》るを難《かた》しとす。

待二小人一不レ難二于厳一而難二于不一レ悪。
待二君子一不レ難二于恭一而難二于有一レ礼。

〔**語義**〕○小人――君子に対し、徳を修めていない者。言行が一致していない者。小人物のこと。○待つ――接待する。相対して接する、交際する。

〔訳文〕つまらない人物に対するときは、その短所や欠点を責めることは難しくないが、その欠点を包容してこれを憎まないことは難しい。
これに対し、立派な人物に対するときは、その長所や美点を尊敬することは難しくないが、尊敬のあまり礼が逸《そ》れてしまうので、正しい礼を行うことは難しい。

二二三、質朴にして淡泊な生き方

寧《むし》ろ渾噩《こんがく》を守《まも》りて聡明《そうめい》を黜《しりぞ》け、些《いささ》かの正気《せいき》を留《とど》めて天地《てんち》に還《かえ》せ。
寧《むし》ろ紛華《ふんか》を謝《さ》けて淡泊《たんぱく》に甘《あま》んじ、個《こ》の清名《せいめい》を遺《のこ》して乾坤《けんこん》に在《あ》れ。

寧守二渾噩一而黜二聡明一留二些正気一還二天地一。
寧謝二紛華一而甘二淡泊一遺二個清名一在二乾坤一。

〔語義〕○渾噩――渾渾噩噩の略で、質朴実直で、簡明直截なこと。揚雄の『法言』（問神）に「虞夏の書は渾渾爾たり、商書は灝灝《こうこう》爾たり、周書は噩噩爾たり、周に下れる者、其の書誰ぞや」とある。○正気――天地間にある至大至剛の元気のことで、万物を生成する根源的な精気。『孟子』（公孫丑、上）はこれが人間に宿ると何者にも勝《まさ》る道徳的勇気となるとし、「浩然の気」を養うことを説く。○紛華――紛飾華美のことで、外見を華々しく飾り立てること。○乾坤――天と地。

〔訳文〕人間の生き方としては、どちらかといえば素朴で率直な態度を守り、才智は退けるようにして、そしてほんの少しぐらいの天地の元気を身に留めておいて、それを死ぬときに天地に返すようにしなさい。

また、どちらかといえばむしろ華々しく飾りたてた生活は避けて、淡泊な生活に甘んじるようにし、そして一個の清い名前だけを後世に残して天地の間に置くようにしなさい。

二一四、心中の魔こそ真の敵

魔《ま》を降《くだ》すには、先《ま》ず其《そ》の心《こころ》を降《くだ》せ。心伏《こころふく》さば、則《すなわ》ち群魔《ぐんま》も退《しりぞ》き聴《したが》う。横《ほしいまま》なるを馭《ぎょ》するには、先《ま》ず其《そ》の気《き》を馭《ぎょ》せよ。気平《きたい》らかならば、則《すなわ》ち外横《がいおう》も侵《おか》さず。

降レ魔者先降二其心一。心伏則群魔退聴。馭レ横者先馭二其気一。気平則外横不レ侵。

〔語義〕○魔――梵語 māra の音写語である魔羅の略。古くは摩羅とも音写され、梁の武帝が「魔」の字を作らせたとも伝えられる。破壊する者、殺す者の意で、欲界第六天の魔王を指すが、仏教では成道の障害となる外的なもの、および心中の煩悩をも意味する。○先ず其の心を降せ――外的な魔性も、自己自身の煩悩や妄想に起因するものであるから、まずこの自己の心を降すことが必要である。自己に打ち克つことについては、『論語』（顔淵篇）にも「己《おのれ》に克ちて礼に復するを仁と為す」とある。

○横なる――外部からの横暴な処遇。しかし、これも自身にある横暴さに呼応して出現するものであるから、自己の横暴なる気の制御がまず要求される。

〔訳文〕魔性のものを降伏しようとするなら、何よりもまず自分の心にある魔性を降伏させることが大切である。種々の煩悩や妄想という魔性が起こらないようになれば、さまざまな外的な魔性も引き下がり逆らうことがなくなってしまう。また、横暴なものを制御しようとするなら、何よりもまず自分自身にある横暴な気を制御することが大切である。自分にある勝心や客気の気質が平静になれば、さまざまな外的な横暴も自分を侵すことはなくなってしまう。

二一五、若者教育の眼目は交友関係

弟子《ていし》を養《やしな》うには、閨女《けいじょ》を養《やしな》うが如《ごと》くす。最《もっと》も出入《しゅつにゅう》を厳《きび》しくし、交遊《こうゆう》を謹《つつし》むを要《よう》す。若《も》し一《ひと》たび匪《ひ》人《じん》に接近《せっきん》せば、是《こ》れ清浄《しょうじょう》の田中《でんちゅう》に一《いっ》の不浄《ふじょう》の種子《しゅし》を下《くだ》すなり。便《すなわ》ち終身《しゅうしん》、嘉苗《かびょう》を植《う》え難《がた》し。

養ニ弟子一如レ養ニ閨女一。最要下厳ニ出入一謹中交遊上。若一接ニ近匪人一是清浄田中下ニ一不浄的種子一。便終身難レ植ニ嘉苗一矣。

〔語義〕○閨女――閨は閨房・閨閣のことで、奥深い婦人の部屋。大事に育てられた箱入り娘のこと。

○匪人——行為の正しからざる者。○嘉苗——良い穀類の苗、稲の苗のこと。

〔訳文〕若者を養育するときは、ちょうど箱入り娘を養育するのと同じようにすべきである。その出入りを厳重に監督して、交際する友人にも注意することがもっとも大切である。もし、いったん良からぬ者に近づいたなら、それは清らかな田地に一個の不浄な種を蒔《ま》くように、若者も悪風に染まってしまう。そのようなことをしたら、その後ずっと良い苗を植えられなくなるように、若者も善に導くことはできなくなる。

二一六、欲望に流されず、道理を守って

欲路上《よくろじょう》の事《こと》は、其《そ》の便《べん》を楽《たの》しみて、姑《しばら》くも染指《せんし》を為《な》すこと毋《なか》れ。一《ひと》たび染指《せんし》せば、便《すなわ》ち深《ふか》く万仞《ばんじん》に入《い》らん。

理路《りろ》上《じょう》の事《こと》は、其《そ》の難《かた》きを憚《はばか》りて、稍《いささ》かも退歩《たいほ》を為《な》すこと毋《なか》れ。一《ひと》たび退歩《たいほ》せば、便《すなわ》ち遠《とお》く千山《せんざん》を隔《へだ》てん。

欲路上事毋㆘楽㆓其便㆒而姑為㆗染指㆖。一染指便深入㆓万仞㆒。

理路上事毋㆘憚㆓其難㆒而稍為㆗退歩㆖。一退歩便遠隔㆓千山㆒。

〔語義〕○欲路上の事――利益だけを追求し欲望の満足だけを求める事柄。○便――便宜が良いこと。都合の良いこと。○染指――食指を染める。嘗《な》めて味わってみる。体験すること。『春秋左氏伝』（宣公四年）に、「大夫に黿《げん》を食わしむるに及んで、子公を召して与えず。子公怒り、指を鼎《かなえ》に染め、之《これ》を嘗めて出づ。公怒り、子公を殺さんと欲す、云々」とあるのによる。○万仞――仞は深さの単位。一仞は周代の七尺（約二二・五センチメートル）。非常に深いこと。○理路上の事――道理に適《かな》った事柄。正しいこと。

〔訳文〕欲望上のことは、そのことが手軽に楽しいからといって、かりそめにもそれに食指を動かしてはいけない。一度食指を動かしたなら、その味を覚えてしまってそれに溺れ、ついには深く底知れない欲望の谷に落ち込んでしまうだろう。

　これに対して、道理上のことは、そのことが難しいからといってためらい、ほんの少しでも後《しり》ごみなどしてはいけない。一度後《しり》ごみしてしまうと、ついに道理はたくさんの山々を隔てるような遠くに行き、手が届かなくなってしまうであろう。

二二七、君子の平生は濃淡適正に

念頭濃《ねんとうこま》やかなる者《もの》は、自《みずか》ら待《ま》つこと厚《あつ》く、人《ひと》を待《ま》つことも亦《ま》た厚《あつ》く、処処皆濃《しょしょみなこま》やかなり。
念頭淡《ねんとうあわ》き者《もの》は、自《みずか》ら待《ま》つこと薄《うす》く、人《ひと》を待《ま》つことも亦《ま》た薄《うす》く、事事皆淡《じじみなあわ》し。

故《ゆえ》に君子《くんし》の居常《きょじょう》の嗜好《しこう》は、太《はなは》だしくは濃艶《のうえん》なる可《べ》からず、亦《ま》た宜《よろ》しく太《はなは》だしくは枯寂《こじゃく》なるべからず。

念頭濃者自待厚待レ人亦厚処処皆濃。
念頭淡者自待薄待レ人亦薄事事皆淡。
故君子居常嗜好不レ可二太濃艶一亦不レ宜二太枯寂一。

〔語義〕○念頭濃やかなる者――思いが繊細でよく気の利く人。緻密な性格の人。「頭」は名詞に付く接尾辞。○念頭淡き者――思いがあっさりしていて、何ごとにも淡泊な性格の人。○居常の嗜好――平素の嗜好。平常の物事に対する興味。○枯寂――枯淡寂寞のことで、淡泊すぎて興趣を感じさせないほどにあまりにも殺風景なこと。

〔訳文〕心が濃やかな人は、自分自身を思いめぐらすことも手厚いが、他人に対しても手厚く、いついかなる場合でもすべて手厚く用意周到である。

これに対して心の淡泊な人は、自分自身を思いめぐらすこともあっさりしており、他人に対してもあっさりしていて、何ごとにつけてもすべてあっさりしていて無頓着である。

だから、君子のふだんの好みというものは、あまりにも濃やかで派手すぎてもいけないし、また、あまりにあっさりして静かで殺風景すぎてもいけない。

二一八、仁義の力は何ものにも勝る

彼《かれ》は富《ふう》ならば我《われ》は仁《じん》、彼《かれ》は爵《しゃく》ならば我《われ》は義《ぎ》なり。君子《くんし》は故《もと》より君相《くんしょう》に牢籠《ろうこ》せらるる所《ところ》と為《な》らず。人定《ひとさだ》まらば天《てん》に勝《か》ち、志《こころざし》壱《いつ》ならば気《き》を動《うご》かす。君子《くんし》は亦《ま》た造化《ぞうか》の陶鋳《とうちゅう》を受《う》けず。

彼富我仁彼爵我義。君子故不レ為三君相所二牢籠一。
人定勝レ天志壱動レ気。君子亦不レ受二造化之陶鋳一。

〔語義〕○彼は富ならば……――『孟子』（公孫丑、下）に「彼は其の富を以てし、我は吾が仁を以てす。彼は其の爵を以てし、我は吾が義を以てす」とあるのに依拠する。○爵――爵位のことで、世襲による身分の階級。『孟子』（告子、上）は、爵には人が定めた位である人爵と、盛徳があって自然に尊ばれる天爵があり、「仁義忠信は、善を楽しみて倦まず、此れ天爵なり。公卿大夫は、此れ人爵なり」とする。ここでの爵は人爵を意味する。○牢籠――牢獄や籠に閉じ込めて思いどおりに操ること。籠絡すること。○人定まらば天に勝ち――『史記』（巻六十六、伍子胥列伝）の申包胥の言に、「人衆《おお》ければ天に勝ち、天定まりて亦《ま》た能《よ》く人を破る」とあるのを援用し、仁義に基づく人の力がさらに天の命をも動かす意に用いたもの。○志壱ならば気を動かす――『孟子』（公孫丑、上）に、「志壱ならば則ち気を動かし、気壱ならば則ち志を動かすなり」とあるのに依拠する。○陶鋳――陶は土をこねて焼き物を作ること、鋳は鉄を熱して鋳型に入れ鉄器を作ること。いずれも他律的に型にはめられる状況の喩え。

〔訳文〕彼が富の力で来るならば、私は仁の徳をもって対抗し、彼が名誉で来るならば、私は正しい道をもって対抗する。仁の徳や正しい道に立つ君子は、もともと富貴によって立つ君主や宰相にまるめ込まれることはない。

人の心が安定すると天にも勝ち、志《こころざし》が専一であると元気をも動かすことができる。したがって君子たるものは、君主や宰相はもちろんのこと、万物を創造した造物者の鋳型《いがた》に入れられても、意志の自由を奪われることはない。

二一九、陶冶は着目を高くし、処世は一歩を退く

身《み》を立《た》つるに、一歩《いっぽ》を高《たか》くして立《た》たざるは、塵裏《じんり》に衣《ころも》を振《ふる》い、泥中《でいちゅう》に足《あし》を濯《あら》うが如《ごと》し。如何《いかん》ぞ超《ちょう》達《たっ》せん。

世《よ》に処《お》るに、一歩《いっぽ》を退《しりぞ》きて処《お》らざるは、飛蛾《ひが》の燭《しょく》に投《とう》じ、羝羊《ていよう》の藩《まがき》に触《ふ》るるが如《ごと》し。如何《いかん》ぞ安楽《あんらく》ならん。

立レ身不下高二一歩一立上如二塵裏振レ衣泥中濯一レ足。如何超達。

処レ世不下退二一歩一処上如二飛蛾投レ燭羝羊触一レ藩。如何安楽。

〔語義〕○衣を振い――着物についた埃《ほこり》や塵《ちり》を振い落すこと。屈原の「漁父辞」（『楚辞』七）に、「新たに沐する者は必ず冠を弾《はじ》き、新たに沐する者は必ず衣を振る」とあるのを踏まえる。○足を濯う――同じく「漁父辞」に、「滄浪の水清《す》まば、以て吾が纓を濯う可《べ》く、滄浪の水濁らば、以て吾が足を濯う可《べ》し」とあるのを踏まえる。潔癖すぎたために身を滅ぼした屈原の生き方を暗に批判している。○飛蛾の燭に投じ――自ら危険に投ずる喩え。『梁書』（巻四十、到溉伝）に「研は墨を磨きて以て文を騰げ、筆は毫を飛ばして以て信を書す、飛蛾の火に赴くが如し。豈《あ》に身を焚して之《これ》を吝（吝）む可《べ》けんや」とある。○羝羊の藩に触るる――牡羊が垣根に首を突っ込んで進退極まること。『易経』（大壮卦、上六）に「羝羊、藩に触れて、退くこと能《あた》わず、遂《すす》むこと能わず」とあるのによったもの。

〔訳文〕世間の中で身を立てようとするなら、他の人よりも一歩だけ高いところに立っていないと、あたかも塵の中で衣を振い、泥の中で足を洗うようなもので、振えば振うほど塵にまみれ、洗えば洗うほど泥が付いてくる。そのようなことでは、どうして塵や泥を超越することができようか。

また、人間が世の中で生きて行く上には、つねに一歩だけ世間の人よりも退いていないと、あたかも蛾が自ら灯《とも》し火に投じて焼け死に、牡羊が垣根に角を突っ込んで進退極まってしまうようなことになる。こんなことでは、どうして安楽に世を生きて行くことができようか。

二二〇、学問はよそ見をせず、修養は功名に惹かれず

学《まな》ぶ者《もの》は、精神《せいしん》を収拾《しゅうしゅう》して、一処《いっしょ》に並帰《へいき》するを要《よう》す。如《も》し徳《とく》を修《おさ》めて、而《しか》も意《い》を事功名誉《じこうめいよ》に留《とど》めば、必《かなら》ず実誼《じつぎ》無《な》く、書《しょ》を読《よ》みて、而《しか》も興《きょう》を吟詠風雅《ぎんえいふうが》に寄《よ》すれば、定《かなら》ず深心《しんしん》ならず。

学者要下収拾二精神一並帰中一処上。如修レ徳而留二意於事功名誉一必無二実誼一読レ書而寄二興于吟詠風雅一定不二深心一。

〔語義〕○事功名誉――事業による功績や、良い評判。名声。○実誼――真実の道理、筋道のことで、深く道の奥旨に達すること。○吟詠風雅――詩文を節を付けて歌ったり、詩の体を工夫したりすること。『詩経』では風・雅・頌・賦・比・興の六義に分類する。風は諸国の民謡、雅は饗宴をするときの朝廷の楽歌。

〔訳文〕学問の道に志《こころざ》す人は、精神を散らさないで整理し、一箇所に合せて集中させることが必要である。もし、道徳を修めようとしながら、その心を世俗の功績や名誉のために用いたならば、きっと真実の修養の道には至らないし、また、書物を読みながら、興味を詩文の遊びや風雅の道に向けたならば、決して書物の深い心に至ることはできない。

二三一、平等の世界に心をやる

人人《ひとびと》に個《こ》の大慈悲《だいじひ》有《あ》り、維摩《ゆいま》、屠劊《とかい》も二心《にしん》無《な》きなり。
処処《しょしょ》に種《しゅ》の真趣味《しんしゅみ》有《あ》り、金屋《きんおく》、茅簷《ぼうえん》も両地《りょうち》に非《あら》ざるなり。
只《た》だ是《こ》れ欲閉《よくと》じ情封《じょうふう》じ、当面《とうめん》に錯過《さくか》して、咫尺《しせき》をして千里《せんり》ならしむ。

人人有㆓個大慈悲㆒維摩屠劊無㆓二心㆒也。
処処有㆓種真趣味㆒金屋茅簷非㆓両地㆒也。
只是欲閉情封当面錯過使㆓咫尺千里㆒矣。

〔語義〕○大慈悲――仏の広大な慈悲。すべての人に平等に注がれる慈《いつく》しみの心。○維摩――維摩詰Vimalakīrti の略。釈尊時代の中インド毘舎離《びしゃり》城の長者で、在家の身で大乗菩薩の行業を修し、無生無滅の理を悟っていたとされる菩薩の化身。『維摩経』の主人公。○屠劊――屠は牛馬などの動物を殺すことを生業とする人、劊は死刑を執行する役人。仏教では慈悲に反する業とされる。○茅簷――茅葺きで軒端の低い家の意から、粗末な住まい。○当面に錯過――目前にいながらすれ違ってしまうこと。『碧巌録』（第五十三則）の著語に、「只管《ひたすら》に他の後ろに随って転ぜば、当面に蹉過す」とある。○咫尺をして千里ならしむ――咫は周代の長さの単位で八寸（一八センチメートル）ぐらい。咫尺はきわめて短いこと。わずかな違いがとんでもない隔たりとなってしまうこと。『史記』（巻一百三十、太史公自序）に「故に易に曰く、之《これ》を毫釐に失わば、差《たが》うに千里を以てす」とあるのと同趣。

〔訳文〕いかなる人にも、一個の広大な慈悲の心はあり、菩薩の化身とされる維摩居士のように徳のある人も、牛馬を屠殺したり罪人の首を斬るような賎しい職業とされる人にも、同じように慈悲の心はあり、その心は別のものではない。

また、どんな場所にも、一種の真の趣《おもむき》があり、富貴の人の住む立派な家も、貧賎の人の住む粗末な家も、住めばそれ相応の趣があって、住居に区別はない。

それであるのに、貴いとか賎しいとか、立派とか粗末とかいう区別が生じてくるのは、ただ欲望や感情が人間の本来の心を覆い封じ込めてしまい、目前にありながらすれ違ってしまって、ほんのわずかばかりの違いが、ついには千里も違うようにさせてしまうのである。

二三二、修養・経世は無心から

徳《とく》を進《すす》め行《みち》を修《おさ》むるには、個《こ》の木石《ぼくせき》の念頭《ねんとう》を要《よう》す。若《も》し一《ひと》たび欣羨《きんせん》すること有《あ》らば、便《すなわ》ち欲境《よくきょう》に趨《はし》らん。

世《よ》を済《すく》い邦《くに》を経《おさ》むるには、段《だん》の雲水《うんすい》の趣味《しゅみ》を要《よう》す。若《も》し一《ひと》たび貪着《たんちゃく》すること有《あ》らば、便《すなわ》ち危機《きき》に堕《お》ちん。

進レ徳修レ行要ニ個木石的念頭一。若一有ニ欣羨一便趨ニ欲境一。
済レ世経レ邦要ニ段雲水的趣味一。若一有ニ貪着一便堕ニ危機一。

〔語義〕○個・段――助数詞で、事物や時間などの一区切り、一まとまりを示す。○木石の念頭――木や石のように外部からの刺激に何の反応も示さないこと。無心の思い。○欣羨――人を敬《うやま》い羨《うらや》ましく思うこと。また単に羨むこと。○雲水の趣味――無垢恬淡で停滞することのない、無心な心の味わいのこと。

〔訳文〕内に徳を行い道を修めるには、一つの木石のような世俗の富貴にとらわれない無心な心が必要である。もし一たびそれを喜んだり羨《うらや》ましく思ったりする心が生じたならば、たちまち欲望の世界に走って行ってしまうであろう。

また、外に世を救い国を修めるには、一つの行雲流水のような無心な趣《おもむき》が必要である。もし一たび貪り執着する心が生じたら、たちまち危険な状態に陥ってしまうであろう。

二三三、密かに犯した罪も、必ず露見する

肝《かん》、病《やまい》を受《う》くれば、則《すなわ》ち目視《めみ》ること能《あた》わず、腎《じん》、病《やまい》を受《う》くれば、則《すなわ》ち耳聴《みみき》くこと能《あた》わず。病《やまい》は人《ひと》の見《み》ざる所《ところ》に受《う》けて、必《かなら》ず人《ひと》の共《とも》に見《み》る所《ところ》に発《あらわ》る。

故《ゆえ》に君子《くんし》は、罪《つみ》を昭昭《しょうしょう》に得《う》ること無《な》からんと欲《ほっ》さば、先《ま》ず罪《つみ》を冥冥《めいめい》に得《う》ること無《な》かれ。

肝受レ病則目不レ能レ視。腎受レ病則耳不レ能レ聴。病受二於人所一レ不レ見必発三於人所二共見一。
故君子欲レ無レ得二罪于昭昭一先無レ得二罪于冥冥一。

〔語義〕○肝病を受く……――五臓（肝・心・脾・肺・腎）と五官などの関係は中国古代以来の五行思想に基づくもので、五臓の疾患の徴候がどこに出るかについては『黄帝甲乙経』や『史記』の「扁鵲倉公列伝」付載の『正義』などに見られる。『五行大義』（第十四、論雑配。第四、論配蔵府）には、「甲乙経に云う、鼻は肺の官たり、目は肝の官たり、口唇は脾の官たり、舌は心の官たり、耳は腎の官たり。故に肺の病は喘息し鼻張り、肝の病は目閉じ眥《まなじり》青く、脾の病は口唇黄ばみ乾き、心の病は舌巻き短く顔赤く、腎の病は権と顔と黒青にして耳聾す」とあり、また同書（第三、配気味）に『河図』を引用して、「極めて辛くすること無かれ。肺気をして盛んに、肝気をして衰えしめ、人をして怯懦にし悲愁し、目を盲《くら》く髪白からしむ」などと五味と五臓と病気との関係を述べた条もある。○罪を冥冥に得る――冥冥は暗いところ、人目に付かない場所。人に知られないように罪を犯す。『大学』（第六章）に、「小人閑居して不善を為し、至らざる所無し。君子を見、而る後に厭然《ようぜん》として其の不善を揜《おお》いて、其の善を著す。人の己《おのれ》を視ること、其の肺肝を見るが如く然り。則ち何の益かあらん。此れを中に誠あらば外に形《あらわ》ると謂う。故に君子は必ず其の独を慎むなり」とあるのも、これを戒めたもの。

〔訳文〕肝臓が病気になると目が見えなくなるし、腎臓が病気になると耳が聞こえなくなる。このように病気というものは、まず人に見えない身体の内部に起こり、そして必ず誰にでも見える外部に現れてくる。
だから、君子たるものは、人目に付くところで禍《わざわい》を受けないようにしたいと思ったら、まず人目に付かないところで罪を犯さないように心掛けるべきである。

二二四、多心は禍のもと、少事は幸福のもと

福《ふく》は事少《ことすく》なきより福《ふく》なるは莫《な》く、禍《わざわい》は心多《こころおお》きより禍《わざわい》なるは莫《な》し。
惟《た》だ、事《こと》に少《すく》なき者《もの》のみ、方《はじ》めて事少《ことすく》なきの福為《ふくな》るを知《し》り、惟《た》だ、心《こころ》を平《たい》らかにする者《もの》のみ、始《はじ》めて心多《こころおお》きの禍為《わざわいな》るを知《し》る。

福 莫㆑福㆓於 少㆒㆑事 禍 莫㆑禍㆓於 多㆒㆑心。
惟 少㆑事 者 方 知㆓少㆑事 之 為㆒㆑福 惟 平㆑心 者 始 知㆓多㆑心 之 為㆒㆑禍。

〔語義〕○事少なき——事件や問題となる事柄が少ないこと。平穏無事なこと。○心多き——気持ちが多い。何かと考えることが多いこと。

〔訳文〕人生の幸福は、事件が少ないことより幸福なことはなく、また、災難は気持ちが多いことより災難なことはない。

ただ、平生事件が少ない人だけが、初めて平穏無事の幸福を知り、ただ、気持ちを平静にしようと心掛けている人だけが、初めて気持ちの多いことが禍《わざわい》であることを知るのである。

二二五、時世を良く見、相手を良く見て

治世《ちせい》に処《お》りては、宜《よろ》しく方《ほう》なるべく、乱世《らんせ》に処《お》りては、当《まさ》に円《えん》なるべし。叔季《しゅくき》の世《よ》に処《お》りては、当《まさ》に方円《ほうえん》并《なら》び用《もち》うべし。

善人《ぜんじん》を待《ま》つには、宜《よろ》しく寛《かん》なるべく、悪人《あくにん》を待《ま》つには、当《まさ》に厳《げん》なるべし。庸衆《ようしゅう》の人《ひと》を待《ま》つには、宜《よろ》しく寛厳《かんげん》互《たが》いに存《そん》すべし。

処㆓治世㆒宜㆑方、処㆓乱世㆒当㆑円。処㆓叔季之世㆒当㆓方円并用㆒。
待㆓善人㆒宜㆑寛、待㆓悪人㆒当㆑厳。待㆓庸衆之人㆒宜㆓寛厳互存㆒。

〔語義〕○方——正方形を意味し、正しく規格どおりな言行のこと。四角ばっていること。方正。○円——四角ばらず、円転滑脱なこと。時宜に従い自由自在に変化すること。○叔季——兄弟の順序を示す伯・仲・叔・季の叔季で、ここでは末の世の中のこと。人情・人道の頽廃した澆末《ぎょうまつ》（末世）の

意。○庸衆――凡庸衆多の意味で、世の中の多くを占める普通の人、一般民衆。

〔訳文〕よく治まった世の中で生きて行くときには、身をきちんと正しく保ち、乱れた世の中で生きて行くときには、角ばらずに万事宜しきに従うのが良い。しかし、世も末となった現在の世の中を生きて行くには、臨機応変で方・円の両方の生き方を用いるようにしなさい。

また、善人に対しては、寛大な態度で接し、悪人に対しては、厳格な態度で臨むようにするのが良い。しかし、世間の凡庸の人に対しては、その時その場に応じて寛・厳の両方の態度を用いて相《あい》対するようにしなさい。

二二六、忘れてはならないことと、忘れなければならないこと

我《われ》、人《ひと》に功《こう》有《あ》るも、念《おも》う可《べ》からず。而《しか》るに過《あやま》たば則《すなわ》ち念《おも》わざる可《べ》からず。
人《ひと》、我《われ》に恩《おん》有《あ》らば、忘《わす》る可《べ》からず。而《しか》るに怨《うら》みは則《すなわ》ち忘《わす》れざる可《べ》からず。

我有レ功二於人一不レ可レ念。而過則不レ可レ不レ念。
人有レ恩二于我一不レ可レ忘。而怨則不レ可レ不レ忘。

〔語義〕○功――功績・功労のことで、何かを務めてそれが役立つものとして残ること。

〔訳文〕自分が他人に何かをしてあげたとしても、そのことを心に留めておいてはいけない。しかし、他人に迷惑を掛けたならば、そのことを忘れてはいけない。
また、他の人が自分に対して恩義を与えてくれたなら、そのことを忘れてはいけない。しかし、他人に対する怨みは、いつまでも覚えておかずに忘れ去るようにしなければいけない。

二二七、古典は、まず自分の心を清らかにしてから学ぶ

心地乾浄《しんちけんじょう》にして、方《はじ》めて書《しょ》を読《よ》み古《いにしえ》を学《まな》ぶ可《べ》し。然《しか》らざれば一《いっ》の善行《ぜんこう》を見《み》ては、窃《ひそ》かに以《もっ》て私《わたし》を済《な》し、一《いっ》の善言《ぜんげん》を聞《き》きては、仮《か》りて以《もっ》て短《たん》を覆《おお》う。是《こ》れ又《また》、寇《こう》に兵《へい》を籍《か》して、盗《とう》に糧《りょう》を齎《もたら》すなり。

心地乾浄方可ニ読レ書学レ古。不レ然見ニ一善行一窃以済レ私聞ニ一善言一仮以覆レ短。
是又藉ニ寇兵一而齎ニ盗糧一矣。

〔語義〕○乾浄——さっぱりして清潔なこと。○私を済し——自分の所有にする。私有物として自分に取り込んでしまう。○寇に兵を藉し……——敵兵に武器を貸し与え、盗賊に食料を恵んでやること。敵を助けた上に自分の被害がますます大きくなること。李斯が始皇帝の逐客の令を諫めた「逐客上書」に出てくる言葉。

〔訳文〕名誉や利益という心の雑念をきれいさっぱりとぬぐい去って、そこで初めて書物を読み、古《いにしえ》の聖賢のことを学ぶことができる。心がきれいでなかったなら、古人の一つの善行を見ると、密かに自分の善行にしてしまい、古人の一つの善言を聞くと、それを借りて自分の短所を隠す口実にしてしまう。

このようなことでは、わざわざ敵に武器を貸したり、盗人に食料を与えるようなもので、自分はいっこうに向上しない。

二二八、倹にして拙を守る人生にこそ真実がある

奢《おご》れる者《もの》は富《と》むも、而《しか》も足《た》らず。何《なん》ぞ倹《けん》なる者《もの》の、貧《まず》しきも而《しか》も余《あま》り有《あ》るに如《し》かんや。能《のう》ある者《もの》は労《ろう》するも、而《しか》も怨《うら》み府《あつ》まる。何《なん》ぞ拙《つたな》き者《もの》の、逸《いつ》なるも而《しか》も真《しん》を全《まっと》うするに如《し》かんや。

奢者富而不レ足。何如二倹者貧而有一レ余。

能者労而府レ怨。何如二拙者逸而全一レ真。

〔語義〕○倹なる者——倹は倹約。生活を控え、引き締めること。○府まる——文書財貨を収蔵する倉のことから、物が集まること。○拙き者——拙劣な者のこと。知識・能力において他に劣っている者。

〔訳文〕ぜいたくな生活をする人は、いくら富んでいても心に満足をすることがない。どうして、慎ましい生活を守る人が、貧しくともいつも余裕があるのに及ぼうか。

また、才能のある人は、いくら苦労をし骨を折っても人の怨みを買うことが多い。どうして、才能に乏しい人が、いつも気楽でいながら自然の本性を保っているのに及ぼうか。

二二九、自分だけ教養を高め、立身を果たしても

書《しょ》を読《よ》みて聖賢《せいけん》を見《み》ざれば、鉛槧《えんざん》の傭《よう》の如《ごと》し。官《かん》に居《お》りて子民《しみん》を愛《あい》せざれば、衣冠《いかん》の盗《とう》の如《ごと》し。
学《がく》を講《こう》じて躬行《きゅうこう》を尚《とうと》ばざれば、口頭《こうとう》の禅《ぜん》の如《ごと》し。業《ぎょう》を立《た》てて種徳《しゅとく》を思《おも》わざれば、眼前《がんぜん》の花《はな》の如《ごと》し。

読レ書不レ見二聖賢一如二鉛槧傭一。居レ官不レ愛二子民一如二衣冠盗一。
講レ学不レ尚二躬行一如二口頭禅一。立レ業不レ思二種徳一如二眼前花一。

〔語義〕○鉛槧の傭——鉛は文字を塗抹するのに用いる胡粉、槧は文字を書く板のことから、文筆・文字を意味する。傭は雇われ者。奴隷。○衣冠の盗——衣冠は官位にある者の服装のことで、役人の姿をしながらその本分を果たさず俸禄《ほうろく》だけを貰う人。○口頭の禅——実参実究を本領とするのが禅であるが、口先だけ、理屈だけの空理空論の禅。

〔訳文〕古人の書物を読んでいながら、聖賢の精神に触れなかったならば、それは単なる文字の奴隷であるにすぎない。官位に就いていても、俸給ばかり貰って人民を愛撫しなければ、それは役人の衣冠を着けた禄盗人《ろくぬすびと》である。

また、学問を講じても、理屈ばかりで自ら行うことを大切にしなければ、それは口先だけで禅を弄《もてあそ》んでいるにすぎない。事業を起こしても、自分の利益を追求するだけで徳を世に布《し》き行うことを考えなければ、眼の前に咲いているだけのはかない花にすぎない。

二三〇、自らの内にある真実を開拓する

人心《じんしん》に部《ぶ》の真《しん》の文章《ぶんしょう》有《あ》るも、都《すべ》て残編断簡《ざんぺんだんかん》に封固《ふうこ》せらる。部《ぶ》の真《しん》の鼓吹《こすい》有《あ》るも、都《すべ》て妖歌艶舞《ようかえんぶ》に湮没《いんぼつ》せらる。

学《まな》ぶ者《もの》は、須《すべか》らく外物《がいぶつ》を掃除《そうじょ》して、直《ただ》ちに本来《ほんらい》を覓《もと》むれば、纔《わず》かに個《こ》の真《しん》の受用《じゅよう》有《あ》るべし。

人心有二部真文章一都被二残編断簡封固一了。有二部真鼓吹一都被二妖歌艶舞湮没一了。

学者須下掃二除外物一直覓二本来一纔有中個真受用上。

〔語義〕○部——一まとまりの書物や器具などを数える助数詞。○残編断簡——断片的で意味のわからない、きれぎれの文章。○封固——固は金錮の意で、固く閉じ込められること。○纔かに——そこ

で初めて、それでようやく。

〔訳文〕人間の心の中には、本来一冊の立派な書物が備わっているのに、世間の断片的な生命のない古書のために、その書物の真の意味がすべて固く閉じ込められてしまっている。また、人間の心の中には、本来一組の立派な音楽が備わっているのに、あやしげな歌や艶《つや》っぽい舞のために、その音楽もすべて滅ぼされている。

道を学ぶ者は、外からのよけいなものを払いのけて、他のことを考えずに、これらの本来備わっている書物や音楽を求めたなら、そこに初めてそれらの真の使い道が生まれてくるに違いない。

二三一、得意の中に失意が兆《きざ》している

苦心《くしん》の中《うち》に、常《つね》に心《こころ》を悦《よろこ》ばしむるの趣《おもむき》を得《え》、得意《とくい》の時《とき》に、便《すなわ》ち失意《しつい》の悲《かな》しみを生《しょう》ず。

苦心中常得㆓悦㆑心之趣㆒得意時便生㆓失意之悲㆒。

〔語義〕○得意——自分の意図が達成されること。○便ち——そのままで、そのときその中にすでにの意。

〔訳文〕一所懸命に苦労している間は、いつも心を喜ばせるような味わいがあり、反対に、成功してすべてがうまく行っているときには、その中にすでに失意の悲しみが生じている。

二三一、三態の富貴名誉

富貴名誉《ふうきめいよ》の、道徳《どうとく》より来《きた》る者《もの》は、山林《さんりん》の中《なか》の花《はな》の如《ごと》し。自《おの》ずから是《こ》れ舒徐繁衍《じょじょはんえん》す。功業《こうぎょう》より来《きた》る者《もの》は、盆檻《ぼんかん》の中《うち》の花《はな》の如《ごと》し。便《すなわ》ち遷徙廃興《せんしはいこう》有《あ》り。若《も》し権力《けんりょく》を以《もっ》て得《う》る者《もの》は、其《そ》の根植《ねう》えざれば、其《そ》の萎《しぼ》むこと、立《た》ちて待《ま》つべし。

富貴名誉自㆓道徳㆒来者如㆓山林中花㆒。自是舒徐繁衍。自㆓功業㆒来者如㆓盆檻中花㆒。便有㆓遷徙廃興㆒。若以㆓権力㆒得者其根不㆑植其萎可㆓立而待㆒矣。

〔語義〕○舒徐繁衍――舒徐はしだいに伸びやかに成長する。繁衍は十分に繁茂し広がること。○盆檻――盆は植木用の瓦器《がき》、鉢。檻は囲いをした花壇のこと。○遷徙廃興――遷も徙も、ものを移すこと。廃は廃棄、捨てられること。興は起こす、挙げ用い引きたてること。○立ちて待つ――立って見ている間に結果が出てしまう。たちまち歴然と結果が起こってしまう。

〔訳文〕徳望によって得られた富貴や名誉は、自然の山や野に咲く花のようなものである。それは、自然に枝や葉が伸び、自由自在に茂ってゆく。これに対して、事業の功績によって得られた富貴や名誉は、人工の植木鉢や花壇の花のようなものである。それは、移し替えたり、捨てたり、拾われたりして、人間の心に左右されてしまうものである。もし権力によって得られた富貴や名誉であったならば、それは根がないのであるから、やがてしぼんでしまうのは目に見えている。

二三三、真理を住処《すみか》とする

道徳《どうとく》に棲守《せいしゅ》する者《もの》は、一時《いちじ》に寂寞《せきばく》たり。権勢《けんせい》に依阿《いあ》する者《もの》は、万古《ばんこ》に凄涼《せいりょう》たり。達人《たつじん》は物外《ぶつがい》の物《もの》を観《かん》じ、身後《しんご》の身《み》を思《おも》う。寧《むし》ろ一時《いちじ》の寂寞《せきばく》を受《う》くるも、万古《ばんこ》の凄涼《せいりょう》を取《と》ること毋《なか》れ。

棲二守道徳一者寂二寞一時一。依二阿権勢一者凄二涼万古一。達人観二物外之物一思二身後之身一。寧受二一時之寂寞一毋レ取二万古之凄涼一。

〔語義〕〇道徳――道や真理のことを意味し、今日で言う道徳の根源をなすもの。〇依阿――媚びへつらう。へつらい従う。〇凄涼――もの寂しい。うら寂しい。〇物外の物――物は一切の事物。仏教の不生不滅の涅槃の境地を言う。〇身後の身――死後の身のこと。不朽の名声を言う。

〔訳文〕道徳を良く守る人は、孤立して一時は不遇で寂しい境涯になる。権勢におもねる人は、一時は良いこともあるが、結局は永遠に寂しい状態になる。ものの道理に通じている人は、真実の世界を良く見て、自分の長い生涯を考える。だから一時は寂しい思いをしたとしても、永遠に寂しい状態になることをしてはいけない。

二三四、栄達した読書人の責務

春《はる》到《いた》り時《とき》和《やわ》らげば、花尚《はななお》一段《いちだん》の好色《こうしょく》を鋪《し》き、鳥且《とりか》つ幾句《いくく》の好音《こういん》を囀《さえず》る。士君子《しくんし》、幸《さいわ》いに頭角《とうかく》を列《つら》ね、復《ま》た温飽《おんぽう》に遇《あ》うも、好言《こうげん》を立《た》て好事《こうじ》を行《おこな》うを思《おも》わざれば、是《こ》れ世《よ》に在《あ》ること百年《ひゃくねん》なりと雖《いえど》も、恰《あたか》も未《いま》だ一日《いちにち》をも生《い》きざるに似《に》たり。

春至時和花尚鋪二一段好色一鳥且囀二幾句好音一。

士君子幸列二頭角一復遇二温飽一不レ思下立二好言一行中好事上雖二是在レ世百年一恰似レ未レ生二一日一。

〔語義〕○鋪き——敷きのべる。敷きつらねること。○温飽——温衣飽食《おんいほうしょく》。温かい着物を身にまとい、心ゆくまで食べ尽すことのできる境遇を言う。

〔訳文〕春がやってきて気候も和《やわ》らぐと、花は一場の美しい彩りとなり、鳥もまたいろいろの美しい鳴き声でさえずるようになる。
士君子と言われる学徳のある人が、幸いに人に抜きん出て高い地位に就き、衣食にも満ち足りている状態になっても、世の中を益するような立派な言葉を語り、立派な仕事をしようと考えなければ、たとえ百年の間世の中に生きていたとしても、まるで一日も生きていないのと同じである。

二三五、謹厳・清廉なだけでは息が詰まる

学《まな》ぶ者《もの》は、段《だん》の兢業《きょうぎょう》の心思《しんし》有《あ》り、又《また》段《だん》の瀟洒《しょうしゃ》の趣味《しゅみ》有《あ》るを要《よう》す。若《も》し一味《いちみ》に斂束清苦《れんそくせいく》なるのみならば、是《こ》れ秋殺《しゅうさつ》有《あ》りて春生《しゅんせい》無《な》きなり。何《なに》を以《もっ》てか万物《ばんぶつ》を発育《はついく》せん。

学者有二段兢業的心思一又要レ有二段瀟洒的趣味一。若一味斂束清苦是有二秋殺一無二春生一。何以発二育万物一。

〔語義〕○段——一段の意味。段は物事や時間の一区切りを数える助数詞。○兢業——兢兢業業の略で、危ぶみ恐れて、戒め慎むこと。『詩経』（大雅、雲漢）に「兢兢業業、霆の如し雷の如し」とあり「伝」では「兢兢は恐るるなり、業業は危うきなり」と記している。○瀟洒に趣味——さっぱりとして俗気がなく、ものに拘泥《こうでい》しない心の味わい。○斂束清苦——斂束は収め束ねることで、自《みずか》らを厳格に規制すること。清苦は清廉潔白《せいれんけっぱく》すぎて困苦に陥ること。○秋殺——秋は陰気が優勢で万物を枯死《こし》さ

せてしまうこと。○春生――春は陽気が優勢で万物を生起させること。

〔訳文〕学問に志《こころざ》す者は、一つの物事に対しておのれを戒め慎む心があり、さらにまた、一つのさっぱりとしてものにこだわらない心持ちを持つことが必要である。

もし、もっぱら自分自身を厳しく規制し、清廉で苦しい生活ばかりしているならば、万物は枯れしぼんでしまい、春になっても生命は生じなくなってしまう。そのような状態であったなら、どうして万物を芽生えさせ生長させることができようか。

二三六、真の技能者は、人前で妙技など見せない

真廉《しんれん》は廉名《れんめい》無《な》し。名《な》を立《た》つるは、正《まさ》に貪《どん》と為《な》す所以《ゆえん》なり。大功《だいこう》は功術《こうじゅつ》無《な》し。術《じゅつ》を用《もち》うるは、乃《すなわ》ち拙《せつ》と為《な》す所以《ゆえん》なり。

真廉無㆓廉名㆒。立㆑名者正所㆓以為㆒㆑貪。大功無㆓巧術㆒。用㆑術者乃所㆓以為㆒㆑拙。

〔語義〕○真廉――清廉、廉直の意で、財貨や人情に対して少しもよこしまな心を持たない人。○貪――貪ること。欲望のままに物を得ようとすること。○拙――拙《つたな》い、習熟していないこと。『老子』（第四十五章）に「大直《だいちょく》は屈《くつ》なるが若《ごと》く、大功《だいこう》は拙《せつ》なるが若く、大弁《だいべん》は訥《とつ》なるが若し」とある。

〔訳文〕ほんとうに清廉潔白な人には、清いというような評判は立たないものである。清いという評判が立つのは、実はまだ欲望の心が残っている証拠である。ほんとうに巧妙な術を体得した人は、巧妙な術を見せるようなことはないものである。巧妙な術を見せるというのは、実はそれがまだ未熟な証拠である。

二三七、心が澄みきっていれば

心体光明《しんたいこうみょう》ならば、暗室《あんしつ》の中《うち》にも青天《せいてん》有《あ》り。念頭暗昧《ねんとうあんまい》ならば、白日《はくじつ》の下《もと》にも厲鬼《れいき》有《あ》り。

心体光明暗室中有二青天一。念頭暗昧白日下有二厲鬼一。

〔語義〕○念頭――「念」は考える、思考する心の働き。「頭」は名詞や形容詞に付く接尾詞。○厲鬼――幽鬼。たたりをする悪鬼。

〔訳文〕心の本体が正しく物事を理解できるようであれば、暗い部屋の中でも青空を望み見ることができるように爽快《そうかい》極まりない。心の中が正しく物事を理解することができなければ、白日のもとにあっても悪魔の心が存在している。

二三八、真実の楽しみ、真実の憂い

人《ひと》は名位《めいい》の楽《たの》しみ為《た》るを知《し》るも、名無《なな》く位無《くらいな》きの楽《たの》しみの最《もっと》も真《しん》たるを知《し》らず。人《ひと》は飢寒《きかん》の憂《うれ》い為《た》るを知《し》るも、飢《う》えず寒《こご》えざるの憂《うれ》いの更《さら》に甚《はなは》だしきものたるを知《し》らず。

人知二名位為一レ楽、不レ知三無レ名無レ位之楽為二最真一。
人知二飢寒為一レ憂、不レ知三不レ飢不レ寒之憂為二更甚一。

〔語義〕○名位――名は名誉・名声、位は官位。○飢えず寒えざるの憂い――富貴の人にとっては飢えたり凍《こご》える生活の心配はなくなったと言えるが、このことはとりもなおさず喜怒哀楽の人生が真実の人生であることを見失ってしまう結果となる。ほんとうの不幸は、物質的なものでは充足されない精神の貧しさにある。

〔訳文〕世の人々は、名声があり高い官位にあるのが楽しみであることを知っているが、もともと名声官位のない者の楽しみこそ、最上の真実の楽しみであることを知らない。

世の人々は、衣食が足らず飢えや凍《こご》えに襲われる生活が不幸であることを知っているが、飢えや凍えがなくなったからと言って不幸がなくなるわけではなく、さらにいっそう深い憂いがやってくるものであることを知らない。

二三九、善と悪の分れめ

悪《あく》を為《な》して人《ひと》に知《し》られんことを畏《おそ》るるは、悪中《あくちゅう》にも猶《なお》善路《ぜんろ》有《あ》り。
善《ぜん》を為《な》して人《ひと》に知《し》られんことを急《いそ》ぐは、善処《ぜんしょ》も即《すなわ》ち是《こ》れ悪根《あくこん》なり。

為㆑悪而畏㆓人知㆒悪中猶有㆓善路㆒。
為㆑善而急㆓人知㆒善処即是悪根。

〔語義〕○善路――善に向う道筋。良心。

〔訳文〕悪いことをしても、それを他人に知られることを恐れる人は、悪事の中にそれでも善に向う良心がある。
善いことをしても、それを他人が知ってくれるようにと焦る人は、善事をなしてもそれがそのままとりもなおさず悪の根源となる。

二四〇、天命を超越する方法

天《てん》の機緘《きかん》は測《はか》られず。抑《おさ》えては伸《の》べ、伸《の》べては抑《おさ》え、皆《みな》是《こ》れ英雄《えいゆう》を播弄《はろう》し、豪傑《ごうけつ》を顛倒《てんとう》する処《ところ》なり。

君子《くんし》は只《た》だ是《こ》れ、逆《ぎゃく》に来《きた》らば順《じゅん》に受《う》け、安《やす》きに居《お》りて危《あや》うきを思《おも》うのみ。天《てん》も亦《ま》た其《そ》の伎倆《ぎりょう》を用《もち》うる所無《ところな》し。

天之機緘不ㇾ測。抑而伸伸而抑皆是播二弄英雄一顚二倒豪傑一処。君子只是逆来順受居ㇾ安思ㇾ危。天亦無ㇾ所ㇾ用二其伎倆一矣。

〔語義〕○機緘——機は事が発動すること。緘は事が収束すること。天地の気の変化、人事の出来事の終始。『荘子』（外篇、天運第十四）に「天は其れ運《めぐ》れるか。地は其れ処《お》るか。日月は其れ所を争うか。孰《たれ》か是れ主張するか。孰か是れ維綱《いとう》する。孰か無事に居て推して是れを行《や》る。意《おも》うに其れ機緘する有りて、已《や》むを得ざるや」とある。○英雄・豪傑——豪は十人に秀れ、傑は百人に秀れ、英は万人に秀れていること。ここでは、主に武勇に秀れた人物を意味する。○安きに居りて危うきを思う——平安な日々にあってもつねに危難が来ることを忘れずに心の準備をしておくこと。『春秋左氏伝』（襄公十一年）に「書に曰く、安きに居りて危うきを思う。思わば則《すなわ》ち備え有り、備え有らば患《うれ》い無し」とあるのによる。

〔訳文〕天が人間の運命を操るからくりは、人知ではとうてい推し量ることはできない。抑えて苦しめたかと思うと、伸ばして喜ばせ、伸ばしたかと思うと抑えたりして、みな、英雄をほしいままに弄《もてあそ》び、豪傑を打ち倒したりするものである。

ただし、道に達した人だけは、天が逆境を与えれば順境として受け止め、平安なときにも緊急のときに対する準備をしているものである。だから天もこのような人に対しては、どんな手だても施すことができない。

二四一、福を招き禍《わざわい》を避ける妙案

福《ふく》は徼《もと》む可《べ》からず。喜神《きしん》を養《やしな》いて以《もっ》て福《ふく》を招《まね》くの本《もと》と為《な》さん。
禍《わざわい》は避《さ》く可《べ》からず。殺機《さっき》を去《のぞ》きて以《もっ》て禍《わざわい》を遠《とお》ざくるの方《ほう》と為《な》さん。

福不レ可レ徼。養二喜神一以為二招レ福之本一。
禍不レ可レ避。去二殺機一以為二遠レ禍之方一。

〔語義〕○徼——もともとは、めぐるの意味であるが、ここでは、求める、盗むの意。○喜神——神は精神、心。物事をすなおに喜び楽しむ心。○殺機——機は心の働き。荒々しい心の働き。

〔訳文〕幸福はことさらに求めようとしても求め得られるものではない。ただ楽しみ喜ぶ心を養い育てることが、幸福を招き寄せる根本の条件になる。

災禍は人の思うように避けようとしても避けられるものではない。殺気だった心の働きを取り去ることが、災禍を遠ざける唯一の方法となる。

二四二、躁《そう》よりも黙《もく》、功《こう》よりも拙《せつ》

十語《じゅうご》の九中《きゅうあた》るも、未《いま》だ必《かなら》ずしも奇《き》と称《しょう》せず。一語中《いちごあた》らざれば、則《すなわ》ち愆尤駢《けんゆうなら》びに集《あつ》まる。十謀《じゅうぼう》の九《きゅう》成《な》るも、未《いま》だ必《かなら》ずしも功《こう》を帰《き》せず。一謀成《いちぼうな》らざれば、則《すなわ》ち訾議叢《しぎむらが》り興《おこ》る。君子《くんし》は、寧《むし》ろ黙《もく》なるも躁《そう》なること毋《な》く、寧《むし》ろ拙《せつ》なるも功《こう》なることなき所以《ゆえん》なり。

十語九中未ニ必称一レ奇。一語不レ中則愆尤駢集。十謀九成未ニ必帰一レ功。一謀不レ成則訾議叢興。

君子所ニ以寧黙毋レ躁寧拙毋一レ巧。

〔語義〕○奇——通常の人とは違う、秀れた人。○愆尤——過ち。咎。過失。また過ちを咎めること。非難すること。○功を帰せず——功績をその人だけの独占とする。その人だけに功績を集める。○訾議——そしり議論する。悪口を言ったり中傷したりすること。○躁——騒ぎたてること。騒々しくすること。

〔訳文〕十の言葉のうち、九つまで当っていても、世間から飛び抜けて秀れた人だと言われるとは限らない。たった一つの言葉でも当っていないものがあれば、その一語のために、非難がみんな集まってくる。十のはかりごとのうち、九つまで成就したとしても、世間から抜きん出た功績がある人とされるとは限らない。たった一つのはかりごとでも成就しないことがあると、その一つのはかりごとのために、中傷が群がり起きてくる。

これが、君子たるものは、どちらかと言うと騒ぎたてるよりも黙っている方が良く、どちらかと言うと上手《じょうず》に立ちまわるよりも気が利かない方が良い理由である。

二四三、心温かい人には福徳も厚い

天地之気暖則生寒則殺。故性気清冷者受享亦涼薄。惟気和煖心之人其福亦厚其沢亦長。

天地《てんち》の気《き》、暖《だん》ならば則《すなわ》ち生《しょう》じ、寒《かん》ならば則《すなわ》ち殺《さっ》す。故《ゆえ》に性気《せいき》の清冷《せいれい》なる者《もの》は、受享《じゅきょう》も亦《ま》た涼薄《りょうはく》なり。惟《た》だ気和煖心《きわだんしん》の人《ひと》のみ、其《そ》の福《ふく》も亦《ま》た厚《あつ》く、其《そ》の沢《うるお》いも亦《ま》た長《なが》し。

〔語義〕○生・殺——生はものが生長すること。殺はものが損なわれること。○受享——受も享も受け入れること。天命として人間が受け入れなければならない幸・不幸の境遇。○気和煖心——和《なご》やかで温かい心。

〔訳文〕自然にめぐってくる四季の気候が、暖かいと万物は生《は》え育ち、寒いと枯れて死んでしまう。だから、人の心が冷やかだと、天から受ける幸福も少なく薄い。ただ心が和《なご》やかで、温かい人だけが、その福徳も厚く、その恵みもいつまでも続くのである。

二四四、真実の道と迷いの道

天理《てんり》の路上《ろじょう》は甚《はなは》だ寛《ひろ》く、稍《やや》心《こころ》を游《あそ》ばせば、胸中《きょうちゅう》は便《すなわ》ち広大宏朗《こうだいこうろう》なるを覚《おぼ》ゆ。
人欲《じんよく》の路上《ろじょう》は甚《はなは》だ窄《せま》く、纔《わず》かに迹《あと》を寄《よ》すれば、眼前《がんぜん》は倶《とも》に是《こ》れ荊棘泥塗《けいきょくでいと》なり。

天理路上甚寛稍游レ心胸中便覚ニ広大宏朗一。
人欲路上甚窄纔寄レ迹眼前倶是荊棘泥塗。

〔語義〕○天理の路上——天地の真理そのものを究極に向う大道に喩えたもの。○人欲の路上——貪りを求める欲望の人生。この場合の路上は間違った道、迷いの道。

〔訳文〕天地の真理の大道は、ゆったりとたいそう広いもので、ほんの少しでもこの道に心を遊ばせてみると、そこは気持ちも大らかで、のびのびと明るいところであることがわかる。
これに対して、私利私欲の迷道は、大変に狭いもので、一歩踏み込むやいなや、目の前はどこもいばらやぬかるみの困難な道である。

二四五、苦楽・疑信の繰り返しが本物を作る

一苦《いっく》一楽《いちらく》して相《あい》磨練《まれん》し、練《れん》極《きわ》まりて福《ふく》を成《な》さば、其《そ》の福《ふく》始《はじ》めて久《ひさ》し。
一疑《いちぎ》一信《いっしん》して相《あい》参勘《さんかん》し、勘《かん》極《きわ》まりて知《ち》を成《な》さば、其《そ》の知《ち》始《はじ》めて真《しん》なり。

一苦一楽相磨練練極而成レ福者其福始久。
一疑一信相参勘勘極而成レ知者其知始真。

〔語義〕○一苦一楽――苦しいことと楽しいことが相互に繰り返されること。○参勘――参照勘案のことで、よく照らし合せて熟考すること。

〔訳文〕苦しんだり楽しんだりして磨き合い、磨き合った結果が最高に達して幸福が成就されたなら、そのような幸福にしてやっと永続するものである。
また、疑ったり信じたりして考え抜き、考え抜いた結果が最高に達して知識が体得されたなら、そ

のような知識にしてやっと本物となる。

二四六、世俗の汚濁に潔癖すぎない

地《ち》の穢《けが》れたるは、多《おお》く物《もの》を生《しょう》じ、水《みず》の清《す》めるは、常《つね》に魚《うお》無《な》し。故《ゆえ》に君子《くんし》は、当《まさ》に垢《こう》を含《ふく》み汚《お》を納《い》るるの量《りょう》を存《ぞん》すべく、潔《けっ》を好《この》み独《ひと》り行《おこな》うの操《そう》を持《じ》す可《べ》からず。

地之穢者多生レ物水之清者常無レ魚。故君子当レ存ニ含レ垢納レ汚之量一不レ可レ持ニ好レ潔独行之操一。

〔語義〕○地の穢れたる――塵埃《じんあい》に汚れた土地で、肥沃な大地のことを言う。○水の清めるは……――水が澄みすぎると魚も棲《す》みつかない。人間も厳しすぎ明察すぎると人が寄りつかない喩え。『後漢書』（巻四十七、班超伝）に「君の性厳急なり、水清ければ大魚無しと、宜しく蕩佚簡易《とういつかんい》なるべし」とある。○垢を含み汚を納る――『春秋左氏伝』（宣公十五年）に「川沢《せんたく》は汙《けが》れを納《い》れ、山藪《さんそう》は疾《やまい》を蔵し、瑾瑜《きんゆ》は瑕《きず》を匿《かく》し、国君は垢《はじ》を含む」とあり、元来は汚れを受け入れることを忍んだり、人君が恥を忍ぶ意であるが、ここでは不潔なものでも受け入れる度量の広さの意に用いている。

〔訳文〕枯れ葉や禽獣の糞などいろいろな物を含む土壌には、多くの作物ができるが、きれいすぎる水には、いつも魚はいない。だから君子と言うものは、世俗の垢《あか》や汚れでも受け入れられるだけの広い度量を持つべきであるし、潔癖すぎて他人を意に介しないような節操を持ってはいけない。

二四七、大いなる奮発《ふんぱつ》が進歩をもたらす

泛駕《ほうが》の馬《うま》も、馳駆《ちく》に就《つ》く可《べ》く、躍冶《やくや》の金《きん》も、終《つい》に型範《けいはん》に帰《き》す。只《た》だ一《いっ》に優游《ゆうゆう》して振《ふる》わざれば、便《すなわ》ち終身個《しゅうしんこ》の進歩《しんぽ》無《な》し。

白沙《はくさ》云《い》う、人《ひと》と為《な》り多病《たびょう》なるは、未《いま》だ羞《は》ずるに足《た》らず。一生《いっしょう》病無《やまいな》きは、是《こ》れ吾《わ》が憂《うれ》いなりと。真《まこと》に確実《かくじつ》の論《ろん》なり。

泛駕之馬可レ就二馳駆一躍冶之金終帰二型範一。只一優游不レ振便終身無二個進歩一。

白沙云為レ人多病未レ足レ羞。一生無レ病是吾憂。真確実論也。

〔語義〕○泛駕の馬——泛は覆《くつがえ》す。疾走して軌轍《きてつ》をはずれ駕を覆すようなあばれ馬。常軌に従わない英雄の喩えとして用いる。『漢書』（巻六、武帝紀）に「夫《そ》れ泛駕の馬、跅弛《たくし》の士は、亦《ま》た之《これ》を御《ぎょ》するに在るのみ」とある。○馳駆——あばれ馬を上手に御して自在に走らせること。○躍冶の金——鋳物師の意のままにならず鋳型を飛び出すような金属。放縦な人の喩え。『荘子』（内篇、大宗師第六）に「今、大冶金を鋳るに金踊躍して曰く、我且《まさ》に鏌鋣《ばくや》（名剣の名）に為《な》らんとす、と」とある。○型範

――鋳物を流し込む鋳型。○優游――ゆったりしたさま。また、ぐずぐずして決断力が乏しいさま。優柔不断。○白沙――明の中期の有名な儒者・陳献章のこと。広東省新会県の人、白沙里に住み、白沙先生と称された。程朱の学より、むしろ周程の学を祖述し、周濂渓《しゅうれんけい》以来の「静」を重んじ、禅を参考にし、静座・内省によって宇宙の理を説き明かそうとした。『白沙集』九巻、『白沙詩教解』などがある。

〔訳文〕車をはねとばすようなあばれ馬でも、人の御《ぎょ》し方次第で良く走らせることができるし、鋳型を躍り出るような固い金属でも、上手な鋳物師の手に掛かると、結局は型に収まってしまう。これに対して、ただぐずぐずと毎日を過ごしてばかりいて、何ら奮起もしないような人間は、そのまま生涯少しの進歩もなく終ってしまう。

陳白沙が言うには、「生まれながらに病気が多いのは、ちっとも恥ずかしいことではない。むしろ一生涯、病気をしないで病気の苦しみも知らない方が人間としては不幸である」と。ほんとうに確かな論である。

二四八、貪る心が品位を落す

人《ひと》は只《た》だ一念《いちねん》も貪私《どんし》あらば、便《すなわ》ち、剛《ごう》を銷《け》して柔《じゅう》と為《な》し、智《ち》を塞《ふさ》ぎて昏《こん》と為《な》し、恩《おん》を変《へん》じて惨《さん》と為《な》し、潔《けっ》を染《そ》めて汚《お》と為《な》して、一生《いっしょう》の人品《じんぴん》を壊了《かいりょう》す。

故《ゆえ》に古人《こじん》は、貪《むさぼ》らざるを以《もっ》て宝《たから》と為《な》す。一世《いっせ》に度越《どえつ》する所以《ゆえん》なり。

人只一念貪私便銷レ剛為レ柔塞レ智為レ昏変レ恩為レ惨染レ潔為レ汚壊二了一生人品一。

故古人以レ不レ貪為レ宝。所三以度二越一世一。

〔語義〕○貪私――貪り自分の物としたい欲望。○昏――心が暗くなること。ものの道理を解することができないこと。暗く塞ぎ込み怠慢ならしめること。昏沈《こんちん》。○人品――品位。風格。○古人――春秋・宋の賢大夫、司城の楽喜《がくき》のこと。廉潔をもって知られ、『春秋左氏伝』（襄公十五年）に「宋人《そうひと》、玉を得て諸《こ》れを司城の子罕《しかん》（楽喜）に献ず、子罕、受けず、（中略）子罕曰《いわ》く、我は貪らざるを以て宝と為す云々、と」という故事で有名。

〔訳文〕人間はほんの少しの欲ばりの心が生じただけでも、強い心も衰えて弱くなり、澄んだ知恵も抑えられて鈍くなり、恩情も変って残酷な心になり、潔白な心も悪に染まって汚れてしまい、その人の一生の風格をすっかり台なしにしてしまう。

だから古人（春秋時代の子罕）も、欲ばらないということを宝として大切にした。これこそ彼が俗世間を超越できた理由である。

二四九、主体性の確立が肝要

耳目見聞《じもくけんぶん》は外賊《がいぞく》為《た》り、情欲意識《じょうよくいしき》は内賊《ないぞく》為《た》り。只《た》だ是《こ》れ主人公《しゅじんこう》のみ、惺惺不昧《せいせいふまい》にして、中堂《ちゅうどう》に独坐《どくざ》せば、賊《ぞく》も便《すなわ》ち化《か》して家人《かじん》と為《な》らん。

耳目見聞為㆓外賊㆒情欲意識為㆓内賊㆒。只是主人公惺惺不昧独㆓坐中堂㆒賊便化為㆓家人㆒矣。

〔語義〕○耳目見聞――仏教で説く耳で聞いたり目で見たりして生ずる五官の識別作用。欲望。眼・耳・鼻・舌・身の五官の対象となる色・声・香・味・所触の五種の悦楽的・感官的欲望を指す。五識。○情欲意識――情欲も意識の一つの働きで、心が本来持っている識別作用。五識と合せて六識と言い、人間の認識作用、精神作用のすべてを意味する。○主人公――屋裏の主人公、屋裏の老爺老娘と同義の禅語で、自己が本来具有している仏性。人間に本来具わっている仏性。大我の本体。○惺惺不昧――惺惺は心が明らかなさま、不昧は他によって迷わされない、他の影響によって動かされないこと。

〔訳文〕耳で聞いたり眼で見たりして生ずる欲望は、外部から侵入してくる賊であり、生まれながらに具わっている欲望や物事を判断する働きは、心の内部にいる賊である。ただ、主人公すなわち本心だけ、明らかな知恵を具えてくらまされることなく、心の中正を保っていれば、内外の賊はそのまま変って家族と同じようになる。

二五〇、現在の成果を維持しつつ、将来の失敗に備える

未《いま》だ就《な》らざるの功《こう》を図《はか》るは、已《すで》に成《な》るの業《ぎょう》を保《たも》つに如《し》かず。既往《きおう》の失《しつ》を悔《く》ゆるは、亦《ま》た将来《しょうらい》の非《ひ》を防《ふせ》ぐを要《よう》す。

図二未レ就之功一不レ如レ保二已成之業一。悔二既往之失一亦要レ防二将来之非一。

〔語義〕○功――事業や仕事の結果。功績。○業――功と同義で、事業、功業のこと。

〔訳文〕まだ成就していない仕事の出来具合をあれこれと考えるのは、すでに完成した仕事を持続させることには及ばない。また、すでに済んでしまった過失を後悔するよりは、将来に起こり得る失敗を予防する必要がある。

二五一、心の均衡の保ち方

気象《きしょう》は高曠《こうこう》なるを要《よう》するも、疎狂《そきょう》なる可《べ》からず。心思《しんし》は縝緘《しんかん》なるを要《よう》するも、瑣屑《させつ》なる可《べ》からず。趣味《しゅみ》は沖淡《ちゅうたん》なるを要《よう》するも、偏枯《へんこ》なる可《べ》からず。操守《そうしゅ》は厳明《げんめい》なるを要《よう》するも、激烈《げきれつ》なる可《べ》からず。

気象要㆓高曠㆒而不㆑可㆓疎狂㆒。心思要㆓縝緘㆒而不㆑可㆓瑣屑㆒。
趣味要㆓沖淡㆒而不㆑可㆓偏枯㆒。操守要㆓厳明㆒而不㆑可㆓激烈㆒。

〔語義〕○疎狂――疎はうとい、おろそかの意。狂は並はずれる、常識的判断ができないこと。気概が高いとややもすれば疎狂に流れやすい。○縝緘――縝は麻糸で、細くこまかいこと。緘は糸で閉じること。心を用いることが細かくしっかりと閉じて過失がないこと。○瑣屑――煩瑣屑然《はんさせつぜん》の意味で、煩わしくこまごましていること。瑣も屑も屑《くず》、きれはし。○沖淡――柔らかく淡いこと。○偏枯――一方に片寄って不公平なこと。

〔訳文〕気概は高く広くなければならないが、だからと言って世事にうとく常軌を逸しているようであってはならない。心遣いは細かく注意深くなければならないが、だからと言ってあまりにこせこせと細かいことにこだわりすぎてはならない。
心持ちは穏やかであっさりとした方が良いが、だからと言って片寄りすぎて融通《ゆうずう》が利かないようであってはならない。心に堅く守るところは厳正ではっきりしていなければならないが、だからと言って激しすぎてはならない。

二五二、事を成して跡を残さず

風《かぜ》、疎竹《そちく》に来《きた》るも、風過《かぜす》ぎて竹《たけ》に声《こえ》を留《とど》めず。雁《かり》、寒潭《かんたん》を度《わた》るも、雁去《かりさ》りて潭《ふち》に影《かげ》を留《とど》めず。故《ゆえ》に君子《くんし》は、事来《こときた》りて心始《こころはじ》めて現《あらわ》れ、事去《ことさ》りて心随《こころただ》ちに空《むな》し。

風来二疎竹一風過而竹不レ留レ声。雁度二寒潭一雁去而潭不レ留レ影。故君子事来而心始現事去而心随空。

〔語義〕○疎——麤《そ》と同義で、まばら。粗い。竹がまばらに生えている藪《やぶ》。○影——姿、形、像のこと。

〔訳文〕風がまばらな竹藪《たけやぶ》に吹いてくると、そのときに竹の葉は風に吹かれて鳴るけれども、風が吹き過ぎてしまえば、もとの静けさに戻って竹藪には何の音もしない。また、雁《かりがね》が冷たく澄んだ淵の上を渡って行くと、そのときに雁の姿は水面に映るけれども、雁が飛び去ってしまえば、淵の上の雁の姿はまったく跡を留めていない。だから君子と言うものは、何か出来事が起こると、初めてそれに対応する心が現れ、それが過ぎてしまえば、それに従って心もすぐに無になってしまう。

二五三、人には甘すぎず辛すぎず

清《せい》なるも能《よ》く容《い》るる有《あ》り、仁《じん》なるも能《よ》く断《だん》を善《よ》くす。明《めい》なるも察《さつ》を傷《きず》つけず、直《ちょく》なるも矯《きょう》に過《す》ぎず。是《こ》れを蜜餞《みっせん》甜《あま》からず、海味《かいみ》鹹《から》からずと謂《い》う。纔《わず》かに是《こ》れ懿徳《いとく》なり。

清能有レ容仁能善レ断。明不レ傷レ察直不レ過レ矯。
是謂二蜜餞不レ甜海味不一レ鹹。纔是懿徳。

〔語義〕○察――考え。他人の見解。○矯――矯め直す。曲ったものをまっすぐにし、悪いものを正しくする。○蜜餞――蜜の入っている甘い菓子。果物の砂糖漬の類。○甜・鹹――五味（酸・苦・甘・辛・鹹）の種類で、甜は甘く、鹹は塩からいこと。○懿徳――麗《うるわ》しい徳。他に秀でた立派な徳の美称。『詩経』（大雅、烝民）に「民の彝《い》を秉《へい》して、是の懿徳を好《よみ》す」とあり、「毛伝」には「懿は美なり」とある。

〔訳文〕清廉潔白《せいれんけっぱく》であるが、一方では包容力もあり、慈しみ深いが、一方では決断力にも秀れている。

また、賢明ではあるが、人の考えを批判したりせず、正直ではあるが、他人の行為をとやかく言いすぎない。

このような人物を、蜜菓子であっても甘すぎず、海産物であっても塩からすぎない人と言うのである。それでこそ美徳を具えた人と言えるのである。

二五四、窮地にあっても、荒《すさ》まず弛《たゆ》まず

貧家《ひんか》も浄《きよ》く地《ち》を掃《はら》い、貧女《ひんじょ》も浄《きよ》く頭《こうべ》を梳《くしけず》らば、景色《けいしょく》は艶麗《えんれい》ならずと雖《いえど》も、気度《きど》は自《おの》ずから是《こ》れ風《ふう》雅《が》なり。士君子《しくんし》、窮愁寥落《きゅうしゅうりょうらく》に当《あた》るも、奈何《いかん》ぞ輒《すなわ》ち自《みずか》ら廃弛《はいし》せんや。

貧家浄掃レ地貧女浄梳レ頭景色雖レ不二艶麗一気度自是風雅。士君子当二窮愁寥落一

奈何輒自廃弛哉。

〔語義〕○景色――外見的な眺め。一見したときの様子。○気度――品格。気質の高さ。心の高雅さ。○輒――安易に、気軽に、たやすくの意。○廃弛――心が荒廃し気も弛緩すること。自暴自棄になること。『漢書』（巻九十九、王莽伝）に「朝政は崩壊し、綱紀は廃弛す」とある。

〔訳文〕貧しい家でもきれいに庭先を掃き清め、貧しい女性でもきれいに髪をとかしていれば、外見

は華やかで美しいとは言えないが、品格は自然と趣《おもむき》が出てくるようになる。だから、一人前の男たる者は、困窮の境遇や失意の状況に陥ったとしても、そんなことでどうして安易に自分から投げやりになって良いことがあろうか。

二五五、独居して良心に恥じない態度が公務に就いたとき生きてくる

間中《かんちゅう》に放過《ほうか》せざれば、忙中《ぼうちゅう》に受用《じゅよう》有《あ》り。静中《せいちゅう》に落空《らっくう》せざれば、動中《どうちゅう》に受用《じゅよう》有《あ》り。暗中《あんちゅう》に欺隠《ぎいん》せざれば、明中《めいちゅう》に受用《じゅよう》有《あ》り。

間中不㆓放過㆒忙中有㆓受用㆒。静中不㆓落空㆒動中有㆓受用㆒。
暗中不㆓欺隠㆒明中有㆓受用㆒。

〔語義〕○受用——受け用いる。働きがある。役に立つこと。○落空——空しくなる。無駄になること。○欺隠——自他を欺《あざむ》き、悪事を隠蔽《いんぺい》すること。

〔訳文〕暇なときでも、いたずらに時を過ごさないようにふだん心掛けていれば、多忙なときにそのことが役に立つ。平安なときでも、ぼんやり過ごすことがないように心掛けていれば、いったん事が起こった場合にそのことが役に立つ。

人が見ていないところであるからと言って、他人を欺《あざむ》き自分の非を隠すようなことをしないように心掛けていれば、公の場所で行動する場合にそのことが役に立つ。

二五六、情動の是非を御して、禍《わざわい》転じて福となす

念頭《ねんとう》起《お》こる処《ところ》、纔《わず》かに欲路上《よくろじょう》に向《む》かって去《さ》るを覚《さと》らば、便《すなわ》ち挽《ひ》きて理路上《りろじょう》に従《したが》い来《きた》せ。一《ひと》たび起《お》こらば便《すなわ》ち覚《さと》り、一《ひと》たび覚《さと》らば便《すなわ》ち転《てん》ず。此《こ》れは是《こ》れ、禍《わざわい》を転《てん》じて福《ふく》と為《な》し、死《し》を起《お》こして生《せい》を回《めぐ》らすの関頭《かんとう》なり。切《せつ》に当面《とうめん》の錯過《さくか》莫《な》し。

念頭起処纔覚下向二欲路上一去上便挽従二理路上一来。一起便覚一覚便転。

此是転レ禍為レ福起レ死回レ生的関頭。切莫二当面錯過一。

〔語義〕○念頭——心の働き。心が対象に向って識別の作用を起こすこと。『大乗起信論《だいじょうきしんろん》』では「忽然念起無明」と説き、突然識別の念が起こるのを迷いや煩悩《ぼんのう》の始めと解する。「頭」は接尾詞。○関頭——物事のもっとも大事な場所や時期、瀬戸際。良い機会の意。

〔訳文〕心の動きが、私利私欲の方向に行ってしまいそうだと感じたら、すぐさま正しい道に引き戻すようにしなさい。いったん心の動きが起こったなら、直ちにその是非を判断し、いったんその心が

悪い方に向っているとわかったならば、直ちに良い方に向わせるのである。これが禍《わざわい》を転じて福となし、死を翻《ひるがえ》して生き返らせることもできる、絶好の機会である。決して軽々しくその場の誤りとしてはならない。

二五七、天命を超克する

天《てん》の我《われ》に薄《うす》くするに福《ふく》を以《もっ》てせば、吾《われ》は吾《わ》が徳《とく》を厚《あつ》くして以《もっ》て之《これ》を迓《むか》えん。天《てん》の我《われ》を労《ろう》するに形《かたち》を以《もっ》てせば、吾《われ》は吾《わ》が心《こころ》を逸《いつ》にして以《もっ》て之《これ》を補《おぎな》わん。天《てん》の我《われ》を阨《やく》するに遇《ぐう》を以《もっ》てせば、吾《われ》は吾《わ》が道《みち》を亨《とお》らしめて以《もっ》て之《これ》を通《つう》ぜしめん。天《てん》も且《か》つ我《われ》を奈何《いかん》せんや。

天薄レ我以レ福吾厚二吾徳一以迓レ之。天労レ我以レ形吾逸二吾心一以補レ之。天阨レ我以レ遇吾亨二吾道一以通レ之。天且奈レ我何哉。

〔語義〕○我に薄くするに福を以てせば——私に福を薄く与えてくれたら。薄い福をもって処遇してくれたらの意。○徳を厚くして——徳を大きく広くする。他人に対して厚く恩恵を施す。『国語』（晋語六）に、「吾之《これ》を聞く、唯《た》だ厚徳なる者のみ能《よ》く多福を受く、徳無くして服する者衆《おお》きは、必ず自ら傷る、と」とある。この文では「我」「吾」と一人称が区別されているが、普通、主語や所有格の場合は「吾」、目的格や補語の場合は「我」が用いられ、「我」は自分を強調する語である。○迓え

——対処する。迎え処遇する。○形——肉体。身体のこと。

〔訳文〕天が私に貧困という苦しい立場を与えてくれたら、私はそれに対して、人に手厚く恩恵を施すことで対応しよう。天が私に肉体を苦しめるような状況を与えてくれたら、私はそれに対して、労苦を労苦と思わないような心を養って対応しよう。天が私に苦難の境遇という状態を与えてくれたら、私はわが道を曲げないでそれを天に通じさせよう。だから、天でさえ私の生き方をどうすることができようか、どうすることもできない。

二五八、天意は霊妙、人知は及ばず

真士《しんし》は福《ふく》を徼《もと》むるに心無《こころな》し。天《てん》は即《すなわ》ち無心《むしん》の処《ところ》に就《つ》きて其《そ》の衷《ちゅう》を牖《ひら》く。憸人《けんじん》は禍《わざわい》を避《さ》くるに意《い》を著《つ》く。天《てん》は即《すなわ》ち著意《ちゃくい》の中《うち》に就《つ》きて其《そ》の魄《はく》を奪《うば》う。見《み》る可《べ》し、天《てん》の機権《きけん》の最《もっと》も神《しん》なることを。人《ひと》の智功《ちこう》は何《なん》の益《えき》かあらん。

真士無レ心レ徼レ福。天即就二無心処一牖二其衷一。

憸人著レ意レ避レ禍。天即就二著意中一奪二其魄一。可レ見天之機権最神。人之智巧何益。

〔語義〕○真士——まごころを持った立派な人。○衷を牖く——衷は衷心で、まごころ、真情、誠《まこと》。

その人の誠を開発して正しく導いてくれること。○憸人《けんじん》――憸利佞人《けんりねいじん》の意で、心がねじけ、おもねりへつらう人。○魄――たましい。気。精神をつかさどる陽の「魂」に対し、形体をつかさどる陰の魂のこと。また命を意味する。○機権《きけん》――機変権謀の意で、巧妙なはかりごと、微妙な働き。

〔訳文〕まごころを持っている人は、福を求めようとする心がない。天は、このような福に無頓着な生き方をする人に報いるために、この人を正しい方向に導いてくれる。
これに対して、心がひねくれている人は、禍《わざわい》を避けることばかりに心を用いている。天は、このような禍を避けようと心を砕いてばかりいる生き方をする人に対し、その人の命をおびやかして忠告を与える。天の道にすばらしい神秘的で不可思議な働きがあることは、これによって明らかであろう。人間の知恵や理屈などは、何の利益になろう。

二五九、人の値打ちは晩年で決まる

声妓晩景従レ良一世之煙花無レ礙。真婦白頭失レ守半生之清苦俱非。

語《ご》に云《い》う、人《ひと》を看《み》るには、只《た》だ後《のち》の半截《はんせつ》を看《み》よと。真《まこと》に名言《めいげん》なり。

声妓《せいぎ》も晩景《ばんけい》に良《りょう》に従《したが》わば、一世《いっせ》の煙花《えんか》も礙《さまた》げ無《な》し。真婦《しんぷ》も白頭《はくとう》に守《まも》りを失《うしな》わば、半生《はんせい》の清苦《せいく》は俱《とも》に非《ひ》なり。

語云看レ人只看二後半截一真名言也。

〔語義〕○声妓——歌い女《め》。妓女。○晩景——夕暮の景色。転じて人生の晩年。○煙花——妓女の代名詞。○礙げ無し——仏教では梵語《ぼんご》anāvṛti を「無礙《むげ》」と訳し、元来は物質的に場所を占有しない意から、他のものを拒否しない、妨げとならない意に用いる。○真婦——操《みさお》の堅い婦人。貞節な女性。○語——古語、俚言《りげん》、ことわざの類。出典は不明であるが、「棺を蓋《おお》いて事定まる（死んで棺に蓋をして初めてその人の善悪の真実を確信できる）」と同趣旨。○半截——截は切で、半分。一生の半ば。半生。

〔訳文〕若い頃は浮き名を流した歌い女《め》も、晩年に縁を得て良い夫にめぐり逢い一緒に生活をしたならば、浮き名を流したそれまでの華やいだ生活も、いっこうに妨げにならない。それに対し、まごころのある婦人も、白髪が目だち始めるような年になって操《みさお》を守ることができないような生活をしたならば、それまで清い生活をしてきた苦労に何の意味もなくなってしまう。

ことわざにも、「人の一生の評価をするには、ただ後の半生を見るだけで良い」と言っている。ほんとうに名言である。

二六〇、大臣と乞食

平民《へいみん》も肯《あ》えて徳《とく》を種《う》え恵《めぐ》みを施《ほどこ》さば、便《すなわ》ち是《こ》れ無位《むい》の卿相《けいしょう》なり。
士夫《しふ》も徒《いたず》らに権《けん》を貪《むさぼ》り寵《ちょう》を市《う》らば、竟《つい》に有爵《ゆうしゃく》の乞人《きつじん》と成《な》る。

平民肯種レ徳施レ恵便是無位的卿相。
士夫徒貪レ権市レ寵竟成二有爵的乞人一。

〔語義〕○平民――「士大夫」に対する語で、官職や位を持たない一般の民衆。○卿相――宰相と大臣のこと。○士夫――士は卿《けい》・大夫の下に位する役人。夫は卿の下、士の上に位する役人。○寵を市らば――上に対して寵愛を求めたならばの意。○有爵の乞人――爵は諸侯の朝覲《ちょうきん》に天子から賜った杯で、転じて世襲の身分、位の意。名誉ある位を持ちながら、その実態は乞食と変らないこと。爵については、『孟子』（告子、上）に「天爵なる者有り、人爵なる者有り。仁義忠信にして善を楽しみて倦まず、此れ天爵なり。公卿大夫は、此れ人爵なり。古《いにしえ》の人、其の天爵を修めて、人爵之《これ》に従う」とある。

〔訳文〕無位無官の普通の民でも、自《みずか》ら進んで世の中に人徳を植え、人に恩恵を施したならば、そうであるなら官位のない宰相と言える。

これに対して、士や大夫のような官位のある人でも、むやみやたらに権勢を貪り、寵愛を受けようとするならば、結局は爵位を持った乞食となってしまう。

二六一、積徳は難く、傾覆はやすし

祖宗《そそう》の徳沢《とくたく》を問《と》わば、吾《わ》が身《み》の享《う》くる所《ところ》の者是《ものこ》れなり。当《まさ》に其《そ》の積累《せきるい》の難《かた》きを念《おも》うべし。
子孫《しそん》の福祉《ふくし》を問《と》わば、吾《わ》が身《み》の貽《のこ》す所《ところ》の者是《ものこ》れなり。其《そ》の傾覆《けいふく》の易《やす》きを思《おも》わんことを要《よう》す。

問㆓祖宗之徳沢㆒吾身所㆑享者是。当㆑念㆓其積累之難㆒。
問㆓子孫之福祉㆒吾身所㆑貽者是。要㆑思㆓其傾覆之易㆒。

〔語義〕○祖宗――祖は先祖、系統の初代。宗も、祖先の廟屋の意から、一族の崇める先祖。○積累――積も累も積み重ねること。次々に重ねること。○福祉――幸い。幸福。神から賜るしあわせ。

〔訳文〕先祖が残してくれた恩恵とは何かと問われたならば、現在、自分自身が受けている恩恵こそがそれである。それは、積み重ねることが難しいということを覚えておくべきである。
子孫に残そうとする幸福は何かと問われたならば、現在、自分自身に残そうとする幸福こそがそれである。それは、傾き覆《くつがえ》って駄目になりやすいということを考えておくべきである。

二六二、偽善者

君子《くんし》なるに、而《しか》も善《ぜん》を詐《いつわ》るは、小人《しょうじん》の悪《あく》を肆《ほしいまま》にするに異《こと》なること無《な》し。君子《くんし》なるに、而《しか》も節《せつ》を改《あらた》むるは、小人《しょうじん》の自《みずか》ら新《あら》たにするに若《し》かず。

君子而詐レ善無レ異二小人之肆一レ悪。君子而改レ節不レ若二小人之自新一。

〔語義〕○君子・小人――一般には位と徳のあるのが君子で、これがないのが小人であるが、ここでの君子は徳だけある人のこと。○善を詐る――人前で善人でないのに善人らしく装うこと。うわべだけの善。偽善。○節を改むる――節操を捨て変える。変節。○自ら新たにする――自分から悪事を改めること。

〔訳文〕君子と言われる人でありながら、善人でもないのに人前で善人らしく装うのは、小人が悪事をやりたい放題にするのと何ら変るところがない。また、君子と言われる人でありながら、むやみに節操を改めるのは、小人が自分から悪事を改めるのにもとうてい及ばない。

二六三、家人の過ちは和気をもって諫める

家人《かじん》に過《あやま》ちあらば、宜《よろ》しく暴揚《ぼうよう》すべからず、宜《よろ》しく軽棄《けいき》すべからず。此《こ》の事言《ことい》い難《がた》くば、他《た》の事《こと》を借《か》りて隠《いん》に之《これ》を諷《いさ》め、今日悟《こんにちさと》らざれば、来日《らいじつ》を俟《ま》ちて正《まさ》に之《これ》を警《いまし》めよ。春風《しゅんぷう》の凍《こお》れるを解《と》き、和気《わき》の氷《こおり》を消《け》すが如《ごと》くす。纔《わず》かに是《こ》れ家庭《かてい》の型範《けいはん》なり。

家人有レ過不レ宜二暴揚一不レ宜二軽棄一。此事難レ言借二他事一而隠諷レ之今日不レ悟俟二来日一正警レ之。如二春風之解レ凍和気之消一レ氷。纔是家庭的型範。

〔語義〕○暴揚――にわかに欠点を挙げて責める。○軽棄――軽く見なして打ち捨てておく。大したことではないと見なしてあまり問題にしないこと。○諷め――人の過ちを正す。ほのめかし遠まわしに諫めること。○和気――春の和《なご》やかな陽の気。

〔訳文〕家族に過失があったなら、その欠点を挙げて責めてはいけないが、だからと言って軽く見て棄てておくのも良くない。もしそのことが直接には言いにくいことであったなら、他のことにことよせて、遠まわしに言い聞かせ、その場で気が付いてくれなかったなら、後日の機会を待って、繰り返し諭《さと》すようになさい。そのやり方はちょうど、春の風が凍りついた大地を溶かすように、また和《なご》やかな気候が氷を溶かすようにするのである。それができて初めて、家庭の模範と言うことができる。

二六四、心を穏やかに、大らかにしておく

此《こ》の心《こころ》、常《つね》に看《み》て円満《えんまん》ならば、天下自《てんかおの》ずから欠陥《けっかん》の世界無《せかいな》からん。此《こ》の心《こころ》、常《つね》に放《はな》ちて寛平《かんぺい》ならば、天下自《てんかおの》ずから険側《けんそく》の人情無《にんじょうな》からん。

此心常看的円満天下自無㆓欠陥之世界㆒。此心常放的寛平天下自無㆓険側之人情㆒。

〔語義〕○看て——拘束する。看視すること。○欠陥——欠けて足りないこと。満足していないこと。○放ちて——解放する。自由にすること。○険側の人情——とげとげしく傾いた険しい人の心。

〔訳文〕自分の心を、いつも心掛けて円満にするようにしておけば、この人間の世界には、自然に不備だと思う環境はなくなる。また、自分の心を、いつも心掛けて大らかで広く公平にするようにしておけば、この人間の世界には、自然にとげとげしくねじけた心はなくなる。

二六五、節操は変えず、信念は剝《む》き出しにせず

淡薄《たんはく》の士《し》は、必《かなら》ず濃艶《のうえん》なる者《もの》に疑《うたが》われる所《ところ》と為《な》り、検飭《けんちょく》の人《ひと》は、多《おお》く放肆《ほうし》なる者《もの》に忌《い》まる所《ところ》と為《な》

る。
君子《くんし》は此《こ》れに処《しょ》するに、固《もと》より少《すこ》しも其《そ》の操履《そうり》を変《か》うべからず、亦《ま》た、太《はなは》だしくは其《そ》の鋒鋩《ほうぼう》を露《あらわ》す可《べ》からず。

淡薄之士必為㆓濃艶者所㆑疑検飭之人多為㆓放肆者所㆑忌。

君子処㆑此固不㆑可㆔少変㆓其操履㆒亦不㆑可㆔太露㆓其鋒鋩㆒。

〔語義〕○淡薄の士――あっさりとして物に拘泥しない無欲な人。○濃艶なる者――「淡薄」の反対で、しつこくて物にこだわる人。○検飭――万事に慎み、厳しくて堅苦しいこと。○放肆――ほしいままなこと。投げやりなこと。○操履――操守履行の意で、堅く守り実践している主義主張のこと。○鋒鋩――鋭い切っ先。矛先。

〔訳文〕あっさりとして無欲な人は、きっと派手で物に執着する人から疑われるものであり、また正しく厳格な人は、多くの場合勝手気ままな人から嫌われるものである。
だから君子というものは、これらに対処するときには、当然、その主義主張を少しでも変えてはならないし、また、その鋭い矛先もあまりに見せすぎてはいけない。

二六六、逆境の効用と順境の陥穽《かんせい》

逆境《ぎゃっきょう》の中《うち》に居《あ》らば、周身皆鍼砭薬石《しゅうしんみなしんぺんやくせき》にして、節《せつ》を砥《と》ぎ行《おこな》いを礪《みが》くも、而《しか》も覚《さと》らず。
順境《じゅんきょう》の内《うち》に処《あ》らば、満前《まんぜん》尽《ことごと》く兵刃戈矛《へいじんかぼう》にして、膏《こう》を鎖《と》かし骨《ほね》を靡《へ》らすも、而《しか》も知《し》らず。

居㆓逆境中㆒周身皆鍼砭薬石砥㆑節礪㆑行而不㆑覚。
処㆓順境内㆒満前尽兵刃戈矛鎖㆑膏靡㆑骨而不㆑知。

〔語義〕○鍼砭薬石――鍼砭は、皮膚に刺して病気治療する金属製の針と石製の針。薬石は薬と石ばり。いずれもその人の欠点や短所の是正にすばらしい効力を発揮するもの。○兵刃戈矛――兵刃は刀剣などの武器、戈矛はほこ。いずれも身体を傷つける武器。

〔訳文〕人間は、逆境にいるときは、身のまわりがすべて鍼や薬のようなものであり、その逆境によって節義を磨き、行為を研ぎすまされているのに、しかも自分ではそのことがわからない。
これに対し、人間は、順境にいるときは、目の前がすべて刀や矛のようなものであり、一見順境に見えるようなことによって身体は溶かされ、骨身も削られているのに、しかも自分ではそのことに気が付かない。

二六七、富者は飲食・権勢への欲望で身を滅ぼす

富貴《ふうき》の叢中《そうちゅう》に生長《せいちょう》せるところのものは、嗜欲《しょよく》は猛火《もうか》の如《ごと》く、権勢《けんせい》は烈焔《れつえん》に似《に》たり。若《も》し些《いささ》かの清冷《せいれい》の気味《きみ》を帯《お》びざれば、其《そ》の火焔《かえん》は、人《ひと》を焚《や》くに至《いた》るにあらざれば、必《かなら》ず将《まさ》に自《みずか》ら焚《や》かんとす。

生二長富貴叢中一的嗜欲如二猛火一権勢似二烈焔一。
若不レ帯二些清冷気味一其火焔不レ至レ焚レ人必将二自焚一。

〔語義〕○富貴の叢中――叢中は群がり集まる場所、多くの人がいるところの意。富貴の人々の中。金持ちの家庭。○権勢――権力勢威の意で、他人を服従させる力。○清冷の気味――清も冷も冷たい、涼しい意。猛火や烈焰の心を冷ます気分。

〔訳文〕富貴の家庭に生まれ育った人が、飲食などをやたらに求める欲望は、激しく燃える火のように盛んであり、権力をもって他を支配しようとする心は、燃え盛る炎のように激しい。もし、少しぐらいの冷やかな様子を持ち合せていないと、その炎は、他の人を焼くに至らないのでなければ、必ず自分自身を焼き尽してしまうであろう。

二六八、一念、巌をも通す

人心《じんしん》の一真《いっしん》は、便《すなわ》ち霜《しも》をも飛《と》ばす可《べ》く、城《しろ》をも隕《おと》す可《べ》く、金石《きんせき》をも貫《つらぬ》く可《べ》し。偽妄《ぎもう》の人《ひと》の若《ごと》きは、形骸《けいがい》は徒《いたず》らに具《そな》わるも、真宰《しんさい》は已《すで》に亡《ほろ》ぶ。人《ひと》に対《たい》せば則《すなわ》ち面目《めんもく》は憎《にく》む可《べ》く、独《ひと》り居《お》らば則《すなわ》ち形影《けいえい》は自《おの》ずから愧《は》ず。

人心一真便霜可㆑飛城可㆑隕金石可㆑貫。
若㆓偽妄之人㆒形骸徒具真宰已亡。対㆑人則面目可㆑憎独居則形影自愧。

〔語義〕○人心の一真——人間の心の一真実。○霜をも飛ばす——戦国・斉の鄒衍《すうえん》に関する記事に「鄒衍、燕の恵王に事《つか》えて志を尽す。左右これを王に譖す。王これを獄に繫ぐ。天を仰いで哭す。夏五月、天これが為に霜を下す」（『太平御覧』巻十四、『淮南子』）とある故事に基づく。すなわち讒に遭って獄に投ぜられた鄒衍が天を仰いで哭すると、天は夏の五月（旧暦孟夏四月）に霜を下ろしたということ。○城をも隕す——春秋・斉の杞梁の妻に関する故事。斉の荘公が莒を攻めた際に杞梁は戦死したが、その妻が屍を枕に城下で哭すること十日、城はそのため崩れたという。『列女伝』（貞順、斉杞梁妻伝）にある。○金石をも貫く——漢代の武人、飛将軍李広に関する「一念巌をも通す」の故事。李広は特に弓に秀で、草原の石を虎と見誤ってこれを射たとき、鏃が隠れるほど深く突き刺さったという。『史記』（巻一百九、李将軍列伝）に詳しい。○真宰——真実の主宰者。本心のこと。道家では天地の主宰者、造物者のこと。『荘子』（内篇、斉物論第三）に「真宰有るが若《ごと》くして、特に其の朕《あと》を得ず」とある。

〔訳文〕人間の心の真実というものは、それが通じると、夏に霜を降らすことができ、城も崩すことができ、金石も貫きとおすことができる。

これに対して、真実がなく偽りの心を持った人は、単に肉体だけは具わっていても、肝心の本心はなくなっている。そこで、人に対するときは顔つきまで憎々しくなり、一人でいるときは自分自身の姿形さえも自分で嫌《いや》になってしまう。

二六九、究極に奇異はない

文章《ぶんしょう》も極処《きょくしょ》に做《な》し到《いた》らば、他《た》の奇有《きあ》ること無《な》く、只《た》だ是《こ》れ恰好《かっこう》あるのみ。
人品《じんぴん》も極処《きょくしょ》に做《な》し到《いた》らば、他《た》の異有《いあ》ること無《な》く、只《た》だ是《こ》れ本然《ほんぜん》あるのみ。

文章做二到極処一無レ有二他奇一只是恰好。
人品做二到極処一無レ有二他異一只是本然。

〔語義〕○極処――極まったところ。最高の境地。○做し到らば――やったことが最後までできあがること。完成すること。〇恰好——ちょうど良い。うまい具合。まさに適当なこと。〇本然——本来のありのままのあり方。天から付与された自然のままの純然たる性。宋学では「本然之性」を純一《じゅんいつ》無雑《むざつ》で絶対善であるとし、血気融混《ゆうこん》して後天的に生ずる性を「気質之性」と呼び、五行の配合の度合いにより善不善の差別を生ずるとする。

〔訳文〕文章も、技巧が最高の域まで上達すると、そこには特別に珍しい奇抜な表現があるわけではなく、ただぴったり合った表現があるだけである。

人格も、最高の境地まで到達すると、そこには特別に他と変った様子があるわけではなく、ただ人間に本来具わっているものがそこにあるだけである。

二七〇、天地は同根、万物は一体

幻迹《げんせき》を以《もっ》て言《い》わば、功名富貴《こうみょうふうき》を論《ろん》ずる無《な》く、即《すなわ》ち肢体《したい》も亦《ま》た委形《いけい》に属《ぞく》す。真境《しんきょう》を以《もっ》て言《い》わば、父《ふ》母兄弟《ぼけいてい》を論《ろん》ずる無《な》く、即《すなわ》ち万物《ばんぶつ》は皆吾《みなわれ》と一体《いったい》なり。人《ひと》は能《よ》く看《み》て破《やぶ》り、認《みと》めて真《しん》ならば、纔《わず》かに以《もっ》て天下《てんか》の負担《ふたん》に任《た》うべく、亦《ま》た世間《せけん》の韁鎖《きょうさ》を脱《だつ》す可《べ》し。

以二幻迹一言無レ論二功名富貴一即肢体亦属二委形一。以二真境一言無レ論二父母兄弟一即万物皆吾一体。人能看的破認的真纔可三以任二天下之負担一亦可レ脱二世間之韁鎖一。

〔語義〕○幻迹――現実の世界のこと。幻のような仮に現れた現象世界を指して言う。○委形――天から付与された肉体。天からの預かり物としての身体。『荘子』（外篇、知北遊第二十二）に「舜曰く、吾が身も吾が有に非《あら》ざるなり、孰《たれ》か之《これ》を有するや、と。曰く、是《こ》れ天地の委形なり、と」とある。○万物は皆吾と一体――天地間のあらゆるものが自己の本心と何ら異なるものでないこと。『荘子』（内篇、斉物論第二）に「天地と我と並び生じ、万物と我と一為り」とある。○的――口語的用法。名詞・動詞・形容詞などに添える助詞。ここでは読んでいない。○負担――背負うこと。責任を持って身に引き受けること。○韁鎖――韁は馬を御《ぎょ》し繋ぎ止める手綱《たづな》。鎖は身を捕縛する鎖《くさり》。ともに身の自由を束縛する道具。

〔訳文〕幻のような現実の世界について言うなら、人間が望むような功名富貴などは言うまでもなく、この肉体でさえも、天から預かった仮のものである。一方、真実の世界から言うなら、血縁関係にある父母兄弟は言うまでもなく、何の関係もないと思われる万物も、すべて自分と同じものである。人は、この現実世界は仮のものであることを見通し、真実の世界こそほんとうのものであると確信ができたなら、そこで初めて天下の大事をその身に荷担することができ、また俗世間の名利《みょうり》に拘束されることから脱することができる。

二七一、美食・快楽はほどほどに

爽口《そうこう》の味《あじ》わいは、皆爛腸腐骨《みならんちょうふこつ》の薬《くすり》なるも、五分《ごぶ》ならば便《すなわ》ち殃無《わざわいな》し。快心《かいしん》の事《こと》は、悉《ことごと》く敗身散徳《はいしんさんとく》の媒《なかだち》なるも、五分《ごぶ》ならば便《すなわ》ち悔《く》ゆること無《な》し。

爽口之味皆爛腸腐骨之薬五分便無レ殃。快心之事悉敗身散徳之媒五分便無レ悔。

〔語義〕○爽口の味——口をさわやかにし、楽しくさせるものの意から、美味なる食物のこと。ただし、『老子』（第十二章）には「五味は人の口をして爽《たが》わしむ」とあり、『荘子』（外篇、天地第十二）にも「五味は口を濁《にご》らし、口をして厲爽《れいそう》ならしむ」とあって、美食に耽溺《たんでき》する意にも解される。○敗身散徳——身の上を台なしにし、徳をも散らしめること。

〔訳文〕人の口を喜ばせるような美味な食べ物は、度を過ごせば胃腸をただれさせ、骨をも腐らせる毒薬となるが、ほどほどにしておけば人を損なうことはない。また、人の心を楽しくさせるような誘惑的な事柄は、度を過ごせばその身を持ち崩し、徳を散らせる橋渡しとなるが、ほどほどにしておけば後に悔いることはない。

二七二、他人の咎は荒だてない

人《ひと》の小過《しょうか》を責《せ》めず、人《ひと》の陰私《いんし》を発《あば》かず、人《ひと》の旧悪《きゅうあく》を念《おも》わず。三者《さんしゃ》は、以《もっ》て徳《とく》を養《やしな》う可《べ》く、亦《ま》た以《もっ》て害《がい》を遠《とお》ざく可《べ》し。

不レ責二人小過一不レ発二人陰私一不レ念二人旧悪一。三者可二以養レ徳亦可二以遠レ害。

〔語義〕○陰私――陰も私も密かに隠しておく、秘密にしておくこと。○旧悪を念わず――念は記憶している、覚えていることで、昔行った悪事をいつまでも覚えていること。『論語』（公冶長篇）に「子曰く、伯夷《はくい》・叔斉《しゅくせい》は旧悪を念《おも》わず、怨み是《こ》れを用《もっ》て希《まれ》なり」とある。

〔訳文〕人の些細《ささい》な過失を責めたてたりせず、人の隠しごとも暴きたてず、人の過去の悪事をいつまでも覚えていたりしないようにする。この三つの事柄を実行したなら、それでもって自分の徳を養うことができるし、また他人の恨みを買うような災いを遠ざけることもできる。

二七三、人生を楽しみ、酔生夢死を自戒する

天地《てんち》は万古《ばんこ》有《あ》るも、此《こ》の身《み》は再《ふたた》びは得《え》られず。人生《じんせい》は只《た》だ百年《ひゃくねん》なるのみ、此《こ》の日《ひ》最《もっと》も過《す》ごし易《やす》し。

幸《さいわ》いに其《そ》の間《かん》に生《う》まれる者《もの》は、有生《ゆうせい》の楽《たの》しみを知《し》らざる可《べ》からず、亦《ま》た虚生《きょせい》の憂《うれ》いを懐《いだ》かざる可《べ》からず。

天地有㆓万古㆒此身不㆓再得㆒。人生只百年此日最易㆑過。
幸生㆓其間㆒者不㆑可㆑不㆑知㆓有生之楽㆒亦不㆑可㆑不㆑懐㆓虚生之憂㆒。

〔語義〕○万古――万世の意味で、永久に、いつまでもの意。○百年――中国の道教でも人生は百年と考えていた。仏教も大体同じ。○有生の楽しみ――人間として生まれたということの中に含まれる楽しさ。人生の楽しさ。○虚生の憂い――せっかくの人生を空しく過ごしてしまうのではないかという心配。

〔訳文〕天地は永遠のものであるが、この身は再び生まれてくることはできない。人生はせいぜい百年に過ぎないのに、月日はどんどん経ってしまう。しあわせなことに、この永遠な天地の間に生まれてきた人間としては、生まれてきたという楽しみをぜひ知らなければいけないし、また、このせっかくの人生を無意義に過ごしてしまうのではないかという心配も持っていなければならない。

二七四、充実・全盛のときを慎む

老来《ろうらい》の疾病《しっぺい》は、都《すべ》て是《こ》れ壮時《そうじ》に招《まね》くところのものなり。衰時《すいじ》の罪業《ざいごう》は、都《すべ》て是《こ》れ盛時《せいじ》に作《つく》れるところのものなり。故《ゆえ》に、盈《えい》を持《たも》ち満《まん》を履《ふ》むには、君子《くんし》尤《もっと》も兢兢《きょうきょう》たり。

老来疾病都是壮時招得。衰時罪業都是盛時作得。故持レ盈履レ満君子尤兢兢焉。

〔語義〕○老来——老いてから、老人になって以後の意。○壮時——血気盛んな壮年時代。働き盛りの三十歳前後を言う。○罪業——仏教の言葉で、身・口・意の三業によって作られる罪。○盈を持ち満を履む——盈満の状態を保っていること。地位も富も充実した境遇にあること。○兢兢——戒め慎むさま、畏れ戒めるさま。『詩経』（小雅、小旻）に「戦戦兢兢《せんせんきょうきょう》として深淵に臨むが如く、薄氷《はくひょう》を覆《ふ》むが如し」とある。

〔訳文〕身が老いてからの病気は、すべて若いときに摂生《せっせい》しなかったことによって招いたものである。また、地位が衰えてから出てくる罪状は、すべて勢力があったときにその原因を作ったものである。だから、高い地位にあって勢力が盛んなときには、君子は自分の行為をもっとも恐れ慎重にしなければいけない。

二七五、処世の四戒

私恩《しおん》を市《う》るは、公議《こうぎ》を扶《たす》くるに如《し》かず。新知《しんち》を結《むす》ぶは、旧好《きゅうこう》を敦《あつ》くするに如《し》かず。栄名《えいめい》を立《た》つるは、陰徳《いんとく》を種《う》うるに如《し》かず。奇節《きせつ》を尚《とうと》ぶは、庸行《ようこう》を謹《つつし》むに如《し》かず。

市二私恩一不レ如レ扶二公議一。結二新知一不レ如レ敦二旧好一。立二栄名一不レ如レ種二陰徳一。尚二奇節一不レ如レ謹二庸行一。

〔語義〕○私恩を市る――私的な恩恵を押しつける。売りつける。○栄名――人に知られるような良い評判。○陰徳――人に知られない徳行。隠徳。『晋書』（巻七十五、王湛伝）に「湛、初め陰徳有り、人能《よ》く知る莫《な》し、其の父のみ独《ひと》り異とす」とある。○奇節――秀れた行い。他に抜きん出た節操。○庸行を謹む――日常の平凡な行為を慎むこと。『易経』（乾卦、九二）に「庸言之《これ》信じ、庸行之謹む」とあるのによる。

〔訳文〕個人的な恩恵を施すのは、天下の公正な議論に味方するのに及ばない。新しく交友を結ぶのは、古い友人との親しい付き合いを厚くするのに及ばない。人に知られるような良い評判を立てるのは、陰《かげ》で徳を積むのに及ばない。秀れた行いを尊ぶのは、日常の行いを慎むのに及ばない。

二七六、正義を犯さず、権門に近づかず

公平正論《こうへいせいろん》には、手《て》を犯《おか》す可《べ》からず。一《ひと》たび手《て》を犯《おか》さば、則《すなわ》ち羞《はじ》を万世《ばんせ》に貽《のこ》す。
権門私竇《けんもんしとう》には、脚《あし》を着《つ》く可《べ》からず。一《ひと》たび脚《あし》を着《つ》かば、則《すなわ》ち汚《けが》れを終身《しゅうしん》に玷《てん》ず。

公平正論不レ可レ犯レ手。一犯レ手則貽二羞万世一。
権門私竇不レ可レ着レ脚。一着レ脚則玷二汚終身一。

〔語義〕○手を犯す——犯は触れる、当る、逆らう意。手出しを反対する。○権門私竇——竇は穴倉、巣窟の意。権勢を得て今をときめく家や、私利私欲に奔走する人々の集まる場所。○終身——その身が終るまで、一生涯の意。○玷——傷。玉の瑕《きず》。欠ける。過ちを犯す。

〔訳文〕公平な意見や正当な議論に対しては、反対をしてはいけない。もしちょっとでも反対すると、その恥を後々まで残すことになる。
権力のある家や自分の利益ばかり計っている人々のところには、足を踏み入れてはならない。もしちょっとでも足を踏み入れると、消すことのできない汚れを生涯持つことになる。

二七七、信念をもって自身を正す

意《い》を曲《ま》げて人《ひと》をして喜《よろこ》ばしむるは、節《せつ》を直《なお》くして人《ひと》をして忌《い》ましむるに若《し》かず。善《ぜん》無《な》くして人《ひと》の誉《ほま》れを致《いた》すは、悪《あく》無《な》くして人《ひと》の毀《そし》りを致《いた》すに如《し》かず。

曲ㇾ意而使㆓人喜㆒不ㇾ若㆔直ㇾ節而使㆓人忌㆒。無ㇾ善而致㆓人誉㆒不ㇾ如㆔無ㇾ悪而致㆓人毀㆒。

〔語義〕○意を曲げて――信念を曲げ、自分の意志とは反対のことをする意。○節を直くして――節操を曲げず自分の行いをまっすぐに正しての意。○致す――あるものをそこに持ってくる。招く。招来すること。

〔訳文〕自分の信念を曲げて人を喜ばせるのは、自分の節操を正しくして人に嫌われるのには及ばない。善いことをしてもいないのに人に褒められるのは、悪いこともしないのに人にそしられるのには及ばない。

二七八、肉親の異変、朋友の失敗

父兄骨肉《ふけいこつにく》の変《へん》に処《お》りては、宜《よろ》しく従容《しょうよう》たるべく、宜《よろ》しく激烈《げきれつ》なるべからず。

朋友交遊《ほうゆうこうゆう》の失《しっ》に遇《あ》いては、宜《よろ》しく凱切《がいせつ》なるべく、宜《よろ》しく優游《ゆうゆう》たるべからず。

処二父兄骨肉之変一宜二従容一不レ宜二激烈一。
遇二朋友交遊之失一宜二凱切一不レ宜二優游一。

〔語義〕○従容たる――従容は畳韻の語。ゆったりしたさま。○凱切――凱は大きな鎌。大地に近づき迫って草を刈る意から、急所に当る、適切な処置をすること。○優游――ゆったりすること。暇なこと。『詩経』（大雅、巻阿《けんあ》）に「伴奐《ばんかん》として爾《なんじ》游《あそ》び、優游《ゆうゆう》として爾《なんじ》息《いこ》えり」とある。

〔訳文〕親や兄弟などの身内の者が不慮の災難に見舞われたときには、なるべくゆったりと落ち着いているのが良く、決して感情を激しく高ぶらせてはいけない。
また、親しい友人や仲間が失敗したときには、なるべく適切な忠告をしてやるのが良く、決してぐずぐずとして見過ごしてはいけない。

二七九、真実の英雄

小処《しょうしょ》にも滲漏《しんろう》せず、暗処《あんしょ》にも欺隠《ぎいん》せず、末路《まつろ》にも怠荒《たいこう》せず。纔《わず》かに是《こ》れ真正《しんせい》の英雄《えいゆう》なり。

小処不㆓滲漏㆒暗処不㆓欺隠㆒末路不㆓怠荒㆒。纔是真正英雄。

〔語義〕○滲漏——水が滲《し》み漏れることから、手抜かりすること、なおざりにすること。○欺隠——欺《あざむ》き、隠しだてすること。○怠荒——身体が緩んでしまりのないこと。怠り荒《すさ》む。『史記』（巻六、秦始皇本紀）に「敢えて怠荒する莫《な》し」とある。

〔訳文〕小さなことであるからと言ってなおざりにすることなく、人が見ていないからと言ってごまかしたり隠したりすることなく、失意のどん底に落ちてしまったからと言って怠けたりやけになったりしない。こうしたことができてこそ、ようやくほんとうの秀れた人物であると言える。

二八〇、堅苦しくて独善では志《こころざし》も永続せず

奇《き》に驚《おどろ》き異《い》を喜《よろこ》ぶ者《もの》は終《つい》に遠大《えんだい》の識《しき》無《な》く、苦節独行《くせつどっこう》の者《もの》には要《かなら》ず恒久《こうきゅう》の操《そう》有《あ》り。

驚㆑奇喜㆑異者終無㆓遠大之識㆒苦節独行者要有㆓恒久之操㆒。

〔語義〕○遠大の識——遠い将来まで包括的に判断できるような見識のこと。○恒久の操——永久に守り続けられるような高い節操。高潔な意志のこと。

〔訳文〕珍しい物事に驚いたり、変ったことを喜んだりする人には、結局は遠い先まで見とおすような大きな見識は具わっていないし、また、身を苦しめ操《みさお》を高くして、自分だけ一人で進む人には、必ずいつまでも続くほんとうの志がある。

二八一、自《みずか》らを見つめるもう一つの目

怒火欲水《どかよくすい》の正《まさ》に騰沸《とうふつ》する時《とき》に当《あた》りて、明明《めいめい》に知得《ちとく》し、又明明《まためいめい》に犯着《はんちゃく》す。知《し》るところのものは是《こ》れ誰《たれ》ぞ。犯着《はんちゃく》するものは又是《またこ》れ誰《たれ》ぞ。此《こ》の処《ところ》、能《よ》く猛然《もうぜん》として念《ねん》を転《てん》ぜば、邪魔《じゃま》も便《すなわ》ち真君子《しんくんし》と為《な》らん。

当㆓怒火欲水正騰沸時㆒明明知得又明明犯着。
知得是誰。犯着又是誰。此処能猛然転㆑念邪魔便為㆓真君子㆒矣。

〔語義〕○知得――「得」は動詞に付いて可能なことを表す。知ることができる、知られる。○犯着――「着」は動詞に後置して状態が持続することを表す。犯している。○猛然――急に。にわかに。突然の意。

〔訳文〕人間というものは火のような激しい怒りと、水のような大きな欲望が盛り上がり沸きたとう

とするときにあって、自分の心の物事を明らかに知りながら、また一方で明らかに犯してしまうものである。

このとき、その明らかに知る者は誰であろうか。また明らかに犯す者は誰であろうか。この知りもし犯しもする者が誰かということを直ちに思い返し見極めたなら、それまでは悪魔のようなものであった者も、それがそのまま本来の心になってしまうであろう。

二八二、自《みずか》ら驕《おご》らず、人を妬《ねた》まず

偏信《へんしん》にして奸《かん》に欺《あざむ》かるる所《ところ》と為《な》ること毋《なか》れ。自任《じにん》にして気《き》に使《つか》わるる所《ところ》と為《な》ること毋《なか》れ。己《おのれ》の長《ちょう》を以《もっ》て人《ひと》の短《たん》を形《あらわ》すこと毋《なか》れ。己《おのれ》の拙《せつ》に因《よ》りて人《ひと》の能《のう》を忌《い》むこと毋《なか》れ。

毋三偏信而為二奸所一レ欺。毋三自任而為二気所一レ使。毋下以二己之長一而形中人之短上。毋下因二己之拙一而忌中人之能上。

〔語義〕○偏信——偏向した信頼の意で、一方ばかりに片寄って信用すること。○所と為る——……に……されるの意で、受け身の形を作る構文。○気——客気《かくき》のことで、勇ましい心、はやる心のこと。

〔訳文〕一方ばかりを信用するようなことをして、悪い人に騙されないようにしなさい。自信を持ちすぎるようなことをして、自分のはやる心に動かされないようにしなさい。自分の長所を示すことによって、他人の短所をあばき出すようなことをしてはいけない。自分が無能であるからと言って、他人の才能を妬《ねた》むようなことをしてはいけない。

二八三、人の欠点にはやんわりと対処する

人《ひと》の短処《たんしょ》は、曲《つぶさ》に弥縫《びほう》を為《な》すを要《よう》す。如《も》し暴《あば》きて之《これ》を揚《あ》ぐれば、是《こ》れ短《たん》を以《もっ》て短《たん》を攻《せ》むるなり。人《ひと》の頑《がん》あるものは、善《よ》く化誨《かかい》を為《な》すを要《よう》す。如《も》し忿《いか》りて之《これ》を嫉《にく》まば、是《こ》れ頑《がん》を以《もっ》て頑《がん》を済《たす》くるなり。

人之短処要㆔曲為㆓弥縫㆒。如暴而揚㆑之是以㆑短攻㆑短。人有㆑頑的要㆔善為㆓化誨㆒。如忿而嫉㆑之是以㆑頑済㆑頑。

〔語義〕○弥縫——補い縫い合せる。取りつくろうこと。また欠点や失敗を取りなしてやること。『春秋左氏伝』（僖公二十六年）に「其の不協を謀り、其の闕を弥縫す」とある。○頑——片意地。○化誨——感化教誨《きょうかい》の意で、人を改めさせ教え諭《さと》すこと。○済る——進める。助長すること。

〔訳文〕他人の短所は、こと細かに心を配って取りつくろってあげることが必要である。もしその短

所をあばきたてて示すなら、それは自分の短所で人の短所を責めるようなもので、それでは他人の短所を改めさせることはできない。また、頑固な人に対しては、上手に教え諭《さと》してやることが必要である。もし怒ってその頑固な人を憎んだりするなら、それは自分の頑固さで人の頑固さをさらに推し進めさせるようなもので、それでは他人の頑固さを改めさせることはできない。

二八四、心を許してはならない人物

沈沈《ちんちん》として語《かた》らざるの士《し》に遇《あ》わば、且《しばら》く心《こころ》を輸《いた》すこと莫《なか》れ。悻悻《こうこう》として自《みずか》ら好《よ》しとするの人《ひと》を見《み》ば、応《まさ》に須《すべか》らく口《くち》を防《ふさ》ぐべし。

遇㆓沈沈不㆑語之士㆒且莫㆑輸㆑心。見㆓悻悻自好之人㆒応㆑須㆑防㆑口。

〔語義〕○沈沈——静かなさま。また奥深いさま。○心を輸す——輸は尽す、打ち明ける意。自分の本心を披瀝《ひれき》すること。○悻悻——背き怒ること。また怒る様子。『孟子』（公孫丑、下）に「其の君を諫めて受けざれば、則ち怒りて悻悻然として其の面を見る」とある。

〔訳文〕静かすぎてものも言わず、その心がわからないような人には、取り敢えず自分の本心を語ってはいけない。怒りっぽくて自分だけは正しいと思い込み、人の言うことを聞かないような人には、決して口を利いてはいけない。

二八五、心の制御の仕方

念頭《ねんとう》、昏散《こんさん》の処《ところ》は、提醒《ていせい》を知《し》るを要《よう》す。念頭《ねんとう》、喫緊《きっきん》の時《とき》は、放下《ほうか》を知《し》るを要《よう》す。然《しか》らざれば、恐《おそ》らくは昏昏《こんこん》の病《やまい》を去《のぞ》くも、又《また》、憧憧《しょうしょう》の擾《みだ》れを来《まね》かん。

念頭昏散処要レ知二提醒一。念頭喫緊時要レ知二放下一。不レ然恐去二昏昏之病一又来二憧憧之擾一矣。

〔語義〕○昏散――昏沈と散乱のことで、内にはぼんやりし、外には気が散って、ものの正しい判断が付かないこと。○提醒――提起覚醒《ていきかくせい》の意。心を引きたて呼び覚ますこと。○喫緊――差し迫った大事なこと。危急のことで気持ちがそれだけに集中熱中すること。○放下――許す。放棄する。緊張の状態から解き放してやること。「下」は動詞に後置して動作の完成する気持ちを表す。○憧憧の擾れ――心が定まらず、絶えず乱れ往き来すること。『易経』（咸卦、九四）に「憧憧として往来し、朋爾《ともなんじ》の思いに従う」とある。

〔訳文〕気持ちがぼんやりしたり、気が外に散って正しい判断ができないような状態のときは、心を呼び覚まさせることが必要である。また、差し迫った大事なことを考えて、気持ちが緊張しすぎているときには、その心を緩めてやることが必要である。そうしないと、たぶん、ぼんやりした悪い状態は直せても、また気持ちが揺れ動いて落ち着かない乱れた状態を引き起こすことになるであろう。

二八六、時も心も移りゆく

霽日《せいじつ》の青天《せいてん》も、倏《たちま》ち変《へん》じて迅雷震電《じんらいしんでん》と為《な》り、疾風怒雨《しっぷうどう》も、倏《たちま》ち転《てん》じて朗月《ろうげつ》の晴空《せいくう》と為《な》る。気機《きき》に何《なん》ぞ嘗《かっ》て、一毫《いちごう》の凝滞《ぎょうたい》あるや。太虚《たいきょ》に何《なん》ぞ嘗《かっ》て、一毫《いちごう》の障蔽《しょうへい》ありや。人《ひと》の心体《しんたい》も、亦《ま》た当《まさ》に是《か》くの如《ごと》くなるべし。

霽日青天倏変為二迅雷震電一疾風怒雨倏転為二朗月晴空一。気機何嘗一毫凝滞。太虚何嘗一毫障蔽。人之心体亦当レ如レ是。

〔語義〕○霽日――雨がやんで晴れわたった日のこと。○迅雷震電――迅雷は続けざまに雷が鳴りわたること。震電は激しく雷光がひらめくこと。○気機――自然界の気性。天地間の気の働き。現象。○一毫の凝滞――毫は蚕《かいこ》の口から出る細糸十糸を合せたもので、きわめて細いこと。わずかなこと。凝滞は滞ること。物事に関わり止まること。ほんの一瞬の出来事の意。○障蔽――凝滞と同義で、物事が滞って隠されるの意。

〔訳文〕よく晴れわたった青空も、にわかに変って雷が鳴りひびき稲光がひらめく空となり、激しい風や雨も、にわかに変って明るい月が照らす晴れた空となる。自然界の気象はどうして昔から一定不変であったであろうか。今のこの気象は、大きな流れの中のちょっとした時の一部にすぎない。天空の様子もどうして昔から一定不変であったであろうか。今のこの様子は、大きな流れの中のちょっとした時の一部にすぎない。人間の心の本体もまたこのようにつねに変り行くものである。

二八七、見識と努力

私《わたくし》に勝《か》ち欲《よく》を制《せい》するの功《こう》は、識《し》ること早《はや》からず、力《りき》むること易《やす》からずと曰《い》う者有《ものあ》り。識《し》り得《え》て破《やぶ》り、忍《にん》も過《あやま》たずと曰《い》う者有《ものあ》り。蓋《けだ》し、識《しき》は是《こ》れ一顆《いっか》の照魔《しょうま》の明珠《めいしゅ》にして、力《りき》は是《こ》れ一把《いっぱ》の斬魔《ざんま》の慧剣《けいけん》なり。両《ふた》つながら少《か》く可《べ》からざるなり。

勝ㇾ私制ㇾ欲之功有下曰二識不ㇾ早力不一ㇾ易者上。有下曰二識得破忍不一ㇾ過者上。蓋識是一顆照魔的明珠力是一把斬魔的慧剣。両不ㇾ可ㇾ少也。

〔語義〕○私に勝ち欲を制する——私利私欲の心に引きまわされるおのれに打ち勝ち、その心を自由に制御する。○識り得て破り——知った上でそれを打ち破る。知ることもできる上にさらにこれに打ち勝つこと。○忍――忍耐。私利私欲の心に耐え、これを制御すること。○一顆の照魔の明珠――私利私欲という悪魔を見破り、これに打ち勝つ知慧のこと。照魔は一粒の明珠の知慧の働き。○一把の斬魔の慧剣――私利私欲という悪魔を打ち砕く一振りの名剣。慧剣は明珠と同じく知慧の喩え。

〔訳文〕 私利私欲に打ち勝ちこれを制御する働きということにおいて、私利私欲の実体を知ることはすぐにはできないし、またそれを実際に制御することは容易ではないと言う人がいる。また、それを知って打破することができ、それを制御する働きも過たないと言う人もいる。

思うに、それを識るということは、私利私欲という悪魔を照らす一粒の宝珠の働きのようなものであり、実際に制御する力とは、悪魔を断ち切る一振りの名剣の働きのようなものである。この識と力という二つの働きは、両方とも欠くことができないものである。

二八八、逆境・貧苦は天の試練

横逆困窮《おうぎゃくこんきゅう》は、是《こ》れ豪傑《ごうけつ》を煅煉《たんれん》するの一副《いっぷく》の炉鎚《ろつい》なり。能《よ》く其《そ》の煅煉《たんれん》を受《う》くる者《もの》は、則《すなわ》ち身心《しんしん》交《こもごも》益《えき》し、其《そ》の煅煉《たんれん》を受《う》けざる者《もの》は、則《すなわ》ち身心《しんしん》交《こもごも》損《そん》す。

横逆困窮是煅㆓煉豪傑㆒的一副炉鎚。能受㆓其煅煉㆒者則身心交益不㆑受㆓其煅煉㆒者則身心交損。

〔語義〕○横逆――横暴悪逆の意で、よこしまでひどい仕打ちや無法な扱いを受けること。○豪傑――豪も傑も秀れた人物のこと。豪は才智が十人に秀れ、傑は百人に秀れている意。○煅煉――鍛錬に同じ。○一副――「副」は一組や一揃いを表す助数詞。○炉鎚――炉は金属を精錬するための火どこ、ふいご。鎚は錘とも通じ、火を吹きつけて金属を鍛える器具。

〔訳文〕ひどい仕打ちを受けたり、困難窮乏の苦労をすることは、秀れた人物を鍛え上げるために天から与えられた、一揃いの金属精錬の設備のようなものである。その試練を受けることができる人は、身と心の両方とも利益を得ることができるし、受けない人は、身と心の両方とも損害をこうむって駄目になってしまう。

二八九、思慮は深く、だまされてもだまさず

人《ひと》を害《がい》するの心《こころ》は有《あ》る可《べ》からず、人《ひと》を防《ふせ》ぐの心《こころ》は無《な》かる可《べ》からずとは、此《こ》れ慮《おもんぱか》るに疎《うと》きを戒《いまし》むる者《もの》なり。寧《むし》ろ人《ひと》の欺《あざむ》きを受《う》くるも、人《ひと》の詐《いつわ》りを逆《むか》うること毋《なか》れとは、此《こ》れ察《さつ》に傷《やぶ》るるを警《いまし》むる者《もの》なり。二語《にご》並《なら》びに存《そん》せば、精明《せいめい》にして渾厚《こんこう》たり。

害レ人之心不レ可レ有　防レ人之心不レ可レ無　此戒レ疎ニ於慮一者。寧受ニ人之欺一毋レ逆ニ人之詐一　此警レ傷ニ于察一者。二語並存精明渾厚矣。

〔語義〕○慮るに疎き——疎はうといこと、うかつに見過ごすこと。思慮が浅く、うかつに過ごしてしまうこと。○詐を逆うる——逆は迎と同義で迎える、待ち受けるの意。知っていながら人の偽りを待ち受けるようにして相手を誘うこと。『論語』（憲問篇）に「詐《いつわ》りを逆《むか》えず、不信を億《はか》らず」とある。○察に傷るる——察は明察の意で、先を見とおすこと。先が見えすぎて却って失敗すること。○渾厚——大きくて重々しさがある。どっしりしていること。

〔訳文〕「人に危害を加える心を持ってはいけないし、人から危害を加えられるのを防ぐ心掛けは持たなければいけない」という言葉は、思慮に欠けた人を戒めたものである。「むしろ人から欺《あざむ》かれるようなことがあっても、敢えて人を偽らせるようなことをしてはいけない」という言葉は、目先が利きすぎて失敗してしまうような人を戒めたものである。この二つの言葉をともに念頭に置いておけば、思慮は深く賢明になり、行為は大きく重々しいものになる。

二九〇、世論と私見

群疑《ぐんぎ》に因《よ》りて独見《どくけん》を阻《はば》むこと毋《なか》れ。己《おのれ》の意《い》に任《まか》せて人《ひと》の言《げん》を廃《はい》すること毋《なか》れ。小恵《しょうけい》を私《わたくし》して大体《だいたい》を傷《やぶ》ること毋《なか》れ。公論《こうろん》を借《か》りて以《もっ》て私情《しじょう》を快《こころよ》くすること毋《なか》れ。

毋㆘因㆓群疑㆒而阻㆗独見㆖。毋㆘任㆓己意㆒而廃㆗人言㆖。毋㆘私㆓小恵㆒而傷㆗大体㆖。毋㆘借㆓公論㆒以快㆗

私情上。

〔語義〕○阻む――拒む。拒否すること。阻止。阻害すること。○大体――全体、大局などの意から、国全体、人類全体などにとって恩恵となるようなこと。○公論――一般世人が是認する議論。大多数が与《くみ》する議論。世論。

〔訳文〕大勢の人の疑いによって、一人の意見を拒んではいけない。自分の意見だけを勝手気ままに通して、人の発言を無視してはいけない。小さな恵みにこだわって、大局を損なうようなことをしてはいけない。世論の力を借りて、それを利用して自分の気持ちだけを満足させるようなことをしてはいけない。

二九一、称賛も慎重に、批判は慎む

善人《ぜんにん》も、未《いま》だ急《きゅう》には親《した》しむこと能《あた》わずば、宜《よろ》しく預《あらかじ》め揚《あ》ぐべからず。恐《おそ》らくは讒譖《ざんしん》の奸《かん》を来《まね》かん。悪人《あくにん》も、未《いま》だ軽《かる》がるしくは去《のぞ》くこと能《あた》わずは、宜《よろ》しく先《ま》ず発《あば》くべからず。恐《おそ》らくは媒孽《ばいげつ》の禍《わざわい》を招《まね》かん。

善人未レ能ニ急親一不レ宜ニ預揚一。恐来ニ讒譖之奸一。

悪人未レ能ニ軽去一不レ宜ニ先発一。恐招ニ媒孽之禍一。

〔語義〕○預め揚ぐ——親しみ交わる前にその人を褒めたり顕彰したりすること。○讒譖の奸——讒《ざん》言譖毀《げんしんき》の意で、陰口を言って仲を割くようなよこしまな人のこと。○媒孽の禍——仲だちによってさらに罪が助長されるような災禍のこと。『史記』（巻一百三十、太史公自序）に「今、事を挙げ壱《ひと》たび当《あた》らざれば、軀を全《まっと》うし妻子を保つの臣随いて其の短を媒孽とす」とある。

〔訳文〕相手が善人でも、そこの人とまだ今すぐには親しみ交わることができないならば、前もって褒めたてるようなことをしてはいけない。そんなことをしたなら、たぶん、悪口を言って間を遮るような悪い人を出てこさせることになるであろう。

相手が悪人でも、その人をまだ手軽には退けられないならば、前もって悪いことをあばき出すようなことをしてはいけない。そんなことをしたなら、たぶん、悪人が私の罪を譲《かも》し出すような被害をもたらすことになるであろう。

二九二、節義経綸《けいりん》の来《きた》るところ

青天白日《せいてんはくじつ》の節義《せつぎ》は、暗室屋漏《あんしつおくろう》の中自《うちょ》り培《つちか》い来《きた》る。旋乾転坤《せんけんてんこん》の経綸《けいりん》は、臨深履薄《りんしんりはく》の中従《うちょ》り操《と》り出《い》だす。

青天白日的節義自㆓暗室屋漏中㆒培来。旋乾転坤的経綸従㆓臨深履薄中㆒操出。

〔語義〕○屋漏——室の西北の隅で、中霤《ちゅうりゅう》の神を祭る場所。家の中でもっとも奥深く暗いところ。人目に付かないところで密かに修養を積む喩え。○旋乾転坤の経綸——乾坤《けんこん》を旋転《せんてん》させるような経国の治政の意で、天地を一新させるような驚天動地の国策を言う。○臨深履薄の中——深淵に臨んだり薄氷を踏んだりするような、慎重の上にも慎重を重ねた、細心にして綿密な工夫と行動のこと。『詩経』(小雅、小旻)の文に基づく(第二七四節の語義を参照のこと)。

〔訳文〕青空に輝いている太陽のように明らかな節操や道義というものは、暗い部屋の人の見えないような目だたないところから養われてくるものである。また、世界を新しく変えるような国家の政策というものは、深い淵に臨んだり薄い氷を踏むときのような慎重な行動から導かれて出てくるものである。

二九三、肉親の情愛と道理

父《ちち》は慈《じ》、子《こ》は孝《こう》、兄《あに》は友《ゆう》、弟《おとうと》は恭《きょう》たり。縦《たと》い極処《きょくしょ》に做《な》し到《いた》るも、倶《とも》に是《こ》れ合当《まさ》に是《こ》れの如《ごと》くなるべく、一毫《いちごう》の感激《かんげき》の念頭《ねんとう》も著《つ》け得《え》ざれ。如《も》し施《ほどこ》す者《もの》は徳《とく》に任《にん》じ、受《う》くる者《もの》は恩《おん》を懐《おも》わば、便《すなわ》ち是《こ》れ路《ろ》人《じん》にして、便《すなわ》ち市道《しどう》と成《な》らん。

父慈子孝兄友弟恭。縦做二到極処一倶是合二当如一レ是著二不レ得三一毫感激的念頭一。如施者任レ徳受者懐レ恩便是路人便成二市道一矣。

〔語義〕○父は慈、子は孝、……――『礼記』（礼運第九）に「父は慈、子は孝、兄は良、弟は悌」とあり、『史記』（巻一、五帝本紀）に、「父は義、母は慈、兄は友、弟は恭」などとあることに基づく。○感激――お互いが大変ありがたいと感じたり、相手を悼み気の毒に思ったりすること。○著け得ざれ――著は動かし起こすこと。「不得」は「してはいけない」という禁止の意。○路人――路傍の人、行路の人の意で、見ず知らずの他人のこと。○市道――「市道の交わり」あるいは「市道の事」の意で、市井《しせい》における商売の取り引きのような関係。利益関係で成りたつ世間的な交わりのこと。『史記』（巻八十一、廉頗《れんぱ》藺相如列伝）に「天下は市道を以て交わり、君に勢い有らば則《すなわ》ち君に従い、君に勢い無くば則ち去る」とある。

〔訳文〕父は子を慈《いつく》しみ、子は親に孝を尽し、兄は弟に友愛の情を持ち、弟は兄をうやうやしく敬う。たとえこれらのことをもっとも良い状態にまでなし得たとしても、それは当然そうすべきことであって、ほんの少しの感動の思いも起こしてはいけない。もしそれを行った者が恵みを与えたことを意識し、それを受けた者が恵みを与えられたという意識を抱いたならば、それは他人と同じ関係になってしまい、また世間的な交際になってしまう。

二九四、金持ち・兄弟と付き合うには

炎涼《えんりょう》の態《たい》は、富貴《ふうき》にありて更《さら》に貧賤《ひんせん》よりも甚《はなは》だしく、妬忌《とき》の心《こころ》は、骨肉《こつにく》にありて尤《もっと》も外人《がいじん》よりも狠《はなは》だし。此《こ》の処《ところ》、若《も》し当《あた》るに冷腸《れいちょう》を以《もっ》てし、御《ぎょ》するに平気《へいき》を以《もっ》てせずば、日《ひ》として煩悩障《ぼんのうしょう》中《ちゅう》に坐《ざ》せざること鮮《すく》なし。

炎涼之態富貴更甚二於貧賤一妬忌之心骨肉尤狠二于外人一。此処若不下当以二冷腸一御以中平気上鮮レ不三日坐二煩悩障中一矣。

〔語義〕○炎涼の態——炎涼は熱冷の意で、相手に対する人情が極端に熱すぎたり冷たくなりすぎたりする態度のこと。○妬忌の心——嫉妬と忌避の念。妬《ねた》み忌《い》む心のことで、顔色に現れるのを妬と言い、行為に現れるのを忌と言う。○狠——口語的表現で、甚だしい、ひどい、非常に、の意。○当る——引き受ける。防ぐ。対処するの意。○冷腸——冷たいはらわた。愛情のない人。『顔氏家訓』（省事）に「墨翟の徒は、世に熱腹と謂い、楊朱の侶《ともがら》は世に冷腸と謂う」とある。○御する——制御する。抑えてうまく導く。○煩悩障——煩悩は身と心を乱し悩ませて、寂静を妨げる心の作用や状態で、これが毎日の生活を送る上で障害となること。

〔訳文〕人に対する心が厚すぎたり薄すぎたりする悪い態度は、むしろ富貴な者の方にありがちで、貧賤な者の場合よりもいっそう目立ち、また、妬《ねた》みそねむ心は、むしろ身内の者の方にありがちで、それは他人の場合よりもいっそう激しい。このようであるから、もしも冷静な心をもってこれに対処し、気を平静に抑えてこの心をうまく操らないと、一日として身心を苦しめ悩ます生活の中にいないことはなくなってしまう。

二九五、処遇の心構え

功《こう》と過《か》とは、宜《よろ》しく少《すこ》しも混《こん》すべからず。混《こん》せば則《すなわ》ち人《ひと》は惰隳《だき》の心《こころ》を懐《いだ》かん。恩《おん》と仇《あだ》とは、太《はなは》だしくは明《あき》らかにす可《べ》からず。明《あき》らかにせば則《すなわ》ち人《ひと》は携弐《けいじ》の志《こころざし》を起《お》こさん。

功過不㆑宜㆓少混㆒。混則人懐㆓惰隳之心㆒。恩仇不㆑可㆓太明㆒。明則人起㆓携弐之志㆒。

〔語義〕○功と過――功業と過誤。人の行為における良い結果とやり損ずること。○惰隳――怠惰堕落の意で、怠けおこたり身を持ち崩すこと。○携弐――離れ背く。疑い背くこと。『春秋左伝氏』（襄公四年）に、「我、徳あらば則《すなわ》ち睦《むつ》まじく、否《しか》らざれば則ち携弐せん」とある。

〔訳文〕人の良いことと過ちとは、ほんの少しでも混同してはいけない。もしも混同したならば、人は怠けおこたる心を抱くようになる。また、人の恩と仇《あだ》とは、あまりにはっきりさせすぎてはいけない。もしもはっきりさせすぎると、人は背き離れる心を起こすようになる。

二九六、悪事は隠れることを嫌い、善行は現れることを嫌う

悪《あく》は陰《いん》を忌《い》み、善《ぜん》は陽《よう》を忌《い》む。故《ゆえ》に、悪《あく》の顕《あらわ》れたる者《もの》は禍《わざわい》浅《あさ》くして、隠《かく》れたる者《もの》は禍《わざわい》深《ふか》し。善《ぜん》の顕《あらわ》れたる者《もの》は功《こう》小《しょう》にして、隠《かく》れたる者《もの》は功《こう》大《だい》なり。

悪忌レ陰善忌レ陽。故悪之顕者禍浅而隠者禍深。善之顕者功小而隠者功大。

〔語義〕○陰――陽に対する観念。陰陽思想としては宇宙の根元となる二元素のうち、消極的女性的な元気で、闇、隠などの意味を表す。○陽――陰に対して積極的男性的な元気で、明、顕などの意味を表す。

〔訳文〕悪いことは人目に付かないことを嫌い、すぐ現れてしまい、善い行いは人目に付くことを嫌い、隠れて人に知られにくい。だから、表面に現れた悪いことは、それによって起こる禍《わざわい》はそれほどでもなく、隠れた悪いことは、その禍も大きい。また、表面に現れた善い行いは、それによって起こる良い結果はそれほどでもなく、隠れた善い行いは、その良い結果も大きい。

二九七、人徳が主人、才能は家僕

徳《とく》は才《さい》の主《あるじ》にして、才《さい》は徳《とく》の奴《ど》なり。才《さい》有《あ》りて徳《とく》無《な》きは、家《いえ》に主無《あるじな》くして、奴《ど》、事《こと》を用《もち》うるが如《ごと》し。幾何《いかん》ぞ魍魎《もうりょう》ありて猖狂《しょうきょう》せざらん。

徳者才之主才者徳之奴。有レ才無レ徳如三家無レ主而奴用一レ事矣。幾何不二魍魎猖狂一。

〔語義〕○徳――道を学び心を養い身に得た、本然の性に適《かな》った人格、品格のこと。時代や環境を超越して永遠なるもの。○才――才智、才能のことで、秀れた働きをなすもの。時代や環境の諸条件の下で効用を現す。○魍魎――山水木石の精気が凝固してなるすだま、もののけ、ばけもの。三歳の小児の形をなし、体は赤黒色、赤目、長耳美髪を持ち、声をまねて人を騙す怪物。張衡の「西京賦」(『文選』賦篇)に「魑魅魍魎《ちみもうりょう》、能《よ》く旃《こ》れに逢う莫《な》し」とある。○猖狂――猛り狂う。思うままに振舞うこと。

〔訳文〕人徳は才能の主人であって、才能は人徳の召使いである。才能があっても人徳のない人は、例えば家の中に主人がいなくなり、召使いが勝手に振る舞っているようなものである。どうして、ばけものどもが出てきて猛り狂わないことがあろうか。

二九八、逃げ道を残す

奸《かん》を鋤《す》き倖《こう》を杜《た》つには、他《かれ》に一条《いちじょう》の去路《きょろ》を放《お》くを要《よう》す。若《も》し之《これ》をして一《いっ》も容《い》るる所無《ところな》からしむるは、便《すなわ》ち鼠穴《そけつ》を塞《ふさ》ぐが如《ごと》し。一切《いっさい》の去路《きょろ》は都《すべ》て塞《ふさ》ぎ尽《つく》せば、則《すなわ》ち一切《いっさい》の好物《こうぶつ》も都《すべ》て咬《か》み破《やぶ》られん。

鋤レ奸 杜レ倖 要レ放二他 一 条 去 路一。若 使二之 一 無レ所レ容 便 如レ塞二鼠 穴一者。一 切 去 路 都 塞 尽 則 一 切 好 物 都 咬 破 矣。

〔語義〕○奸を鋤き——土を掘り返して草を根本から取り除くように、よこしまな者を排除すること。○倖を杜つ——佞臣《ねいしん》のようにへつらい近づく者との関係を絶つこと。○去路——行路。出路。逃げるための出口。○放——ここでは、置く、設ける。

〔訳文〕悪者を除き、へつらう者達をなくすには、彼らが出て行くための一筋の逃げ道を作っておく必要がある。もしも、彼らに一箇所の身を置く場所もないようにさせたならば、それは、すなわちねずみの逃げ道を塞いでしまうようなものである。すべての逃げ道をみんな塞ぎ尽せば、ねずみはその中であばれまわり、すべての大事な物までも食いちぎられてしまうようになるであろう。

二九九、君子の徳性

士君子《しくんし》は貧《ひん》なれば、物《もの》を済《すく》うこと能《あた》わざる者《もの》なり。人《ひと》の痴迷《ちめい》の処《ところ》に遇《あ》わば、一言《いちげん》を出《い》だして之《これ》を提《てい》醒《せい》し、人《ひと》の急難《きゅうなん》の処《ところ》に遇《あ》わば、一言《いちげん》を出《い》だして之《これ》を解救《かいきゅう》す。亦《ま》た是《こ》れ無量《むりょう》の功徳《くどく》なり。

士君子貧不レ能レ済レ物者。遇二人痴迷処一出二一言一提二醒之一遇二人急難処一出二一言一解二救之一。亦是無量功徳矣。

〔語義〕○物を済う――物は仏教では梵語 jagat の訳で、生命あるもの、世の人々、衆生《しゅじょう》の意。済は人を物質的に救済すること。○痴迷――痴は愚痴で、仏教では縁起《えんぎ》の道理を知らない迷いのこと。道理に暗く迷っていること。○提醒――注意を喚起して迷いを覚ましてやること。○功徳――梵語 guṇa の訳語で、善を積んで得られる徳性のこと。

〔訳文〕立派な人というものは、とかく貧乏であるから、人を物質的な面で救うことはできない。しかし、愚かで迷っている人に会うと、ちょっと言葉を掛けてその迷いから呼び覚ましてやり、また危難に苦しんでいる人に会うと、ちょっと言葉を掛けてその苦しみから救ってやる。またこれも、立派な人が持っている計り知れないほど秀れた徳性である。

三〇〇、反省はおのれを養い、責任追及はおのれを傷つける

己《おのれ》を処《しょ》する者《もの》は、事《こと》に触《ふ》れて皆薬石《みなやくせき》と成《な》り、人《ひと》を尤《とが》むる者《もの》は、念《ねん》を動《うご》かせば即《すなわ》ち是《こ》れ戈矛《かぼう》なり。一《いっ》は以《もっ》て衆善《しゅうぜん》の路《みち》を闢《ひら》き、一《いっ》は以《もっ》て諸悪《しょあく》の源《みなもと》を濬《ふか》くす。相去《あいさ》ること霄壌《しょうじょう》なり。

処レ己者触レ事皆成ニ薬石一尤レ人者動レ念即是戈矛。
一以闢ニ衆善之路一一以濬ニ諸悪之源。相去霄壌矣。

〔語義〕○薬石――医療用の薬と、砭石《へんせき》と呼ばれる鍼《はり》治療用の石針のこと。いずれも病気治療の道具。仏教では律制により正午過ぎの食事は禁じられており、飢えと寒さをしのぐため石を温めて腹部に抱いたのを薬石と言ったが、禅院では夕食の喫粥《きっしゅく》を薬石と呼ぶようになった。○人を尤む――『論語』（憲問篇）に「天を怨まず、人を尤めず、下学して上達す」とある。○戈矛――ともにほこのことで、人を傷つける武器を言う。○衆善・諸悪――『法句経《ほっけぎょう》』にも見られる「諸悪莫レ作、衆善奉行、自浄ニ其意一、是諸仏教」の四句は七仏通戒偈《しちぶつつうかいのげ》と呼ばれ、仏教の要旨を言い尽しているとされる。○霄壌――天と地の意から、両者の隔たりがきわめて大きいこと。大差のある喩え。

〔訳文〕自分の言行を正確に把握する人は、あらゆる事柄に触れると、それがすべて自分自身の良薬となるし、人の過失を責め咎める人は、心を動かすごとに、それがすべて自分を傷つける刃物とな

る。
前者の場合は、多くの善行を積む路《みち》を開くことになり、後者の場合は、多くの悪事を重ねる源を深くすることになる。両者の違いは天と地ほどの雲泥の差である。

三〇一、亡びるものと亡びないもの

事業文章《じぎょうぶんしょう》は、身《み》に随《したが》いて銷毀《しょうき》すれども、精神《せいしん》は万古《ばんこ》に新《あら》たなるが如《ごと》し。功名富貴《こうみょうふうき》は、世《よ》を逐《お》いて転移《てんい》すれども、気節《きせつ》は千載《せんざい》に一時《いちじ》なり。君子《くんし》は幸《さいわ》いに、彼《かれ》を以《もっ》て此《こ》れに易《か》えず。

事業文章随レ身銷毀而精神万古如レ新。
功名富貴逐レ世転移而気節千載一時。
君子幸不ニ以レ彼易一此也。

〔語義〕〇文章――字句を連ね修辞を尽して意を述べたもののことであるが、ここでは広く学問一般を意味する。〇銷毀――銷失毀壊《しょうしつきかい》の意で、溶けてなくなってしまうこと。〇世を逐いて――時代の推移や世相の移り変りにつれての意。

〔訳文〕どんなに大きな功績や深い学問も、その人間が死ねばそれに従って消滅してしまうけれども、人間の精神は永遠に日に日に新しく生き続ける。

どんなに高い地位や多い財産も、世の中の移り変りに従ってその価値は変るけれども、人間の意気や節操は千年も一時《いっとき》のように変らない。

君子たるものは、幸い一時的なものをもって、決して永久的なものに取り替えるようなことはしない。

三〇二、智巧は頼むに足らず

魚網《ぎょもう》の設《もう》くるや、鴻《おおとり》則《すなわ》ち其《そ》の中《なか》に罹《かか》る。螳螂《とうろう》の貪《むさぼ》るや、雀《すずめ》又《また》其《そ》の後《あと》に乗《じょう》ず。機裏《きり》に機《き》を蔵《かく》し、変外《へんがい》に変《へん》を生《しょう》ず。智巧《ちこう》何《なん》ぞ恃《たの》むに足《た》らんや。

魚網之設鴻則罹二其中一。螳螂之貪雀又乗二其後一。機裏蔵レ機変外生レ変。智巧何足レ恃哉。

〔語義〕〇魚網の設くるや……——思い掛けない結果が生ずることの喩え。鴻《おおとり》は一般に水鳥の大きなものを指し、雁《かり》の大きなものなどを言う。『詩経』（邶風、新台）に、「魚網の設くる、鴻則ち之《これ》に離《かか》る」とあるのによる。〇螳螂の貪るや……——かまきりが蟬を狙っていると、そのかまきりをさらに雀が付け狙っていることから、目前の利益に目を取られて背後の災厄に注意しようとしない喩え。『説苑《ぜいえん》』（正諫）に、「園中に樹有り、其の上に蟬有り。蟬高く居りて悲鳴し露を飲み、螳螂《とうろう》の其の後に在るを知らざるなり。螳螂は委身曲附して蟬を取らんと欲して、黄雀《こうじゃく》の其の傍らに在るを知らざるなり。黄雀は頸《くび》を延べて螳螂を啄《ついば》まんと欲して、弾丸の其の下に在るを知らざるなり。此の三者は皆務めて其の前を得んと欲して、其の後の患有るを顧みざるなり」とあるのによる。○機——世間の中に潜んでいる巧妙なからくり。

〔訳文〕魚を捕えようとして網を張ったところ、魚が掛からないで大雁が掛かることがある。また、かまきりが虫を捕ろうと狙って夢中になっていると、雀がまたその後から狙っていることがある。このように世間には、からくりの中にまたからくりが隠れており、思わぬ異変の他に、さらに異変が生じてくることがある。だから、ちっぽけな人間の知恵やたくらみなどは、どうして頼むに足りようか。

三〇三、誠実さと気転

人《ひと》と作《な》るに、一点《いってん》の真懇《しんこん》の念頭《ねんとう》無《な》くば、便《すなわ》ち個《こ》の花子《かし》と成《な》り、事事皆虚《じじみなきょ》なり。
世《よ》を渉《わた》るに、一段《いちだん》の円活《えんかつ》の機趣《きしゅ》無《な》くば、便《すなわ》ち是《こ》れ個《こ》の木人《ぼくじん》にして、処処《しょしょ》に礙《さわ》り有《あ》り。

作レ人無二一点真懇的念頭一便成二個花子一事事皆虚。
渉レ世無二一段円活的機趣一便是個木人処処有レ礙。

〔語義〕○一点——点は、少量のものを表す助数詞。ほんの少しの意。○真懇の念頭——真実懇切の心の意で、真実誠実な心掛け。○花子——乞食のこと。『五雑俎《ござつそ》』（巻五、人部）に、「京師《けいし》には、乞児《きつじ》を謂いて花子と為す、何に義を取るかを知らず」とあり、明代の俗語と思われる。○一段——段は、事物や時間の一区切りを表す助数詞で、ここでは「点」と同義。○機趣——心の巧みな働き。気転。○木人——木偶《もくぐう》。木で作った人形のこと。

〔訳文〕一人前の人間であるためには、少しばかりの誠実な心がなければ、それは一人の乞食と同じことになり、その人のやることなすことすべて偽りになる。
また、世の中を渡るためには、少しばかりの滞《とどこお》りなく切りまわす気転がなければ、それは一体の人形と同じことになり、つまりはどこに行っても障害に突き当る。

三〇四、たった一度の失敗でも

一念《いちねん》にして鬼神《きしん》の禁《きん》を犯《おか》し、一言《いちげん》にして天地《てんち》の和《わ》を傷《やぶ》り、一事《いちじ》にして子孫《しそん》の禍《わざわい》を醸《かも》す者《もの》有《あ》り。最《もっと》も宜《よろ》しく切《せつ》に戒《いまし》むべし。

有㆘一念而犯㆓鬼神之禁㆒一言而傷㆓天地之和㆒一事而醸㆓子孫之禍㆒者㆖。最宜㆓切戒㆒。

〔語義〕○一念――ふとした思い。ほんの些細な邪念。○一言――何でもないような言葉。何気ない失言。○一事――日常の些細な出来事。一見何でもないように見える事柄。○醸――あることが原因となって自然に機運や情勢を作り出すこと。

〔訳文〕ふとした邪念が神のおきてを犯し、ちょっとした一言が世界の平和を破り、何でもないような事柄が禍《わざわい》を子孫にまで及ぼすことになるということがある。だから、たとえ小さなことでも、細心の注意をして行動すべきである。

三〇五、緩急の使い分け

事《こと》、之《これ》を急《きゅう》にするも白《あき》らかならざる者《もの》有《あ》り、之《これ》を寛《ひろ》くせば、或《ある》いは自《おの》ずから明《あき》らかならん。躁《さわ》ぎ急《いそ》ぎて以《もっ》て其《そ》の忿《いか》りを速《まね》くこと毋《なか》れ。

人《ひと》、之《これ》を切《せつ》にするも従《したが》わざる者《もの》有《あ》り、之《これ》を縦《はな》たば、或《ある》いは自《おの》ずから化《か》せん。操《と》ること切《せつ》にして以《もっ》て其《そ》の頑《がん》を益《ま》すこと毋《なか》れ。

事有㆓急㆑之不㆑白者㆒寛㆑之或自明。毋㆔躁急以速㆓其忿㆒。

人有二切レ之不レ従者一縦レ之或自化。毋三操切以益二其頑一。

〔語義〕○白らか——明白なこと。明らかなこと。○縦たば——ここでは、放縦、弛縦《ししょう》の意で、気ままにさせる、自由にさせること。○切に——ここでは急ぐこと。

〔訳文〕物事は、それを急いでしても明らかにならないことがあり、これをゆっくりすれば、自然と明らかになることもあるであろう。あまりあわただしく急いでやって、人の怒りを招いたりしてはいけない。

また、人間は、その人を無理に早くさせようとしても従わない場合があり、これを自由にやりたいようにしてやれば、自然と柔軟になってくることもあるであろう。あまり無理に急がせようとして、その人をますます頑固にさせてはならない。

三〇六、本然《ほんぜん》の徳性を養うことが肝要

節義《せつぎ》は青雲《せいうん》に傲《おご》り、文章《ぶんしょう》は白雪《はくせつ》よりも高《たか》きも、若《も》し徳性《とくせい》を以《もっ》て之《これ》を陶鎔《とうよう》せずば、終《つい》に血気《けっき》の私《し》、技能《ぎのう》の末《まつ》と為《な》らん。

節義傲二青雲一文章高二白雪一若不下以二徳性一陶中鎔之上終為二血気之私技能之末一。

〔語義〕○青雲――仰ぎ見られるものの意から、高位高官にあること。○白雪――楚の楽曲の名で、「陽春」とともに古来高尚で唱和し難いとされる琴曲。『楚辞』の宋玉の「楚王の問に対《こた》う」に「其の陽春・白雪を為すや、国中属して和する者数十人、商を引き羽を刻み、雑《まじ》うるに流徴《りゅうち》を以てすれば、国中属して和する者数人に過ぎざるのみ。是《こ》れ其の曲弥《いよいよ》高く、其の和するもの弥寡《すく》なし」とある。○陶鎔――陶器や金物を作るように、身を鍛練して徳性を磨き養うこと。○私――私的で身勝手な行為のこと。○末――枝葉末節な事柄。小手先のしわざ。

〔訳文〕その人の正しい身の処し方は、高位高官の人をもしのぎ、その学問は、高尚と評判のある「白雪の曲」よりもさらに高くても、もしそれが、その人の本来具えている徳をもとにしてこれを養い鍛えたものでなければ、結局、節義は血気にはやった自分勝手な行いであり、文章の技巧も小手先のものとなってしまうであろう。

三〇七、引き際の妙

事《こと》を謝《しゃ》するは、当《まさ》に正盛《せいせい》の時《とき》に謝《しゃ》すべく、身《み》を居《お》くは、宜《よろ》しく独後《どくご》の地《ち》に居《お》くべし。徳《とく》を謹《つつし》むは、須《すべか》らく至微《しび》の事《こと》を謹《つつし》むべく、恩《おん》を施《ほどこ》すは、務《つと》めて報《ほう》ぜざるの人《ひと》に施《ほどこ》せ。

謝ㇾ事当ㇾ謝二于正盛之時一居ㇾ身宜ㇾ居二于独後之地一。謹ㇾ徳須ㇾ謹二于至微之事一施ㇾ恩務施㆓于不㆑報之人㆒。

〔語義〕〇事を謝する——世事に関係している地位を退くこと。俗事を断り官を辞すること。〇独後の地——独《ひと》り遅れるの意で、誰も顧みない場所。争い求めることのない地位。〇至微——きわめて細かなこと。この上もなく細心な心掛けのこと。

〔訳文〕官位を辞退するのは、全盛のときにするのが良く、官位に身を置く際には、人が望まず、人と争うことのない地位にいるのが良い。また、恵みを密かに人に与えるときには、当然細かなことに注意を払うべきであり、恩沢を人に施すときには、できるだけ恩返しができないような人に施すようにしなさい。

三〇八、事業興隆、子孫繁栄の道

徳《とく》は事業《じぎょう》の基《もとい》なり。未《いま》だ基固《もといかた》からずして棟宇《とうう》の堅久《けんきゅう》なる者有《ものあ》らず。心《こころ》は修裔《しゅうえい》の根《ね》なり。未《いま》だ根植《ねう》えられずして枝葉《しよう》の栄茂《えいも》する者有《ものあ》らず。

徳者事業之基。未㆑有㆓基不㆑固而棟宇堅久者㆒。心者修裔之根。未㆑有㆓根不㆑植而枝葉栄茂者㆒。

〔語義〕○棟宇――棟は棟木、宇は軒《のき》のことで、屋根を意味し、家屋を総称して言う。『易経』（繋辞伝下）に「上古は穴居して野処す。後世、聖人、之《これ》に易《か》うるに宮室を以てし、棟を上にし宇を下にして、以て風雨を待つ」とある。○堅久――堅固長久の意で、いつまでも堅牢で長持ちすること。

〔訳文〕その人の人柄は、事業を興《おこ》し発展させる基礎である。それは例えば、まだその基礎が固まらないのに、その家屋が堅固で長持ちすることはないようなものである。また、その人の志《こころざし》は、子孫が繁栄する根本になるものである。それは例えば、まだその根が十分に張らないのに、その枝葉が盛んに茂ることはないようなものである。

三〇九、道徳と学問は、万人ともに通ずる

道《みち》は是《こ》れ一件《いっけん》の公衆《こうしゅう》の物事《ぶつじ》なり。当《まさ》に人《ひと》に随《したが》いて接引《せついん》すべし。学《がく》は是《こ》れ一個《いっこ》の尋常《じんじょう》の家飯《かはん》なり。当《まさ》に事《こと》に随《したが》いて警惕《けいてき》すべし。

道是一件公衆的物事。当㆓随㆑人而接引㆒。学是一個尋常的家飯。当㆓随㆑事而警惕㆒。

〔語義〕○一件――件は量詞。一つの。○人に随いて――いかなる人についても。あらゆる人にの意。○家飯――家で通常食べている食事。○事に随いて――いかなる場面においても。あらゆることにの

意。○警惕――畏れ慎む。戒め畏れさせること。

〔訳文〕道徳は一つのあらゆる人々に共通のものである。誰でも引き寄せて行わせるようにしなさい。また、学問は一つの日常的な平凡な食事のようなものである。万事につけて戒め畏れさせるようにしなさい。

三二〇、心の温かい人、心の冷たい人

念頭《ねんとう》の寛厚《かんこう》なるものは、春風《しゅんぷう》の煦育《くいく》するが如《ごと》し。万物《ばんぶつ》は之《これ》に遭《あ》いて生《しょう》ず。念頭《ねんとう》の忌剋《きこく》なるものは、朔雪《さくせつ》の陰凝《いんぎょう》するが如《ごと》し。万物《ばんぶつ》は之《これ》に遭《あ》いて死《し》す。

念頭寛厚的如二春風煦育一。万物遭レ之而生。念頭忌剋的如二朔雪陰凝一。万物遭レ之而死。

〔語義〕○的――……するところの人。……な者の意。○煦育――温め育《はぐく》む。息を吹き掛けるようにして温かに育てること。○忌剋――猜忌剋薄《さいきこくはく》の意で、他人を妬《ねた》み嫌い、むごい仕打ちをすること。○朔雪――北方の胡《こ》の地の真冬の雪のこと。○陰凝――陰の気によって万物が働きを失い凍りついてしまうこと。

〔訳文〕気持ちがゆったりと豊かな人は、例えば春風が万物を温め育てるようなものである。すべてのものは、そのような恩恵を受けると生長する。これに対して、残忍な心の持ち主は、例えば北地の雪が万物を凍りつかせるようなものである。すべてのものは、そのような禍《わざわい》に出遭うと枯死してしまう。

三二一、真の勤勉、真の倹約とは

勤《きん》は徳義《とくぎ》に敏《つと》む。而《しか》るに世人《せじん》は勤《きん》を借《か》りて、以《もっ》て其《そ》の貧《ひん》を済《すく》う。倹《けん》は貨利《かり》に淡《あわ》し。而《しか》るに世人《せじん》は倹《けん》を仮《か》りて、以《もっ》て其《そ》の吝《りん》を飾《かざ》る。君子《くんし》、身《み》を持《じ》するの符《ふ》は、反《かえ》りて小人《しょうじん》の私《わたくし》を営《いとな》むの具《ぐ》と為《な》れり。惜《お》しいかな。

勤者敏二於徳義一。而世人借レ勤以済二其貧一。倹者淡二於貨利一。而世人仮レ倹以飾二其吝一。
君子持レ身之符反為二小人営レ私之具一矣。惜哉。

〔語義〕○勤――謹めること。熱心に励むこと。○敏む――敏活、敏捷のことで、すばやく謹め励むこと。○淡し――厚く求めることをしない、無欲恬淡《てんたん》とした心。○身を持する――自分の身を持すること。『列子』（説符篇第八）に「子、後を持するを知らば則ち身を持すと言う可《べ》し」とある。○符――護符。お守りのこと。勤・倹の徳は、君子が身を持するためのお守りのようなものであること。

〔訳文〕勤勉ということは、道徳の実践に励むことである。それなのに世の人々は、勤勉に名を借りて、貧乏を救うことだけに心を用いている。また、倹約ということは、財貨に恬淡《てんたん》としていることである。それなのに世の人々は、倹約に名を借りて、自分のけちを飾り弁解する口実に使っている。君子が身を保って行くためのこの勤・倹という守り札は、今や却って小人が私利私欲を図るための道具となっている。惜しいことである。

三二一、おのれには厳しく、人には寛大に

人《ひと》の過誤《かご》は宜《よろ》しく恕《ゆる》すべし。而《しか》れども己《おのれ》に在《あ》りては則《すなわ》ち恕《ゆる》す可《べ》からず。己《おのれ》の困辱《こんじょく》は宜《よろ》しく忍《しの》ぶべし。而《しか》れども人《ひと》に在《あ》りては則《すなわ》ち忍《しの》ぶ可《べ》からず。

人之過誤宜レ恕。而在レ己則不レ可レ恕。己之困辱宜レ忍。而在レ人則不レ可レ忍。

〔語義〕○困辱――困苦恥辱の意で、苦しめ辱《はずかし》められるようなつらい身の上。○忍ぶ――見て見ぬ振りをする。耐え忍ぶこと。ただし他人の困っていることについては、『孟子』（公孫丑、上）は「人皆人に忍びざるの心有り」とし、この心を惻隠《そくいん》、すなわち他の人をかわいそうに思う心として性善説を唱える。

〔訳文〕他人の過ちは許すようにすべきである。しかし自分の過ちは自《みずか》ら許してはいけない。自分のつらい境遇は耐え忍ばなければいけない。しかし他人の困っていることは黙って見ていてはいけない。

三二三、恩恵と威厳の示し方

恩《おん》は宜《よろ》しく淡自《たんよ》りして濃《のう》なるべし。濃《のう》を先《さき》にし淡《たん》を後《あと》にせば、人《ひと》は其《そ》の恵《めぐ》みを忘《わす》る。
威《い》は宜《よろ》しく厳自《げんよ》りして寛《かん》なるべし。寛《かん》を先《さき》にし厳《げん》を後《あと》にせば、人《ひと》は其《そ》の酷《こく》を怨《うら》む。

恩宜㆓自㆑淡而濃㆒。先㆑濃後㆑淡者人忘㆓其恵㆒。
威宜㆓自㆑厳而寛㆒。先㆑寛後㆑厳者人怨㆓其酷㆒。

〔語義〕○淡——あっさりしていること。それと知られないようにすること。○濃——濃《こま》やかなこと。手厚く行き届くこと。

〔訳文〕人に恩恵を施すには、初めはあっさりとしてから、後に手厚くすべきである。先に手厚くして後であっさりとすると、人はその恩恵を忘れてしまうものである。
人に威厳を示すには、初めは厳しくしてから、後に緩やかにすべきである。先に緩やかにして後で厳しくすると、人はその厳しさを恨むようになるものである。

三一四、権力の座にある者の心得

士君子《しくんし》、権門要路《けんもんようろ》に処《お》らば、操履《そうり》は厳明《げんめい》なるを要《よう》し、心気《しんき》は和易《わい》なるを要《よう》す。少《わず》かも随《ほしいまま》にして、腥羶《せいせん》の党《とう》に近《ちか》づくこと毋《なか》れ。亦《ま》た過激《かげき》にして、蜂蠆《ほうたい》の毒《どく》に犯《おか》さるること毋《なか》れ。

士君子処二権門要路一操履要二厳明一心気要二和易一。毋三少随而近二腥羶之党一。亦毋三過激而犯二蜂蠆之毒一。

〔語義〕○権門——権門勢家の意で、権勢を有する家柄。○要路——政治的に重要な地位。枢要な立場。○操履——操は心の持ち方、履は行為。平生の心の持ち方や行い。○和易——温和易直の意で、穏やかに和《やわ》らぎ、簡明直截《ちょくさい》なこと。○腥羶の党——腥は魚肉の生臭さ、羶は獣肉の生臭さ。私利私欲にばかり奔走する汚れた人々のこと。○蜂蠆の毒——蜂やさそりのように、毒を隠し持っているものの被害に遭うこと。『国語』（晋語九）に「蚋蟻蜂蠆《ぜいぎほうたい》も、皆能《みなよ》く人を害す、況《いわん》や君相《くんしょう》をや」とある。

〔訳文〕士君子と言われるような立派な人が、権力の座や重要な地位に就いたならば、その平素の心の持ち方や行いは、厳しく公明でなければならないし、その気持ちは和《やわ》らぎ親しみやすくしなければいけない。ついふらふらとして、名誉や利益にばかり関心を持つような人に少しでも近づいてはいけない。また、つい度を過ごして、蜂やさそりのような毒を持ったつまらない輩《やから》に刺されてはいけない。

三二五、人を善導する方法

欺詐《ぎさ》の人《ひと》に遇《あ》わば、誠心《せいしん》を以《もっ》て之《これ》を感動《かんどう》せしめ、暴戻《ぼうれい》の人《ひと》に遇《あ》わば、和気《わき》を以《もっ》て之《これ》を薫蒸《くんじょう》せしめ、傾邪《けいじゃ》私曲《しきょく》の人《ひと》に遇《あ》わば、名義《めいぎ》気節《きせつ》を以《もっ》て之《これ》を激礪《げきれい》せしむ。天下《てんか》は、我《わ》が陶鎔《とうよう》の中《うち》に入《い》らざる無《な》し。

遇二欺詐的人一以二誠心一感二動之一遇二暴戻的人一以二和気一薫二蒸之一遇二傾邪私曲的人一以二名義気節一激二礪之一。天下無レ不レ入二我陶鎔中一矣。

〔語義〕○欺詐の人――他を欺《あざむ》き偽って騙す人。○暴戻の人――乱暴で道に反する行為をする人。○薫蒸――いぶし蒸す。香を焚《た》いて悪臭を除き、善に感化せしむること。○傾邪私曲――心がよこしまに曲り、不正なこと。○激礪――礪は砥石。また、研ぐこと。叱咤激励すること。○陶鎔――瓦や金属をある型にする道具。鋳型《いがた》のようなもの。

〔訳文〕口先だけで人を欺《あざむ》き偽る人に会ったならば、まごころをもってその人を感動させ、乱暴で道にはずれた人に会ったならば、温厚な心をもってその人の心を和《やわ》らげ、心が曲った自分勝手な人に会ったならば、大義名分や意気節操でその人を励まし、良い方向に向けさせる。このようにして導くなら、この世の中の人で、自分の思いどおりの型にして、指導の対象とならない者は一人もいない。

三一六、身辺清潔のすがすがしさ

一念《いちねん》の慈祥《じしょう》は、以《もっ》て両間《りょうかん》の和気《わき》を醞醸《うんじょう》す可《べ》く、寸心《すんしん》の潔白《けっぱく》は、以《もっ》て百代《ひゃくだい》の清芬《せいふん》を昭垂《しょうすい》す可《べ》し。

一念慈祥可㆔以醞㆓醸両間和気㆒寸心潔白可㆔以昭㆓垂百代清芬㆒。

〔語義〕○慈祥——慈心と善心。祥は善美の意。○醞醸——酒を醸《かも》し造成することから、自然と醸成《じょうせい》すること。○寸心——心のこと。胸中方寸の間にあると考えられたことによる。○清芬——芬は萌え出した草の香り。すがすがしく香《かぐわ》しい人の心の喩え。

〔訳文〕ちょっとした慈《いつく》しみや善心が、天地の間にある人の心の和《やわ》らいだ気持ちを醸《かも》し出すことができ、ほんのわずかな心の潔白さが、百代後まで続く清く香《かぐわ》しい人の心を明らかに輝かせ示し伝えることができる。

三一七、権謀・異能は禍《わざわい》のもと

陰謀怪習《いんぼうかいしゅう》、異行奇能《いこうきのう》は、倶《とも》に是《こ》れ世《よ》を渉《わた》るの禍胎《かたい》なり。只《た》だ一個《いっこ》の庸徳庸行《ようとくようこう》のみ、便《すなわ》ち以《もっ》て混沌《こんとん》を完《まっと》うして、和平《わへい》を招《まね》く可《べ》し。

陰謀怪習異行奇能倶是渉レ世的禍胎。只一個庸徳庸行便可下以完二混沌一而招中和平上。

〔語義〕○陰謀怪習――陰険なはかりごとや、奇妙怪異な習慣。○異行奇能――異体な行動、行為や、奇異な能力。○禍胎――禍《わざわい》の源、原因。『漢書』（巻五十一、枚乗伝）に、「福の生ずるに基《もとい》有り、禍の生ずるに胎有り。其の基を納《い》れ、其の胎を絶つ、禍何《いずこ》よりか来《きた》らん」とある。○庸徳庸行――平凡な道徳と行為。『中庸』（第八章）に、「庸徳を之《これ》行い、庸言を之《これ》謹み、足らざる所有らば敢えて勉めずんばあらず、余り有らば敢えて尽さず。言は行を顧み、行は言を顧みる」とある。○混沌――天地陰陽未分の純粋な状態。人間の本来のあり方の喩え。『荘子』（内篇、応帝王第七）には「中央の帝を渾沌《こんとん》と為す」とある。

〔訳文〕人を陥《おとしい》れるようなはかりごとや奇怪な慣習、一風変った行動や珍しい能力などは、いずれも世間を渡る上で生じてくる禍《わざわい》の原因である。ただ一つの平凡な道徳や行いだけが、本来具わっている人間の生き方を完全にし、平和な人生を招くことができる。

三一八、難を避けるには耐の一字

語《ご》に云《い》う、山《やま》に登《のぼ》りては険路《けんろ》に耐《た》え、雪《ゆき》を踏《ふ》みては危橋《ききょう》に耐《た》うと。一《いっ》の耐《たい》の字《じ》、極《きわ》めて意味《いみ》有《あ》り。傾険《けいけん》の人情《にんじょう》、坎坷《かんか》の世道《せどう》の如《ごと》きも、若《も》し一《いっ》の耐《たい》の字《じ》を得《え》て、撐持《とうじ》し過《す》ぎ去《さ》らずば、幾何《いくばく》か榛莽坑塹《しんぼうこうざん》に堕入《だにゅう》せざらんや。

語云登レ山耐二険路一踏レ雪耐二危橋一。一耐字極有二意味一。如二傾険之人情坎坷之世道一
若不下得二一耐字一撐持過去上幾何不レ堕二入榛莽坑塹一哉。

〔語義〕○険路――険しい道。困難な状態。○坎坷――坎も坷も平らでない道。穴だらけの道。容易に進むことのできない状態。「坷坎」と同義。○撐持――支え保つ。身を支える柱として寄り掛かること。○榛莽坑塹――藪《やぶ》と草むらと穴と堀。人生における苦難や危険の喩え。

〔訳文〕古語に「山に登るときは、険しい傾斜路に耐えて行き、積雪を踏んで行くときには、危険な橋に注意し耐えて歩きなさい」と言っている。この「耐」という一字には、きわめて深い意味がある。険しく危ない世間の人の心や、容易に進めない世の中の道のようなものは、もし「耐」の一字を

身に付けて、それを大事な身の支えとして生きて行かないなら、どれだけ多くの人が、藪《やぶ》や草むらや、穴や堀の中に陥らないで済むことがあろうか。いや、ほとんどの人が陥ってしまうに違いない。

三一九、功績や学識より、光り輝く本来の心

功業《こうぎょう》を誇逞《こてい》し、文章《ぶんしょう》を炫燿《げんよう》するは、皆是《みなこ》れ外物《がいぶつ》に靠《よ》りて人《ひと》と做《な》るなり。知《し》らず、心体瑩然《しんたいえいぜん》として、本来失《ほんらいうしな》わずば、即《すなわ》ち寸功隻字《すんこうせきじ》無《な》きも、亦《ま》た自《おの》ずから堂堂正正《どうどうせいせい》として人《ひと》と做《な》るの処有《ところあ》るを。

誇二逞功業一炫二燿文章一皆是靠二外物一做レ人。不レ知心体瑩然本来不レ失即無二寸功隻字一亦自有二堂堂正正做レ人処一。

〔語義〕○誇逞——自ら誇り、ほしいままに振る舞うこと。○炫燿——きらめき輝くことで、おのれの功績を得意げに誇示すること。○瑩然——玉が光り輝くさま。然は物事の状態などを示す接尾語。○寸功隻字——寸はほんのわずか、隻はわずか一個のこと。ほんの些細な功績やわずかばかりの知識、学問。

〔訳文〕自分の功績を誇り、自分の学問を見せびらかすのは、すべて自分以外のものに頼って生きている人にすぎない。このような人達は、人間というものが、その心の本体は玉のように輝いており、

その本来具えているものを失わなければ、たとえちょっとした功績や知識はなくても、それでもなお自然と正々堂々として人間として生きて行くことができるということを知らないのである。

三二〇、平安招福への道

己《おのれ》の心《こころ》を昧《くら》まさず、人《ひと》の情《じょう》を払《はら》わず、物《もの》の力《ちから》を竭《つ》くさず。三者《さんしゃ》は、以《もっ》て天地《てんち》の為《ため》に心《こころ》を立《た》て、生民《せいみん》の為《ため》に命《めい》を立《た》て、子孫《しそん》の為《ため》に福《ふく》を造《つく》る可《べ》し。

不レ昧二己心一不レ払二人情一不レ竭二物力一。三者可下以為二天地一立レ心為二生民一立レ命為二子孫一造上福。

〔語義〕○物の力――物力銭は金の時代に女真《じょしん》族以外に課せられた租税以外の税金。『金史』（巻四十七、食貨志二）に「租税の外、其の田園、屋舎、車馬、牛羊、樹芸の数、及び其の蔵鏹《ぞうきょう》の多寡を算して銭を徴するを物力と曰う」とある。ここでは人民の所有する金銭や財産のこと。○生民――人類、人民のこと。『孟子』（公孫丑、上）に「生民有りてより以来《このかた》、未だ孔子有らざるなり」とある。

〔訳文〕自分自身の心を物欲で曇らせてしまうことなく、他人に対する愛情もなくすようなことはせず、人民の財産をみだりに取り尽さない。

この三つの心掛けで、天地に対してはほんとうの心を確立し、万民に対してはその生活を安定させ、子孫に対してはその幸福を作り出すことができる。

三二一、公務と家庭への戒め

官《かん》に居《お》るに二語《にご》有《あ》り。曰《いわ》く、惟《た》だ公《こう》ならば、則《すなわ》ち明《めい》を生《しょう》じ、惟《た》だ廉《れん》ならば、則《すなわ》ち威《い》を生《しょう》ずと。家《いえ》に居《お》るに二語《にご》有《あ》り。曰《いわ》く、惟《た》だ恕《じょ》ならば、則《すなわ》ち情《じょう》を平《たい》らかにし、惟《た》だ倹《けん》ならば、則《すなわ》ち用《よう》を足《た》るとすと。

居㆑官有㆓二語㆒。曰惟公則生㆑明惟廉則生㆑威。
居㆑家有㆓二語㆒。曰惟恕則平㆑情惟倹則足㆑用。

〔語義〕○明——明朗、公明正大であること。誰が見ても正しいことが明らかなこと。『荀子』（不苟第三）に「公は明を生じ、偏は闇を生ず」とある。○恕——思いやり。自分と同様に他人を思いやること。『論語』（衛霊公篇）に「子貢問いて曰く、一言にして以て終身之《これ》を行うべき者有りやと。子曰く、其れ恕か。己《おのれ》の欲せざる所、人に施すこと勿《なか》れ、と」とある。

〔訳文〕官職にあるときの戒めとして二語ある。それは「ただ公平無私でさえあれば、明朗な政治が行われ、ただ清廉潔白でさえあれば、威厳のある態度が出てくる」という二語である。
また、家庭にあるときの戒めとして二語ある。それは「ただ思いやりが深くさえあれば、家族の心は穏やかであり、ただ倹約さえすれば、衣食の費用は十分に足りる」という二語である。

三二一、絶頂期の用心

富貴《ふうき》の地《ち》に処《お》りては、貧賤《ひんせん》の痛癢《つうよう》を知《し》らんことを要《よう》し、少壮《しょうそう》の時《とき》に当《あた》りては、須《すべか》らく衰老《すいろう》の辛酸《しんさん》を念《おも》うべし。

処二富貴之地一要レ知二貧賤的痛癢一当二少壮之時一須レ念二衰老的辛酸一。

〔語義〕○痛癢――痛みとかゆみ。身を責める苦痛のこと。○辛酸――からさとすっぱさ。人生におけるつらさ、苦しさ。五行説では五味を酸・苦・甘・辛・鹹としているが、その中の、人になじまない味。

〔訳文〕富貴の身分にあるときは、貧賤の境遇にある人の苦痛を知ることが必要であるし、若くて肉体的にも盛んなときには、年老いて衰えた人のつらさを忘れないようにすべきである。

三二三、清濁・賢愚とも寛容に

身《み》を持《たも》つに、太《はなは》だしくは皎潔《こうけつ》なる可《べ》からず。一切《いっさい》の汚辱《おじょく》垢穢《こうあい》も、茹納《じょのう》せんことを要《よう》す。人《ひと》に与《くみ》するに、太《はなは》だしくは分明《ぶんめい》なる可《べ》からず。一切《いっさい》の善悪賢愚《ぜんあくけんぐ》も、包容《ほうよう》せんことを要《よう》す。

持レ身不レ可二太皎潔一。一切汚辱垢穢要二茹納的一。与レ人不レ可二太分明一。一切善悪賢愚要二包容的一。

〔語義〕○皎潔——皎皎潔白の意。汚れなく清らかなこと。○茹納——茹も納も、受け入れること。許し取り入れて拒否しないこと。「包容」と同じ。

〔訳文〕この身を安全に保っていくのには、あまり潔癖すぎてはいけない。一切の汚《よご》れや汚《けが》れも、すべて受け入れてしまうことが必要である。また、人と一緒に物事を行う際には、あまりはっきり割り切りすぎてはならない。一切の善も悪も賢も愚も、すべて包容してしまう必要がある。

三二四、相手を選んで接する

小人《しょうじん》と仇讎《きゅうしゅう》することを休《や》めよ。小人《しょうじん》は自《おの》ずから対頭《たいとう》有《あ》り。君子《くんし》に向《お》いて諂媚《てんび》することを休《や》めよ。

君子《くんし》は原《もと》より私恵《しけい》無《な》し。

休㆘与㆓小人㆒仇讐㆖。小人自有㆓対頭㆒。休㆘向㆓君子㆒諂媚㆖。君子原無㆓私恵㆒。

〔語義〕○対頭——対手。対者。技量の等しい相手。ここではふさわしい仲間のこと。○諂媚——媚びへつらう。取り入ること。○私恵——私的な恩恵。私情により片寄った恵みのこと。えこひいき。

〔訳文〕つまらない人達と憎み合うのはやめなさい。小人には小人なりの相手があるものである。立派な君子に媚びへつらうのはやめなさい。君子はもともと私的なえこひいきなどはしないものである。

三二五、腰を落ち着けて成就を図る

磨礪《まれい》は当《まさ》に百煉《ひゃくれん》の金《きん》の如《ごと》くすべし。急就《きゅうしゅう》せば邃養《すいよう》に非《あら》ず。施為《しい》は宜《よろ》しく千鈞《せんきん》の弩《ど》の似《ごと》くすべし。軽発《けいはつ》せば宏功《こうこう》無《な》し。

磨礪当㆑如㆓百煉之金㆒。急就者非㆓邃養㆒。施為宜㆑似㆓千鈞之弩㆒。軽発者無㆓宏功㆒。

〔語義〕○磨礪——努力して刃物を磨くように心身を磨き研ぐこと。修養の喩え。『顔氏家訓』（勉学篇）に、「志《こころざし》尚《なお》有る者は遂に能《よ》く磨礪して以て素業《そぎょう》に就き、履立《りりつ》無き者は茲《こ》れより堕慢《だまん》して便《すなわ》ち凡人と為る」とある。○邃養——深く心身を養い修めること。○千鈞の弩——千鈞もの重さの矢石を発射する石弓《いしゆみ》。

〔訳文〕自分自身を錬磨するには、繰り返し練り鍛える金属のようにすべきである。速成したのでは深い修養とはならない。事業を興すには、強い石弓を放つときのように慎重にすべきである。軽々しく興したならば大きな成果は得られない。

三二六、成功する人と失敗する人

功《こう》を建《た》て業《ぎょう》を立《た》つる者《もの》は、多《おお》く虚円《きょえん》の士《し》なり。事《こと》を債《やぶ》り機《き》を失《うしな》う者《もの》は、必《かなら》ず執拗《しつよう》の人《ひと》なり。

建レ功立レ業者多虚円之士。僨レ事失レ機者必執拗之人。

〔語義〕○虚円——虚心円満の意。あっさりとしていてすべてを包容してしまうような性格のこと。蘇軾の「石台の長老」の詩に、「眼睛と心地と両《ふた》つながら虚円なり」とある。○事を債り——大事を覆《くつがえ》す。『大学』（第九章）に「一言、事を僨《やぶ》り、一人、国を定む」とある。○執拗——執着しすぎる。

執念深くて心がねじ曲っていること。

〔訳文〕大きな功績や事業を完成するような人は、多くはあっさりして円満な性格の持ち主である。事業に失敗し時機を失ってしまうような人は、必ず執念深く片意地な性格の持ち主である。

三二七、倹約も謙譲も度を越さず

倹《けん》は美徳《びとく》なるも、過《す》ぐれば則《すなわ》ち慳吝《けんりん》と為《な》り、鄙嗇《ひしょく》と為《な》りて、反《かえ》りて雅道《がどう》を傷《やぶ》る。譲《じょう》は懿行《いこう》なるも、過《す》ぐれば則《すなわ》ち足恭《すうきょう》と為《な》り、曲礼《きょくれい》と為《な》りて、多《おお》く機心《きしん》に出《い》ず。

倹美徳也過則為㆓慳吝㆒為㆓鄙嗇㆒反傷㆓雅道㆒。譲懿行也過則為㆓足恭㆒為㆓曲礼㆒多出㆓機心㆒。

〔語義〕○慳吝——慳貪吝嗇《けんどんりんしょく》の意。もの惜しみしてけちになること。○鄙嗇——卑しく、意地汚いこと。○雅道——高雅な正道のことで、人生における立派で正しい道。○懿行——麗《うるわ》しい行為。善行。○足恭——足《すう》は過ぎる、程度を越えること。うやうやしすぎる。ていねいすぎること。足は、この場合「スウ」（慣用音）と読んでいるが、正しくは「シュ」（漢音）。『論語』（公冶長篇）に「巧言、令色、足恭なるは、左丘明《さきゅうめい》之《これ》を恥ず、丘も亦《ま》た之を恥ず」とある。○曲礼——つぶさな儀式。面倒な礼儀。

○機心——機械の心の意。はかりごとをめぐらす心。世俗的なたくらみをする心。『荘子』（外篇、天地第十二）に「機械有る者は必ず機事有り、機事有る者は必ず機心有り。機心胸中に存せば、則ち純白備わらず。純白備わらずんば、則ち神定まらず」とある。

〔訳文〕倹約は美徳であるが、しかし、度を過ごすとけちになり、卑しくなって、その結果逆に、正しい道を損なうことになる。謙譲は善い行為であるが、しかし、度を過ごすと馬鹿ていねいになり、堅苦しくなって、その結果多くの場合、何か魂胆があると見なされることになる。

三二八、有為転変に流されず

払意《ふつい》を憂《うれ》うること毋《なか》れ、快心《かいしん》を喜《よろこ》ぶこと毋《なか》れ。久安《きゅうあん》を恃《たの》むこと毋《なか》れ、初難《しょなん》を憚《はばか》ること毋《なか》れ。

毋㆑憂㆓払意㆒毋㆑喜㆓快心㆒。毋㆑恃㆓久安㆒毋㆑憚㆓初難㆒。

〔語義〕○払意——意にたがうことで、自分の思いどおりにならないこと。「快心」の反対。

〔訳文〕思いどおりにならないからと言って、心を痛めてはいけないし、また、思いどおりになったからと言って、やたらと喜んではいけない。いつまでも平安無事であるからと言って、それを頼りにしてはいけないし、また、最初に困難にぶつかったからと言って、むやみに恐れ嫌ってはいけない。

三二九、秀れた家庭人・社会人はうわべの華やかさを追わない

飲宴《いんえん》の楽《たの》しみの多《おお》きは、是《こ》れ個《こ》の好人家《こうじんか》にあらず。声華《せいか》の習《なら》いの勝《まさ》れるは、是《こ》れ個《こ》の好士子《こうしし》にあらず。名位《めいい》の念《ねん》の重《おも》きは、是《こ》れ個《こ》の好臣工《こうしんこう》にあらず。

飲宴之楽多不是個好人家。声華之習勝不是個好士子。名位之念重不是個好臣工。

〔語義〕○好人家——秀れた格式を有する家柄。家道を備えた家庭。正しい家。○声華——名声が華美であること。すばらしい評判のこと。○名位——高名顕位の意で、名誉ある境遇や高い地位のこと。○臣工——百官。ここでは広く官吏を言う。

〔訳文〕飲み食いごとの楽しみにばかり耽《ふけ》っているのは、それは一つの良い家柄ではない。良い評判がいつも立っているのは、それは一人の良い人物ではない。名誉や地位を求める気持ちがいつも重くのし掛かっているのは、それは一人の良い臣下ではない。

三三〇、心伸びやかな人と心あくせくした人

仁人《じんじん》は心地《しんち》寛舒《かんじょ》なれば、便《すなわ》ち福厚《ふくあつ》くして慶長《けいなが》く、事事《じじ》に個《こ》の寛舒《かんじょ》の気象《きしょう》を成《な》す。
鄙夫《ひふ》は念頭《ねんとう》迫促《はくそく》なれば、便《すなわ》ち禄薄《ろくうす》くして沢短《たくみじか》く、事事《じじ》に個《こ》の迫促《はくそく》の規模《きぼ》を成《な》す。

仁人心地寛舒便福厚而慶長事事成㆓個寛舒気象㆒。
鄙夫念頭迫促便禄薄而沢短事事成㆓個迫促規模㆒。

〔語義〕○寛舒――広く伸びやかなこと。のんびりしていること。『管子』（枢言篇）に「寛舒にして仁ならば、独《ひと》り其の身を楽しむ」とある。○鄙夫――度量が狭く心卑しい人。『孟子』（万章、下）に「柳下恵《りゅうかけい》の風を聞く者は、鄙夫も敦《あつ》くして、薄夫も寛なり」とある。○念頭迫促――迫促は迫る、逼《ひっ》迫《ばく》していることの意。心が追い詰められているように縮まりせかせかしていること。

〔訳文〕仁の徳を完成し具わった人は、心が広くのびのびとしているので、幸福は厚く、喜びも長く続き、あらゆることにのんびりとした気質をなすものである。
　これに対し、心の卑しい人は、万事にこせこせしているので、天から与えられる物質的な幸いは薄く、恩沢も長く続かず、あらゆることにせかせかした様子を示すものである。

三三一、部下はいじめず、友は選んで

人《ひと》を用《もち》うるには、宜《よろ》しく刻《こく》なるべからず。刻《こく》ならば、則《すなわ》ち効《こう》を思《おも》う者《もの》も去《さ》らん。友《とも》に交《まじ》わるには、宜《よろ》しく濫《らん》なるべからず。濫《らん》ならば、則《すなわ》ち諛《ゆ》を貢《こう》する者《もの》も来《きた》らん。

用レ人不レ宜レ刻。刻則思レ効者去。交レ友不レ宜レ濫。濫則貢レ諛者来。

〔語義〕○刻――むごいこと。刻薄。○効を思う――ためにしようと思う。勤め尽そうと思うこと。○濫――みだりにする、むやみにすること。○諛を貢する――媚びへつらう言葉を寄せる。

〔訳文〕人を使用するには、苛酷な扱いをしてはいけない。ひどい扱い方をすると、骨を折って尽そうとする者まで去ってしまうことになる。また、友人と交際するには、みだりに誰とでも付き合うようなことをしてはいけない。誰とでも見境なく付き合うと、媚びへつらいをしようとする者までやってくることになる。

三三二、大人《たいじん》を畏敬する理由と小民《しょうみん》を畏敬する理由

大人《たいじん》は畏《おそ》れざる可《べ》からず。大人《たいじん》を畏《おそ》るれば、則《すなわ》ち放逸《ほういつ》の心《こころ》無《な》し。小民《しょうみん》も亦《ま》た畏《おそ》れざる可《べ》からず。

小民《しょうみん》を畏《おそ》るれば、則《すなわ》ち豪横《ごうおう》の名《な》無《な》し。

大人不レ可レ不レ畏。畏二大人一則無二放逸之心一。小民亦不レ可レ不レ畏。畏二小民一則無二豪横之名一。

〔語義〕○畏れ――畏れ憚《はばか》る。敬いかしこまること。『論語』（季氏篇）に、「君子に三畏有り、天命を畏れ、大人を畏れ、聖人の言を畏る。小人は天命を知らずして畏れず、大人に狎《な》れ、聖人の言を侮《あなど》る」とある。○小民――しもじもの一般庶民のこと。小人と同じ。○豪横――豪強を頼んで驕り、ほしいままに振る舞うこと。横は、放縦、ほしいままの意。

〔訳文〕徳の高い人に対しては畏敬の心を持たなければいけない。徳の高い人を畏敬すると、その徳化によって勝手気ままな振る舞いをする心が起こらなくなる。一般の人に対してもやはり畏敬の心を持たなければいけない。一般の人も畏敬するようにすれば、その人達とも親しみができ、豪強の名を頼んでほしいままにするという悪評が立たなくなる。

三三三、上も見、下も見て

事《こと》稍《やや》払逆《ふつぎゃく》するときは、便《すなわ》ち我《われ》に如《し》かざるの人《ひと》を思《おも》わば、則《すなわ》ち怨尤《えんゆう》自《おの》ずから消《き》えん。

心《こころ》稍《やや》怠荒《たいこう》するときは、便《すなわ》ち我《われ》より勝《まさ》れるの人《ひと》を思《おも》わば、則《すなわ》ち精神《せいしん》自《おの》ずから奮《ふる》わん。

事稍払逆便思㆓不㆑如㆑我的人㆒則怨尤自消。
心稍怠荒便思㆓勝㆑似㆑我的人㆒則精神自奮。

〔語義〕○払逆――もとり逆らう。意に反して思うままにならないこと。○怨尤――他のせいにして怨み咎めること。『論語』（憲問篇）に「天を怨まず、人を尤《とが》めず、下学して上達す。我を知る者は其れ天か」とある。○怠荒――怠け荒《すさ》ぶこと。心が荒廃すること。

〔訳文〕物事が少しばかり思うようにならないときは、自分には及ばないような人のことを思えば、自分の逆境を怨み咎める心は自然に消えてしまうであろう。
　また、心が少しばかり怠け荒れるようなときは、自分より秀れた人のことを考えれば、心は自然と奮いたってくるであろう。

三三四、喜《き》怒《ど》哀楽《あいらく》に流されず

喜《よろこ》びに乗《じょう》じて諾《だく》を軽《かる》くす可《べ》からず。酔《よ》いに因《よ》りて瞋《いか》りを生《しょう》ず可《べ》からず。快《かい》に乗《じょう》じて事多《ことおお》くす可《べ》からず。倦《けん》に因《よ》りて終《おわ》りを鮮《すく》なくす可《べ》からず。

不レ可二乗レ喜 而 軽レ諾。不レ可二因レ酔 而 生レ瞋。不レ可二乗レ快 而 多レ事。不レ可二因レ倦 而 鮮レ終。

〔語義〕○諾——承諾すること。引き受けること。○終りを鮮なくす——物事の終りを完全に成し遂げないこと。後始末をきちんとしないこと。『詩経』（大雅、蕩）に、「初め有らざる靡《な》し、克《よ》く終り有ること鮮なし」とあるのによる。

〔訳文〕何か喜ばしいことがあるからと言って、それに乗って軽はずみな承諾を与えてはいけない。酒の酔いに任せて、むやみに怒ってはいけない。物事が順調に行っているからと言って、やたらとやることを広げてはいけない。もう飽きたからと言って、最後をいいかげんにしてはいけない。

〔補注〕概論篇冒頭の第一八六節から本節までは二巻本の前集に、次節から第三八四節までは二巻本の後集に収められている。

三三五、真《しん》を全《まっと》うする道

水《みず》に釣《つ》るは逸事《いつじ》なるも、尚生殺《なおせいさつ》の柄《へい》を持《じ》す。奕棊《えきき》は清戯《せいぎ》なるも、且《か》つ戦争《せんそう》の心《こころ》を動《うご》かす。見《み》る可《べ》し、事《こと》を喜《よろこ》ぶは事《こと》を省《はぶ》くの適為《てきた》るに如《し》かず、多能《たのう》は無能《むのう》の真《しん》を全《まっと》うするに如《し》かざることを。

釣レ水逸事也尚持ニ生殺之柄一。奕棋清戯也且動ニ戦争之心一。
可レ見 喜レ事不レ如ニ省レ事之為一レ適多能不レ如ニ無能之全一レ真。

〔語義〕○逸事――清逸な事柄。世俗を離れた行為。○柄――権柄。権力。○奕棋――奕は碁を打って遊ぶこと。棋は碁と同じで碁石。○清戯――「逸事」と同義で、清逸な遊戯。○適――心に適《かな》うこと。○無能の真を全うする――何ら能力、才能を有しないことが本然の性を完全に保つことになる。『老子』の「無為自然」や『荘子』の「無用の用」に通ずる。「全真」は自然の性、真性を全《まっと》うする、完全に保つこと。『荘子』（雑篇、盗跖第二十九）に「子の道は、狂狂汲汲《きゅうきゅう》たる詐巧《さこう》虚偽の事なり。以て真を全うす可《べ》からざるなり。奚《なん》ぞ論ずるに足らんや」とあり、また、嵇康《けいこう》の「幽憤《ゆうふん》詩」（『文選』巻二十三）にも「素を養い、真を全うす」とあり、それを張銑は「その質を養い、以て真性を全くするを謂《い》う」と注している。

〔訳文〕水辺に臨んで魚を釣っているのは、一見浮き世離れのした気楽なことのようではあるが、それでいてなお、魚を生かしも殺しもすることのできる道具を持っているのである。また、碁盤を囲んで碁を打っているのは、あたかも世事に関わらない遊びごとのように見えるが、見方を変えれば、勝負にこだわる争い戦う心を動かしていることになる。

このようなことから、何か物事をなして喜ぶのは、何もせずに、しかも悠々自適しているのには及ばず、多くの能力を持っているのは、何の能力も持たないことが、これこそ人間の本来の姿を全《まっと》うするのには及ばないことを良く見極めるべきである。

三三六、真実を呼び覚ます契機

静夜《せいや》の鐘声《しょうせい》を聴《き》きては、夢中《むちゅう》の夢《ゆめ》を喚《よ》び醒《さ》まし、澄潭《ちょうたん》の月影《げつえい》を観《み》ては、身外《しんがい》の身《み》を窺《うかが》い見《み》る。

聴二静夜之鐘声一喚二醒夢中之夢一観二澄潭之月影一窺二見身外之身一。

〔語義〕○夢中の夢——夢中は真実ならざる世界。また本心を失った迷いの状態。迷いの世界で、さらに迷いを重ねること。『荘子』（内篇、斉物論第二）に、「夢に酒を飲む者は、旦にして哭泣《こくきゅう》し、夢に哭泣する者は、旦にして田猟《でんりょう》す。其の夢みるに方《あた》りてや、其の夢なるを知らざるなり、云々」とあり、仏典にも「夢中に夢を説く」（『大般若経《だいはんにゃきょう》』巻五百九十二）話がある。○身外の身——この身以外の真実の身。淵に映った月は真実の月ではなく、真実の月は大空にあることから、この肉体は仮の姿であり、天地自然を本体とする真実の肉体があることが窺われるの意。

〔訳文〕静かな夜に響きわたる鐘の声を聴くと、夢の中でまた夢を見ているような迷いの世界から呼び覚まされ、真実の姿を見ることができ、また、水の澄んでいる深い淵に映っている月影を見ると、人間の肉体はこの月影のように仮のものであり、真実の肉体はこの俗世に生きる肉体の外にあるのをのぞき見ることができる。

三三七、見聞するもののすべてに真実を見る

鳥語虫声《ちょうごちゅうせい》も、総《すべ》て是《こ》れ心《こころ》を伝《つた》うるの訣《けつ》なり。花英草色《かえいそうしょく》も、道《みち》を見《あらわ》すの文《ぶん》に非《あら》ざるは無《な》し。学《まな》ぶ者《もの》は、天機清徹《てんきせいてつ》、胸次玲瓏《きょうじれいろう》にして、物《もの》に触《ふ》れて、皆《みな》、心《こころ》に会《かい》する処有《ところあ》るを要《よう》す。

鳥語虫声総是伝レ心之訣。花英草色無レ非ニ見レ道之文一。
学者要三天機清徹胸次玲瓏触レ物皆有ニ会レ心処一。

〔語義〕○心を伝うるの訣——真実を伝える秘訣。禅では「以心伝心（真理は文字や経論によらず、師から弟子に心を通じて伝えられる）」あるいは「教外別伝、不立文字《ふりゅうもんじ》（仏心は言葉や文字を離れて伝えられる）」を標榜《ひょうぼう》し、唐代の黄檗《おうばく》宗開祖希運《きうん》禅師には語録『伝心法要』がある。○道を見すの文——真理を徹見するもの。天地の真理と一体になること。仏教では菩提・悟りを「道」と訳し、「見道」は悟りの一段階を意味する。禅では「見性《けんしょう》」と言う。文は綾《あや》模様。○天機——天から授かった霊妙な心の働きのこと。○胸次玲瓏——胸次は胸の内。心中。玲瓏は玉が透きとおっている様子。双声（上下の文字の子頭音が等しいもの）の語。

〔訳文〕小鳥のさえずりや虫の鳴く声も、徹見悟了《てっけんごりょう》してみれば、すべてそのものがそのまま文字言語を離れて伝えられる真理そのものである。また、花びらや草の色も、すべてそのものがそのまま天地の大道の現れでないものはない。

だから学問に志す者は、霊妙な心の働きを清澄明徹《せいちょうめいてつ》にし、胸中は透きとおって少しの曇りもない玉のようにしておき、物に触れ見たり聞いたりするものすべてが、そのまま真理に他ならないことを、心にしっかりわきまえておく必要がある。

三三八、無弦の琴を撫して、琴声の趣《おもむき》を解する

人《ひと》は有字《ゆうじ》の書《しょ》を読《よ》むを解《かい》するも、無字《むじ》の書《しょ》を読《よ》むを解《かい》せず。有絃《ゆうげん》の琴《きん》を弾《だん》ずるを知《し》るも、無絃《むげん》の琴《きん》を弾《だん》ずるを知《し》らず。迹《あと》を以《もっ》て用《もち》い、神《しん》を以《もっ》て用《もち》いずば、何《なに》を以《もっ》て琴書《きんしょ》の佳趣《かしゅ》を得《え》んや。

人解レ読ニ有字書一不レ解レ読ニ無字書一。知レ弾ニ有絃琴一不レ知レ弾ニ無絃琴一。以レ迹用不ニ以レ神用一何以得ニ琴書佳趣一。

〔語義〕○無字の書――文字の書かれていない書物。天地自然がそのまま真理を具現している書物そのものと見ること。『荘子』の「無用の用」にも通じる。○無絃の琴――絃のない琴。音の出ない琴。蕭統《しょうとう》の『陶靖節伝』に「淵明、音律を解せず、無絃の琴一張を蓄えて、酒適する毎《ごと》に輒《すなわ》ち撫弄《ぶろう》して

以て其の意を寄す」とあり、人間世界の有限な音楽とは異なり、宇宙の無限の音楽を享受すること。禅では「没絃琴」と称し、言外の妙旨の意に用いる。○迹――「有字の書」や「有絃の琴」のように跡形《あとかた》のはっきりしているもの。具体的な事象。○神――精神的なもの。痕跡として確認できないような抽象的なあり方。

〔訳文〕 世の人は、文字を用いて書いてある書物を読むことは知っているが、文字を用いていない書物を読むことは知らない。また、絃が張ってある琴を弾《ひ》くことは知っているが、絃が張ってない琴を弾くことは知らない。文字や絃という具体的なものがあればそれを信ずるが、心というような抽象的なものを信じられないなら、どうして琴や書がほんとうに語ろうとしている秀れた心が理解できようか。

三三九、小さな人間存在、はかない立身出世

山河大地《さんがだいち》も、已《すで》に微塵《みじん》に属《ぞく》す。而《しか》るに況《いわん》や塵中《じんちゅう》の塵《じん》をや。血肉身軀《けつにくしんく》も、且《か》つ泡影《ほうえい》に帰《き》す。而《しか》るに況《いわん》や影外《えいがい》の影《えい》をや。上上《じょうじょう》の智《ち》に非《あら》ずば、了了《りょうりょう》の心《しん》無《な》し。

山河大地已属㆓微塵㆒。而況塵中之塵。血肉身軀且帰㆓泡影㆒。而況影外之影。非㆓上智㆒無㆓了了心㆒。

〔語義〕○微塵――きわめて微細な物質。仏教では rajas の訳語として、目に見える物質の中の最小の単位として用いられる。『金剛経』に、「須菩提《しゅぼだい》よ、意に於いて云何《いかん》、三千大世界の有らゆる微塵は、是れ多しと為すや、云々」とある。○塵中の塵――微塵の中でももっとも小さな存在。すなわち人間存在。○泡影――泡や影のように、実体はなくやがて消えてなくなる存在。『金剛経』に、「一切有為法《ういほう》は、夢幻泡影の如く、露の如く、亦《ま》た雷の如し、応《まさ》に是の如き観を作《な》すべし」とあり、有為法（生滅変化する一切の事物）の喩えに用いられる。○影外の影――人間存在を影のように実体のないものと見て、さらにこの影に付随する地位や名誉といった泡沫《ほうまつ》のようなものを言う。

〔訳文〕山河や大地のような、一見大きく見えるものも、もっと大きなものから見れば、微塵のようにちっぽけなものである。ましてや塵《ちり》の中の塵ともいうべき小さな生物は、もっと取るに足らないものであることは言うまでもない。人間の肉体のような、一見実体があるように見えるものも、流れに浮ぶ泡や物の影のように、結局は消えてしまうものである。ましてや影のまた影とも言うべき実体のない名誉や地位が、さらに空しいものであることは言うまでもない。最上の智慧でなかったならば、このようにものを明察する心は出てこない。

三四〇、短い人生、狭い世間で争うな

石火《せっか》の光中《こうちゅう》に、長《ちょう》を争《あらそ》い短《たん》を競《きそ》う。幾何《いくばく》の光陰《こういん》ぞ。蝸牛《かぎゅう》の角上《かくじょう》に、雌《し》を較《くら》べ雄《ゆう》を論《ろん》ず。許大《いくばく》の世《せ》

界《かい》ぞ。

石火光中争レ長競レ短。幾何光陰。蝸牛角上較レ雌論レ雄。許大世界。

〔語義〕○石火の光中――石火は撃石火のことで、石を打ち合せて発する火花のこと。瞬時に発して消え去る火花のことで、人生がきわめて短いことの喩え。○蝸牛の角上――「蝸牛角上の争い」のこと。かたつむりの角の上にあった触氏と蛮氏の二国が互いに争ったという故事（『荘子』雑篇、則陽第二十五）。きわめてちっぽけな争いごと、つまらない争いを言う。白居易の詩「酒に対す」に、「蝸牛の角上、何事をか争う、石火の光中、此の身を寄す。富に随い貧に随い且つ歓楽す、口を開いて笑わざるは是れ痴人」とあり、これによったもの。○許大――許はこのよう、そのようの意。「許大」はこのように大きくの意。前の「幾何」と対になっている。「光陰」が時間的であるのに対し、「世界」は空間的である。

〔訳文〕人の一生は、喩えば石火の火花のようにほんの一瞬のことであるのに、どちらが長いか短いかと、つまらないことを争っている。そのような人間の一生は、どれほどの月日があるのであろうか。また、この世はかたつむりの角《つの》の上のようなごく狭い場所であるのに、その上で人間は、勝った負けたと比べ騒いでいる。そのような人間の生きている場所は、どれくらいの大きさの世界であろうか。

三四一、俗世にあって中道を行く

富貴《ふうき》を浮《う》き雲《ぐも》とするの風有《ふうあ》り。而《しか》れども必《かなら》ずしも岩棲穴処《がんせいけっしょ》せず。泉石《せんせき》を膏肓《こうこう》とするの癖無《へきな》し。而《しか》れども常《つね》に自《みずか》ら酒《さけ》に酔《よ》い詩《し》に耽《ふけ》る。競逐《きょうちく》は人《ひと》に聴《まか》するも、而《しか》も尽《ことごと》くは酔《よ》うを嫌《きら》わず。恬憺《てんたん》は己《おのれ》に適《かな》うも、而《しか》も独《ひと》りにては醒《さ》むるを誇《ほこ》らず。

此《こ》れ釈氏《しゃくし》の所謂《いわゆる》、法《ほう》に纏《てん》ぜられず、空《くう》に纏《てん》ぜられず、身《み》と心《こころ》の両《ふた》つながら自在《じざい》なる者《もの》なり。

有下浮二雲富貴一之風上。而不三必岩棲穴処一。無下膏二肓泉石一之癖上。而常自酔レ酒耽レ詩。競逐聴レ人而不レ嫌二尽酔一。恬憺適レ己而不レ誇二独醒一。

此釈氏所謂不レ為二法纏一不レ為二空纏一身心両自在者。

〔語義〕○富貴を浮き雲とする——世間的な財産や高い地位を、浮き雲のようにはかなく頼りにならないものと見なすこと。『論語』（述而篇）に「子曰く、疏子《そし》を飯《く》らい水を飲み、肱《ひじ》を曲げて之《これ》を枕とす、楽しみ亦《ま》た其の中に在り。不義にして富み且つ貴きは、我に於いて浮き雲の如し、と」とあるのによる。○泉石を膏肓とする——泉石は山水の景観を愛すること。膏は心臓の下、肓は横隔膜《おうかくまく》の上の隠れた部分で、ともに医者の手当や、薬力の及ばない場所で、不治の病を言う。『唐書』（巻一百九十六、田游巌伝）に「臣は所謂泉膏肓、烟霞痼疾なる者なり」とあるのによる。○競逐——競争駆逐の意で、名利を互いに争い追い求めること。○法——梵語 dharma の訳語で、具体的事物、もの、存在のこと。縁起《えんぎ》の理法によって成りたっている存在そのものという意味で「法」と言われる。〇空——梵語 śūnya の訳語。空虚なこと、欠けていること、インド数学のゼロのこと。仏教では縁起の理法によって生起しているものは固定的実体がないという意味で用いられる（縁起＝無自在＝空）。仏教思想の二大潮流のうち、法は五位七十五法等を立てる部派（説一切有部等）に対して、無自性・空を主張する部派（中観派）の立場を意味する。さらにここでは、これらの立場を越える仏教として禅が想定されている。

〔訳文〕 世俗の富貴を、浮き雲のように頼りにならないはかないものとする気風を持っている。しかしながら、必ずしも俗塵を厭い、岩穴のような世俗から離れたところにいようとはしない。また、深山幽谷の美しい泉や石の様子を、不治の病から抜け出せないほどに愛する癖はない。しかしながら、いつも酒に酔い、詩に耽《ふけ》って楽しむ風流心は持ち合せている。人と争って名誉や利益を追い求めることは、他の人に任せて自分は関知しないが、しかしまた、世の人がすべて名誉や利益に酔っているのを、全部が全部嫌うというわけではない。また、心を静かに万事にあっさりとしていることは、つねに自分の意に適《かな》っているが、しかしまた、世人がみな熱狂している中に、自分独《ひと》りだけが冷静であるのを誇ることはしない。

　このような人こそ、仏教で言うところの、実体があるとする考えに拘束されもしないし、実体がないとする考えに拘束されることもない、身も心も両方ともに自由自在な人である。

三四二、寛闊な心が時空を広げる

延促《えんそく》は一念《いちねん》に由《よ》り、寛窄《かんさく》は之《これ》を寸心《すんしん》に係《か》く。故《ゆえ》に、機《き》の閑《かん》なる者《もの》は、一日《いちじつ》も千古《せんこ》より遥《はる》かに、意《い》の寛《ひろ》き者《もの》は、斗室《としつ》も両間《りょうかん》に広《ひろ》し。

延促由㆓於一念㆒寛窄係㆓之寸心㆒。故機閑者一日遥㆓于千古㆒意寛者斗室広㆓於両間㆒。

〔語義〕○延促——延は延びる、促は縮まるの意で、時間の長短のこと。○寛窄——寛は広い、窄は狭いの意で、空間の広狭のこと。○機の閑なる者——機は心機で、心の働き、心持ち。閑は、ゆったりしていること。○斗室——斗升のような狭い室の意。一斗ばかりしか入らないような狭い部屋。

〔訳文〕年月を長いと思ったり短いと思ったりするのは、その人の考え方に基づくものであり、また、世間を広いと思ったり狭いと思ったりするのは、その人の心の持ち方に懸かっている。だから、心の働きのゆったりしている人は、わずか一日でも千年よりもはるかに長いと思い、気持ちの広い人は、ごく狭い部屋でも天地の間のように広いと思う。

三四三、足るを知り、活かして使う

都《すべ》て眼前《がんぜん》に来《きた》るの事《じ》は、足《た》るを知《し》る者《もの》には仙境《せんきょう》にして、足《た》るを知《し》らざる者《もの》には凡境《ぼんきょう》なり。
総《すべ》て世上《せじょう》に出《い》づるの因《いん》は、善《よ》く用《もち》うる者《もの》には生機《せいき》にして、善《よ》く用《もち》いざる者《もの》には殺機《さっき》なり。

都来二眼前一事知レ足者仙境不レ知レ足者凡境。
総出二世上一因善用者生機不二善用一者殺機。

〔語義〕○足るを知る——「少欲知足」と熟字し、欲望が少なく、どんなわずかなものにも満足すること。『老子』（第四十六章）に「禍《わざわい》は足るを知らざるより大なるはなく、咎は得るを欲するより大なるはなし。故に足るを知らば常に足る」とある。『仏遺教経』には「汝等比丘《びく》よ、若《も》し諸の苦悩を脱せんと欲さば、当《まさ》に知足を観ずべし。知足の法は、即ち是れ富楽安穏の処なり」とある。○仙境——仙人の住む世界。仏教では仙境は悟りの世界。凡境は迷いの世界。

〔訳文〕すべて目の前に起こってくる現実の問題は、満足することを知る者にとっては、仙人が住んでいるとされる理想郷のようなものであり、満足することを知らない者にとっては、凡人の欲望に満ちた世界である。
また、すべて世間一般に現れる事柄は、その本来の姿に従って良く用いる人にとっては、ものを生かす働きであり、本来の姿を損なうような人にとっては、ものを殺す働きとなる。

三四四、無欲を住処《すみか》とする

炎《ほのお》に趨《はし》り勢《いきお》い附《つ》くの禍《わざわい》は、甚《はなは》だ惨《ざん》にして、亦《ま》た甚《はなは》だ速《すみ》やかなり。恬《てん》に棲《す》み逸《いつ》を守《まも》るの味《あじ》わいは、最《もっと》も淡《たん》にして、亦《ま》た最《もっと》も長《なが》し。

趨レ炎附レ勢之禍甚惨亦甚速。棲レ恬守レ逸之味最淡亦最長。

〔語義〕○炎に趨り……――時の権力者や勢力者に媚びへつらい、付き従うこと。『宋史』（巻二百九十五、李垂伝）に、「能く炎に趨り熱に附き、人の眉睫《びしょう》を看《み》て以て推輓《すいばん》を冀《こいねが》うか」とある。

〔訳文〕権力の盛んな者に走り寄り、勢力ある人に付き従うということから生ずる禍《わざわい》は、きわめて悲惨なものであり、かつまた非常に早くやってくる。これに対し、無欲を自分の住処《すみか》とし、気楽な生き方を守るという生活から生ずる人生の良さは、非常に淡泊な味わいがあり、かつまたその楽しみはもっとも長続きする。

三四五、病と死に学ぶ

色欲《しきよく》は火《ひ》のごとく熾《さか》んなれども、一念《いちねん》、病時《びょうじ》に及《およ》ばば、便《すなわ》ち興《きょう》は寒灰《かんかい》に似《に》たり。名利《めいり》は飴《あめ》のごとく甘《あま》けれども、一想《いっそう》、死地《しち》に到《いた》らば、便《すなわ》ち味《あじ》は嚼蠟《しゃくろう》の如《ごと》し。
故《ゆえ》に、人《ひと》、常《つね》に死《し》を憂《うれ》え病《やまい》を慮《おもんばか》らば、亦《ま》た幻業《げんぎょう》を消《け》して道心《どうしん》を長《ちょう》ず可《べ》し。

色欲火熾而一念及㆓病時㆒便興似㆓寒灰㆒。名利飴甘而一想到㆓死地㆒便味如㆓嚼蠟㆒。
故人常憂㆑死慮㆑病亦可㆘消㆓幻業㆒而長㆗道心㆖。

〔語義〕○寒灰——死灰と同じで、火種もなくなり冷たくなってしまった炉の灰。○幻業——業は行為。夢や幻のようなはかない行為。○道心——道は仏教では菩提（梵語 bodhi, 悟り）の旧訳。悟りを求める心、真理を希求する志。

〔訳文〕色欲は若いときには誰でも火のように燃え盛るものであるが、病気にかかったときのことをちょっとでも思ったならば、たちまちその興味も覚めて、冷えきった灰のようになるであろう。また、名誉や利益は誰にとっても甘い飴のようなものであるが、死んだときのことをちょっとでも考えたならば、たちまちその興味も、蠟《ろう》を嚙むような味気《あじけ》ないものになるであろう。
だから人は、いつも死ということを心配し、病気になったときのことを考えたならば、色欲や名誉や利益のように、はかないものに対する迷いの行為をなくして、道を求める心を育てるべきなのである。

三四六、一歩退き、あっさりと

先《さき》を争《あらそ》うの径路《けいろ》は窄《せま》し。退《しりぞ》き後《おく》るること一歩《いっぽ》ならば、自《おの》ずから一歩《いっぽ》を寛平《かんぺい》にす。濃艶《のうえん》の滋味《じみ》は短《みじか》し。清淡《せいたん》なること一分《いちぶ》ならば、自《おの》ずから一分《いちぶ》を悠長《ゆうちょう》にす。

争レ先的径路窄。退後一歩自寛ニ平一歩一。濃艶的滋味短。清淡一分自悠ニ長一分一。

〔語義〕○径路――小道。すれ違いできないような狭い道。径はもともとは大路に対して近道。○一歩・一分――ここではいずれも、ほんのわずか、ちょっとだけの意。○悠長――ゆったりとして長続きすること。

〔訳文〕一歩を先んじようと争うと、小道はますます狭くなる。自分がほんの一歩だけ退いて人より遅れて通るようにすれば、自然に退いた一歩の分だけ広く平らになって通りやすくなる。また、こってりとしたうまみのある料理の味わいは、長続きしない。そこに軽くあっさりした味をちょっと加えると、自然にそのちょっと加えた分だけ味わいも長続きする。

三四七、恥辱や変心に乱されない生き方

隠逸《いんいつ》の林中《りんちゅう》には栄辱《えいじょく》無《な》く、道義《どうぎ》の路上《ろじょう》には炎涼《えんりょう》泯《ほろ》ぶ。

隠逸林中無㆓栄辱㆒道義路上泯㆓炎涼㆒。

〔語義〕○隠逸――隠遁清逸のことで、世俗の塵埃《じんあい》を離れて、心を高く保って生きること。○炎涼――心が熱したり冷めたりして変化すること。

〔訳文〕俗世間を離れた自然の生活の中には、栄誉や恥辱などというものはなく、また、俗世間にあっても道理や正義などに基づいている生活には、熱くなったり冷たくなったりするような人情の変化はなくなる。

三四八、進むには、退くことを考えて

歩《ほ》を進《すす》むるの処《ところ》に、便《すなわ》ち歩《ほ》を退《しりぞ》くるを思《おも》わば、庶《ほとん》ど藩《まがき》に触《ふ》るるの禍《わざわい》を免《まぬが》れん。手《て》を著《つ》くるの時《とき》に、先《ま》ず手《て》を放《はな》つを図《はか》らば、纔《わず》かに虎《とら》に騎《の》るの危《あや》うきを脱《まぬが》れん。

進レ歩処便思レ退レ歩庶免ニ触レ藩之禍一。著レ手時先図レ放レ手纔脱ニ騎レ虎之危一。

〔語義〕○庶ど——ここでは、大体、ほぼ、ほとんどの意。○藩に触るるの禍——剛壮な牡羊も、垣根に角を突っ込めば、角が引っ掛かり進むも退くもできなくなること。進退極まること。『周易』（大壮卦）に、「羝羊、藩に触れ、其の角を羸《くる》しましむ」とあり、同書の上六には「羝羊、藩に触れて、退くこと能《あた》わず、遂《すす》むことを能わず」とある。○虎に騎るの危うき——虎に騎って途中で下りようとすれば噛まれるので、行きつくところまで行くしかないような危険な状況を言う。『隋書』（巻三十六）の隋の文帝の后《きさき》で、大いにはかりごとを用いた独孤后の伝に「周の宣帝崩じ、高祖、禁中に居り百揆を摠ぶ。后、人をして高祖に謂《い》わしめて曰く、大事已《すで》に然り、獣に騎るの勢い、必ず下ることを得ず、之《これ》を勉めよ、と」とある。

〔訳文〕一歩を進めるところで、そこで一歩を退くことを念頭に置いておけば、そうすれば向こう見ずに進んだ牡羊が垣根に角を突っ込んで進退極まるような災難からは、大体逃れることができよう。また、何か事をしようとするときに、あらかじめその事から手を引くことを考えておけば、それでようやく虎に騎《の》って途中で下りられなくなるような危険な状態から、逃れることができる。

三四九、限りない欲望と、足るを知る生き方

得《う》るを貪《むさぼ》る者《もの》は、金《きん》を分《わか》たるるも玉《ぎょく》を得《え》ざるを恨《うら》み、公《こう》に封《ほう》ぜらるるも侯《こう》を授《さず》けざることを怨《うら》む。権豪《けんごう》なるも自《みずか》ら乞丐《きっかい》に甘《あま》んずるなり。
足《た》るを知《し》る者《もの》は、藜羹《れいこう》も膏粱《こうりょう》より旨《うま》しとし、布袍《ふほう》も孤貉《こかく》より煖《あたた》かなりとす。編民《へんみん》なるも王公《おうこう》に譲《ゆず》らざるなり。

貪レ得者分レ金恨レ不レ得レ玉、封レ公怨レ不レ授レ侯。権豪自甘二乞丐一。
知レ足者藜羹旨二於膏粱一、布袍煖二于孤貉一。編民不レ譲二王公一。

〔語義〕○公——五爵（公・侯・伯・子・男）の最高位で、ここでは貴族に列せられること。○侯——五爵の侯の意ではなく、領地を有する諸侯に取りたてられること。○乞丐——乞も丐も他にものを乞い求めること。乞食。○藜羹——あかざで作った羹《あつもの》のことで、粗末な食物の喩え。○膏粱——こってりした美肉と良質の穀物のことで、美味美食を言う。○孤貉——狐やむじなの皮で作った衣服のことで、高価な美衣を言う。○編民——編戸の民の意で、戸籍簿に組み入れられた一般庶民のことを言う。

〔訳文〕ものを必要以上に得たいと思う人は、黄金を分けてもらっても、玉を貰えなかったことに恨

みを抱くし、貴族の爵位を与えられても、領地を持った諸侯にしてもらえなかったことを恨みに思う。こうして富貴で大きな権力を持つ身分になりながらも、自分から乞食同然の心に甘んじているのである。

しかし、自分の身のほどを知ってその場その場で満足する人は、あかざの羹《あつもの》のような粗末な汁物を吸っていても、美味しい肉や米よりもさらにうまいと思い、布で作った粗末な着物を着ていても、立派な皮ごろもよりずっと暖かいと思っている。こうして地位もなく貧しい庶民でありながらも、心は王侯にも劣らないのである。

三五〇、名を捨て、無事に生きる

名《な》を矜《ほこ》るは、名《な》を逃《のが》るるの趣《おもむき》あるに如《し》かず。事《こと》を練《ね》るは、何《なん》ぞ事《こと》を省《はぶ》くの間《かん》なるに如《し》かんや。
孤雲《こうん》は岫《しゅう》より出《い》で、去留《きょりゅう》一《いつ》も係《かか》わる所無《ところな》く、朗鏡《ろうきょう》は空《そら》に懸《か》かりて、静躁《せいそう》両《ふた》つながら相干《あいかん》せず。

矜レ名不レ如二逃レ名趣一。練レ事何如二省レ事間一。孤雲出レ岫去留一無レ所レ係朗鏡懸レ空静躁
両不二相干一。

〔語義〕○事を省くの間――「間」は「閑」と同じで、できるだけ何もやらないで心ゆったりとしていること。『老子』（第四十八章）に、「天下を取るには、常に事無きを以てす、其の事有るに及びて

は、以て天下を取るに足らず」とある。○孤雲は岫より出で――陶潜の「帰去来辞」に「雲は無心にして岫より出で、鳥は飛ぶに倦みて還を知る」とある。岫は山の洞穴。

〔訳文〕名声を世に誇るのは、できるだけ名声から逃れようとする、味わいのある心のあり方には及ばない。また、何か物事を行おうと工夫するのは、どうしてよけいなことをやらないでゆったりとしているのに及ぼうか。

一片の雲が山の洞穴から湧き出で、その行くか留まるかは自然に任せてすべてのものはまったく関係がなく、明月が空に浮んでいるが、その動静は何者も干渉することはできない。

三五一、風流も執着すれば俗物となる

山林《さんりん》は是《こ》れ勝地《しょうち》なるも、一《ひと》たび営恋《えいれん》せば、便《すなわ》ち市朝《しちょう》と成《な》る。書画《しょが》は是《こ》れ雅事《がじ》なるも、一《ひと》たび貪痴《どんち》せば、便《すなわ》ち商賈《しょうこ》と成《な》る。蓋《けだ》し、心《こころ》に染著《せんちょ》無《な》くば、欲境《よくきょう》も是《こ》れ仙都《せんと》なり。心《こころ》に係恋《けいれん》有《あ》らば、楽境《らくきょう》も悲地《ひち》と成《な》る。

山林是勝地一営恋便成㆓市朝㆒。書画是雅事一貪痴便成㆓商賈㆒。蓋心無㆓染著㆒欲境是仙都。心有㆓係恋㆒楽境成㆓悲地㆒。

〔語義〕○営恋——何かと思いめぐらし、それに執着すること。○市朝——町中の民衆の集まる賑やかなところ。○貪痴——貪り欲する心が募《つの》って、正しい判断ができなくなること。○商賈——商は元来は殷《いん》のことであるが、滅亡の後、その遺民が天下を周流し物を売り歩いたことから行商人のことなった。賈は店を構えて売る人のこと。後に商売、商人の意として通じ用いられようになった。○欲境——欲界のこと。仏教では三界（欲界・色界・無色界）の一で、欲望の心が支配する人間世界の意であるが、ここでは欲望渦巻く俗世間のこと。

〔訳文〕山林はもともと秀れた隠棲の地であるが、一たび必要以上にそこに住むことにこだわると、そのままそこは賑やかな町中と同じになってしまう。また、書や絵画はもともと風流な鑑賞物であるが、一たび必要以上にこれを得ることに取りつかれると、そのままそれは商人が利益を得るのと同じになってしまう。思うに、心に外物にとらわれて執着することがなければ、俗世間もそのままで仙人の住むような理想郷となる。心に掛かり引っぱられることがあると、安楽な境遇もたちまち悲しみの世界になってしまう。

三五二、喧騒か静寂かで分れる頭の働き

時《とき》、喧雑《けんざつ》に当《あた》らば、則《すなわ》ち平日《へいじつ》記憶《きおく》する所《ところ》のものも、皆漫然《みなまんぜん》として忘《わす》れ去《さ》る。境《きょう》、清寧《せいねい》に在《あ》らば、則《すなわ》ち夙昔遺忘《しゅくせきいぼう》する所《ところ》のものも、又恍爾《またこうじ》として前《まえ》に現《あらわ》る。静躁稍分《せいそうややわか》るれば、昏明頓《こんめいとみ》に異《こと》なることを見

る可《べ》し。

時当二喧雑一則平日所二記憶一者皆漫然忘去。境在二清寧一則夙昔所二遺忘一者又恍爾現レ前。可レ見二静躁稍分昏明頓異一也。

〔語義〕 ○喧雑——喧躁雑然の意で、騒がしく、ごたごたとまとまりがない様子。○漫然——取りとめもなく、ぼんやりしているさま。○清寧——清浄安寧の意で、さっぱりと心静かなこと。○夙昔——昔からずっと、普段にの意。○恍爾——ほのかに、うっとりと、髣髴《ほうふつ》との意。「爾」は、「然」「如」と同じく、状態を表す形容詞に付ける接尾詞。

〔訳文〕 騒がしくごたごたしているときに出会うと、ふだん記憶していることまで全部ぼんやりとして忘れてしまう。これに対して、さっぱりと安らかな環境にいると、とっくの昔に忘れてしまったことまでほのかに目前に現れて思い出される。環境が静かであるか騒がしいかのいずれかに少しでも分れると、ぼんやりするかはっきりするかという判断の違いが、直ちに出てくることを知っておくべきである。

三五三、隠棲の楽しみ

蘆花被《ろかひ》の下《もと》、雪《ゆき》に臥《ふ》し雲《くも》に眠《ねむ》らば、一窩《いっか》の夜気《やき》を保全《ほぜん》し得《う》。竹葉杯《ちくようはい》の中《うち》、風《かぜ》に吟《ぎん》じ月《つき》を弄《もてあそ》ばば、万丈《ばんじょう》の紅塵《こうじん》を躲離《たり》し了《おわ》る。

蘆花被下臥レ雪眠レ雲保二全‐得一窩夜気一。竹葉杯中吟レ風弄レ月躲二離‐了万丈紅塵一。

〔語義〕○蘆花被――綿の代りに蘆の穂を入れた粗末な夜具。被は薄い掛け布団。○一窩の夜気を保全――霊気が満ちた一室で一夜安眠して、昼のうちに失った元気を取り戻し、しっかりと自分の身に保つこと。『孟子』（告子、上）の性善説を示す文に、牛山の樹木は元来鬱蒼としたものであったが、昼間の濫伐《らんばつ》によって、夜気の養いや雨露《うろ》の潤いも追いつかずに禿山になってしまったが、人間の本性である仁義も、俗情に犯されて、夜気をもって回復することができないでいるとして、「其の日夜の息づく所、平旦の気あるも、其の好悪、人と相《あい》近きもの幾《ほとん》ど希《まれ》なるは、則ち其の日昼の為す所、之《これ》を梏亡《こくぼう》すること有ればなり。之を梏することを反覆すれば、則ち其の夜気以て存するに足らず。云々」とある。○竹葉――竹葉清のことで、酒の名。紹興酒の三年を経たもの。孟浩然の「除夜懐い有り」詩に、「漸く看る、春は芙蓉《ふよう》の枕に逼《せま》り、頓《とみ》に覚ゆ、寒は竹葉杯に消ゆるを」とある。○紅塵――世俗の塵《ちり》や汚れ。空中に浮いた塵が日光で赤く見えることから言う。○躲離――身をかわしてそれを避け離すこと。

〔訳文〕蘆の穂を入れた薄い夜具の中、雪の中や雲の上のような俗世間を離れたところで眠ると、部屋いっぱいに満ちた霊気を、自分の身の内にしっかりと保つことができる。また、酒を飲みながら、清風に詩を吟じ明月を鑑賞していると、積もり積もった世俗の汚れから自分の身をかわし、すっかり離してしまうことができる。

三五四、世間と出世間

出世《しゅっせ》の道《みち》は、即《すなわ》ち世《よ》を渉《わた》るの中《うち》に在《あ》りて、必《かなら》ずしも人《ひと》を絶《た》ちて以《もっ》て世《よ》を逃《のが》れず。了心《りょうしん》の功《こう》は、即《すなわ》ち心《しん》を尽《つく》すの内《うち》に在《あ》りて、必《かなら》ずしも欲《よく》を絶《た》ちて以《もっ》て心《しん》を灰《はい》にせず。

出世之道即在㆓渉㆑世中㆒不㆔必絶㆑人以逃㆓世。了心之功即在㆓尽㆑心内㆒不㆔必絶㆑欲以灰㆓心。

〔語義〕〇出世の道——出世は出世間のことで、世間の対語。生死《しょうじ》に輪廻《りんね》する迷いの世界を世間、解《げ》脱涅槃《だつねはん》の世界を出世間と言う。悟りの世界のこと。〇了心の功——自心を悟了する方法、工夫。禅では見性《けんしょう》を説き、おのれの本心本性に悟徹《ごてつ》することに謹めるが、これを「直指人心《じきしにんしん》、見性成仏《けんしょうじょうぶつ》」と言う。〇心を尽す——天与の心を十分に成長させ極めること。『孟子』(尽心、上)に、「其の心を尽す者は、其の性を知るなり。其の性を知らば、則ち天を知るなり。其の心を存し、其の性を養うは、天に事《つか》うる所以《ゆえん》なり」とある。禅でも「即心是仏《そくしんぜぶつ》」と言い、自己の本心に徹底することを説く。○心を灰にせず――生命を失って活気のないものにしない。『荘子』（内篇、斉物論第二）に「形は固《もと》より槁木の如くならしむ可《べ》く、心は固より死灰の如くならしむ可きか」とある。

〔訳文〕迷いの世界を抜け出す方法は、とりもなおさずこの俗世間を渡る生活そのものの中にあるのであって、必ずしも世の人々と縁を絶って山中に隠棲する必要はない。また、悟りを開くための工夫は、とりもなおさず自己の本来の心を見極めることの中にあるのであって、必ずしも人間的欲望を絶って心を暖かみのない死灰のようにする必要はない。

三五五、身はゆったり、心は静かに

此《こ》の身《み》を常《つね》に間処《かんしょ》に放《お》かば、栄辱得失《えいじょくとくしつ》も、誰《だれ》か能《よ》く我《われ》を差遣《さけん》せんや。此《こ》の心《こころ》を常《つね》に静中《せいちゅう》に安《お》かば、是非利害《ぜひりがい》も、誰《だれ》か能《よ》く我《われ》を瞞昧《まんまい》せんや。

此身常放二在間処一栄辱得失誰能差二遣我一。此心常安二在静中一是非利害誰能瞞二昧我一。

〔語義〕○放かば・安かば――そっと置いておく。「在」は動詞に後置して、動作の到達点を表す。○

差遣――差し遣わす。派遣する。また、追い出すこと。〇瞞昧――騙し欺《あざむ》き、ごまかすこと。

〔訳文〕この身をいつもゆったりとしたところに置くことができれば、世間の栄辱《えいじょく》や損得でもって、誰がいったい私の身を追いやることができようか。また、この心持ちをいつも静かな状態に落ち着かせておくことができれば、世間の是非や利害でもって、誰がいったい私の心を騙しくらますことができようか。

三五六、栄進を望む心が憂畏のもと

我《われ》、栄《えい》を希《ねが》わざれば、何《なん》ぞ利禄《りろく》の香餌《こうじ》を憂《うれ》えんや。我《われ》、進《すす》むを競《きそ》わざれば、何《なん》ぞ仕宦《しかん》の危機《きき》を畏《おそ》れんや。

我不レ希レ栄何憂二乎利禄之香餌一。我不レ競レ進何畏二乎仕宦之危機一。

〔語義〕〇香餌――人を誘い込む、良い香りのする餌。甘い餌。〇仕宦の危機――仕宦は仕官と同義で、役人になること。役人になることによって生じる危険。例えば解雇されたり、左遷されたりする恐れ。

〔訳文〕私に自分から栄達を願うような欲望がなかったならば、どうして利益や高禄の甘い餌に釣られるような心配があろうか。また、私が出世を他人と競うようなことをしなかったならば、どうして宮仕えして危ういはめに陥るような恐れがあろうか。

三五七、富貴の憂い

多《おお》く蔵《ぞう》するは、厚《あつ》く亡《うしな》う。故《ゆえ》に知《し》る、富《とみ》は貧《まず》しきの慮《うれ》い無《な》きに如《し》かざることを。高《たか》く歩《あゆ》むは、疾《はや》く顚《たお》る。故《ゆえ》に知《し》る、貴《とうと》きは賤《いや》しきの常《つね》に安《やす》きに如《し》かざることを。

多蔵厚亡。故知富不㆑如㆓貧之無㆑慮。高歩疾顚。故知貴不㆑如㆓賤之常安㆒。

〔語義〕○多く蔵する……――『老子』（第四十四章）に「甚だ愛すれば必ず大いに費やし、多く蔵すれば必ず厚く亡《うしな》う」とある。○高く歩む――世俗をかけ離れて生きること。また、世俗的地位が高い人。ここでは後者の意。○疾く顚る――速やかに倒れる。「高歩」に合せて「顚」と言ったもので、ここでは失脚しやすい意。

〔訳文〕財産をたくさん持っている人は、損をするときにも莫大な損をする。だから、金持ちは、財産のない貧乏な人が財産を失う心配がないのには及ばないことがわかる。地位の高い人は、失脚することも早い。だから、身分の貴い人は、低い地位の人がいつも安心していられるのには及ばないことがわかる。

三五八、自我を捨て去る

世人《せじん》は、只《た》だ我《が》の字《じ》を認《みと》め得《う》ること太《はなは》だ真《しん》なるに縁《よ》るのみ。故《ゆえ》に、種種《しゅじゅ》の嗜好《しこう》、種種《しゅじゅ》の煩悩《ぼんのう》多《おお》し。前人云《ぜんじんい》う、復《ま》た我有《があ》るを知《し》らず、安《いず》んぞ物《もの》を貴《とうと》しと為《な》すを知《し》らんやと。又云《またい》う、身《み》は是《こ》れ我《が》ならずと知《し》らば、煩悩《ぼんのう》も更《さら》に何《なん》ぞ侵《おか》さんやと。真《まこと》に的《まと》に破《あた》るの言《げん》なり。

世人只縁下認二得我字一太真上。故多二種種嗜好種種煩悩一。
前人云不二復知一レ有レ我安知二物為一レ貴。又云知三身不二是我一煩悩更何侵。真破レ的之言也。

〔語義〕○我――梵語 ātmar の訳語で、自己の内にあるとされる永遠不滅の固定的実体。輪廻《りんね》の主体となるものと考えられるが、仏教はこれを否定し、無我を説く。この我があると見るところに、種々の欲望や煩悩執着《ぼんのうしゅうじゃく》が生ずるとする。○前人云う……――陶潜の「飲酒」（其十四）による。○的に破る――的《まと》を破る。的に当てる。また言葉が道理を言い当て尽している意。

〔訳文〕世間の人は、ただ自我というものがほんとうにあるということを大そう大事にしている。だから、自我の対象となるいろいろな嗜好や煩悩《ぼんのう》が多くなってくる。

古人の詩にも、「本来自我などというものがあるということはわからない、それなのにどうしてものが貴いなどということを知ることができようか」と言っている。また、「この肉身も本来我ではないということがわかれば、煩悩などもどうしてこの身を侵すことができようか」と言っている。これはほんとうに真実を看破した言葉である。

三五九、生々《せいせい》流転《るてん》は世のならい

人情世態《にんじょうせたい》は、倏忽万端《しゅくこつばんたん》たり。宜《よろ》しく太《はなは》だ真《しん》なりと認《みと》め得《う》べからず。堯夫《ぎょうふ》云《い》う、昔日《せきじつ》我《われ》と云《い》う所《ところ》は、今朝《こんちょう》却《かえ》って是《こ》れ伊《かれ》なり。今日《こんにち》の我《われ》は、又後来《またこうらい》の誰《たれ》に属《ぞく》するかを知《し》らず、と。人《ひと》、常《つね》に是《こ》の観《かん》を作《な》さば、便《すなわ》ち胸中《きょうちゅう》の罥《けん》を解却《かいきゃく》す可《べ》し。

人情世態倏忽万端。不㆑宜㆑認㆓得太真㆒。堯夫云昔日所㆑云㆑我今朝却是伊。不㆑知㆔今日我又属㆓後来誰㆒。人常作㆓是観㆒便可㆑解㆓却胸中罥㆒矣。

〔語義〕○倏忽万端――倏は犬が疾走するさまで、たちまちに変ってしまうこと。万端は種々さまざまな成り行きや様相のこと。倏忽については『荘子』（内篇、応帝王第七）に「南海の帝を倏と為し、北海の帝を忽と為し、中央の帝を渾沌と為す。云云」という有名な説話がある。いずれも現象が速やかに現れること。○堯夫――北宋代の学者邵雍《しょうよう》のこと。字は堯夫、諡号《しごう》を康節と言い、招かれたが官には就かず、自《みずか》ら耕作して生活した。易、天文に詳しく、百源学派の祖となった。明の嘉靖年中、先儒《せんじゅ》邵子《しょうし》として祭られた。「昔日、云々」は、その著『伊川撃壌集』（巻十二）の「曹州李審言の龍図に寄す」に、「曩日所レ云是、如今却是非、安知今日是、不レ起二後来疑一」と、「曩日所レ云レ我、如今却是伊、不知今日我、又是後来誰」の二首があるが、これは後者によっている。邵雍の伝は『宋史』（巻四百二十七）参照。○胸中の罥――罥は羂と同義で、引っ掛ける、繋ぎ括るなどの意。胸の内に引っ掛かっているわだかまり、こだわりのこと。

〔訳文〕 人の心や世の中のありさまは、たちまち変わり、またいろいろな様相を呈する。だから、ある一点だけを取り上げてそれだけが真実であるとしてはいけない。

邵康節《しょうこうせつ》も、「昔、自分のものと言っていたところのものは、現在ではそれは他人のものとなっており、現在自分のものは、また将来は誰のものになるかはわからない」と言っている。人がいつでもこのような見方をしたならば、胸の中につかえているわだかまりも解いてしまうことができよう。

三六〇、楽あれば苦あり

一《いっ》の楽境界《らくきょうかい》有《あ》らば、就《すなわ》ち一《いっ》の不楽《ふらく》の相対待《あいたいたい》するもの有《あ》り。一《いっ》の好光景《こうこうけい》有《あ》らば、就《すなわ》ち一《いっ》の不好《ふこう》の相《あい》乗除《じょうじょ》するもの有《あ》り。
只《た》だ、是《こ》れ尋常《じんじょう》の家飯《かはん》、素位《そい》の風光《ふうこう》のみ、纔《わず》かに是《こ》れ個《こ》の安楽《あんらく》の窩巣《かそう》なり。

有㆓一楽境界㆒就有㆓一不楽的相対待㆒。有㆓一好光景㆒就有㆓一不好的相乗除㆒。
只是尋常家飯素位風光纔是個安楽窩巣。

〔語義〕○境界――区域、場所の意で、置かれた境遇のこと。○相対待――互いに相対して向い合うこと。相対。○乗除――乗は掛け算、除は割り算。掛けて割ればもとの数になる。○素位――自分の境地に対面して、その中で道を行う。『中庸』（第四章）に「君子はその位に素《そ》して行い、その外を願わず」とある。○安楽の窩巣――窩巣は獣の穴や鳥の巣で、住居の意。安楽な住居、心安らぐ住処《すみか》のこと。前段の邵雍《しょうよう》は、その住まいを「安楽窩」と名づけ、自《みずか》ら安楽先生と号した。

〔訳文〕一つの楽しいことがあると、それに対して一つの楽しくないことがあって、向い合っている。また、一つの良い環境があると、それに対して一つの良くない環境があって、差し引き何でもないことになってしまう。

ただ、平生のごく普通の食事を食べながら、今の境遇に満足して、初めてそれが一つの安楽な住処《すみか》となる。

三六一、生者必滅《しょうじゃひつめつ》の道理

成《せい》の必《かなら》ず敗《やぶ》るるを知《し》らば、則《すなわ》ち成《せい》を求《もと》むる心《こころ》、必《かなら》ずしも太《はなは》だ堅《かた》からず。生《せい》の必《かなら》ず死《し》するを知《し》らば、則《すなわ》ち生《せい》を保《たも》つの道《みち》、必《かなら》ずしも過《はなは》だ労《ろう》せず。

知二成之必敗一則求レ成之心不二必太堅一。知二生之必死一則保レ生之道不二必過労一。

〔語義〕○成――事業などに成功すること。仏教では成住壊空《じょうじゅうえくう》（宇宙万物の成立、存続、破壊、空無）の四劫を説き、これから逃れられるものは何もないとする。○生の必ず死する――生あるものは必ず死滅するという、無常の道理。

〔訳文〕成功したら必ずいつかは失敗するものであるということを知ったならば、成功することを求める気持ちも、必ずしもそれほど強くはならないであろう。また、生きているものは必ずいつかは死ぬものであるということを知ったならば、できるだけ長生きしようとする方法についても、必ずしもそれほど心を悩ませる必要もないであろう。

三六二、人の心は御《ぎょ》し難い

眼《め》に西晋《せいしん》の荊榛《けいしん》を看《み》るも、猶白刃《なおはくじん》を矜《ほこ》り、身《み》は北邙《ほくぼう》の孤兎《こと》に属《ぞく》するも、尚黄金《なおおうごん》を惜《お》しむ。語《ご》に云《い》う、猛獣《もうじゅう》は伏《ふく》し易《やす》きも、人心《じんしん》は降《くだ》し難《がた》く、谿壑《けいがく》は塡《うず》め易《やす》きも、人心《じんしん》は満《み》たし難《がた》しと。信《まこと》なるかな。

眼看㆓西晋之荊榛㆒猶矜㆓白刃㆒身属㆓北邙之孤兎㆒尚惜㆓黄金㆒。

語云猛獣易㆑伏人心難㆑降谿壑易㆑塡人心難㆑満。信哉。

〔語義〕○西晋——魏の後を継いで三国を統一した司馬炎によって建てられた国。洛陽に都したが、趙王司馬倫の乱や夷狄《いてき》の侵入により、半世紀ほどして江南に都を移した。○荊榛——荊はいばら、榛ははしばみ。雑草が乱れ伸びていること。『晋書』（巻六十）の「索靖伝」には、洛陽宮門の飾りの銅製の駱駝を見て「必ず汝が荊棘《けいきょく》の中に在るを見んのみ」と言って嘆じたとある。○北邙——洛陽の北にある邙山のことで、後漢以降貴人の墓が多くあり、ここに葬られることが理想とされた。沈佺期の詩「邙山」に「北邙山上、墳塋《ふんえい》を列し、万古千秋、洛城に対す」とある。

〔訳文〕人々は、目では西晋が亡んでその都の跡に雑草が生い茂っているのを見ながらも、なお武力を誇ってこれに頼ろうとしており、また、その身は、いずれ北邙《ほくぼう》の墓地に葬られて狐や兎の餌になるのを知りながらも、まだ黄金に執着し惜しんでいる。

古い言葉にも、「猛獣を降服させることはやさしいが、人の心を降伏させることは難しい。深い谷を埋めることはやさしいが、人の心を満足させることは難しい」と言っている。まったくそのとおりである。

三六二、心次第で、どこにいようとも

心地《しんじ》の上《うえ》に風濤《ふうとう》無《な》くば、在《あ》るに随《したが》いて皆青山緑樹《みなせいざんりょくじゅ》なり。性天《せいてん》の中《うち》に化育《かいく》有《あ》らば、処《ところ》に触《ふ》るるもの都《すべ》て魚躍《うおおど》り鳶飛《とび》ぶなり。

心 地 上 無㆓風 濤㆒随㆑在 皆 青 山 緑 樹。性 天 中 有㆓化 育㆒触㆑処 都 魚 躍 鳶 飛。

〔語義〕○心地——地は大地。仏教では心が一切の根源である諸事を生ずるところから心地と言う。○在るに随いて——到るところ。どこでも。次の「触処」と対になる。○性天——天性。天賦の本性のこと。○化育——天地自然の造化育成のこと。『中庸』（第十二章）に「能く物の性を尽せば、則ち天地の化育を賛《たす》く可《べ》し。能く天地の化育を賛く可くんば、則ち天地の参なる可し」とある。○魚躍り鳶飛ぶ——魚が川で躍りはね、鳶が空中に飛び上がるような溌剌とした躍動的な状態を言う。

〔訳文〕本来人に具わっているまごころに、風波が立たなかったならば、どこに行っても青々とした山、緑の木々のような静かな境地の中にいることができる。また、天から受けた本然の性の中に、万物を育てる造化の働きが具わっていたならば、どこでもすべて魚が躍り、鳶《とび》が飛ぶように生き生きとした姿でいることができる。

三六四、歌舞・征戦も夢のまた夢

狐《きつね》は敗砌《はいせい》に眠《ねむ》り、兎《うさぎ》は荒台《こうだい》に走《はし》るも、尽《ことごと》く是《こ》れ当年《とうねん》の歌舞《かぶ》の地《ち》なり。露《つゆ》は黄花《おうか》に冷《ひや》やかに、煙《けむり》は衰草《すいそう》に迷《まよ》うも、悉《ことごと》く旧時《きゅうじ》の争戦《そうせん》の場《ば》に属《ぞく》す。
盛衰《せいすい》何《なん》ぞ常《つね》あらん、強弱《きょうじゃく》安《いず》くにか在《あ》る。此《こ》れを念《おも》えば、人《ひと》の心《こころ》をして灰《はい》とならしむ。

狐眠二敗砌一兎走二荒台一尽是当年歌舞之地。露冷二黄花一煙迷二衰草一悉属二旧時争戦之場一。
盛衰何常強弱安在。念レ此令二人心灰一。

〔語義〕○敗砌——砌は瓦を敷き詰めたきざはし。破れ壊れた石だたみ。○当年の歌舞の地——当年はその頃、当時。初唐の劉希夷の「白頭を悲しむの翁に代す」に、「但《た》だ看《み》る古来歌舞の地、惟《た》だ黄昏鳥雀の悲しむ有るのみ」とある。○旧時の争戦の場——北宋の曾鞏《そうきょう》の「虞美人草《ぐびじんそう》」に「滔滔《とうとう》たる逝水《せいすい》今古に流れ、漢楚の興亡両《ふた》つながら丘土、当年の遺事久しく空と成る、樽前《そんぜん》に慷慨《こうがい》して誰が為にか舞わん」とある。

〔訳文〕狐は壊れた石だたみの上で眠り、兎は荒れ果てた宮殿の跡を走りまわっているが、このあたりこそ、その昔、宮女達が華やかに歌い舞った場所である。また、露が冷やかに菊の花に宿り、霧が枯れ草の上をさまよっているが、このあたりこそ、その昔、英雄達が覇権を争った古戦場である。
人の世の栄枯盛衰《えいこせいすい》というものは、どうして変らないことがあろうか。その昔の強者も弱者も、今はどこにいると言うのか。このことを思い浮べると、人の心をして冷えきった灰のようにさせてしまう。

三六五、栄辱・進退にも泰然自若

寵辱《ちょうじょく》にも驚《おどろ》かず、間《しず》かに庭前《ていぜん》の花開《はなひら》き花落《はなお》つるを看《み》る。去留《きょりゅう》にも意無《いな》く、漫《そぞ》ろに天外《てんがい》の雲巻《くもま》き雲《くも》舒《の》ぶるに随《したが》う。

寵辱不レ驚間看二庭前花開花落一。去留無レ意漫随二天外雲巻雲舒一。

〔語義〕○寵辱——寵栄《ちょうえい》恥辱の意。君主の寵を受けて名声を博することと、それを失って辱《はず》かしめを受けること。○間かに――間は閑と同義。○漫ろに――ここでは、深い意味もなく、無心にの意。

〔訳文〕名誉を得ても辱《はず》かしめを受けても、ともに心を驚かすこともなく、庭先の花が開いたり花が落ちたりするのを心静かに見ている。官位を去ることになっても留まることになっても、ともに意に掛けないで、大空の雲が巻いたり伸びたりするのに任せて、何ということもなくそれに従っている。

三六六、わざわざ蛾やふくろうをまねても

晴空朗月《せいくうろうげつ》、何《いず》れの天《てん》か翺翔《こうしょう》す可《べ》からざらん。而《しか》るに飛蛾《ひが》は独《ひと》り夜燭《やしょく》に投《とう》ず。清泉緑竹《せいせんりょくちく》、何《いず》れの物《もの》か飲啄《いんたく》す可《べ》からざらん。而《しか》るに鴟鴞《しきょう》は偏《ひとえ》に腐鼠《ふそ》を嗜《たしな》む。噫《ああ》、世《よ》の飛蛾鴟鴞《ひがしきょう》と為《な》らざる者《もの》、幾何《いくばく》の人《ひと》ありや。

晴空朗月何天不㆑可㆓翺翔㆒而飛蛾独投㆓夜燭㆒清泉緑竹何物不㆑可㆓飲啄㆒而鴟鴞偏嗜㆓腐鼠㆒噫世之不㆑為㆓飛蛾鴟鴞㆒者幾何人哉。

〔語義〕○翺翔――翺も翔も高く飛ぶこと。翺は羽ばたいて飛ぶこと、翔は羽を動かさずに滑空するさまを言う。○飛蛾は……――飛んで火に入る夏の虫のことで、自ら危険の中に飛び込むこと。『梁書』（巻四十、到漑伝）に見える故事。○鴟鴞は……――鴟鴞はふくろうのこと。ふくろうは、他のも

のは食べないような腐ったねずみのようなものを好んで食べる。『荘子』（外篇、秋水第十七）に「南方に鳥有り、其の名は鵷鶵《えんすう》。（中略）醴泉《れいせん》に非《あら》ざれば飲まず。是に於いて、鴟《ふくろう》、腐鼠《ふそ》を得《え》たり。鵷鶵之《これ》を過ぐ。仰ぎて之を視て曰く、嚇《かっ》と。云々」とあり、同書（内篇、斉物論第二）には「民は芻豢《すうかん》を食らい、麋鹿《びろく》は薦《くさ》を食らい、蝍蛆《むかで》は帯《へび》を甘しとし、鴟鴉《ふくろう》は鼠を嗜《この》む。四者、孰《いず》れか正味を知らんや」ともある。

〔訳文〕よく晴れて明るい月が出ている大空は、どこでも自由自在に飛びまわることができないことがあろうか。それなのに、飛びまわる蛾だけは、ことさらに灯《とも》し火に身を投じて焼け死んでしまう。また、清らかな泉の流れや緑の竹の葉は、どれでも飲んだりついばんだりすることができないものがあろうか。それなのに、ふくろうだけは、わざわざ腐ったねずみの肉を好んで食べている。ああ、それにしても、世の中にこの蛾やふくろうのようにならない者が、いったい幾人いるであろうか。

三六七、冷静な眼、冷静な心

権貴《けんき》は龍驤《りゅうじょう》し、英雄《えいゆう》は虎戦《こせん》す。冷眼《れいがん》を以《もっ》て之《これ》を視《み》ば、蠅《はえ》の羶《せん》に聚《あつ》まるが如《ごと》く、蟻《あり》の血《ち》に競《きそ》うが如《ごと》し。
是非《ぜひ》は蜂起《ほうき》し、得失《とくしつ》は蝟興《いこう》す。冷情《れいじょう》を以《もっ》て之《これ》に当《あた》らば、冶《や》の金《きん》を化《か》するが如《ごと》く、湯《ゆ》の雪《ゆき》を消《け》すが如《ごと》し。

権貴龍驤英雄虎戦。以㆓冷眼㆒視㆑之如㆓蝿聚㆑羶如㆓蟻競㆑血。
是非蜂起得失蝟興。以㆓冷情㆒当㆑之如㆓冶化㆑金如㆓湯消㆑雪。

〔語義〕○権貴は龍驤し――権貴は権勢貴顕《きけん》の意で、権力や威勢があり、地位が高いこと。龍驤は、龍のように威勢よく躍りのぼること。「虎戦」と対をなし、互いに権貴英傑を頼んで戦うこと。○羶――羊の生肉のことで、生臭いもの。○蝟興――蝟ははりねずみ。はりねずみの毛のように、利害得失に関わるものが群がり起こること。

〔訳文〕勢力があり位が高い人々が互いに権勢を争い、英雄豪傑達が互いに龍虎のように戦いをする。冷静な眼でこれらを見たなら、それは蝿が生臭いものに群がり集まったり、蟻が生きものの血にたかったりするようなことと少しも変らない。

また、良し悪しの議論がはちの群のように群がり起こり、利害の打算がはりねずみの毛のように一斉に起こる。冷静な心でこれを直視したなら、それは鋳型《いがた》が金属を溶かしたり、湯が雪を消すようなことと少しも変らない。

三六八、空は、真理と決めつけたら空ではなくなる

真《しん》の空《くう》というも空《くう》にあらず。相《そう》に執《しゅう》するは真《しん》に非《あら》ず、相《そう》を破《は》するも亦《ま》た真《しん》に非《あら》ず。

問《と》う、世尊《せそん》は如何《いか》に発付《はっぷ》するやと。在世《ざいせ》も出世《しゅっせ》も、欲《よく》に徇《したが》うは是《こ》れ苦《く》にして、欲《よく》を絶《た》つも亦《ま》た是《こ》れも苦《く》なり。吾《わ》が儕《せい》の善《よ》く自《みずか》ら修持《しゅうじ》するに聴《まか》すと。

真空不レ空。執レ相非レ真　破レ相亦非レ真。
問世尊如何発付。在世出世徇レ欲是苦絶レ欲亦是苦。聴ニ吾儕善自修持一。

〔語義〕○真の空というも……——万物に固定的実体や不変の存在を認めないのが仏教の基本的立場であり（諸行無常、諸法無我）、こうしたあり方を空と言うが、この空ということも真理であると措定《そてい》してしまうと空を固定的にとらえることになってしまう。○相——事物の表相、現れたさま。種々の因縁《いんねん》が和合して現れているのが相であるから、その相にはやはり固定的実体はないが、因縁和合のあり方も仏教の真理、つまり縁起《えんぎ》であるから、これを否定することもできない。○発付——発遣給付《はっけんきゅうふ》の意で、意見を言うこと。この釈尊の言葉とされるものは、恐らく洪自誠自身の意見と見られる。○在世も出世も——在世は世間にあること、在家の身。出世は世間・世俗と離れること、家を出て修行者の仲間に入ることで、出家・比丘《びく》の身。○吾が儕——儕は仲間、我らの意。

〔訳文〕ほんとうの空《くう》であると固定的にとらえてしまうと、それは空でなくなってしまう。姿かたちにとらわれるのも真実ではなく、姿かたちを否定してしまっても、やはり真実ではない。
「釈尊は、この点をどのようにおっしゃられるか」と問えば、釈尊は、「在家の身でも出家の身でも、欲望に従うのは苦であり、欲望を断ち切るのもまた苦である。私達が良く身心の修養に謹める以外に真実はない」とおっしゃられよう。

三六九、名を重んずるのも欲心

烈士《れっし》は千乗《せんじょう》を譲《ゆず》り、貪夫《どんぷ》は一文《いちもん》を争《あらそ》う。人品《じんぴん》は星淵《せいえん》なり。而《しか》れども名《な》を好《この》むは利《り》を好《この》むに殊《こと》ならず。天子《てんし》は家国《かこく》を営《いとな》み、乞人《きつじん》は饔飧《ようそん》を号《さけ》ぶ。位分《いぶん》は霄壌《しょうじょう》なり。而《しか》れども思《おも》いを焦《こ》がすは何《なん》ぞ声《こえ》を焦《こ》がすに異《こと》ならんや。

烈士譲二千乗一貪夫争二一文一。人品星淵也。而好レ名不レ殊レ好レ利。
天子営二家国一乞人号二饔飧一。位分霄壌也。而焦レ思何異レ焦レ声。

〔語義〕○烈士——気性が強く正しく、利に動かされず節義を守る男子を言う。○千乗——千乗の国の意で、兵車千乗を有する諸侯の領地。天子は万乗、諸侯は千乗とされる。一乗に甲士三人、歩卒七十二人、車士二十五人が付随する。○星淵——天淵と同義で、天地を意味する。天と地ほどの隔りがあること。○饔飧——饔は朝飯、飧は夕飯。○霄壌——霄は空、天、壌は大地で、星淵と同じく天地ほどの隔りの意。

〔訳文〕節義の高い立派な人は千乗の大国でさえも辞退し、欲ばり者はわずかの銭についても争う。この二人の人柄には、天と地ほどの隔りがある。しかし、前者が名誉を好むのは、後者が利を好むのと、何かを好むという点ではちっとも違いはない。
また、天子は国家を治め、乞食は朝夕食べ物をねだって叫ぶ。この二人の身分地位には、天と地ほどの隔りがある。しかし、天子が多くの人民のために苦労するのは、乞食が自分一人のために叫んで苦労するのと、苦労するということではどうして違いがあろうか。

三七〇、悟りの心と迷いの心

性天《せいてん》澄徹《ちょうてつ》せば、即《すなわ》ち飢《う》えて飧《そん》し渇《かわ》きて飲《の》むも、身心《しんしん》を康済《こうさい》するに非《あら》ざるは無《な》し。心地《しんじ》沈迷《ちんめい》せば、縦《たと》い偈《げ》を演《の》べ禅《ぜん》を談《だん》ずるも、総《すべ》て是《こ》れ精魂《せいこん》を播弄《はろう》す。

性天澄徹即飢飧渇飲無レ非レ康二済身心一。心地沈迷縦演レ偈談レ禅総是播二弄精魂一。

〔語義〕○即——たとい……しても意。○康済——安康救済の意で、身を安らかにし、心を迷いから救い保つこと。○沈迷——昏沈低迷の意で、心が沈み塞ぎ込んでその状態から抜け出せないこと。○精魂を播弄す——精魂は精神魂魄《こんぱく》の意で、たましい、精神。播弄は弄《もてあそ》ぶ。手中で心をいじりまわす。精神を無駄に使うこと。

〔訳文〕本性が澄みきっていれば、たとえ腹が減れば飯を食べ、喉が渇けば水を飲むというような貧しい生活をしていても、身や心を安らかに保っていないということはない。一方、心が暗く迷っていれば、たとえ禅について議論をし、禅の心を述べた偈頌《げじゅ》を唱えるという清らかな生活をしていても、それらはすべて精神を無駄に弄《もてあそ》ぶことになってしまう。

三七一、念慮を捨て去る

人《ひと》の心《こころ》に真境《しんきょう》有《あ》り。糸《いと》に非《あら》ず竹《たけ》に非《あら》ずして、自《おの》ずから恬愉《てんゆ》し、煙《えん》ならず茗《めい》ならずして、自《おの》ずから清芬《せいふん》あり。須《すべか》らく念浄《ねんきよ》く境空《きょうくう》じ、慮忘《りょわす》れ形釈《けいと》くべく、纔《わず》かに以《もっ》て真中《しんちゅう》に游衍《ゆうえん》するを得《え》ん。

人心有二真境一。非レ糸非レ竹而自恬愉不レ煙不レ茗而自清芬。須三念浄境空慮忘形釈一纔得三以游二衍真中一。

〔語義〕○糸に非ず竹に非ず――糸竹管絃のことで、糸は絃楽器、琴。竹は管楽器、笛。○恬愉――恬淡愉逸の意で、心がさっぱりとして安楽であること。○煙ならず茗ならず――煙は香烟で良い香りのするもの。茗はお茶のことで、香《かぐわ》しい飲み物。○清芬――清らかで香り高い心境を喩える。○形釈く――肉体の束縛を離れる。肉体的な欲望や煩悩などに動かされなくなること。○游衍――游は、ほしいまま、気ままにすること。衍は楽しむ。

〔訳文〕人の心の中には、真実の境地がある。この境地を得た人は、琴や笛などの音楽によらなくとも、自然に心が安らかになり、香や茶によらなくとも、自然に清らかな芳《かんば》しい境地に浸ることができる。このような境地になるには、心を浄《きよ》らかに保ち、ものに対するとらわれをなくし、思慮分別の心をなくし、自己の肉体から解放され、そこで初めてほんとうの境地で自由自在に行動することができるであろう。

三七二、天地万物は常住不変

天地《てんち》の中《なか》の万物《ばんぶつ》、人倫《じんりん》の中《なか》の万情《ばんじょう》、世界《せかい》の中《なか》の万事《ばんじ》は、俗眼《ぞくがん》を以《もっ》て観《み》ば、紛紛《ふんぷん》として各《おの》おの異《こと》なるも、道眼《どうがん》を以《もっ》て観《み》ば、種種《しゅじゅ》も是《こ》れ常《じょう》なり。何《なん》ぞ分別《ふんべつ》を須《ま》ちて、何《なん》ぞ取捨《しゅしゃ》を須《ま》たんや。

天地中万物人倫中万情世界中万事以㆓俗眼㆒観紛紛各異以㆓道眼㆒観種種是常。何須㆓分別㆒何須㆓取捨㆒。

〔語義〕○人倫――人として歩むべき道。人と人との関係を言う。○俗眼――世俗的な見方。万物を相対的に見るとらえ方。○道眼――天地、万物を一体と見るとらえ方。万物を絶対的立場から見る悟りの眼。○常――常住不変。永遠に変らないこと。○分別――対象となるものを思量し、識別判断すること。仏教では主観的な価値判断として妄想、忘分別と見なす。

〔訳文〕天地の間にあるあらゆるもの、人間関係におけるさまざまな感情、世間におけるすべての出来事は、これを世俗的な目で見れば、いろいろと入り乱れ異なっているようであるが、もし悟りの目で見たならば、そのようないろいろなことも、結局はすべて常住不変の一つのことである。だから、どうしてむやみに区別をしたり、良いものを取り悪いものを捨てたりする必要があろうか。

三七三、束縛も解脱も自心による

纏脱《てんだつ》は只《た》だ自心《じしん》に在《あ》るのみ。心了《しんりょう》ぜば、則《すなわ》ち屠肆糟糠《としそうこう》も、居然《きょぜん》として浄土《じょうど》なり。然《しか》らずば、縦《たと》い一琴一鶴《いっきんいっかく》、一花一竹《いっかいっちく》の、嗜好清《しこうきよ》しと雖《いえど》も、魔障《ましょう》は終《つい》に在《あ》り。語《ご》に云《い》う、能《よ》く休《きゅう》さば塵境《じんきょう》も真境《しんきょう》と為《な》り、未《いま》だ了《りょう》ぜずば、僧家《そうけ》も是《こ》れ俗家《ぞくけ》なりと。

纏 脱 只 在㆓自 心㆒。心 了 則 屠 肆 糟 糠 居 然 浄 土。不㆑然 縦 一 琴 一 鶴 一 花 一 竹 嗜 好 雖㆑清 魔 障 終 在。語 云 能 休 塵 境 為㆓真 境㆒未㆑了 僧 家 是 俗 家。

〔語義〕○纏脱——纏縛《てんばく》と解脱のこと。外物にまとわりつかれて自由を失うことと、そこから解放されること。○屠肆糟糠——屠肆は、肉を売る店。糟糠は、酒かすと米ぬか。いずれもまずい食べ物。生肉をさらしたり、酒かすや米ぬかを売ったりするようなむさくるしい場所。○居然——いながらにして。そのまま。〇語に云う——北宋の儒者邵雍《しょうよう》の「十三日上寺及び黄澗に遊ぶ」（『伊川撃壌集』巻五）の句で、その転句、結句には「此の中に向いて洞府を尋ねざれば、更に何れの処に於いてか城花を覓《もと》めん」とある。〇休——究極に至ること。「心了」と同じ。

〔訳文〕外物に束縛されることも、そこから解放されることも、ただ自分の心のあり方一つに懸かっている。この自分の心のあり方を悟ることができたならば、たとえ肉屋や酒屋のような不浄と思われるようなところにいても、そのままに汚れのないところである。そうでなかったならば、たとえ琴を持《じ》し鶴を飼って隠者の生活を送り、花や竹を植えて暮すような高士の生活をして、その趣味がいかに清らかであったとしても、悟りの障害となる悪魔を終生自分自身の心の中に飼っていることになる。宋儒の語にも「よく悟りきれば、俗世界にいてもそこがそのまま真実の世界となるが、まだ悟っていなければ、形は出家でも在家と同じである」と言っている。

三七四、主体性の確立

我《われ》を以《もっ》て物《もの》を転《てん》ずる者《もの》は、得《とく》も固《もと》より喜《よろこ》ばず、失《しっ》も亦《ま》た憂《うれ》えず、大地《だいち》も尽《ことごと》く逍遥《しょうよう》に属《ぞく》す。物《もの》を以《もっ》て我《われ》を役《えき》する者《もの》は、逆《ぎゃく》には固《もと》より憎《ぞう》を生《しょう》じ、順《じゅん》にも亦《ま》た愛《あい》を生《しょう》じ、一毫《いちごう》にも便《すなわ》ち纏縛《てんばく》を生《しょう》ず。

以レ我 転レ物 者 得 固 不レ喜 失 亦 不レ憂 大 地 尽 属二逍 遥一。以レ物 役レ我 者 逆 固 生レ憎 順 亦生レ愛一毫便生ニ纏縛一。

〔語義〕○我を以て物を転ず——自《みずか》ら中心となって他を動かす。主体性を確立して他を自由に使いこなす。○逍遥に属す——自由にさまよう意であるが、ここではのびのびとして満足すること。○物を以て我を役す——他のものによって自分が動かされる。『荀子』（修身篇第二）に「君子は物を役し、小人は物に役せらる」とある。

〔訳文〕自分が自《みずか》ら主《しゅ》となり、外物を従《じゅう》としてこれを使いこなすような人は、ものを得たとしても、もともとさほど喜びもしないし、ものを失っても、またさほど困りもしないで、この広大な土地をすべて悠々自適の地としている。これに対して、外物が主となり、自分が従となって外物に使役されているような人は、逆境にあるときは、もちろん他を憎みやすく、順境にあるときでも、その適《かな》えられた境遇に愛着して、毛筋ほどの小さなつまらない事柄に束縛されて身動きができないでいる。

三七五、生前不明・死後腐乱、妄執消え去って、天授具有の心性が現れる

試《こころ》みに、未《いま》だ生《しょう》ぜざるの前《さき》に、何《なん》の象貌《しょうぼう》有《あ》りしかを思《おも》い、又《また》、既《すで》に死《し》するの後《のち》に、何《なん》の景色《けいしょく》を有《あ》るかを思《おも》わば、則《すなわ》ち万念《ばんねん》は灰冷《かいれい》し、一性《いっしょう》寂然《じゃくねん》として、自《おの》ずから物外《もつがい》に超《こ》え、象《しょう》の先《さき》に遊《あそ》ぶ可《べ》し。

試思三未レ生之前有二何象貌一又思三既死之後有二何景色一則万念灰冷一性寂然自可下超二物外一而遊中象先上。

〔語義〕○未だ生ざるの前——禅家で言う「父母未生以前」のことで、迷悟・凡聖を超越した自己本来具有の心性を問う語。「本来の面目」「本地の風光」などと同旨。○物外に超え——物は形あるもの。俗世の相対世界のあらゆるものを超えて、世事を離れた世界に入ること。○象の先——現象以前の意で、「未だ生ざるの前」と同旨。老荘思想では天帝以前の自己（『老子』第四章）のこと。

〔訳文〕試しに、この自分というものがまだ生まれない以前に、どのような姿かたちをしていたかを考え、また自分が死んだ後に、この肉体がどのようなありさまになるかをよく考えてみたなら、あらゆる雑念は、火の気のなくなった灰のように冷たく停止して、ただ本来の性だけが静かに澄みきって現れ、自然と現実の相対の世界を超え、いまだ生ぜざる以前の本来の世界に逍遥することができる。

三七六、一場の夢

優人《ゆうじん》、粉《ふん》を傅《つ》け硃《しゅ》を調《ととの》え、妍醜《けんしゅう》を毫端《ごうたん》に効《いた》すも、俄《にわか》にして歌残《うたのこ》り場《ば》罷《や》まば、妍醜《けんしゅう》何《なん》ぞ存《そん》せん。奕者《えきしゃ》、先《さき》を争《あらそ》い後《のち》を競《きそ》い、雌雄《しゆう》を着子《ちゃくし》に較《くら》ぶるも、俄《にわか》にして局尽《きょくつ》き子《し》収《おさ》まらば、雌雄《しゆう》安《いずく》にか在《あ》らん。

優人傅レ粉調レ硃効二妍醜於毫端一俄而歌残場罷妍醜何存。
奕者争レ先競レ後較二雌雄于着子一俄而局尽子収雌雄安在。

〔語義〕○優人——俳優・役者のこと。○毫端——毫は、秋になると獣の毛が熱の発散を防ぐため細くなる、その細い毛。それから物の微細な意となり、わずか、少しの意となった。ここでは細い毛の先のことで、化粧に用いる刷毛《はけ》のこと。○場罷まば——一場の芝居が終り幕が下りること。○奕者——俗語で、奕は碁を打ったり、ばくちをしたりすること。○雌雄——めすとおすのことで、弱い者と強い者の意から、転じて負けと勝ち。○子——碁石のこと。

〔訳文〕俳優が、白粉《おしろい》を付け紅《べに》を引いてお化粧をし、美人や醜婦を刷毛《はけ》の先で自由に作り出しているが、やがて芝居も終り歌声もやみ幕が下りてしまうと、先ほどの美人や醜婦はどこに行ってしまうのであろうか。

碁を打つ人が、先手後手と先を争って、碁石を打って勝ち負けを競っているが、やがて対局も終り碁石も片づけられてしまうと、先ほどまで血まなこになっていた勝敗はどこに行ってしまうのであろうか。

三七七、修養の二段階

把握《はあく》すること未《いま》だ定《さだ》まらずば、宜《よろ》しく跡《あと》を塵囂《じんごう》に絶《た》つべし。此《こ》の心《こころ》をして欲《ほっ》す可《べ》きを見《み》ずして乱《みだ》れざらしめ、以《もっ》て吾《わ》が静体《せいたい》を澄《す》ます。操持《そうじ》すること既《すで》に堅《かた》くば、又当《またまさ》に迹《あと》を風塵《ふうじん》に混《こん》すべし。此《こ》の心《こころ》をして欲《ほっ》す可《べ》きを見《み》るも亦《ま》た乱《みだ》れざらしめ、以《もっ》て吾《わ》が円機《えんき》を養《やしな》う。

把握未レ定 宜レ絶二跡塵囂一。使二此心不レ見レ可レ欲而不一レ乱 以澄二吾静体一。
操持既堅 又当レ混二迹風塵一。使二此心見レ可レ欲而亦不一レ乱 以養二吾円機一。

〔語義〕○塵囂――塵は紅塵で俗世間。囂は世間の喧騒のこと。○風塵――土風塵界の意で、世間のまっただなか。○円機――円転自在な機用の意。俗世間にあってそれにとらわれない自由な心の働き。陶潜の「飲酒」の「廬《いおり》を結びて人境に在り、而《しか》も車馬の喧《かまびす》しき無し、君に問う、何ぞ能《よ》く爾《しか》るや、心遠ければ血自《おの》ずから偏なり」という心境。

〔訳文〕自己の心をしっかりと自分のものとすることがまだできなかったならば、自分自身を騒がしい俗世間から断ち切るのが良い。そうして自分の心をして、欲しいものを見ないようにして乱れさせないで、それによって自己の本来の清静な本体を澄ませるようにする。

これに対して、自分の心を堅く保つことができるようなら、自分自身を俗塵の巷《ちまた》に投げ込むのが良い。そうして自分の心をして、欲しいものを見ても乱れないようにし、それによって俗世間にとらわれない自由自在な働きを養うようにする。

三七八、静も動もともに忘れる

寂《せき》を喜《よろこ》び喧《けん》を厭《いと》う者《もの》は、往往《おうおう》、人《ひと》を避《さ》けて以《もっ》て静《せい》を求《もと》む。意《い》の人無《ひとな》きに在《あ》らば、便《すなわ》ち我相《がそう》を成《な》し、心《しん》の静《せい》に着《ちゃく》さば、便《すなわ》ち是《こ》れ動根《どうこん》なるを知《し》らず。如何《いかん》ぞ、人我《じんが》は一《ひと》えに空《くう》にして動静《どうせい》も両《ふた》つながら忘《わす》るるの境界《きょうかい》に到《いた》り得《え》んや。

喜レ寂厭レ喧者往往避レ人以求レ静。不レ知下意在レ無レ人便成二我相一心着二於静一便是動根上。如何到二得人我一空動静両忘的境界一。

〔語義〕○寂を喜び喧を厭う——出世間の寂静を求め、俗世間の喧騒を嫌《いや》がる。陶潜の生き方とは反対の立場。前節の語義参照。○我相を成し——自我という気持ちだけが表に出てくる。我相は、仏教の四相（我相・人相・衆生相・長者相）の一つ。

〔訳文〕静けさを歓び騒がしさを嫌う者は、往々にしてことさらに人を避けて静けさを求めようとするものである。例えば、自分の気持ちが他人に対して関心を持っていなければ、却って逆に自我という意識が生じ、また心の静寂に執着すれば、却って逆にそれが心を動揺させる原因になるということがわからない。このようなことでは、どうして他人と自分とは結局は区別がなく、動も静もともに忘れるという悟りの境地に到達することができようか。

三七九、人生の禍福は自心の所産

人生《じんせい》の禍区福境《かくふくきょう》は、皆念想《みなねんそう》より造成《ぞうせい》す。故《ゆえ》に釈氏《しゃくし》云《い》う、利欲《りよく》に熾然《しねん》ならば、即《すなわ》ち是《こ》れ火坑《かこう》なり、貪愛《どんあい》に沈溺《ちんでき》せば、便《すなわ》ち苦海《くかい》と為《な》る。一念清浄《いちねんせいじょう》ならば、烈焔《れつえん》も池《いけ》と成《な》り、一念驚覚《いちねんきょうかく》せば、航《わた》りて彼岸《ひがん》に登《のぼ》ると。
念頭稍異《ねんとうややこと》ならば、境界《きょうかい》は頓《とみ》に殊《こと》なる。慎《つつし》まざる可《べ》けんや。

人生禍区福境皆念想造成。故釈氏云利欲熾然即是火坑貪愛沈溺便為二苦海一。一念清浄烈焔成ㇾ池一念驚覚航登二彼岸一。
念頭稍異境界頓殊。可ㇾ不ㇾ慎哉。

〔語義〕○禍区福境――区も境も状況、境涯。幸福と不幸の境涯に別があること。○念想――物事を区別してその良し悪しを相対的に判断しようとする心。○彼岸――此岸《しがん》を現実の迷いの世界と見るのに対し、理想の悟りの世界。究極の境地。涅槃《ねはん》の境涯。

〔訳文〕人の一生の幸不幸の境涯の区別は、すべてその人自身の心が作り出したものである。だから仏教でも、「利益や欲望の心が火のように盛んに燃えると、その人生はあたかも焦熱《しょうねつ》地獄のように思われ、貪欲や執着に溺れ沈むと、その人生はさながら救いのない苦海のように思われる。現在の一刹《せつ》那《な》の心さえ清浄になれば、燃えさかる炎も涼しい池に変り、貪る心もいったん目覚めると、舟に乗り苦海を渡って悟りの彼岸に辿り着く」と説いている。

　このように、心の持ち方がほんの少し変っただけで、不幸であるという立場がたちまち幸福に変ってしまう。よくよく慎むべきである。

三八〇、力行を持続して、機の熟するを待つ

縄鋸《じょうきょ》に材《ざい》を断《た》たれ、水滴《すいてき》に石《いし》も穿《うが》たる。道《みち》を学《まな》ぶ者《もの》は、須《すべか》らく努索《どさく》を要《よう》すべし。
水到《みずいた》らば渠成《みぞな》り、瓜熟《うりじゅく》せば蔕落《へたお》つ。道《みち》を得《う》る者《もの》は、一《ひと》えに天機《てんき》に任《まか》す。

縄鋸材断水滴石穿。学レ道者須レ要ニ努索一。
水到渠成瓜熟蔕落。得レ道者一任ニ天機一。

〔語義〕○縄鋸に……――つるべの縄も長く井げたをこすっていると、鋸のように木も切られてしまい、水のしずくも長い年月の間には石に穴を開けてしまう。微々たる力も、集まれば大きな仕事をなすの意。宋の羅大経の『鶴林玉露』（地、一銭斬吏）に、「一日一銭、千日一千、縄鋸に木も断たれ、水滴に石を穿たる」とあるのによる。○努索――努力模索の意で、努力して、求め続けること。○水到らば渠成り――南宋の范成大の「劉唐卿、戸曹擢第して西帰するを送る」六首の第三首の転結に、「学力は根深くして方《はじ》めて蒂堅く、功名は水到りて自《おの》ずから渠成る」（『石湖居士詩集』巻二十四）とある。

〔訳文〕つるべの縄によって久しい間井げたがこすられていると、鋸のように木材も切られるし、水の滴《したた》りによって、石も穴を開けられる。このように道を学ぶ人は、その道を努力して求め続けるようにしなければならない。

また、水が流れてくれば自然に溝ができ、瓜も熟すると自然にへたまでも落ちてしまう。このように道を得ようとする人は、ひたすら天の自然な働きに任せておれば良い。

三八一、わが身を修めて万物に及ぶ

一身《いっしん》に就《つ》きて一身《いっしん》を了《りょう》ずる者《もの》にして、方《はじ》めて能《よ》く万物《ばんぶつ》を以《もっ》て万物《ばんぶつ》に付《ふ》す。天下《てんか》を天下《てんか》に還《かえ》す者《もの》にして、方《はじ》めて能《よ》く世間《せけん》より世間《せけん》に出《い》づ。

就㆓一身㆒了㆓一身㆒者方能以㆓万物㆒付㆓万物㆒。還㆓天下於天下㆒者方能出㆓世間于世間㆒。

〔語義〕○一身を了ずる——自分の身を明らかにすること。○方めて——ここでは、それでようやく、初めての意。○世間より世間に出づ——この身このままに俗世間にありながら、俗世間を超越する。

〔訳文〕わが身によってわが身を悟った人にして、初めて、万物を自我を超えたありのままの万物として任せきることができる。天下のことは天下のありのままの動きに任せきる人にして、初めて、俗世間にいながら俗世間を脱することができる。

三八二、人生は操り人形、糸はわが手に

人生《じんせい》は原《もと》是れ傀儡《かいらい》なり。只《た》だ、杷柄《はへい》の手《て》に在《あ》るを要《よう》するのみ。一線《いっせん》も乱《みだ》れず、巻舒自由《かんじょじゆう》ならば、行《こう》止《し》我《われ》に在《あ》り。一毫《いちごう》も他人《たにん》の捉掇《そくてつ》を受《う》けずば、便《すなわ》ち此《こ》の場中《じょうちゅう》を超《こ》えん。

人生原是傀儡。只要㆓杷柄在㆒㆑手。一線不㆑乱巻舒自由行止在㆑我。一毫不㆑受㆓他人捉掇㆒便超㆓此場中㆒矣。

〔語義〕○傀儡——からくり人形。操り人形。他によって操られ動かされる存在を言う。○杷柄——

把手《とって》、柄《つか》を握る。また証拠の意。○捉掇――捉えて拾い取る。握って拾う。○場中――場は芝居の一幕。人生は傀儡《かいらい》であるとするのに対応するもので、他人に操られる一場の芝居の舞台の上のこと。

〔訳文〕この世に生きている人間は、元来、操り人形のようなものである。だからその人生は、柄《つか》を握って、それを自分の手の中にあるようにしていることが必要である。このようにして、操る糸の一筋も乱れないようにし、糸を巻いたり伸ばしたりすることも自由になれば、人形が行くのも止まるのも、すべて自分の意思次第になる。人生は操り人形のようなものであるけれども、少しも他人に束縛されるようなことはせず、主体性を失わなければ、人に操られる芝居の舞台を抜け出ることができよう。

三八三、思いやりの心

鼠《ねずみ》の為《ため》に常《つね》に飯《めし》を留《とど》め、蛾《が》を憐《あわ》れみて灯《ともしび》を点《つ》けずと。古人《こじん》の此《こ》の点《てん》の念頭《ねんとう》は、是《こ》れ吾《われ》の一点《いってん》の生《せい》生《せい》の機《き》なり。此《こ》れ無《な》ければ、即《すなわ》ち所謂《いわゆる》土《ど》木《ぼく》の形骸《けいがい》のみ。

為レ鼠常留レ飯、憐レ蛾不レ点レ灯。古人此点念頭、是吾一点生生之機。無レ此、即所謂土木形骸而已。

〔語義〕○鼠の為に……——蘇軾の詩「定慧《じょうえ》の欽長老の寄せらるるに次韻す」に、「左角に楚《そ》を破るを看《み》、南柯《なんか》に滕《とう》を長とするを聞く。簾《れん》に鉤《こう》して乳燕《にゅうえん》を帰し、紙に穴して痴蝿《ちよう》を出《い》だす。鼠の為に常に飯を留め、蛾《が》を憐《あわ》れみて灯《ともしび》を点《つ》けず。崎嶇《きく》たり真に笑うべし、我は是れ小乗の僧なり」とあるのによる。○一点——ほんの少しの。一つの。○生生——生命の働き。○土木——土や木で作った人形。土偶木偶。

〔訳文〕「鼠のためにいつもご飯を残しておき、蛾が火に飛び込むのをかわいそうに思って灯《とも》し火を点《つ》けないでおく」と蘇東坡は詩に詠《よ》んでいる。古《いにしえ》の人のこのようなちょっとした心掛けは、これこそ現在の私達が生きて行く上での一つの重要な心の働きである。この心掛けがなかったならば、まるで土や木で作った人形と同じように、まったく心を持たないかたちだけの人間にすぎない。

三八四、俗世に身を置くも超然たれ

世態《せたい》に炎涼《えんりょう》有《あ》り、而《しか》れども我《われ》に嗔喜《しんき》無《な》し。世味《せみ》に濃淡《のうたん》有《あ》り、而《しか》れども我《われ》に欣厭《きんえん》無《な》し。一毫《いちごう》も世情《せじょう》の窠臼《かきゅう》に落《お》ちず、便《すなわ》ち是《こ》れ一《いっ》に世《よ》に在《あ》り世《よ》を出《い》ずるの法《ほう》なり。

世態有㆓炎涼㆒而我無㆓嗔喜㆒。世味有㆓濃淡㆒而我無㆓欣厭㆒。
一毫不㆑落㆓世情窠臼㆒便是一在㆑世出㆑世法也。

〔語義〕○世態――世の中のありさま。世相。世情。○嗔喜――怒ったり喜んだりすること。○世味――浮き世の味わい。世態人情。○欣厭――喜び好むことと悪《にく》み嫌うこと。○世情――世間の実情。俗世間の趣《おもむき》。陶潜の「飲酒」に「林園に世情無し」とある。○窠臼――しきたり。月並み。決まった型。また転じて、文字文句に執着して自由を失うこと。『碧巌録』(第五十一則、本則評唱)に「明眼漢、窠臼に没す」とある。また、同書(第七十二則、本則評唱)に、「道を見ず、吾は窠臼を離れず、焉《いずく》んぞ能く蓋纏を出でん」とある。

〔訳文〕世相に熱いとか涼しいとかの区別があるが、私には、それを怒ったり喜んだりする気持ちはない。俗世間に濃いとか淡いとかの相違があるが、私には、それを喜んだり悪《にく》んだりという心もない。

ほんの少しも世の中のしきたりに拘束されない、これがとりもなおさず自分の身は世間にありつつも心は世間を出るという方法である。

解説

中村璋八

一、はじめに

『菜根譚』二巻本（前集・後集）は、加賀藩儒、林瑜（字は孚君、号は蓀波・蘭波、一七八一―一八三六）によって文政五年（一八二二）に刊行されてより、日本では広く読まれるようになった。この版は、その後、文政八年（一八二五）、元治元年（一八六四）と重刊され、明治・大正期にも幾度か版を重ねている。[1] この版本については、私は既に『菜根譚』（中村璋八・石川力山訳注、講談社学術文庫、昭和六十一年）の「解説」の項で詳細に紹介した。[2] 二巻本は、内閣文庫蔵（現在、国立公文書館内閣文庫蔵）の明、高濂撰『（雅尚斎）遵生八牋』[3] 十一冊本（万暦十九年、一五九一）にはないが、十二冊本と十八冊本の明刊本には、共に『菜根譚』（前集・後集、洪自誠）が附されている。これには、于孔兼（字は元時、三峰主人）の「題詞」があり、「還初道人洪自誠著、覚迷居士汪乾初校」と記されている。また、尊経閣文庫には『菜根譚前集・菜根譚後集』（明、洪自誠、明版）が蔵されているが、これには于孔兼の「題詞」はない。林瑜は、江戸に留学した折に内閣文庫蔵『遵生八牋』の後刊本と加賀藩の尊経閣文庫本とを校合して文政八年に刊行したのであろう。[4] 文政本の巻頭には「明の万暦間の人の著する所、惜しむらくは称する所の還初道人洪自誠と覚迷居士汪乾初とは、均しく其の何省の人、何県の人かを悉す能わず」と両人は何れも、その伝が明らかでないとしている。日本では、この二巻本に依拠して明治後半より近藤元粋評点『菜根譚』（井上文渕堂、明治三十一年）、山田孝道著『菜根譚講義』（光融館、明治四十一年）、東敬治『標注菜根譚』（松山堂、明治四十二年）、山口察常訳註『菜根譚』（岩波文庫、昭和九年）など多くの注釈書が出版されていることは、既に指摘したが、[5]最近、吉田公平教授は「日本における『菜根譚』」[6]で詳述されている。この二巻本は台湾にも渡り、今でも台北駅前の重慶南路にある三民書局には、二十種に近い『菜根譚』の通俗本が書架に並んでいる。これに拠っても如何に台湾の人達に愛読されているかが分る。[7]しかし、何れも二巻本であり、依拠した藍本などの記載はない。また、韓国でも多く出版されているが、全て二巻本である。これも文政刊本に拠ったのであろう。

『菜根譚』は、中国では余り重んぜられず、『四庫全書総目提要』『四庫全書簡明目録』『四庫未収書提要』など、何れも収めていない。ただ、洪応明（自誠）の『仙仏奇蹤』は、『四庫全書総目提要』二十八、子部、小説家存目には収められている。それは、

仙仏奇蹤　四巻　内府蔵本

明の洪応明の撰、応明、字は自誠、還初道人と号す。其の里貫は未だ詳らかならず。是の篇は明の万暦壬寅（三十年、一六〇二）に成る。前の二巻は仙事を記し、後の二巻は仏事を記す。首《はじ》めに老子より張三手に至る六十三人の名を載せて逍遥墟と曰い、末に長生詮一巻を附し、次に西竺の

仏祖、釈迦牟尼より般若多羅に至る十八人、中国の仏祖、菩提達摩より船子和尚に至る四十二人を載せ、寂光境と曰い、末に無生訣一巻を附す。仙仏には皆絵像有るも殆ど児戯の如し。釈道を考うるには古《いにしえ》より門を分ち、其の著録の書も、亦《ま》た各々部を分つ。此の篇は兼ねて二氏を採りて、偏より属すべからず。荒怪の談多きを以て、姑《しばら》くこれを小説家に附す。

と記している。これより推すと、この内府蔵本は、仙事を記した逍遥墟・長生詮と仏事を記した寂光境・無生訣と、それぞれ一巻で、四巻から成る書であったことになる。しかし、内閣文庫（現在、国立公文書館）蔵（明刊、大和館）の『仙仏奇踪』、東京大学東洋文化研究所蔵の万暦三十年序刊本、『還初道人著作二種』（喜咏軒叢書、戊編所収）、「道蔵精華」（第五集）所収の覆明刊本の『月旦堂仙仏奇踪』などは、これとやや異なっていることも既に紹介した。(8) この『仙仏奇蹤（踪）』には、それぞれ巻首に了凡道人袁黄の「逍遥墟引（仙引）」と真実居士馮夢禎の「寂光境引（仏引）」とが冠せられ、洪応明が袁了凡や馮夢禎と何らかの関係があった人物であったことを示している。また、長生詮と無生訣（大和館本）にも、それぞれ巻首に「長生詮小引」「無生訣小引」が冠せられ、「万暦壬寅季冬朔、還初道人洪応明、書於秦淮小邸」と記されている。これによって、この書は『四庫全書総目提要』の記載のように万暦壬寅（三十年、一六〇二）に、洪応明の当時の居処、秦淮（江蘇省南京の附近）で書かれたものであることが分る。ただ、この両小引は『月旦堂仙仏奇踪』にはない。

この『仙仏奇蹤（踪）』に「仙引」「仏引」を書いた袁黄（了凡）と馮夢禎についても、既に詳述した(9)ので、ここでは省略するが、袁黄は、洪応明（自誠）のことを「洪生自誠氏は新都の弟子なり」と記している。これに拠って従来日本では、彼は蜀（四川省）成都府新都県の人であるとされていた。これに対し、呂宗力氏は、種々の資料を駆馳して、洪応明は安徽省徽州歙県に本籍があり、江蘇淮安に居住して、出身は富有な塩商人であったかも知れない、と推定している。[10] 彼の知人である袁黄・馮夢禎・于孔兼が、何れも江蘇・浙江の人であり、秦淮に居を構えていたことからも、呂宗力氏の説の方が納得できる。なお、普顗華氏は、江蘇省金壇県の人ではなかろうか、と推測している。[11]

講談社学術文庫本『菜根譚』

民国四年（一九一五）に来日した奉化（浙江省寧波府）の孫鏘は、林瑜の文政刊本を京都の書店で入手し、この書の若干の偽誤を修正して「菜根譚序」を冠し、中国で刊行した。この書には、海寧（浙江省杭州府）の人、馮湯楹の「書後」が附されている。しかし、その後は、少しの例外を除き、中国では余り読まれなかった。それが、昭和六十二年（一九八七）五月二十二日の『読売新聞』（夕刊）に「中国の古典、目下斉放」と題して、東京駅前の八重洲ブックセンターで、陽明学書等と共に講談社学術文庫本『菜根譚』（前出。右下の写真参照）が、ビジネスマンや公務員の間で広く愛読されているとの記事が掲載された。すると、直ぐ六月一日の『香港明報』に、それが転載され、それを中国の『参考消息』が「日本掀起中国古典知慧熱」と題して掲載した。[12] それ以降、中国でも『菜根譚』の注釈書などが相い継いで刊行されるようになった。[13] しかし、これらの書は、何れも日本や台湾・韓国で通行している「洪自誠」の二巻本に依拠するものではなく、修省・応酬・評議・間〔閑〕適・概論の五篇よりなる一巻本に拠るものが多く、著者も多く「洪応明」となっている。これは何故であろうか。

二、『菜根譚』一巻本の版本について

『菜根譚』は、明刊の『遵生八牋』本や単行本も既に通行していたが、『四庫全書総目提要』などには収められず、中国では余り重んぜられなかったとされている。しかし、紀昀〔一七二四―一八〇五〕などが、乾隆三十八年〔一七七三〕に四庫全書館を開き、天下の書籍を徴求し始める前の乾隆三十三年〔一七六八〕には、北京西北の郊外にある潭柘山岫雲寺の監院、来琳〔琮公〕によって重刻されていた。それには、来琳に請われて記した同年中元節〔旧七月十五日〕後三日の三山病夫通理の「識語」がある。この書は、前集・後集から成る二巻の明刊本とは異なり、修省・応酬・評議・間〔閑〕適・概論の五部から成る一巻本で、修省・応酬・評議・間適の四部の文は、二巻本には全くない条であり、概論の一九九条は、二巻本の前集二二二条・後集一三四条、合計三五六条の中から抽出したものである。この潭柘寺本は、同年に常州天寧寺沙門清鎔によって重刊された。これにも、三山病夫通理の「識語」がある。また、乾隆四十年〔一七七五〕には「維揚〔揚州〕天寧際願撰」として重刻されている。

別に乾隆五十九年〔一七九四〕二月三日の遂初堂主人の「識語」のある一本もある。そこには、

余、古刹を過ぎるに、残経敗紙の中に於いて菜根譚一録を拾得せり。之《これ》を繙《ひもと》き視るに、禅宗に属すと雖《いえど》も、然《しか》も身心性命の学に於いて、実に隠々の相の発明する者有り。亟《すみ》やかに携え帰りて、重ねて校讐を加え、繕《つくろ》い写して帙を成す。旧《もと》序文有るも、雅馴《がじゅん》ならず、且つ是の書に於いて、関渉の語無し、故に之を芟《のぞ》く。是の書を著す者は、洪応明と為す。究むるに其の何許《いずく》の人為るかを知らざるなり。

と記されている。この古刹が何処にあったかは明らかでないが、乾隆三十三年刊本が北京郊外の潭柘寺にあり、道光六年（一八二六）胡信刊本も宣文寺（河北省満城）の僧より入手した書に拠っていることから考えると、『菜根譚』は、中国の処々の寺院に蔵せられ、仏教（禅）書とされていたのであろう。この書は、民国二十年（一九三一）に陶湘（涉園）によって『仙仏奇蹤』と共に『還初道人著書二種』として公刊された。これは潭柘寺本とは若干の相違はあるが、極めて近い善本である。[14]

道光六年（一八二六）年には、会稽（浙江省）の胡信（樸堂）の「序」のある版本も刊行された。この書は、彼が乾隆己酉（五十四年、一七八九）に満城（河北省）の方順橋にある宣文寺の僧から手渡されたもので、嘉慶年間、北京・開封・広東・浙江と役人の生活を転々としていた折、常に身につけて閲読していたが、身心も安定したので、道光六年に重刻した、と言う。台湾に渡った黄公偉が『菜根譚注疏』に使用した底本は、道光丙午（二十六年、一八四六）に重刊した惇厚堂蔵版である。この書は、その後、幾度か版を重ねていたのであろう。[15]

私が蔵している道光七年（一八二七）四月の滙鑒堂蔵板には、「原序」として乾隆四十年乙未（一七七五）の「維揚（揚州）天寧際願撰」が載せられ、「重刻菜根譚序」として「嘉慶十五年（一八一〇）歳次庚午浴仏日知契次謹識」という「識語」があり、「粤東（広東省）海幡寺蔵板」によって、霞漳（浙江省）の張応振（渓邑）と謝孟符（澄邑）が重刻したものであることを示している。巻末の「跋」には、「道光七年歳在丁亥夏五月朔岐山（陝西省）王西堂謹跋」とあり、

洪応明の菜根譚は、海内に凡そ三刻あるが関中は未だ聞いていていない。丁亥（道光七年）の春、私は南屏洪氏の家に館した。たまたま出して見せてもらった書は、その友人、保陽（河北省保定）の徐静斎の蔵する所のものであった。南屏（洪蔚）は購い求めて、遂に刊行しようと思い、私に校訂を依頼した。暇日にこの書を開いて見ると、初めは何も変った処はなかったが、長い間読んでいると漸くこれは普通の書とは異なり、読めば読むほど魅了され、恍然として、塵氛も覚えず頓に豁かれた。

と述べ、『菜根譚』の内容を紹介し、この書を重刊した経緯を述べている。この「跋」の三刻と言うのは、維揚天寧寺本・粤東海幢寺本・霞漳本の三本と思われるが、それに関中（陝西省）の灞陵でも重刻したことになる。しかし、それらは何れも潭柘山岫雲寺本に拠っているが、この書には、三山病夫通理の「序」はない。

道光十三年（一八三三）には、天朗了睿によって重刻増訂本（京都大学人文科学研究所蔵）が刊行されている。この書には、乾隆三十三年中元節後三日の三山通理達天（三山病夫通理ではない）の「識語」

が「原序」として冠せられているが、書名は、『菜根談』とし、「譚」を「談」に改めている。そして「道光十三年歳在癸巳春月、吉日、紅螺山（河北省）資福寺天朗了睿重刊」「板存徳勝門外忠義廟」とあり、巻末に「音釈」が附されている。それは「履、音里、践也」「狠、恨、平声、毒悪也」などという簡単なものであるが、修省八十一字、応酬四十八字、評議四十九字、閑適四十七字、概論六十一字、合計二百八十六字にも及んでいる。その後に「鉄仏寺敬印、昌平州西門外許子明敬二百十、琉璃廠漱潤斎刻字、鋪内張姓刊刷印」とある。

また、道光乙未（十五年、一八三五）にも重刊（東京大学東洋文化研究所蔵）されている。これは『菜根譚』とし、「板存琉璃廠西門内路北魁元斎刻字舗」とあり、「菜根譚序」として三山病夫通理の「識語」を冠し、巻末には、「乾隆三十三年歳在戊子吉日、潭柘山岫雲寺監院来琳重刊」「道光十五年仲秋、広東肇慶府知府長白珠爾杭阿重刊」とあり、前の重刻増訂本と同じく「音釈」も附しているが、概論の部だけ欠けている。その後、同治四年（一八六五）にも、中道堂刻印字本が刊行されている。[16]

光緒五年（一八七九）刊本[17]は、「洪応明先生著、板存上海邑廟国内翼化堂善書坊、菜根談　光緒己卯歳、春田氏重刊」とあり、巻頭に三つの「序」を掲げている。最初の「序」は、乾隆三十三年刊の三山病夫通理のものであるが、この書には、年号や書名もなく、『菜根譚』を『菜根談』とし、「有仁語、有義語、有禅語、有趣語」を「有仁義語、有禅趣語」とするなど、文字に異同が多い。次に「光緒己卯夏月、元吉敬敍於杭州楽書堂」と言う「菜根談序」[18]を掲げている。ここには「顧田九、西蜀に遊び、終りに迄びて、方に菜根談の書を福昌（河南省）の公所に得。之を閲するに、是れ古滇雨軒翁の此を翻刻する所。その首章は名づけて修省と曰い、己を修むるに敬を以てし、身を省みるに誠を以てするの談に非ざるは無し。次章は名づけて評議と曰い、古今の人物を批評し、成敗の事宜を略議するの談に非ざるは無し。三章は名づけて間適と曰い、情を怡び性に適い、目に触れ心を警するの談に非ざるは無し。四章は名づけて概論と曰い、君子・小人の品概を叙べ、天地・事物の衡談を統ぶるの談に非ざるは無し」と、この書を得た経緯と、その内容を述べているが、応酬の章に就いては触れていない。これは何故であろうか。続いて、「光緒辛卯（十七年、一八九一）春二月、施善昌書於春申江（上海の黄浦江）上仁済善堂」という「菜根談序」がある。この書は、他の版が「修省」としているところを「修省章」とし、以下、全て「章」の字を加えている。「本文」の後に、私が所蔵している二本とも、「字音備考」の題目があるが、何れも題目のみである。もともと「重刻増訂本」の「音釈」のようなものが附してあったのではなかろうか。巻末に「光緒辛卯（十七年、一八九一）夏月穀旦　晩生武溪氏謹跋」という「跋」がある。そこで、この版が光緒十七年の重刻であることが解る。

それより前の光緒丁亥年（十三年、一八八七）後四月には『菜根譚』（陶維周題）とする揚州蔵経禅院重刊本（東京大学東洋文化研究所蔵）が刊行された。この書は、巻頭に「重刻菜根譚原序」として、乾隆三十三年中元節後三日の三山病夫通理の「識語」のみであるが、原本の型を良く踏襲した善本である。

また、宣統三年（一九一一）にも『菜根談』（早稲田大学図書館蔵）が重刻された。この書には「常州天寧寺沙門清鎔重校」とあり、「乾隆三十三年中元節後三日、三山通理達天謹識」という「序」だけが冠せられている。この「序」は、「三山病夫通理」とする「序」とは文字の異同が多く、道光十三年刊本『菜根談』（京都大学人文科学研究所蔵）に近いが「道光十三年歳在癸巳春月吉日、紅螺山資福寺天朗了睿重刊」等はない。しかし、巻末には、道光十三年刊本と同じ「音釈」が附されている。これから推すと、道光十三年刊『菜根談』と同系統の版本であることが解る。そして最後に「宣統三年仲秋吉日、比丘副寺歩颺敬刊」「板存鼓山（福建省）湧泉寺」とあるが「跋」などはない。

このように『菜根譚（談）』は、乾隆・道光・光緒・宣統の間に、北京・江蘇・浙江・河北・関中・広東・福建などの各地で重刊されていたが、『菜根譚』『菜根談』と名称は違っても、何れも修省・応酬・評議・間（閑）適・概論の五部からなる一巻本のみで、明代に刊行された前集・後集より成る二巻本は重刻されなかった。そこで中国では一巻本が通行していたのであろう。

そのほか、刊行年月日の記されていない満漢対照の内府刊本『菜根譚』（上・下、二巻）が、台湾の故宮博物院に蔵されている。この書については、既に陶湘（涉園）が『還初道人著書二種』の庚午（民国十九年、一九三〇）の「序」で「己巳（民国十八年、一九二九）仲春、故宮の図書を検査するに、景陽宮に在りて、一満漢文巾箱本を見る。未だ梓年月を著附せず」とだけ紹介している。この書は、上・下の二巻より成っているが、修省・応酬・評議・閑適・概論の五部よりなり、その中から一七三条を抜粋して満州語に訳したものであるが、その順序は乾隆本とはやや異なっている。これから察すると清朝の満州族も、この書を愛読していたと思われる。

三、『菜根譚』の中国の注釈本

『菜根譚』の注釈書は、早くも明末、興寧（広東省）の人、石随園（咏竹）によって『菜根譚注』が書かれた（光緒六年、一八八〇、庚辰重校本、民国四十八年、一九五九、興寧先賢叢書所収、東京大学東洋文化研究所蔵）。しかし、この書は、前集・後集に分けられた二巻本の前集、二二二条中の二一条を除く二〇一条に極めて簡単な注を附けただけのものである。ただ、これから推察すると、明末の広東では二巻本が通行し、また、前集と後集が別々に流布していたことを示す資料となる、とも考えられる。

その後、民国四年（一九一五）に来日した奉化（浙江省寧波府）の人、孫鏘（硯舫居士）は、二巻に分けられた文政刊本『菜根譚』を陽明学派の書十二種と共に京都の書店で入手し、その偽誤若干を修正し「校印菜根譚序」を冠して中国で刊行した。この書には、同年の海寧（浙江省杭州府）の人、馬湯楹の「書後」が附されている。そこには「是の書は、前明の万暦時代に作るものなるも、吾が国にては已に久しく其の名を佚す。署する所の著者還初道人洪自誠、及び校者覚迷居士汪乾初、均しく其の姓氏を詳らかにせず」と記している。しかし、孫鏘は、民国庚申（九年、一九二〇）に中国にも、別の刊本が伝存していることを知り、修省・応酬・評議・閑適・概論の五部に分れた常州天寧寺本を購い、また同系列の金陵刻経処本をも購って校合し、「菜根譚後序」を附けて刊行した。この金陵本には末尾に清初の屠緯真著『波羅館清語』が附されていた。この『菜根譚』は、民国十一年（一九二二）福建汀州医院傅連璋（一八九四―一九六九）捐磨石印本（三百部の限定本）・民国甲子（十三年、一九二四）四川合川重刻・民国十六年（一九二七）上海青年協会排印本・民国十七年（一九二八）六余居士秦光第（一八七一―一九四〇）「菜根譚全篇」石印本などとして通行して行った。(20)

民国二十一年（一九三二）に周学熙は、『近思録』『呻吟語』など十二篇と共に『古訓粋編』十二巻に、洪自誠著『菜根譚』も節録した。これは修省一九条、応酬一五条、評議一三条、閑適一五条、概論九四条で、その後に陶湘が清初の屠緯真著としている『沙羅館清語』二七条を「洪自誠著」として附している。しかし、これらは何れも本文のみで「注釈」は施していない。

注釈が全般にわたって施された最初の書は、民国六十九年（一九八〇）八月に台湾の新文豊出版公司より刊行された原籍、河朔定県（河北省）の黄公偉『菜根譚註疏』[21]である。この書は、「丙辛春鐫（道光二十六年）惇原堂蔵板」を底本とし、国立台湾大学の同僚巴壺天の「序」と劉昭晴の黄公偉の「自序」を読んだ感想「読『菜根譚』序」とを巻頭に置き、黄公偉の「明朝、洪応明『菜根譚』注疏自序――原版係清道光六年胡信、樸堂氏刻本」という紹介を載せている。それによると、黄氏は民国十四年（一九二五）に初めて『菜根譚』に接して興味を持ち、二十六年（一九三七）に北京東城隆福寺の旧書肆で買い求め、二十七年（一九三八）台湾に移住する時に共に渡り、その後、詳細に読んで「注疏」を作り、遂に民国六十八年（一九七九）、この「自序」を記し、刊行する運びになったとのことである。時に黄公偉は七十歳であった。また、胡信が『菜根譚』を得た河北省望都県方順橋の宜文寺は、黄氏の故郷の近くであったことに親近感を持っている。「自序」に次いで胡信の「重刻菜根譚叙（原序）」を載せている。本文は、第一篇修省第一・三二章（心性修養）、第二篇応酬第二・四三章（動態生活悟解）、第三篇評議第三・四五章（人生観的評論）、第四篇閑適第四・四四章（静態生活啓示）、第五篇概論第五・一九〇章（全文綜論）から成っている。各篇の初めには「前言」を附け、全体の内容を要約し、各章には、それぞれ「註云」として極めて簡単な字解をし、「解曰」として感想を述べている。そして各篇の後には、簡単な「結言」を附け、篇全体を要約し、黄氏自身の見解も披瀝している。この書が、私の知る限り最初の整った『菜根譚』の学問的注釈書である。台湾で二十年前に、この一巻本の『菜根譚注疏』が公刊されたが、現在、台湾で通行している二十種前後の『菜根譚』は、全て二巻本であり、底本も示さない通俗本のみであることは如何なる理由によるものであろうか。

中国では、私達の『菜根譚』(四八三頁、四八六頁前出)が出版され、それが『参考消息』に紹介されて以降、急に注目され、相次いで刊行されるようになった。最初と思われる書は、一九八八年、中国和平出版社刊『菜根談』(明、洪応明著、梅伯春注釈)である。[22] この書は、最初に三山病夫通理の「重刻『菜根談』序」を載せ、次に唐韜の一九八七年八月の「序」があり、「光緒十三年揚州蔵経禅院重刊本」に依拠したことを明示している。各章に二、三の簡単な注があって参考になる。巻末に「附録」として「傅連璋序」を載せている。

次いで一九八九年、上海人民出版社刊『菜根譚(新編)』(明、洪応明著、張熙江整理編註)がある。これには、一九八七年七月、昆明五華山南麓で記した張熙江(雲裔老人、時年八十有二)の「前言」が巻頭にある。張氏は、若い時から『菜根譚』に親しみ十二種の版本を持っていたが、最近、日本でこの書が盛んに読まれていることを、一九八七年に掲載された李栄標の「日本的『菜根譚』熱」(『経済日報』)、「『菜根譚』在日本」(『環球』)などの記事で知り、それに刺激されて出版を思い立った。そこで比較的に完善な六余居士秦光第の「合編本」を藍本とし、その他の十一種の版本を参考にして刊行した。と言っている。本文は、改編し、礪石第一(六五条)、器識第二(一三〇条)、明智第三(一二〇条)、風操第四(一二七条)、曠達第五(八七条)、逸興第六(七四条)の合計六〇三条を六部に分けている。この書は「合編本」を藍本としているので、二巻本と一巻本の両本より採っている。そこで「附録」には「明代金壇于孔兼題詞」「近代奉化孫鏘序」「近代汀州傅連璋序」「近代雲南呈貢秦光第序」の四篇を掲げ、最後の著者が参考にした「乾隆三十三年常州天寧寺校刊本」など十三種の刊本を挙げている。「注」は、十条に一、二箇所と極めて少なく、殆ど本文のみである。

また、同年、浙江古籍出版社からも『菜根譚注釈』(明、洪応明著、王同策注釈)が刊行された。この書は、巻首に「『菜根譚』是本什麼書?」という解説が「代序」として載せられている。この書も、日本で『菜根譚』が多くの人々に愛読されていることを知って刊行するに至ったという経緯を述べ、この書の内容をも分析し、「常州天寧寺沙門清鎔重校刻本(即三山通理達天序本)」を底本とし、『還初道人著書二種』本を参考にし、更にその他の各本をも参照したことを明示している。この書は、「正編」と「続編」の二部から成り、「正編」は、修省以下の五部を載せ、「続編」は、一巻本で採用しなかった二巻本の一五七条を収めている。各条には「注釈」として極めて簡単な字句の解説がある。また、「附録」として「于孔兼『菜根譚』題詞」「三山通理達天『菜根譚』序」「遂初堂主人『菜根談』序」「涉園『還初道人著書二種』序」「福田雅太郎『菜根譚講話』序」「中村璋八・石川力山『菜根譚』考述」(張鶴泉訳、陳連慶校)の六篇を載せている。巻末には、一九八八年五月七日、長春での王同策の「後記」のほか、同年歳末の「重印附記」(私達の解説の訳を校訂された東北師大の陳連慶教授が病歿されたことなど)及び一九九一年一月二十二日の「重印再記」(第四次印刷)があり、この書が出版されると全国各地から多くの反響があったこと、及び張熙江氏の「新編」には、本書に収めなかった四条があったので、それを補充している。

一九九一年二月には、湖南省の岳麓書社より『呻吟語(明、呂坤著)菜根譚(明、洪自誠著)』(欧陽小桃点校、楊雲輝責任編輯）が出版された。この書は、最初に二巻本の于孔兼の「菜根譚題詞」を載せ、本文は、一巻本の「乾隆間岫雲寺刻本」に拠ったとあり、修省・応酬・評議・閑適・概論の五部からなる。「補遺」として、二巻本にはあるが、概論で刪《けず》った前集・後集の一五八条（王同策本とは若干異なる）が附け加えられている。また、「附」には「乾隆三十三年中元節後三日、三山病夫通理、重刻菜根譚原序」を載せる。この書は、本文のみで、「校註」などの解説は全くない。

同年十二月には、浙江大学出版社より『（校注全訳）菜根譚』（明、洪応明著、杜守華・呉暁明校注、葉華訳）が出版された。この書には、「前言」があり、日本で広く『菜根譚』が読まれていることを知ったことが、その出版の動機であるとし、二巻本三種と一巻本七種の両版本を紹介し、本書は、「武進陶湘一九二七年序刻還初道人二種本」を底本とし、「揚州蔵経院重刻本」を主要な校本とした、と記している。そして最初に二巻本「三峰主人孔于兼、明版『菜根譚』序」、次に一巻本「乾隆三十三年版三山病夫通理『菜根譚』序」を載せ、以下、「乾隆五十九年版遂初堂主人『菜根譚』序」「光緒己卯版元吉『菜根譚』序」「一九一五年鉛印本孫鏘『菜根譚』序」「一九二〇年石印本孫鏘『菜根譚』後序」「一九二三年石印本傅連達『菜根譚』序」「一九二七年陶氏刻本陶湘『菜根譚』序」の八種の二巻本と一巻本の「序」を時代順に載せている。本文は、修省三七章・応酬五一章・評議四八章・閑適四七章・概論一九八章の五部よりなり、何れも「原文」「訳文」「注釈」の順序で列んでいる。「訳文」があるのは私が知る限り最初と思われ、苦労のほどが偲ばれる。「注釈」も前の本に比べると小冊子ではあるが、やや詳細であり、参考となる。また、「後記」には、「陶氏序刻本」と「乾隆三十三年序本」との原文の校比があり、「乾隆三十三年序本」には見えるが、「陶氏序刻本」には存しない章が二

十もあることを指摘している。そして結論として、

一、二巻本は、一巻本に比べると成立したのは少し早く、比較的に本来の姿を保留している。

二、一巻本は、何れの版本も修省など五部に分類している。

三、二巻本と一巻本の両系統の多くの版本は相違はあるが、しかし、総体的な骨組みや思想内容は同じで、重大な、そして本質的な区別はなく、基本的には何れも早期の『菜根譚』の面貌を反映している。

と記している。

一九九二年十月には、三秦出版社（西安）より「中国伝統文化叢書」の一つとして畢明注訳『白談菜根譚』（洪応明）が出版された。この書には畢明の「前言」があり、『菜根譚』には「国内流行本」と「日本流行本」の二種があり、その相違が大きいことを指摘している。本書は、「日本流行本」を採用し、左に「原文」、右に「白話」があるが、「注釈」は、上・下巻の最後に纏めて三十ほどあるだけである。「附録」として巻上には修省・応酬・評議・閑適の四篇、一八二条と、巻下に概論の二〇一条の「原文」のみ収めている。

一九九五年一月には、西北大学出版社（西安）より唐漢編訳の『菜根譚——為人処事大全』（洪応明）が刊行された。この書は、処世篇・修身篇・斉家篇・蒙養篇・閑適篇の五篇から成り、三六〇条が収められている。この書は、日本流行の明刊本に拠っている。最初に「抱朴守拙、渉世之道」など

の標題があり、次いで「本文」「訳文」「注解」「評語」があり、最も「評語」に力を入れている。巻末には「附録」として三山病夫通理の「重刻『菜根譚』原序」があるので、原文としては明刊本を用いながら清朝本も参考したのであろう。

同年四月には、岳麓書社から「古典名著今訳読本」の一つとして『幽夢影』と合冊で、『白話菜根譚』（洪応明、穆易訳注）が刊行された。この書は上・下二巻の明刊本（日本流行本）をそのまま用いている。「本文」と「解説」の二部から成っている。

一九九五年八月には、時事出版社（北京）より『白話菜根譚』（普穎華編著）が刊行された。この「前言」では、洪応明は、江蘇省金壇県の人かも知れない、と初めて出身地に就いて触れている。しかし、その根拠は何も言っていない。恐らく二巻本の「題詞」を記した于孔兼が金壇の人であったからであろう。しかし、一巻本の三山病夫通理の「序」によって内容を分析しているので、一巻本に依拠したものである。本文は、一巻本の順序により、修省の最初の章を「精金美玉」などと、それぞれ四字の表題を冠し、五部には分けず一六二章を節録して、それぞれ「原文」「注釈」「訳文」「評析」に分けて解説している。特に「評析」に力を入れている。ただ、依拠した底本に就いては記していない。

一九九六年一月には、浙江人民出版社より『塵外三昧――菜根譚一日一語』（梁一群）が出版された。この書には、巻頭に「『菜根譚』之譚」という序文があり、著者の洪応明や『菜根譚』の説明や、その思想内容に就いて詳しく論じている。そこには日本の釈宗演『菜根譚講話』（京文社書店、大正十五年）の福田雅太郎「序」と中村璋八・石川力山『菜根譚』（前出）の「解説」を多く引用して、著者独自の見解を展開している。底本に就いては触れていないが、乾隆五十九年の遂初堂主人の「序」や乾隆三十三年の三山通理達天（三山病夫通理ではない）の「序」を引用しているので、二巻本と一巻本の両者を使用しているのであろう。「一日一語」であるから、両者より三六五章を十二箇月（二月は二八日）に分け、それぞれの季節に合せて採り出し、原文と、それに対する著者の詳細な感想が述べられている啓蒙書である。

同年四月には、広西民族出版社より『（原注）菜根譚』が出版された。巻頭の「簡介」には、日本では『菜根譚』は早くも明治維新前後より多くの解説書が出版され、八十年代に至って企業家が好んで読むところとなった。中国でも改革解放以来、多く読まれるようになり、今に至っても衰えない、と記している。この書の底本は示していないが、「乾隆三十三年版三山病夫通理『菜根譚』序」と「一九二七年陶氏刻本陶湘『菜根譚』序」があるので一巻本に拠ったのであろう。本書は、処世篇七六章、修身篇一〇四章、養家篇八九章、蒙養篇二八章、閑適篇四六章の五篇三四三章より成り、各章の始めに全て「抱朴守拙、涉世之道」など八字句の要約を附け、「原文」「注釈」「簡訳」を載せている。「注釈」は極めて簡単なもので、「簡訳」も啓蒙的な色彩が強い。

同年五月には宗教文化出版（北京）より『儒解菜根譚――仁者的恕語』『道解菜根譚――智者的指帰』『禅解菜根譚――禅者的捧唱』（共に明、洪応明著。英吟編訳）が同時に出版されている。「儒解」は、修性篇・立身篇・処世篇・明智篇・行事篇の六篇に分け、二八一章を収め、「道解」は、無為与有為・自然与造作・静与動・生命与名利・禍与福・困境与出路の六篇に分け、二八六章を収め、「禅解」は、平常境界・平等境界・閑適境界・頓悟境界・自然境界・曠達境界・風流境界・自由境界・審美境界・無言境界の十篇に分け、三一〇章を収めている。各解には、各々立場による簡単な「前言」があり、各章の始めには全て「登高心曠、舒嘯与邁」など八字句の表題を冠し、「原文」「訳文」「儒解（道解・禅解）」で構成されていて、編著者の博学が窺える。また、同一の章が三解ともに存する場合もある。依拠した底本に就いては触れていないが、二巻本と一巻本の両者より採っている。

同年同月には、三秦出版社（西安）より「中国伝統文化叢書」として、前述の畢明注釈とは別に雍和編注の『増広菜根譚』（洪応明）が刊行された。本書には巻首に乾隆五十九年二月二日の遂書堂主人の「原序」があり、三部より成っている。最初は「国内流行本」として、修省・応酬・評議・閑適・概論の五部に分類された清朝刊本があり、次いで「菜根譚日本流行本」として前集・後集に分れた明刊本を日本の加賀藩儒、林瑜が文政八年に重刊したものを収めている。ただ、「国内流行本」の概論に相当する部分の重複するものは除き一五七条を採用している。更に「新続菜根譚」として前の二部には含まれていない二三〇条が加えられている。ただし、この部は明の洪応明の『菜根譚』とは関係がなく、清代の石成金の『続菜根譚』などから採ったものである。本書には「原文」と、その多くの条に若干の「注釈」もあるが、各条を要約した見出しはない。「附録」には、于孔兼の「詞」と福田雅太郎の「序」、及び『遂初道人著書二種』の「序」が掲載されている。

同年に、浙江・広西・北京・西安の出版社より相次いで出版されたことは、『菜根譚』が広い中国の各地の人々に如何に興味を持たれていたかを示すものである。

二〇〇〇年一月には、北京の生活・読書・新知・三聯書店から台湾、淡江大学中文系の教授、蔡志忠が「中国古籍経典漫画」の一つとして『老子説』『荘子説』『孔子説』『史記』『唐詩』など十六種と共に『菜根譚・人生的滋味』（洪応明）として一二七条を漫画化したものが刊行された。「附録」には「菜根譚全文」が附されているが、これは前集・後集よりなる日本流行本である。台湾では現在も日本刊本が通行しているようである。しかし、日本でも盛んである古典の漫画化は、その読者層の広がりを示すものである。

同年五月には、上海書籍出版社より「明清小品叢刊」として『呻吟語』と合冊で『菜根談』（洪応明）が、呉承学・李光摩の「校注」を附けて出版された。これは、修省・応酬・評議・閑適・概論の五篇よりなるもので、巻頭には、清朝本の三山通理達夫の「菜根譚原序」と共に明刊本の三峰主人于孔兼の「菜根譚題詞」も掲げられている。本書は殆ど「原文」が主で、五、六条に一条位の割合で「校注」があるが、簡単に文章の典拠などを挙げたものである。

同年同月に、北京の京華出版社より「中国古典文化精華」の一つとして『小窗幽記』『呻吟語』と合冊で李麗虹編訳『菜根譚』（洪応明）が出版された。これは、上・下二巻よりなる明刊本（日本流行本）に拠っており、「原文」「訳文」「注釈」の三つからなり、要約した標題はなく、「注釈」の部分のない条も多く極めて簡単である。

二〇〇二年四月には、上海古籍出版社より『絵画菜根譚』（洪応明）が刊行された。これは明刊本（日本流行本）に拠り、左側に傅益瑶女士の「絵図」と李兆良の原文の「書」がある。右側には「百煉之金与千金之弩」と言う題目があり、次いで「原文」「助読」（趙昌平）「英訳」となっている。「英訳」の附いたものは初めてであろう。この本文の順序は、最初が前集の一八七条目、次は後集の八三条目、次は後集の五八条目というように一定していない。この書は明刊本の前集・後集三五六条の中より一一〇条を抜き出したものであり、「絵画」を描いた人の好みによって並べられたものである。

同年十二月には、学林出版社（上海）より承木子訳注の『菜根譚』（洪応明）が刊行された。この書は、処世為人篇・功業成敗篇・修身養性篇・学以致用篇・返璞帰真篇の五篇に分類され、三六〇条を収めている。「附録」に三山通理達夫の「重刻菜根譚原序」が載せられているが、それぞれの篇は、前集・後集の二巻本の順序で並べられ、「抱朴守拙、渉世之道」の要約に続いて「本文」「注解」「訳文」「評語」がある。「評語」は、この書が現代の社会で生活している人々にも通ずることを指摘している。

二〇〇三年一月には、曁南大学出版社より「中国国粋精華系列」の一つとして『老子』『荘子』『論語』『詩経』『周易』など二十種の典籍と共に、陶誠註述『菜根譚』が刊行された。ここには三〇四条が収められ、「棲守道徳、甘于寂寞」などの要約の後に「本文」「訳述」があるが、「語釈」等はない。この書は、前集・後集から成る明刊本に拠っており、前集は殆ど収められているが、後集は一三四条中、八一条だけを採用している。「附録」には、修身・応酬・評議・閑適の四篇に分け、「原文」だけを収めている。清朝本の概論は、閑適の次に項を立てないで載せているが、概論の最後の六条は除いている。

以上は、私の手許にある中国で出版された各種の『菜根譚』を簡単に紹介したものであるが、その他にもまだあると思うが、それは省略する。

四、おわりに

日本で明治以降、盛行している『菜根譚』は、全て前集・後集の二巻より成る林瑜の文政刊本に拠っている。日本の最近の菜根譚熱に刺激されて中国でも八十年代後半より多くの『菜根譚（談）』が出版されるようになった。しかし、その多くは日本とは異なる五部に分類された一巻本に依拠している。それは、二巻本は明刊のみであるのに対し、一巻本は、清の乾隆・道光・光緒・宣統の各時期に多く重刊され、中国に現存する版本の大部分は一巻本であったからである。日本では二巻の文政刊本が通行し、一巻本も伝来していたが、多くの人々は、それを注目しなかった。では、何れが先に著されたか、と言うと、呂宗力氏も「或る人は推測して『遵生八牋』本は、洪応明の早期の著作であり、清刊本の祖本は、洪氏晩年の改修本としている(23)」と指摘するように、二巻本が古く、一巻本は後に編修したと考えられる。それは同じ文章が一巻本の方がより洗煉されていることからも実証できる。

註

（1）長澤規矩也『和刻本漢籍分類目録』（汲古書院、昭和五十一年、一九七六）一三三頁、参照。

（2）中村璋八・石川力山訳注『菜根譚』（講談社学術文庫、昭和六十一年、一九八六）の「解説」の第三節「諸本について」参照。なお、この「解説」は、王同策『菜根談注釈』（浙江古籍出版社、一九八九年）の「附録」に張鶴泉訳・陳連慶校「菜根譚考述」として中国語に訳され、他の書にも引用されている。

（3）尊経閣文庫蔵『遵生八牋』（明、高濂、万暦版）八冊も、清修妙論牋一、四時調攝牋二、起居安楽牋三、延年却病牋四、飲饌服食牋五、燕間清賞牋六、霊秘丹薬牋七、塵外避挙牋八の「八牋」で『菜根譚』はない。

（4）注（2）拙稿、参照。

（5）同右、参照。

（6）『町田三郎教授退官記念中国思想史論叢』（同記念論文集刊行会、平成七年、一九九五）所収。

（7）十五年程前に同書店に行った時も、多くの『菜根譚』の注釈書が並んでおり、全て買い求めたが、何れも底本等は示さず、学問的な解説はなかった。ただ一冊、後述する黄公偉『菜根譚注疏』（新文豊出版公司、民国六十九年、一九八〇）のみ、詳細な「自序」があり、道光二十六年の一巻本に拠っていたが、一九九九年には見えず、全て二巻本のみであった。

（8）注（2）拙稿、四二〇～四二五頁、参照。

（9）同右、参照。

（10）呂宗力著、中村璋八訳「菜根譚の作者の本籍と版本の源流についての考察（菜根譚作者籍貫及版本源流小考）」（『駒沢大学外国語部論集』第三十一号、一九九〇年）参照。

（11）普穎華編著『白話菜根譚』（時事出版社、一九九五年）の「前言」参照。これについては、後に触れる。

（12）この「参考消息」の『菜根譚』の載った記事のコピーを河北省の会社に勤務していた中国の友人が直ぐ送ってくれた。また、同年、李栄標が「日本的『菜根譚』熱」（『経済日報』）「『菜根譚』在日本」（『環球』）などを書いた。

（13）中国での出版については、本論の第三節「『菜根譚』の中国の注釈本」で紹介した。

（14）本書はこの書を底本としている。また、『（校注今訳）菜根譚』（浙江大学出版社）も、これを底本とし、揚州蔵経院重刻本を重要な校本としている。

（15）この胡信の刊本については、本論第三節「『菜根譚』の中国の注釈本」の項で述べる。

（16）同治四年本は未見。張熙江整理編註『菜根譚（新編）』（後述）参照。

（17）この光緒五年刊本は、二本所蔵しているが、何れも『菜根談』となっている。

（18）『（校注今訳）菜根譚』（後述）は、この「菜根談序」を載せているが、「菜根譚序」としている。

（19）この満漢『菜根譚』は、一九九九年訪台の折に、台北の故宮博物院で実物を見る事が出来た。呂宗力氏は、注（10）に揚げた論文の中で、「この本の最も早いものは康熙（一六六二―一七二二）期にあった選本で、共に一七三条、満・漢対照のもので、内府で刊行されたものに拠っている」と述べているが、故宮博物院の呉哲夫氏によると清末のものとしている。この書に就いては後に詳細に論ずる。

（20）張熙江整理篇註『菜根譚（新篇）』「附録」参照。

（21）この黄公偉『菜根譚注疏』は、本書でも用いた。

（22）この梅伯春注釈『菜根譚』も本書で参考に用いた。しかし、それ以後の書は原稿作成の時には入手していなかったので、参考することができなかった。

（23）注（10）呂論文、二〇一頁、参照。

初句索引（数字は節の番号を示す）

ア行

カ行

タ行

ナ行

ハ行

マ行

ヤ行

人名索引（数字は節の番号を示す）

ア行

伊尹（殷の湯王を助けた名相）　一四九
韋誕（仲将、生没年不詳。三国・魏の能書家）　八六
禹（古伝説中の帝王。夏王朝の創始者）七六、九〇、一三六、一四九
慧能（大鑑禅師、六三八—七一三。南宗禅の開祖）　四
圜悟（克勤、仏杲禅師、一〇六三—一一三五。宋の禅僧）　六九
王維（摩詰、七〇一—七六一。唐の詩人）　一一、二一一
王逸（叔師、生没年不詳。後漢の学者）　四二、六七
王之渙（季陵、六八八—七四二）　一二三
王充（仲任、二七—一〇〇？　後漢の思想家）　一四一、一六七
王守仁（陽明、一四七二—一五二八。明の哲学者）二、四、一三五
王昌齢（小伯、六九八？—七五五。唐の詩人）　一六七、一九二
王弼（輔嗣、二二六—二四九。三国・魏の老荘思想家）　九八
王勃（子安、六四七—六七六。唐の詩人）　一〇九
欧陽脩（永叔、一〇〇七—一〇七二。北宋の文人）　七八

カ行

何晏（平叔、？—二四九。三国・魏の老荘思想家）　六八、九八
楽喜（子罕、生没年不詳。春秋・宋の賢臣）　二四八
霍去病（前一四六—前一一七。漢の武帝の将軍）　一一六
霍光（子孟、？—前六八。漢の政治家）　一九、一一六
郭象（子玄、？—三一二？　晋の思想家）　九八
顔延之（延年、三八四—四五六。南朝・宋の詩人）　二〇四
桓温（元子、三一二—三七三。東晋の将軍）　一一一
顔回（子淵、前五一四？—前四八三？　孔子の弟子）　一八、四四、一一五、一二四、一四六、一八六
顔師古（籀、五八四—六四八。唐の

学者）　二八、八五、一一五

顔之推（顔介、五三一—五九一？　南北朝時代の学者）　一四九

韓信（？—前一九六。漢の高祖の功臣）　一一六

韓愈（退之、七六八—八二四。唐の文人）　三九、四五、五〇、七六、一〇一、一一九

希運（断際禅師、？—八五〇頃。百丈懐海の弟子）　五一、三三七

堯（古伝説中の帝王、五帝の一）　二一、九〇

皎然（生没年不詳。唐の詩僧）　一七四

屈原（平、前三四〇？—前二七八？　戦国・楚の貴族）　七〇、八五、一七七、二一九

虞翻（仲翔、一六四—二三三。三国・呉の学者）　一一四

孔穎達（沖遠、五七四—六四八。唐の学者）　三〇

嵆康（叔夜、二二三—二六二。三国・魏の人。「竹林の七賢」の一人）　三三五

桀王（夏王朝最後の悪王）　九〇

原憲（子思、生没年不詳。孔子の弟子）　一七二

献帝（劉協、一八一—二三四。後漢の最後の皇帝）　九〇

項羽（籍、前二三二—前二〇二。西楚の覇王）　四一、一一六

孔子（孔丘、仲尼、前五五二—前四七九。春秋時代の思想家。儒教の祖）　一八、四二、四四、五二、五三、八八、一一〇、一一一、一一五、一二〇、一二八、一四六、二七二、三二〇、三二一、三二七、三三五

高祖〔漢〕（劉邦、前二五六？—前一九五。漢王朝の創始者）　四一、一一六

黄帝（古伝説中の帝王、五帝の一）　一八三

洪邁（景盧、一一二三—一二〇二。南宋の学者）　三三

孔融（文挙、一五三—二〇八。後漢の官人。孔子の子孫）　一四〇

顧愷之（虎頭、長康、三三四—四〇五？　東晋の画家）　一五五

胡昭（孔明、生没年不詳。三国・魏の能書家）　八六

サ行

蔡沈（仲默、九峰先生、一一六七—一二三〇。南宋の哲学者。朱子の弟子）　五六

左思（太沖、二五〇？—三〇五？　晋の詩人）　七七

子貢（端木賜、前五二〇？—前四五六？　孔子の弟子）　五二、一一〇、一二八、一八六、三二一

始皇帝（嬴政、前二五九—前二一〇）　四一、七六、二二七

子思（孔伋、前四八三？―前四〇二？　孔子の孫）　一一〇
司馬貞（子正、生没年不詳。唐の学者）　四四
釈尊（釈迦牟尼、釈氏、生没年不詳。仏教の始祖）三四一、三六八
周公（旦。周の武王の弟）　一一五
周敦頤（茂叔、濂渓、一〇一七―一〇七三。北宋の哲学者）　一六三、二四七
叔斉（殷代の聖人）　四一、一四九、二七二
朱子（朱熹、元晦、一一三〇―一二〇〇。南宋の哲学者）　一四、一四一
舜（古伝説中の帝王、五帝の一）　九〇、一三六
淳于髡（生没年不詳。戦国・斉の人）　四七
荀悦（仲豫、一四八―二〇九。後漢の学者）　九〇
春申君（黄歇。？―前二三八。戦国・楚の大臣）　九六
蕭何（？―前一九三。漢の高祖の功臣）　一一六
蕭子顕（景陽、四八九―五三七。『南斉書』の撰者）　一七三
昭帝〔漢〕（劉弗陵。前九四―前七四）　一一六
蕭統（五〇一―五三一。南朝・梁の昭明太子）　一九九、三三八
邵雍（堯夫、康節、一〇一一―一〇七七。宋の哲学者）　六三、九〇、一一六、三五九、三六〇、三七三
鍾繇（元常、一五一―二三〇。三国・魏の官人）　八六
諸葛亮（孔明、一八一―二三四。三国・蜀の名臣）　二六
子路（仲由、前五四二？―前四八〇？　孔子の弟子）　一二〇、一二八
神秀（大通禅師、六〇六―七〇六。北宗禅の開祖）　五
沈佺期（雲卿、六五六？―七一三。唐の詩人）　三六二
申包胥（生没年不詳。春秋・楚の大夫）　二一八
鄒衍（騶衍、生没年不詳。戦国時代の思想家）　二六八
聖祖（清の康熙帝、玄燁、一六五四―一七二二）　九八
石崇（季倫、二四九―三〇〇。晋の貴族）　一一六、一二四
宣帝〔漢〕（劉洵。前九一―前四九）　一一六
曾鞏（子固、一〇一九―一〇八三。宋の文人）　三六四
宋玉（前二九〇―前二二三。戦国・楚の詩人）　七〇、三〇六
荘子（荘周、生没年不詳。戦国時代の思想家）　一六、九八、一六四
曾子（曾参、前五〇五？―前四三六？　孔子の弟子）　五三
曹植（子建、一九二―二三二。三国・魏の曹操の第三子、文帝の

弟）　五四、一〇六、一五八
曹操（孟徳、一五五—二二〇。三国・魏の武帝）　五四、八六
蘇洵（明允、一〇〇九—一〇六六。宋の文人。息子の軾・轍とともに「三蘇」と称せられる）　四三
蘇軾（東坡、一〇三六—一一〇一。北宋の詩人。蘇洵の子、蘇轍の兄）
一四、四三、六七、一二五、一六八、三二六、三八三
蘇秦（季子、?—前三一七。戦国時代の説客）　一二四
孫権（仲謀、一八二—二五二。三国・呉の大帝）　八六

タ行

段玉裁（茂堂、一七三五—一八一五。清の学者）　六二
段成式（柯古、?—八六三。唐の文人）　一三五
澹台滅明（子羽、前五二二—?。孔子の弟子）　一九四
紂王（殷王朝最後の悪王）
九〇、一四九
張儀（?—前三一〇?　戦国時代の説客）　一二四
重顕（雪竇、明覚大師、九八〇—一〇五二。宋の禅僧）　六九
張衡（平子、七八—一三九。後漢の学者）
六七、七三、七六、一四二、二九七
張籍（文昌、七六七?—八三〇?　唐の詩人）　一一九
張湛（処度、生没年不詳。東晋の学者）　九一
張良（子房、?—前一八六。漢の高祖の功臣）　一一六
長蘆宗賾（慈覚大師、生没年不詳）　二四
陳献章（公甫、一四二八—一五〇〇。明の哲学者）　二四七
陳琳（孔璋、?—二一七。後漢の官人）　一七四
程頤（伊川、一〇三三—一一〇七。宋の哲学者。程顥の弟）　一
程顥（明道、一〇三二—一〇八五。宋の哲学者。程頤の兄）　一
鄭樵（漁仲、一一〇三—一一六二。南宋の学者）　八七
湯王（殷王朝の創始者）
九〇、一六六
唐彦謙（茂業、山西の人、生没年不詳）　一三八
陶潜（淵明、三六五—四二七。東晋の詩人）
三、五四、九八、一二四、一二八、一六九、一七七、一八八、二一一、三三八、三五〇、三五八、三七八、三八四
独孤后（五四三—六〇二。隋の文帝の皇后）　三四八
杜甫（子美、七一二—七七〇。唐の大詩人）
六七、九〇、一一九、一四〇、一

四四、一五五
杜牧（牧之、八〇三—八五二？　唐の詩人）　八三、九〇、一三八

ハ行

裴休（公美、七八七—八六〇）　五一
伯夷（殷代の聖人）　四一、一四九、二七二
白居易（楽天、七七二—八四六。唐の詩人）　一七、二一、八三、一六九、二一一、三四〇
潘岳（安仁、二四七—三〇〇。東晋の詩人）　一五
班固（孟堅、三二—九二。『漢書』の撰者。班彪の子）　一三〇、一三三、一七八
范成大（石湖居士、一一二六—一一九三。南宋の文人）　三八〇
班彪（叔皮、三—五四。後漢の学者。班固の父）　七五
閔子騫（損、前五三六？—？　孔子の弟子）　一一五
武王（周王朝の創始者）　九〇、一三〇、一四九
武帝〔漢〕（劉徹、前一五六—前八七）　七六、一一五、一一六
武帝〔梁〕（蕭衍、四六四—五四九）　二一四
文帝〔魏〕（曹丕、子桓、一八七—二二六。曹操の次男、曹植の兄）　一七六
文帝〔隋〕（楊堅、五四一—六〇四）　三四八
鮑照（明遠、四一一？—四六六。南朝・宋の詩人）　一七五
墨子（墨翟、前四七〇頃—前三九〇頃。戦国時代の思想家）　一九七、二九四

マ行

孟郊（七五一—八一四。唐の詩人）　六八
孟浩然（六八九？—七四〇？　唐の詩人）　三五三
孟子（孟軻、子輿、前三七三？—前二八九？　戦国時代の思想家）　八八、九六
孟嘗君（田文、生没年不詳。戦国・斉の貴族）　四七
毛遂（生没年不詳。戦国・趙の平原君の食客）　七七

ヤ行

耶律楚材（湛然居士、一一九〇—一二四四。モンゴルに使えた官人）　一四四
游酢（定夫、一〇五三—一一二三。宋の哲学者。程頤の弟子）　一
庾亮（元規、二九八—三四〇。東晋の詩人）　八五
楊朱（生没年不詳。戦国時代の思想家）　二九四
楊修（徳祖、一七五—二一九。後漢の官人）　八六、一〇七
楊震（伯起、？—一二四。後漢の学

者）　八六
揚雄（子雲、前五三―後一八。漢の思想家。揚雄とも言う）　一三六、二一三

ラ行

洛賓王（六四〇？―六八四？　唐の詩人）　一六九
陸機（士衡、二六一―三〇三。晋の詩人）　一一六、一二四
李賢（六五三―六八四。唐の高宗の第六子、章懐太子）六六、一〇七
李翺（習之、七七二―八四一）四五
李広（？―前一一九。漢の将軍。李陵の祖父）　二六八
李善（？―六八九。唐の学者）六八
李白（太白、七〇一―七六二。唐の大詩人）　三三、三四、六五、七二、一二四、一四〇、一四六、一六四、一七四、一八二
柳下恵（展獲、子禽、生没年不詳。春秋・魯の賢臣）　三三〇
劉希夷（延之、六五一―六七九？　唐の詩人）　三六四
劉義慶（四〇三―四四四。南朝・宋の王族）　一七〇
劉向（子政、前七九―前八年、一説に前七七―前六年。漢の学者）　八九
劉勰（彦和、四六六？―五三二？南朝・梁の学者）　一〇五、一七五
劉徳昇（君嗣、生没年不詳。後漢の能書家）　八六
劉備（玄徳、一六一―二二三。三国・蜀の昭烈帝）　八六
呂翁（呂洞賓、七九八―？　俗に言う八仙の一人。呂祖とも言う）　一四三
呂尚（姜子牙、太公望。武王を助けた名臣）　一四九
李陵（少卿、？―前七四。漢の武将）　二二
列子（列禦寇、生没年不詳。戦国時代の思想家）　九三
老子（李聃、李耳、生没年不詳。戦国時代の思想家。『老子』の作者とされる）　四一、八九、九八、一四五
老萊子（春秋・楚の人。老子とする説もある）　六一

中村璋八（なかむら　しょうはち）
1926年、神奈川県生まれ。東京文理科大学卒業。同特別研究生、駒沢大学教授を経て、現在駒沢大学名誉教授。文学博士。2005年、日本文化振興会より国際アカデミー賞を受賞。同年、国際学士院よりフェローの称号を授与さる。専攻は中国思想、日本思想。主な編著書に『重修緯書集成』全6巻8冊（共編）『五行大義の基礎的研究』『緯書の基礎的研究〔改訂版〕』（共著）『周易本義』（共著）『陰陽道叢書』全4巻（共編）『五行大義』上下巻（共著）『五行大義校註〔増訂版〕』『日本陰陽道書の研究〔増補版〕』など。

清朝本全訳《しんちょうほんぜんやく》　菜根譚《さいこんたん》
二〇〇六年二月五日　初版第一刷発行
訳注者●中村璋八
発行者●山田真史
発行所●株式会社東方書店
東京都千代田区神田神保町一―三　〒一〇一―〇〇五一
電話〇三―三二九四―一〇〇一
営業電話〇三―三九三七―〇三〇〇
振替〇〇一四〇―四―一〇〇一
装　幀●戸田ツトム
印刷・製本●凸版印刷株式会社
定価はカバーに表示してあります。

ISBN4-497-20601-7 C0010
乱丁・落丁本はお取り替えいたします。
恐れ入りますが直接小社までお送り下さい。

小社ホームページ〈中国・本の情報館〉で小社出版物のご案内をしております。
http://www.toho-shoten.co.jp/